Antologia

Cleonice Berardinelli
Organização,
apresentação e
ensaios

EDIÇÕES DE
JANEIRO

EDITORA
Ana Cecilia Impellizieri Martins

COORDENADORA DE PRODUÇÃO
Cristiane de Andrade Reis

ASSISTENTE EDITORIAL
Aline Castilho

PREPARAÇÃO DE ORIGINAIS
Vanie Mari Cavichioli
Solange Gomes de Pinho

COPIDESQUE
Laura Folgueira

PROJETO GRÁFICO E CAPA
Victor Burton

DESIGNER ASSISTENTE
Adriana Moreno

REVISÃO
Martha Lopes

CRÉDITO DAS IMAGENS
A colagem da capa foi feita com base em retrato de Mário de Sá-Carneiro por Almada Negreiros. As imagens que abrem as seções foram publicadas originalmente no nº 2 da revista *Orpheu* e estão reproduzidas aqui tal como na publicação original.

CIP-BRASIL. CATALOGAÇÃO NA PUBLICAÇÃO
SINDICATO NACIONAL DOS EDITORES DE LIVROS, RJ
S11m
Sá-Carneiro, Mário de, 1890-1916
Mário de Sá-Carneiro: antologia / Mário de Sá-Carneiro; organização Cleonice
Berardinelli. - 1. ed. - Rio de Janeiro : Edições de Janeiro, 2015.
ISBN 978-85-67854-20-5
1. Sá-Carneiro, Mário de, 1890-1916. 2. Poesia portuguesa. I.
Berardinelli, Cleonice. II. Título.
15-20798 CDD: 869.1 CDU: 821.134.3-1

EDIÇÕES DE JANEIRO
Rua da Glória 344, sala 103, Glória
20241-180 | Rio de Janeiro, RJ
+55 (21) 3796-6708
contato@edicoesdejaneiro.com.br
www.edicoesdejaneiro.com.br

Caricatura de Mário de Sá-Carneiro por Almada Negreiros.
Gravura, sem data. Coleção particular.

SUMÁRIO

APRESENTAÇÃO

MÁRIO DE SÁ-CARNEIRO A PALAVRA DO INTERMÉDIO

Esta antologia da obra de Mário de Sá-Carneiro, parte da Coleção Cleonice Berardinelli, publicada pela Edições de Janeiro, busca apresentar um retrato ampliado do autor português que é, ao lado de nomes como Fernando Pessoa e Almada Negreiros, ponto alto da chamada Geração Orpheu, que imprimiu na literatura de Portugal a marca da agitada Idade Moderna, realizando na primeira metade do século XX uma profunda e indelével renovação.

A edição abarca todas as vertentes exploradas por Sá-Carneiro, desde sua obra poética, com uma seleção de 53 poemas (dentre o total de pouco mais de uma centena), dispostos cronologicamente, entre os anos de 1903 a 1916, ano de sua morte, aos textos em prosa — quatro deles publicados em *Céu em fogo*, além da novela *A confissão de Lúcio*. Um conjunto de 68 cartas selecionadas dentre inúmeras correspondências endereçadas ao amigo Fernando Pessoa complementam a antologia e revelam a estreita relação de Sá-Carneiro com o poeta. Deste a Mário de Sá-Carneiro, foram incluídas as quatro cartas de que se tem notícias, uma delas estava a caminho, quando de sua morte, aos 25 anos, e só por isso se salvou de ser devorada pelas traças, como as demais correspondências. As outras três são os rascunhos das cartas de Fernando Pessoa.

As cartas de Sá-Carneiro a Fernando Pessoa refletem muito de sua vida no período em que viveu fora de Portugal, principalmente em Paris. Nelas, vê-se claramente a admiração que Sá-Carneiro nutria pelo poeta e maior amigo Pessoa. A ele recorria como a um irmão mais velho para aconselhar-se quanto ao valor de sua criação literária, falar de suas angústias existenciais, do pânico ao pensar na possibilidade de ser obrigado a abandonar sua querida Paris, confessar – em algumas oportunidades – sua intenção de suicídio e, posteriormente, a desistência de tais planos.

O HOMEM

Dois anos mais moço que Pessoa, Mário de Sá-Carneiro era filho único e perdeu a mãe aos dois anos de idade, tendo sido criado por uma ama, já que mantinha uma relação distante com seu pai e sua avó paterna, que assumira sua criação, também lhe faltou muito cedo. Ao longo da vida, demonstrou nunca ter se recuperado dessas perdas de sua infância.

Contou até o fim com a ajuda financeira paterna. Logo que possível, trocou Lisboa por Paris, aparentemente para frequentar a faculdade de Direito, segundo a vontade do pai, que aspirava a vê-lo advogado. Abandonou-a, porém, logo em seu início, para levar uma vida boêmia, dedicada integralmente à sua literatura. Inicialmente, vê-se apenas como prosador, descobrindo-se, somente mais tarde, e com a ajuda de Fernando Pessoa, também poeta.

A crise financeira que atinge seu pai afeta Sá-Carneiro de forma direta e brutal, pois terá que deixar Paris e retornar a Lisboa. Não conseguindo enfrentar sua nova realidade, entra em profunda depressão, vindo a matar-se em 26 de abril de 1916, prestes a completar 26 anos de idade.

EXCLUÍDO POR SI MESMO

Sá-Carneiro, homem e poeta, é o que foi somado ao que *se* sonhou; da irrealização do sonho, alto demais, ficou-lhe o amargor do insucesso, que o levou à autodefinição impiedosa e ao desejo de um enterro desmoralizante, impressos no poema "Fim": "Que o meu caixão vá sobre um burro / (...) / A um morto nada se recusa, / E eu quero por força ir de burro!"

O poeta só fala de si pondo-se em ridículo, um ridículo que o persegue até o momento final. Aí se põe no centro da cena, grotescamente montado num burro, quebrado o silêncio, a seu pedido, pelo ruído áspero do bater em latas, do estalar dos chicotes e dos saltos dos palhaços e acrobatas. Os outros, trazidos para a ribalta, não lhe fazem contraponto: obedecem-lhe às ordens, no afã de tirar toda a dignidade do momento definitivo da morte.

Não teve o enterro grotesco, barulhento e movimentado que parecia desejar. Apenas uns poucos amigos o enterraram em Pantin, no subúrbio de Paris. Entre estes não estava o amigo dileto, Fernando Pessoa, que, nesse dia, sem saber de seu falecimento, lhe escrevia uma carta.

Sá-Carneiro é excluído por si mesmo do conjunto dos chamados *normais*, pelos defeitos físicos e morais que se atribui com violência e até mesmo crueldade. No poema "Aqueloutro" ele enfileira adjetivos e substantivos evocados para acentuar-lhe a falta de caráter: o "dúbio mascarado, o mentiroso", o "Rei-lua postiço, o falso atônito", "o covarde rigoroso", chegando à imagem grosseira com que define a sua *alma de neve* – um sintagma todo positivo, no qual se alia à alma a brancura, a pureza da neve —, igualando-a ao asco provocado pelo vômito. Todo o soneto é uma lista de definições, sem constituir um período sintático. Este foi o processo que Sá-Carneiro usou em outro poema da mesma extensão, "Anto", no qual define poeticamente um autor da sua predileção, com quem tinha grande afinidade, António Nobre, a quem só atribui qualidades – suavidade, ternura, requinte. A aproximação entre os dois poemas intensifica o mal-estar provocado por "Fim". A autoexclusão se consumará no enterro.

Narcisista, transitando da autoadmiração à autorrejeição, sempre *entre*, sempre *quase*, Sá-Carneiro, em seus breves anos de vida, se fez um dos grandes escritores – poeta e prosador – da língua portuguesa. Um dos seus mais belos poemas encerra, desde o título, o que poderia ser considerada a sua marca: "Quase." Publicado em *Dispersão*, o poema começa e termina por dois quartetos quase iguais. Só os diferencia no tempo verbal: passa-se do imperfeito para o mais-que-perfeito do indicativo, ambos usados com sentido hipotético, condicional. Entre ambos, decorreu o tempo do poema, das experiências tentadas, mas incompletamente vividas: "Um pouco mais de sol – eu era brasa, / Um pouco mais de azul – eu era além. / Para atingir, faltou-me um golpe de asa... / Se ao menos eu permanecesse aquém...", diz o poeta na abertura do poema; ao fim, retoma, alterando: "Um pouco mais de sol – e fora brasa, / Um pouco mais de azul – e fora além. / Para atingir, faltou-me um golpe de asa... / Se ao menos eu permanecesse aquém..."

Sá-Carneiro, no momento quase final, mais exatamente nos últimos três meses de sua curtíssima vida, sofreu mais agudamente de um problema existencial: a não aceitação da sua aparência física, da sua figura pesada, balofa, de "Rei-lua postiço", "Esfinge gorda". Contra si mesmo – ou contra "Aqueloutro" em quem se vê retratado, como num espelho – lança versos como dardos agudos e farpados, que o fazem sangrar. E o leitor *sente* que neles não há fingimento, nem sequer o fingimento poético. Não podendo escapar à necessidade de aproximar vida e obra, num autor altamente subjetivo como este, *sentimos*, através da expressão poética, o que de confessionalmente *sincero* nesta se encerra.

O PROSADOR

Os textos de Sá-Carneiro, tanto a poesia como a prosa, transitam dentro do "mesmo universo temático"; exemplo disso é o que ocorre com a novela *A confissão de Lúcio*, cujo embrião se encontra em um dos poemas de *Dispersão* ("Como eu não possuo"). Ambos os livros, publicados em 1913, tratam da dificuldade de relacionamento do indivíduo com os outros, da dificuldade de se comunicar com alguém além de si próprio e até consigo mesmo.

Mário de Sá-Carneiro publicou seu último livro de prosa, *Céu em Fogo*, em 1915, obtendo apenas uma aceitação reticente dos mais próximos. O livro, em estilo obsessivamente feérico, de luxo e suntuosidade, apresenta como temática certo tipo de intrigas amorosas com violências e situações de crise – fatalistas e trágicas –, terminando sempre em clima de agressividade. Seus contos, com a mesma "trajetória de enredo", poderiam levar facilmente o leitor a uma antecipação quanto ao final que irá encontrar em cada um deles; só uma abordagem profunda revela todo o seu valor, a sua "força", pois neles o importante não são os enredos, as histórias contadas, mas toda a simbologia por trás delas.

O ESCRITOR

Ao lançar-se um olhar sobre a obra de Sá-Carneiro, necessário se faz destacar sua criatividade e o aspecto "feérico" observados em seus escritos – tanto na poesia como em sua prosa –, e principalmente, sua capacidade de renovação da Literatura Portuguesa; de trazer algo inusitado para sua época, que persiste até nossos dias.

Em sua obra, tudo é "mistério", tudo é "fantástico", tudo é "espetacular" e surpreendente.

Mesmo com o aval e o reconhecimento de Fernando Pessoa quanto ao valor da obra de Sá-Carneiro, esta não alcançou o nível de divulgação merecido, motivo pelo qual debrucei-me sobre a tarefa de selecionar e divulgar seus escritos, o que resultou nesta alentada antologia, que fiz com grande prazer. Espero provocar o mesmo efeito nos que a lerem.

CRITÉRIOS DESTA EDIÇÃO:

- Os textos de Mário de Sá-Carneiro selecionados para esta antologia tiveram como base diversas edições:
  a. *Mário de Sá-Carneiro.* Seleção, apresentação e notas por Cleonice Berardinelli. Rio de Janeiro: Agir, 2005.
  b. *Mário de Sá-Carneiro.* Obra completa. Introdução e organização de Alexei Bueno. Rio de Janeiro: Nova Aguilar, 1995.
  c. *Cartas a Fernando Pessoa.* 2 vols. Introdução de Urbano Tavares Rodrigues. Lisboa: Ática, 1959.
  d. *Dispersão.* Lisboa: Editorial Presença, 1939.
  e. Caderno de Versos, manuscrito por Mário de Sá-Carneiro, *Indícios de oiro* (1913-1915), do acervo digitalizado da Biblioteca Nacional de Portugal (BNP).
- As cartas de autoria de Fernando Pessoa tiveram como fonte: *Correspondência*: 1905-1922. Organização Manuela Parreira da Silva. São Paulo: Companhia das Letras, 1999.
- A origem e a data atribuídas aos ensaios aqui contidos são as indicadas nas notas apostas ao seu título;
- Em todos os textos deste volume, adotou-se a nova ortografia da língua portuguesa, vigente no Brasil desde 2009.
- (...) Símbolo utilizado para indicação de partes do poema não incluídas na antologia.
- □ Símbolo utilizado para indicação de espaços deixados em branco pelo autor.

SANTA RITA PINTOR. — Decomposição dynamica de uma mesa + estylo do movimento.
PARIS ANNO 1912.
(INTERSECCIONISMO PLASTICO.)

Guilherme de Santa-Rita
Decomposição dinâmica de uma mesa + estilo do movimento (interseccionismo plástico), 1912, colagem.
Publicado no nº 2 da revista *Orpheu*, 1915.

POESIA

. PRIMEIROS POEMAS
. DISPERSÃO
. INDÍCIOS DE OIRO
. ÚLTIMOS POEMAS
. POEMAS DISPERSOS

PRIMEIROS POEMAS[1]

A QUINTA DA VITÓRIA

Existe em Camarate,
Terreola suburbana
Uma quinta que encanta
Toda a alma... sendo humana!

Ela é mesmo um paraíso!
Essa quinta que é minha
Chama-lhe a gente do sítio
Da Vitória ou Ribeirinha.

Em essa bela vivenda
Em a qual eu fui criado,
Existe tudo o que existe
Desde a capela ao cerrado.

Querem vender essa terra
Porque faz muita despesa.
Mas quando se fala disto
Digo eu assim com aspereza:

1/ Os sete poemas aqui apresentados (de um conjunto de 47 transcritos da *Obra completa*, 1995, sob o título de "Primeiros poemas", escritos entre os 13 e os 23 anos) constituem-se por vários metros – heptassílabos e dodecassílabos, predominantemente, com seus quebrados de três e seis sílabas, mas também decassílabos e, mais raros, eneassílabos e octossílabos. A estrofe mais usada, em grande maioria, é a quadra (que permanecerá em boa parte da sua obra madura), mas há outros agrupamentos estróficos.

“Não veem que essa quinta
Dá uma fruta tão bela?
Seus caturras duma figa
Sejam gratos pra com ela.”

30 de julho de 1903

MOTE[2]

Senhora dos olhos lindos
Dai-me a esmola dum olhar.

GLOSA

Senhora dos olhos lindos,
Por que é que sois tão cruel?
As pombas não têm fel,
E vós sois pomba, senhora...
Tormentos vários, infindos,
Sem dó, me fazeis sofrer...
Morto, vós me quereis ver,
Não é verdade, traidora?
Respondei! Ficais calada!?...
Nesse caso adivinhei...
Pois muito bem! morrerei;
Morrerei, sem ter pesar!...
Minha vida amargurada
Eu vos vou dar, deusa qu'rida.[3]
Antes porém da "partida"
Dai-me a esmola dum olhar!...

9 de dezembro de 1908

2/ Esta experiência dos 18 anos, de retomada da poesia surgida no século XV, ele a tentou várias vezes, desde os 15, com graça e brejeirice.

3/ Indicamos aqui a elisão do e de *qu'rida* (que não está na edição de onde tiramos o poema), autorizada pela grafia utilizada logo abaixo, nos versos 1, 7, 12 do poema seguinte, já que a palavra deve ter duas sílabas, para manter o metro. O mesmo critério de manutenção do metro é adotado em outros versos desta antologia.

O ESTRUME

Ó pobre estrume, como tu compões
Estes pâmpanos doces como afagos!
CESÁRIO VERDE – "Nós"[4]

Eu sinto na minh'alma um singular prazer
Sempre que te revolvo, ó malcheiroso estrume!
Em vez de me enojar, teu fétido perfume
Enebriar me faz e faz-me reviver!

Em ti aspiro a vida, a vida vegetal,
A vida venturosa, honesta, santa e pura
Qu'expande flores no ar, raízes na fundura,
Que é bem melhor, enfim, do que a vida animal.

Homens nela não há. Toda a vegetação
Dum rei é desprovida. Ah! entre os vegetais
Podeis bem procurar; não achareis jamais
"Um ente sup'rior, dotado de razão!"

Sem conhecer o crime, o vício desconhece,
Não luta pela vida assassinando os seus;
Nenhuma ambição tem, não inventou um Deus;
Estrume e água e terra, é só do que carece.

4/ Nesta epígrafe está o reconhecimento explícito da influência que exerce a poesia de Cesário Verde sobre o jovem Sá-Carneiro, desde o título, dum realismo agressivo, que aquele haurira, pelo menos em parte, em Baudelaire. O juvenil autor as reflete, na expressão, como que deliciada, do mau cheiro, da podridão. Mas há mais no seu texto: a presença da teoria darwiniana do transformismo, da descrença em Deus, da preferência pela natureza vegetal em contraposição à humana.

O lixo que não presta é pelo solo cúpido
Tragado, elaborado, é ele que o sustenta:
Uma seara nasce, altiva, suculenta,
Dum monte d'excremento ou dum cadáver pútrido!

Eis como sai da morte a vida exuberante!
Transmigração bizarra! A carne do animal,
Morrendo, faz nascer a fibra vegetal
E ressuscita assim, mais forte, mais possante.

Entrai num cemitério e vede como as flores
Rebentam por ali: São verdes, são viçosas
Tal como as dum jardim. Os cravos e as rosas
Cheiram melhor até, têm mais vivas cores.

O "húmus" animal é esterco precioso,
É entre as podridões a mais vivificante:
Por isso cresceu mais, é mais luxuriante
O prado que brotou num prado de repouso.

*

A terra é nossa mãe? Parece-me que não:
Nós não vivemos nela, apenas "sobre ela";
Para vivermos nós nem precisamos tê-la,
Vivemos muito bem nas tábuas dum salão...

Dos vegetais é mãe, não há que duvidar:
É ela quem os pare, é quem os alimenta,
É quem por eles sofre, é quem os aguenta,
Nem uma ervazinha a pode dispensar.

Como todas as mães – a Virgem, excluída
Por ordem dos cristãos – a terra é fecundada.

O grão ou a semente a ela confiada,
No seu ventre germina, em breve está nascida.

O estrume para ela é o órgão fecundante:
De *espermen* a inunda, ereto, monstruoso!
Fazendo-a palpitar, o *phalus* vigoroso
Inoculou-lhe a vida: é *Mater* – triunfante!

Ela recebeu tudo e nada ela rejeita:
A horta e o pomar, o milho, o batatal,
O prado e a floresta, a vinha, o olival,
A terra cria tudo, é mãe que não enjeita!

E quem há de dizer ao ver uma estrumeira,
Ao ver esse montão heterogêneo, imundo,
Que a todo fruto e flor que nasce neste mundo
De sustento serviu, serviu de criadeira?

Só isto indica bem a estreita ligação
Da morte com a vida e prova, concludente,
Que tudo quanto existe é feito unicamente
Da mesma lama vil, sempre em transformação!
....

Eu sinto na minh'alma um singular prazer,
Se a revolver me ponho o malcheiroso estrume.
Em vez de me enojar, seu fétido perfume
Enebriar me faz e faz-me reviver!

Camarate, setembro 1909

BEIJOS

(MONÓLOGO)[5]

"Beijar!", linda palavra!... Um verbo regular
Que é muito irregular
Nos tempos e nos modos...

Conheço tanto beijo e tão diferentes todos!...

Um beijo pode ser amor ou amizade
Ou mera cortesia,
E muita vez até, dizê-lo é crueldade
É só hipocrisia.

O doce beijo de mãe
É o mais nobre dos beijos,
Não é beijo de desejos,
Valor maior ele tem:
É o beijo cuja fragrância
Nos faz secar na infância
Muita lágrima... feliz;
Na vida esse beijo puro
É o refúgio seguro
Onde é feliz o infeliz.

Entre as damas o beijo é praxe estabelecida,
Cumprimento banal – ridículos da vida! –:

5/ Vários monólogos escreveu o poeta, quase todos chamados por ele de "cômicos". A sua inclinação para o teatro apresenta-se cedo.

(*Imitando o encontro de duas senhoras na rua*)

– Como passou, está bem? (Um beijo.) O seu marido?
(Mais beijos) – De saúde. E o seu, Dona Mafalda?
– Agora menos mal. Faz um calor que escalda,
Não acha? – Ai, Jesus!, que tempo aborrecido!...

Beijos dados assim, já um poeta o disse,
Beijos perdidos são.
(Perder beijos!, que tolice!
Porque é que a mim os não dão?)

O *osculum pacis* dos cardeais
É outro beijo de civilidade;
Beijos paternos ou fraternais
São castos beijos, só amizade.

As flores também se beijam
Em beijos incandescidos,
Muito embora se não vejam
Os ternos beijos das flores.

Há outros beijos perdidos:
Aqui mesmo,
Há aqueles que os atores
Dão a esmo,
Dão a esmo e a granel...
Porque lhes marca o papel.

– Mas o beijo de amor?
Sossegue o espectador,
Não fica no tinteiro;
Guardei-o para fim por ser o "verdadeiro".

Com ele agora arremeto
E como é o principal,
Vai apanhar um soneto
Magistral:

Um beijo de amor é delicioso instante
Que vale muito mais do que um milhão de vidas,
É bálsamo que sara as mais cruéis feridas,
É turbilhão de fogo, é espasmo delirante!

Não é um beijo puro. É beijo estonteante,
Pecado que abre o céu às almas doloridas.
Ah! Como é bom pecar co'as bocas confundidas
Num desejo brutal de carne palpitante!

Os lábios sensuais duma mulher amada
Dão vida e dão calor. É vida desgraçada
A do *feliz* que nunca um beijo neles deu;

É a vida venturosa a vida de tortura
Daquele que co'a boca unida à boca impura
Da sua amante querida, amou, penou, morreu.[6]

(*Pausa – Mudando de tom*)

Desejava terminar
A beijar a minha amada,
Mas como não tenho amada,

(*A uma espectadora*)

6/ Este, talvez primeiro soneto de Sá-Carneiro, já é bastante bem-realizado e apresenta uma forte dose de sensualidade, que se acentuará mais tarde.

Vossência é que vai pagar...
Não se zangue. A sua face
Consinta que eu vá beijar...
.... (*atira-lhe um beijo*)
Um beijo pede-se e dá-se,
Não vale a pena corar...

Fevereiro de 1910

QUADRAS PARA A DESCONHECIDA

Ó minha desconhecida
Que formosa deves ser...
Dava toda a minha vida
Só para te conhecer!

Mais fresca e mais perfumada
Do que as manhãs luminosas,
A tua carne dourada
Como há de saber a rosas!

Da minha boca de amante
Será o manjar preferido
O teu corpo esmaecido
Todo nu e perturbante.

Que bem tu me hás de beijar
Com os teus lábios viçosos!
Os teus seios capitosos
Como hão de saber amar!...

Os teus cabelos esparsos
Serão o manto da noite,
Um refúgio onde me acoite
Do sol dos teus olhos garços.

Olhos garços, cor do céu,
Cabelos de noite escura,
Será feita de incoerências
Toda a tua formosura.

Os dias que vou vivendo
Tão desolados e tristes
É na esp'rança de que existes
Que os vivo... e que vou sofrendo...

3 de setembro de 1911

A UM SUICIDA[7]

À memória de Tomás Cabreira Júnior

Tu crias em ti mesmo e eras corajoso,
Tu tinhas ideais e tinhas confiança,
Oh! quantas vezes desesp'rançoso,
Não invejei a tua esp'rança!

Dizia para mim: – Aquele há de vencer
Aquele há de colar a boca sequiosa
Nuns lábios cor-de-rosa
Que eu nunca beijarei, que me farão morrer...

A nossa amante era a Glória
Que para ti – era a vitória,
E para mim – asas partidas.
Tinhas esp'ranças, ambições...
As minhas pobres ilusões,
Essas estavam já perdidas...

Imersa no azul dos campos siderais
Sorria para ti a grande encantadora,
A grande caprichosa, a grande amante loura
Em que tínhamos posto os nossos ideais.

Robusto caminheiro e forte lutador
Havias de chegar ao fim da longa estrada

7/ O suicídio de Tomás Cabreira Júnior, seu amigo, com quem escrevera a peça *Amizade*, que seria representada no ano seguinte, marcou-o profundamente.

De corpo avigorado e de alma avigorada
Pelo triunfo e pelo amor.

Amor! Quem tem vinte anos
Há de por força amar.
Na idade dos enganos
Quem se não há de enganar?

Enquanto tu vencerias
Na luta heroica da vida
E, sereno, esperarias
Aquela segunda vida
Dos bem-fadados da Glória
Dos eternos vencedores
Que revivem na memória –
Sem triunfos, sem amores,
Eu teria adormecido
Espojado no caminho,
Preguiçoso, entorpecido,
Cheio de raiva, daninho...

Recordo com saudade as horas que passava
Quando ia a tua casa e tu, muito animado,
Me lias um trabalho há pouco terminado,
Na salazinha verde em que tão bem se estava.

Dizíamos ali sinceramente
As nossas ambições, os nossos ideais:
Um livro impresso, um drama em cena, o nome nos jornais...
Dizíamos tudo isso, amigo, seriamente...

Ao pé de ti, voltava-me a coragem:
Queria a Glória... Ia partir!
Ia lançar-me na voragem!
Ia vencer ou sucumbir!...

....

Ai! mas um dia, tu, o grande corajoso,
Também desfaleceste.
Não te espojaste, não. Tu eras mais brioso:
Tu, morreste.

Foste vencido? Não sei.
Morrer não é ser vencido,
Nem é tão pouco vencer.

Eu por mim, continuei
Espojado, adormecido,
A existir sem viver.

Foi triste, muito triste, amigo, a tua sorte –
Mais triste do que a minha e mal-aventurada.
... Mas tu inda alcançaste alguma coisa: a morte,
E há tantos como eu que não alcançam nada...

Lisboa, 1º de outubro de 1911

SIMPLESMENTE...[8]

Em frente dos meus olhos, ela passa
Toda negra de crepes lutuosos.
Os seus passos são leves, vigorosos;
No seu perfil há distinção, há raça.

Paris. Inverno e sol. Tarde gentil.
Crianças chilreantes deslizando...
Eu perco o meu olhar de quando em quando,
Olhando o azul, sorvendo o ar de abril.

... Agora sigo a sua silhueta
Até desapar'cer no *boulevard*,
E eu que não sou nem nunca fui poeta,[9]
Estes versos começo a meditar.

Perfil perdido... Imaginariamente,
Vou conhecendo a sua vida inteira.
Sei que é honesta, sã, trabalhadeira,
E que o pai lhe morreu recentemente.

(Ah! como nesse instante a invejei,
Olhando a minha vida deplorável –

8/ Este poema, enviado por Sá-Carneiro a Pessoa em carta de fevereiro de 1913, se compunha de 52 versos, exatamente divididos em duas partes, de 13 quadras cada uma, e era precedido de uma recomendação (cf. carta nº 5). Às 13 quadras iniciais, que ele classifica como *naturais*, seguem-se as outras 13, *irreais, ideais*. Estas últimas, desprendidas das primeiras, constituirão o poema de abertura do volume *Dispersão*, que sairá em 1914, sob o título "Partida", que se mantém nesta antologia, como em todas as edições do poeta, com algumas alterações suas nas estrofes um e três, e com a inserção de uma quadra inicial (que não havia na versão enviada na carta).

9/ É curioso que Sá-Carneiro, a meu ver visceralmente poeta, duvide do seu gênio.

A ela, que era enérgica e prestável,
Eu, que até hoje nunca trabalhei!...)

A dor foi muito, muito grande. Entanto
Ela e a mãe souberam resistir.
Nunca devemos sucumbir ao pranto;
É preciso ter força e reagir.

Ai daqueles – os fracos – que sentindo
Perdido o seu amparo, o seu amor,
Caem por terra, escravos duma dor
Que é apenas o fim dum sonho lindo.

Elas trabalham. Têm confiança.
Se às vezes o seu pranto é mal retido,
Em breve seca, e volta-lhes a esp'rança
Com a alegria do dever cumprido.

Assim vou suscitando, em fantasia,
Uma existência calma e santa e nobre.
Toda a ventura duma vida pobre
Eu compreendo neste fim de dia:

Para um bairro longínquo e salutar,
Uma casa modesta e sossegada;
Seis divisões (a renda é limitada)
Mas que gentil salinha de jantar...

Alegre, confortável e pequena;
Móveis úteis, sensatos e garridos...
Pela janela são jardins floridos
E a serpente aquática do Sena.

Respira-se um aroma a gentileza
No jarro das flores, sobre o fogão;
Quem as dispôs em tanta devoção,
Foram dedos de noiva, com certeza.

Ai que bem-estar, ai que serenidade...
A fé robusta dispersou a dor...
Naquela vida faz calor e amor,
E tudo nela é paz, simplicidade!

Paris, fevereiro de 1913

DISPERSÃO

PARTIDA[10]

Ao ver escoar-se a vida humanamente
Em suas águas certas, eu hesito,
E detenho-me às vezes na torrente
Das coisas geniais em que medito.[11]

Afronta-me um desejo de fugir
Ao mistério que é meu e me seduz.
Mas logo me triunfo. A sua luz
Não há muitos que a saibam refletir.

A minh'alma nostálgica de além,[12]
Cheia de orgulho, ensombra-se entretanto,
Aos meus olhos ungidos sobe um pranto
Que tenho a força de sumir também.

Porque eu reajo. A vida, a natureza,
Que são para o artista? Coisa alguma.
O que devemos é saltar na bruma,[13]
Correr no azul à busca da beleza.

10/ Como se disse na nota 8, este poema era a segunda parte do que, com o título "Simplesmente...", Sá-Carneiro enviara a Pessoa em carta de 26 de fevereiro de 1913.

11/ Já no primeiro poema de *Dispersão* se reflete a megalomania do poeta.

12/ "A minh'alma nostálgica de além" é um verso-chave da atitude de Sá-Carneiro diante da vida, que o aproxima de Pessoa.

13/ Deste verso ao último da nona estrofe, Sá-Carneiro ostenta, com orgulho, o seu ideal de artista.

É subir, é subir além dos céus
Que as nossas almas só acumularam,
E prostrados rezar, em sonho, ao Deus
Que as nossas mãos de auréola lá douraram.

É partir sem temor contra a montanha
Cingidos de quimera e de irreal;
Brandir a espada fulva e medieval,
A cada hora acastelando em Espanha.

É suscitar cores endoidecidas,[14]
Ser garra imperial enclavinhada,
E numa extrema-unção de alma ampliada,
Viajar outros sentidos, outras vidas.

Ser coluna de fumo, astro perdido,
Forçar os turbilhões aladamente,
Ser ramo de palmeira, água nascente
E arco de ouro e chama distendido...

Asa longínqua a sacudir loucura,
Nuvem precoce de sutil vapor,
Ânsia revolta de mistério e olor,
Sombra, vertigem, ascensão – Altura!

E eu dou-me todo neste fim de tarde
A espira aérea que me eleva aos cumes.

14/ Notar a presença da cor em todo o poema e, sobretudo, neste verso. A cor é elemento preponderante na poesia de Sá-Carneiro, aplicando-se às coisas concretas, bem como aos sentimentos e estados d'alma: ao roxo vai sempre ligada a ideia de tristeza, assim como ao ruivo se liga um sentido de sensualidade, ao azul, uma certa melancolia e ao dourado, áureo ou de ouro, o esplendor das coisas preciosas. O poeta utiliza as duas formas: *ouro* e *oiro*. Optou-se por manter essa alternância.

Doido de esfinges o horizonte arde,
Mas fico ileso entre clarões e gumes!...

Miragem roxa de nimbado encanto –
Sinto os meus olhos a volver-se em espaço!
Alastro, venço, chego e ultrapasso;
Sou labirinto, sou licorne e acanto.[15]

Sei a Distância, compreendo o Ar;
Sou chuva de ouro e sou espasmo de luz;
Sou taça de cristal lançada ao mar,
Diadema e timbre,[16] elmo real e cruz...

....
....

O bando das quimeras longe assoma...
Que apoteose imensa pelos céus!
A cor já não é cor – é som e aroma![17]
Vêm-me saudades de ter sido Deus...

Ao triunfo maior, avante, pois!
O meu destino é outro – é alto e é raro.
Unicamente custa muito caro:
A tristeza de nunca sermos dois...

Paris, fevereiro de 1913

15/ É frequente na poesia de Sá-Carneiro o emprego do vocabulário simbolista.

16/ O uso de termos heráldicos, tão caro aos simbolistas, também o é a Sá-Carneiro.

17/ Uma das mais belas sinestesias de toda a obra poética de Sá-Carneiro.

ESCAVAÇÃO

Numa ânsia de ter alguma cousa,
Divago por mim mesmo a procurar,
Desço-me todo, em vão, sem nada achar,
E a minh'alma perdida não repousa.

Nada tendo, decido-me a criar:
Brando a espada: sou luz harmoniosa
E chama genial que tudo ousa
Unicamente à força de sonhar...

Mas a vitória fulva esvai-se logo...
E cinzas, cinzas só, em vez de fogo...
– Onde existo que não existo em mim?[18]

....
....

Um cemitério falso[19] sem ossadas,
Noites d'amor sem bocas esmagadas –
Tudo outro espasmo que princípio ou fim...

Paris, 3 de maio de 1913

18/ Este é o problema máximo do poeta: a busca do próprio ser.

19/ Apesar da afirmação reiterada da própria genialidade, Sá-Carneiro sente-se incapaz de realizar-se, inseguro, falso. Este último adjetivo volta-lhe aos lábios e à pena a cada insucesso.

INTER-SONHO

Numa incerta melodia
Toda a minh'alma se esconde.
Reminiscências de Aonde[20]
Perturbam-me em nostalgia...

Manhã de armas! Manhã de armas!
Romaria! Romaria!

....

Tateio... dobro... resvalo...

....

Princesas de fantasia
Desencantam-se das flores...

....

Que pesadelo tão bom...

....

Pressinto um grande intervalo,
Deliro todas as cores,[21]
Vivo em roxo e morro em som...

Paris, 6 de maio de 1913

20/ Pela substantivação do advérbio de lugar, o poeta consegue localizar no impreciso a origem de suas reminiscências.

21/ A regência inusitada do verbo *delirar* denota a íntima afinidade do poeta com as cores e a sua acuidade sensorial que também se manifesta no último verso: "Vivo em roxo e morro em som."

ÁLCOOL

Guilhotinas, pelouros e castelos
Resvalam longemente em procissão;
Volteiam-me crepúsculos amarelos,
Mordidos, doentios de roxidão.

Batem asas de auréola aos meus ouvidos,[22]
Grifam-me sons de cor e de perfumes,[23]
Ferem-me os olhos turbilhões de gumes,
Descem-me a alma, sangram-me os sentidos.

Respiro-me no ar que ao longe vem,
Da luz que me ilumina participo;
Quero reunir-me e todo me dissipo – [24]
Luto, estrebucho... Em vão! Silvo pra além...

Corro em volta de mim sem me encontrar...
Tudo oscila e se abate como espuma...
Um disco de ouro surge a voltear...
Fecho os meus olhos com pavor da bruma...

22/ Aproximamos a frase "asas de auréola" desta outra, do poema "Partida" (v. 20): "mãos de auréola", embora não percebendo bem o sentido que lhes atribui o poeta; será, talvez, o de asas e mãos que coroam, que glorificam? Mas cremos que o vocábulo *auréola* vale muito pela presença do *ouro* e por sua beleza sonora que terá impressionado o sensorial e simbolista Sá-Carneiro.

23/ Nova sinestesia – visual-sonoro-olfativa –, esta muito especial: os sons são o agente, a cor e o perfume são o instrumento, o poeta é o paciente. Desta maneira estranha e original o poeta acentua a sua passividade perante o exterior, que procuraremos acentuar.

24/ Não se esqueça de que o título do volume é *Dispersão*, no qual o poema está inserido originalmente.

Que droga foi a que me inoculei?
Ópio de inferno em vez de paraíso?...
Que sortilégio a mim próprio lancei?
Como é que em dor genial eu me eterizo?

Nem ópio nem morfina. O que me ardeu,
Foi álcool mais raro e penetrante:
É só de mim que ando delirante –
Manhã tão forte que me anoiteceu.[25]

Paris, 4 de maio de 1913

25/ Nestes dois elementos antitéticos colocados no início e no fim do último verso do poema, Sá-Carneiro sintetiza a dualidade do seu ser e a disparidade existente entre *ele* e o *outro*.

VONTADE DE DORMIR

Fios de ouro puxam por mim
A soerguer-me na poeira –
Cada um para o seu fim,
Cada um para o seu norte...

....

– Ai que saudades da morte...

....

Quero dormir... ancorar...

....

Arranquem-me esta grandeza!
– Pra que me sonha a beleza,[26]
Se a não posso transmigrar?...

Paris, 6 de maio de 1913

26/ Note-se a atitude de passividade do poeta perante as coisas exteriores, aqui expressa na inversão de posições: a beleza o sonha, ele é o sonhado.

DISPERSÃO[27]

Perdi-me dentro de mim
Porque eu era labirinto,
E hoje, quando me sinto,
É com saudades de mim.

Passei pela minha vida
Um astro doido a sonhar.
Na ânsia de ultrapassar,
Nem dei pela minha vida...

Para mim é sempre ontem,
Não tenho amanhã nem hoje:
O tempo que aos outros foge
Cai sobre mim feito ontem.

(O Domingo de Paris
Lembra-me o desaparecido
Que sentia comovido
Os Domingos de Paris:

Porque um domingo é família,
É bem-estar, é singeleza,
E os que olham a beleza
Não têm bem-estar nem família.)

27/ Em carta a Fernando Pessoa, datada de Paris, de 3 de maio de 1913, Sá-Carneiro conta-lhe a gênese destes versos: estava ele só, sentado na *terrasse* de um café, e, para passar o tempo, fazia bonecos num papel; súbito, começou a escrever versos "como que automaticamente". Assim fez mais de metade das quadras, "boa tradução do estado sonolento, maquinal, em que escrevera esses versos". O resto do poema, fê-lo no dia seguinte, "num estado normal e refletidamente." (Cf. carta nº 8).

O pobre moço das ânsias...
Tu, sim, tu eras alguém!
E foi por isso também
Que te abismaste nas ânsias.

A grande ave dourada
Bateu asas para os céus
Mas fechou-as saciada
Ao ver que ganhava os céus.[28]

Como se chora um amante,
Assim me choro a mim mesmo:
Eu fui amante inconstante
Que se traiu a si mesmo.

Não sinto o espaço que encerro
Nem as linhas que projeto:
Se me olho a um espelho, erro –
Não me acho no que projeto.[29]

Regresso dentro de mim
Mas nada me fala, nada!
Tenho a alma amortalhada,
Sequinha, dentro de mim.

28/ O poeta é um permanente insatisfeito, pois, uma vez atingido, o ideal não mais o é. Trata-se da mesma atitude de Fernando Pessoa ortônimo, quando se lamenta: "E, quando o tive, sem razão pra o ter."

29/ No estudo crítico que serve de introdução ao vol. II das *Obras completas* de Mário de Sá-Carneiro, João Gaspar Simões assim interpreta estes versos: "Esta quadra do poema 'Dispersão' diz bem a natureza da sua sensibilidade. Por falta de densidade nervosa, Sá-Carneiro sentia-se transparente: não detinha a sensação do mundo, a percepção da realidade atravessava-o, deixava-o sem imagem no espelho." (SÁ-CARNEIRO, Mário de. *Obras completas de Mário de Sá-Carneiro*. Estudo crítico de João Gaspar Simões. Vol. II, Lisboa: Ática, 1953, p. 25-6)

Não perdi a minha alma,
Fiquei com ela, perdida.
Assim eu choro, da vida,
A morte da minha alma.

Saudosamente recordo
Uma gentil companheira
Que na minha vida inteira
Eu nunca vi... mas recordo

A sua boca doirada
E o seu corpo esmaecido,
Em um hálito perdido
Que vem na tarde doirada.

(As minhas grandes saudades
São do que nunca enlacei.
Ai, como eu tenho saudades
Dos sonhos que não sonhei!...)[30]

E sinto que a minha morte –
Minha dispersão total –
Existe lá longe, ao norte,
Numa grande capital.[31]

30/ A saudade do que não pôde ter é sentimento que também aflige Fernando Pessoa, embora com matiz algo diverso. Pela boca de seu heterônimo Álvaro de Campos, diz: "(...) o que nunca foi, nem será para trás, me dói (...)." (PESSOA, Fernando. *Antologia poética*. Organização, apresentação e ensaios de Cleonice Berardinelli. Rio de Janeiro: Casa da Palavra, 2012, p. 193).

31/ Na carta de 3 de maio de 1913, datada de Paris, assim se refere Sá-Carneiro a esta estrofe: "A quadra 15a não tem beleza, se lha indico é porque acho muito singular o tê-la escrito. Que quer dizer isso? Parece uma profecia... Por que a escrevi eu? (Cf. carta nº 8).

Vejo o meu último dia
Pintado em rolos de fumo,
E todo azul-de-agonia
Em sombra e além me sumo.

Ternura feita saudade,
Eu beijo as minhas mãos brancas...
Sou amor e piedade
Em face dessas mãos brancas...

Tristes mãos longas e lindas
Que eram feitas pra se dar...
Ninguém mas quis apertar...
Tristes mãos longas e lindas...[32]

Eu tenho pena de mim,
Pobre menino ideal...
Que me faltou afinal?
Um elo? Um rastro?... Ai de mim!...[33]

Desceu-me n'alma o crepúsculo;
Eu fui alguém que passou.
Serei, mas já não me sou;[34]
Não vivo, durmo o crepúsculo.

32/ O narcisismo de Sá-Carneiro tem aqui uma de suas mais fortes manifestações. Aliás, a ternura pelas próprias mãos é tema de muitos versos seus.

33/ Em carta a Gaspar Simões, de 11 de dezembro de 1931, escreve Fernando Pessoa: "(...) os a quem a mãe faltou por morte (a não ser que sejam secos de índole, como o não era Sá-Carneiro) viram sobre si mesmos a ternura própria, numa substituição de si mesmos à mãe incógnita (...)."

34/ O verbo *ser* está aqui na acepção de *existir*: existirei, mas já não existo para mim, isto é, não tenho consciência de minha existência.

Álcool dum sono outonal
Me penetrou vagamente
A difundir-me dormente
Em uma bruma outonal.

Perdi a morte e a vida,
E, louco, não enlouqueço...[35]
A hora foge vivida,
Eu sigo-a, mas permaneço...

....
....

Castelos desmantelados,
Leões alados sem juba...[36]

....
....

Paris, maio de 1913

35/ É o terrível estado de espírito de Álvaro de Campos, op. cit., p. 206: "Estou lúcido e louco."

36/ Ainda na carta de Paris, de 3 de maio de 1913, encontra-se este autojulgamento: "Do final da poesia gosto muito, muitíssimo, por terminar quebradamente, em desalento de orgulho: leões que são mais que leões, pois têm asas e aos quais no entanto arrancaram as jubas, a nobreza mais alta, toda a beleza das grandes feras douradas." (Cf. carta nº 8).

ESTÁTUA FALSA

Só de ouro falso os meus olhos se douram;
Sou esfinge sem mistério no poente.
A tristeza das coisas que não foram
Na minh'alma desceu veladamente.

Na minha dor quebram-se espadas de ânsia,
Gomos de luz em treva se misturam.
As sombras que eu dimano não perduram,[37]
Como Ontem, para mim, Hoje é distância.

Já não estremeço em face do segredo;
Nada me aloira já, nada me aterra:
A vida corre sobre mim em guerra,
E nem sequer um arrepio de medo!

Sou estrela ébria que perdeu os céus,
Sereia louca que deixou o mar;
Sou templo prestes a ruir sem deus,
Estátua falsa ainda erguida ao ar...

Paris, 5 de maio de 1913

37/ Emprego inusitado do verbo *dimanar* como transitivo direto. *Dimanar*: derramar-se, espalhar-se, estender-se (cf. *Dicionário Houaiss*).

QUASE[38]

Um pouco mais de sol – eu era brasa,
Um pouco mais de azul – eu era além.
Para atingir, faltou-me um golpe de asa...[39]
Se ao menos eu permanecesse aquém...

Assombro ou paz? Em vão... Tudo esvaído
Num baixo mar enganador de espuma;
E o grande sonho despertado em bruma,
O grande sonho – ó dor! – quase vivido...

Quase o amor, quase o triunfo e a chama,
Quase o princípio e o fim – quase a expansão...
Mas na minh'alma tudo se derrama...
Entanto nada foi só ilusão!

De tudo houve um começo... e tudo errou...
– Ai! a dor de ser-quase, dor sem fim... –
Eu falhei-me[40] entre os mais, falhei em mim,
Asa que se elançou mas não voou...[41]

Momentos de alma que desbaratei...
Templos aonde nunca pus um altar...
Rios que perdi sem os levar ao mar...
Ânsias que foram mas que não fixei...

38/ Essa angústia de ser *quase* também assalta Fernando Pessoa.

39/ Aquela mesma "asa longínqua a sacudir loucura" com que o poeta se propunha "subir além dos céus." (Cf. "Partida", v. 17).

40/ "Falhei-me" – não conhecemos outro exemplo deste verbo como reflexivo. Parece-nos uma das inovações de Sá-Carneiro: o pronome tem visível função intensiva.

41/ "Elançou" – galicismo, do fr. *élancer*; em Eça de Queirós (*A cidade e as serras*) encontra-se o substantivo "elance".

Se me vagueio, encontro só indícios...
Ogivas para o sol – vejo-as cerradas;
E mãos de herói, sem fé, acobardadas,
Puseram grades sobre os precipícios...

Num ímpeto difuso de quebranto,
Tudo encetei e nada possuí...
Hoje, de mim, só resta o desencanto
Das coisas que beijei mas não vivi...

....

....

Um pouco mais de sol – e fora brasa,
Um pouco mais de azul – e fora além.
Para atingir, faltou-me um golpe de asa...
Se ao menos eu permanecesse aquém...[42]

Paris, 13 de maio de 1913

42/ Esta estrofe repete, quase integralmente, a primeira. As outras são apenas o desenvolvimento poético que Sá-Carneiro dá ao seu cogitar, todo ele densamente contido nestes quatro versos. A única diferença entre as estrofes extremas está no tempo do verbo *ser*, que passa do imperfeito ao mais-que-perfeito do indicativo, numa gradação temporal que corresponde à crescente impossibilidade de *atingir*.

COMO EU NÃO POSSUO[43]

Olho em volta de mim. Todos possuem –
Um afeto, um sorriso ou um abraço.
Só para mim as ânsias se diluem
E não possuo mesmo quando enlaço.

Roça por mim, em longe, a teoria
Dos espasmos golfados ruivamente;[44]
São êxtases da cor que eu fremiria,[45]
Mas a minh'alma para e não os sente!

Quero sentir. Não sei... perco-me todo...
Não posso afeiçoar-me nem ser eu:
Falta-me egoísmo para ascender ao céu,[46]
Falta-me unção pra me afundar no lodo.

Não sou amigo de ninguém. Pra o ser
Forçoso me era antes possuir
Quem eu estimasse – ou homem ou mulher,
E eu não logro nunca possuir!...

43/ Neste poema Sá-Carneiro dá vazão a todo o seu sensualismo exacerbado.

44/ Do adjetivo *ruivo*, bastante encontradiço em sua obra, forma Sá-Carneiro o advérbio *ruivamente*, também encontrado no título de um seu soneto: "Certa voz na noite ruivamente..." Se ao adjetivo, como ficou dito atrás, pode-se atribuir quase sempre certo grau de sensualidade, o advérbio equivale sem dúvida a *sensualmente*, com o acréscimo plástico fornecido pela cor.

45/ O verbo *fremir*, com o objeto direto *cor*, equivale ao verbo *delirar* cuja regência procuramos interpretar na nota 21, do poema "Inter-Sonho".

46/ Se lermos *pra* em lugar de *para*, este verso será um decassílabo, como todos os outros. Não nos parece, entretanto, que assim se deva fazer: segundo o testemunho de Fernando Pessoa, Mário de Sá-Carneiro era muito meticuloso na revisão de seus poemas e mesmo as variantes ortográficas correspondiam a intenções especiais. É possível que neste verso mais longo, ele tenha querido dar a impressão do esforço exigido para a ascensão.

Castrado de alma e sem saber fixar-me,
Tarde a tarde na minha dor me afundo...
Serei um emigrado doutro mundo
Que nem na minha dor posso encontrar-me?...

Como eu desejo a que ali vai na rua,
Tão ágil, tão agreste, tão de amor...
Como eu quisera emaranhá-la nua,
Bebê-la em espasmos de harmonia e cor!...

Desejo errado... Se a tiver um dia,
Toda sem véus, a carne estilizada
Sob o meu corpo arfando transbordada,
Nem mesmo assim – ó ânsia! – eu a teria...

Eu vibraria só agonizante
Sobre o seu corpo de êxtases dourados,
Se fosse aqueles seios transtornados,
Se fosse aquele sexo aglutinante...

De embate ao meu amor todo me ruo,
E vejo-me em destroço até vencendo:
É que eu teria só, sentindo e sendo
Aquilo que estrebucho e não possuo.

Paris, maio de 1913

ALÉM-TÉDIO

Nada me expira já, nada me vive –[47]
Nem a tristeza nem as horas belas.
De as não ter e de nunca vir a tê-las,
Fartam-me até as coisas que não tive.[48]

Como eu quisera, enfim de alma esquecida,
Dormir em paz num leito de hospital...[49]
Cansei dentro de mim, cansei a vida[50]
De tanto a divagar em luz irreal.

Outrora imaginei escalar os céus
À força de ambição e nostalgia,
E doente-de-Novo, fui-me Deus
No grande rastro fulvo que me ardia.

Parti. Mas logo regressei à dor,
Pois tudo me ruiu... Tudo era igual:

47/ O poeta, que seria normalmente o sujeito da ação, passa a objeto, e objeto de verbos intransitivos. Muito bem nota João Gaspar Simões, em estudo crítico sobre o poeta (SÁ-CARNEIRO, Mário de. *Poesias*. Lisboa: Ática, 1953, p. 32): "Como não compreender a dor deste homem, presa impotente da vida? Como não ver nele uma espécie de símbolo de todos os nossos poetas que se encontraram diante da vida condenados a suportá-la, vítimas da sua fatalidade irremediável – passivos instrumentos?" (Cf. a nota 26, do poema "Vontade de dormir").

48/ Note-se a insistência com que o poeta fala das coisas inexistentes, que para ele na verdade existem, a ponto de até fartar-se delas.

49/ Este desejo ele o exprimirá novamente, dois anos mais tarde, em "Caranguejola".

50/ Na verdade, não foi ele que cansou a vida, mas ela que o cansou, ou ele que se cansou dela. Ele atribui ao verbo, nesta regência, uma significação diferente da usual.

A quimera, cingida, era real,[51]
A própria maravilha tinha cor!

Ecoando-me em silêncio, a noite escura[52]
Baixou-me assim na queda sem remédio;
Eu próprio me traguei na profundura,
Me sequei todo, endureci de tédio.

E só me resta hoje uma alegria:
É que, de tão iguais e tão vazios,
Os instantes me esvoam dia a dia
Cada vez mais velozes, mais esguios...

Paris, 15 de maio de 1913

51/ A decepção do poeta é causada por um motivo entranhadamente poético: a realidade real da sua quimera...

52/ Com a antítese – *ecoando* e *silêncio* – o poeta tira do verbo o seu valor acústico, conservando apenas, ou quase, a ideia de repetição, de resposta.

RODOPIO

Volteiam dentro de mim,
Em rodopio, em novelos,
Milagres, uivos, castelos,
Forcas de luz, pesadelos,
Altas torres de marfim.

Ascendem hélices, rastros...
Mais longe coam-me sóis;
Há promontórios, faróis,
Upam-se estátuas de heróis,
Ondeiam lanças e mastros.

Zebram-se armadas de cor,
Singram cortejos de luz,
Ruem-se braços de cruz,
E um espelho reproduz,
Em treva, todo o esplendor...

Cristais retinem de medo,
Precipitam-se estilhaços,
Chovem garras, manchas, laços...
Planos, quebras e espaços
Vertiginam em segredo.

Luas de oiro se embebedam,
Rainhas desfolham lírios;
Contorcionam-se círios,
Enclavinham-se delírios.
Listas de som enveredam...

Virgulam-se aspas em vozes,
Letras de fogo e punhais;

Há missas e bacanais,
Execuções capitais,
Regressos, apoteoses.

Silvam madeixas ondeantes,
Pungem lábios esmagados,
Há corpos emaranhados,
Seios mordidos, golfados,
Sexos mortos de anseantes...

(Há incenso de esponsais,
Há mãos brancas e sagradas,
Há velhas cartas rasgadas,
Há pobres coisas guardadas –
Um lenço, fitas, dedais...)

Há elmos, troféus, mortalhas,
Emanações fugidias,
Referências, nostalgias,
Ruínas de melodias,
Vertigens, erros e falhas.

Há vislumbres de não-ser,
Rangem, de vago, neblinas;
Fulcram-se poços e minas,
Meandros, pauis, ravinas
Que não ouso percorrer...

Há vácuos, há bolhas de ar,
Perfumes de longes ilhas,
Amarras, lemes e quilhas –
Tantas, tantas maravilhas
Que se não podem sonhar!...

Paris, 7 de maio de 1913

A QUEDA

E eu que sou o rei de toda esta incoerência,
Eu próprio turbilhão, anseio por fixá-la
E giro até partir... Mas tudo me resvala
Em bruma e sonolência.

Se acaso em minhas mãos fica um pedaço de ouro,
Volve-se logo falso...[53] ao longe o arremesso...
Eu morro de desdém em frente dum tesouro,
Morro à míngua, de excesso.[54]

Alteio-me na cor à força de quebranto,
Estendo os braços de alma – e nem um espasmo venço!...
Peneiro-me na sombra – em nada me condenso...
Agonias de luz eu vibro ainda entanto.

Não me pude vencer, mas posso-me esmagar,
– Vencer às vezes é o mesmo que tombar –
E como inda sou luz, num grande retrocesso,
Em raivas ideais ascendo até ao fim:
Olho do alto o gelo, ao gelo me arremesso...

53/ Sempre a obsessão com o falso.

54/ Neste último verso está sintetizada a incapacidade para a vida, que levará Sá-Carneiro ao suicídio. Tem em si desejos e possibilidades – o tesouro excessivo –, mas sente-se inapto para realizá-los, e o ouro, ao seu contato, se torna falso.

....

....

Tombei...

....

E fico só esmagado sobre mim!...

Paris, 8 de maio de 1913

INDÍCIOS DE OIRO

EPÍGRAFE

A sala do castelo é deserta e espelhada.

Tenho medo de Mim. Quem sou? Donde cheguei?...
Aqui, tudo já foi... Em sombra estilizada,
A cor morreu – e até o ar é uma ruína...
Vem de Outro tempo a luz que me ilumina –
Um som opaco me dilui em Rei... [55]

55/ Este poema é bem a epígrafe adequada ao volume de versos que inicia. Nele, tudo são indícios, sinais que ficaram do que passou: o vazio da sala, a sombra que já foi cor, a ruína do que fora o ar, a luz vinda do passado – e de um passado Outro –, o som que perdeu a sonoridade... Note-se, daqui em diante, o emprego por vezes abusivo das maiúsculas.

NOSSA SENHORA DE PARIS[56]

Listas de som avançam para mim a fustigar-me
Em luz.[57]
Todo a vibrar, quero fugir... Onde acoitar-me?...
Os braços duma cruz
Anseiam-se-me,[58] e eu fujo também ao luar...[59]
Um cheiro a maresia
Vem-me refrescar,
Longínqua melodia
Toda saudosa a Mar...
Mirtos e tamarindos
Odoram a lonjura;
Resvalam sonhos lindos...
Mas o Oiro não perdura
E a noite cresce agora a desabar catedrais...
Fico sepulto sob círios –
Escureço-me em delírios
Mas ressurjo de Ideais...

– Os meus sentidos a escoarem-se...
Altares e velas...

56/ Este poema inspira-se no mesmo clima de semiconsciência de "Inter-Sonho". Há neles flagrantes coincidências: em ambos há uma melodia – longínqua, num; incerta, noutro – que favorece o delírio (a palavra aparece nos dois); o emprego do verbo *resvalar*; a presença da cor e do som; as repetições exclamativas ("Manhã de armas! Manhã de armas! / Romaria! Romaria!", em "Inter-Sonho"; "Vitrais! Vitrais!", em "Nossa Senhora de Paris").

57/ Nova e ousada sinestesia sonoro-tátil-visual.

58/ O poeta dá ao verbo dois complementos pronominais: um é o objeto direto reflexivo, e o outro, o objeto indireto. É regência que só nele encontramos. O sentido parece-nos evidente: anseiam (ou anseiam-se) por mim e eu fujo...

59/ Este é o primeiro poema em que Sá-Carneiro emprega metros vários e irregularmente dispostos; é a sua primeira tentativa de versilibrismo (emprego ou prática do verso livre, segundo o *Dicionário Houaiss*).

Orgulho... Estrelas...
Vitrais! Vitrais!

Flores-de-lis...

Manchas de cor a ogivarem-se...
As grandes naves a sagrarem-se...
– Nossa Senhora de Paris!...

Paris, 15 de junho de 1913

CERTA VOZ NA NOITE, RUIVAMENTE...

Esquivo sortilégio o dessa voz, opiada
Em sons cor de amaranto, às noites de incerteza,
Que eu lembro não sei de Onde – a voz duma Princesa
Bailando meia nua entre clarões de espada.

Leonina, ela arremessa a carne arroxeada;
E bêbada de Si, arfante de Beleza,
Acera os seios nus, descobre o sexo... Reza
O espasmo que a estrebucha em Alma copulada...

Entanto nunca a vi mesmo em visão. Somente
A sua voz a fulcra ao meu lembrar-me. Assim
Não lhe desejo a carne – a carne inexistente...

É só de voz-em-cio a bailadeira astral –
E nessa voz-Estátua, ah! nessa voz-total,
É que eu sonho esvair-me em vícios de marfim...

Lisboa, 31 de janeiro de 1914

7

Eu não sou eu nem sou o outro,
Sou qualquer coisa de intermédio:[60]
Pilar da ponte de tédio
Que vai de mim para o Outro.

Lisboa, fevereiro de 1914

16

Esta inconstância de mim próprio em vibração
É que me há de transpor às zonas intermédias,[61]
E seguirei entre cristais de inquietação,
A retinir, a ondular... Soltas as rédeas,
Meus sonhos, leões de fogo e pasmo domados a tirar
A torre de ouro que era o carro da minh'Alma,
Transviarão pelo deserto, moribundos de Luar –
E eu só me lembrarei num baloiçar de palma...
Nos oásis depois hão de se abismar gumes,
A atmosfera há de ser outra, noutros planos:
As rãs hão de coaxar-me[62] em roucos tons humanos
Vomitando a minha carne que comeram entre estrumes...

60/ Neste brevíssimo poema, Sá-Carneiro condensou a sua angústia de ser nem um nem outro, mas algo que fica entre os dois.

61/ Como no poema anterior, sente-se o horror das zonas intermédias, aqui simbolizadas pelo deserto onde os leões de fogo – seus sonhos – se transviarão e a sua carne, comida entre estrumes, será vomitada pelas rãs. O realismo brutal destas expressões mais se evidencia por aplicar-se a fatos e seres simbólicos.

62/ O verbo intransitivo empregado como transitivo e modificado pelo adjunto adverbial de modo tem a sua significação acrescida: exprime a voz rouca das rãs mais a zombaria que ela contém e que a aparenta à voz humana.

Há sempre um grande Arco ao fundo dos meus olhos...
A cada passo a minha alma é outra cruz,
E o meu coração gira: é uma roda de cores...
Não sei aonde vou, nem vejo o que persigo...
Já não é o meu rastro o rastro de oiro que ainda sigo...
Resvalo em pontes de gelatina e de bolores...
Hoje a luz para mim é sempre meia-luz...[63]

....
....

As mesas do Café endoideceram feitas ar...
Caiu-me agora um braço... Olha, lá vai ele a valsar,
Vestido de casaca, nos salões do Vice-Rei... [64]

(Subo por mim acima como por uma escada de corda,
E a minha Ânsia é um trapézio escangalhado...).[65]

Lisboa, maio de 1914

63/ A ideia desconfortável de ponte – uma das formas de *intermédio* – intensifica-se pela sua insegurança (feita de gelatina), pela falta de calor e luz (de bolores) e pelo resvalar do poeta.

64/ Estes versos podem ser considerados dos mais agressivos de todo o poema.

65/ De nada lhe valerá o esforço da ascensão, pois o trapézio está escangalhado. Sempre a inutilidade de qualquer reação perante a vida.

APOTEOSE

Mastros quebrados, singro num mar de Ouro
Dormindo fogo, incerto, longemente...
Tudo se me igualou num sonho rente,
E em metade de mim hoje só moro...

São tristezas de bronze as que inda choro –
Pilastras mortas, mármores ao Poente...
Lajearam-se-me as ânsias brancamente
Por claustros falsos onde nunca oro...

Desci de Mim. Dobrei o manto de Astro,
Quebrei a taça de cristal e espanto,
Talhei em sombra o Oiro do meu rastro...

Findei... Horas-platina... Olor-brocado...
Luar-ânsia... Luz-perdão... Orquídeas-pranto...

....

– Ó pântanos de Mim – jardim estagnado...

Paris, 28 de junho de 1914

DISTANTE MELODIA...

Num sonho de Íris, morto a ouro e brasa,[66]
Vêm-me lembranças doutro Tempo azul
Que me oscilava entre véus de tule –
Um tempo esguio e leve, um tempo-Asa.

Então os meus sentidos eram cores,
Nasciam num jardim as minhas ânsias,
Havia na minh'alma Outras distâncias –
Distâncias que o segui-las era flores...[67]

Caía Ouro se pensava Estrelas,
O luar batia sobre o meu alhear-me...
Noites-lagoas, como éreis belas
Sob terraços-lis de recordar-me!...

Idade acorde de Inter-Sonho e Lua,
Onde as horas corriam sempre jade,[68]
Onde a neblina era uma saudade,
E a luz – anseios de Princesa nua...

Balaústres de som, arcos de Amar,
Pontes de brilho, ogivas de perfume...[69]

66/ Recorda-se o poeta de um tempo em que seus "sentidos eram cores" através de um "sonho de Íris morto", isto é, de um sonho descolorido, ou, pelo menos, de cores esbatidas, pois ainda há o *ouro* e a *brasa*.

67/ Note-se a substantivação do infinitivo, neste verso e nos versos 10, 12, 17 e 26.

68/ O substantivo *jade* está empregado como um adjetivo em função adverbial. Como o poeta está a recordar-se de outro "Tempo azul", em que seus "sentidos eram cores", ocorre-lhe naturalmente este vocábulo – aliás, bastante encontradiço em sua obra – pela sugestão de cor que contém.

69/ Note-se a concretização das abstrações.

Domínio inexprimível de Ópio e lume
Que nunca mais, em cor, hei de habitar...[70]

Tapetes doutras Pérsias mais Oriente...
Cortinados de Chinas mais marfim...[71]
Áureos Templos de ritos de cetim...
Fontes correndo sombra, mansamente...

Zimbórios-panteões de nostalgias...
Catedrais de ser-Eu por sobre o mar...
Escadas de honra, escadas só, ao ar...
Novas Bizâncios-Alma, outras Turquias...

Lembranças fluidas... cinza de brocado...
Irrealidade anil que em mim ondeia...
– Ao meu redor eu sou Rei exilado,
Vagabundo dum sonho de sereia...

Paris, 30 de junho de 1914

70/ Ausente a cor, sente-se frustrado o poeta.

71/ Mais *Oriente*, mais *marfim* – substantivos adjetivados.

TACITURNO

Há Ouro marchetado em mim, a pedras raras,[72]
Ouro sinistro em sons de bronzes medievais –
Joia profunda a minha Alma a luzes caras,
Cibório triangular de ritos infernais.

No meu mundo interior cerraram-se armaduras,[73]
Capacetes de ferro esmagaram Princesas.
Toda uma estirpe real de heróis de Outras bravuras
Em mim se despojou dos seus brasões e presas.

Heráldicas-luar sobre ímpetos de rubro,
Humilhações a lis, desforços de brocado;
Basílicas de tédio, arneses de crispado,
Insígnias de Ilusão, troféus de jaspe e Outubro...[74]

A ponte levadiça e baça de Eu-ter-sido
Enferrujou – embalde a tentarão descer...
Sobre fossos de Vago, ameias de inda-querer –
Manhãs de armas ainda em arraiais de olvido...

Percorro-me em salões sem janelas nem portas,[75]
Longas salas de trono a espessas densidades,

72/ *Ouro e pedras raras* – símbolos da sua grandeza, assim como, nos versos seguintes, *joia profunda, luzes caras, cibório*. Mas a grandeza – inegável – lhe é fatal e por isso ele será o *Taciturno*: o ouro brilha, mas é sinistro, o cibório não contém vida, mas morte da alma.

73/ O adjetivo *medievais* (verso 2) suscita no poeta visões dessa época – armaduras a cerrar-se, capacetes que esmagam princesas, heróis despojados de brasões e presas, a ponte levadiça que se não pode baixar etc. – e ele as faz imagens da sua frustração.

74/ Note-se que a preciosidade do jaspe não lhe tira o ser maciço, denso como os frutos do outono, pesado como os troféus do Taciturno.

75/ Cf. "Escala", verso 13.

Onde os panos de Arrás são esgarçadas saudades,
E os divãs, em redor, ânsias lassas, absortas...

Há roxos fins de Império em meu renunciar –
Caprichos de cetim do meu desdém Astral...
Há exéquias de heróis na minha dor feudal –
E os meus remorsos são terraços sobre o Mar...

Paris, agosto de 1914

O RESGATE

A última ilusão foi partir os espelhos – [76]
E nas salas ducais, os frisos de esculturas
Desfizeram-se em pó... Todas as bordaduras
Caíram de repente aos reposteiros velhos.

Atônito, parei na grande escadaria
Olhando as destroçadas, imperiais riquezas...
Dos lustres de cristal – as velas de ouro, acesas,
Quebravam-se também sobre a tapeçaria...

Rasgavam-se cetins, abatiam-se escudos;
Estalavam de cor os grifos dos ornatos.
Pelas molduras de honra, os lendários retratos
Sumiam-se de medo, a roçagar veludos...

Doido! Trazer ali os meus desdéns crispados!...
Tetos e frescos, pouco a pouco, enegreciam;
Panos de Arrás do que não – Fui emurcheciam –
Velavam-se brasões, subitamente errados...

76/ Em carta a Fernando Pessoa, datada de Paris, de 7 de agosto de 1915, Sá-Carneiro, em período de grande abatimento moral pela ameaça de ter de voltar a Lisboa ("tudo menos Lisboa"), escrevia: "Acima de tudo me arrepia a ideia sem espelhos de, sem remédio, novamente fundear no Martinho... Não sei por que mas esse café – não os outros cafés de Lisboa, esse só – deu-me sempre a ideia dum local aonde se vem findar uma vida: estranho refúgio, talvez, dos que perderam todas as ilusões (...)." Os espelhos simbolizam para o poeta a vida por eles refletida e multiplicada; partidos ou inexistentes, são, na vida, a mesa do Café Martinho e, na poesia, o destroçar das coisas preciosas... (Cf. carta nº 26).

Então, eu mesmo fui trancar todas as portas;
Fechei-me a Bronze eterno em meus salões ruídos...
– Se arranho o meu despeito entre vidros partidos,
Estilizei em Mim as douraduras mortas![77]

Camarate, Quinta da Vitória, outubro de 1914

77/ Fechado em si, despeitado com a vida, a estilização deste mesmo despeito é a sua poesia.

VISLUMBRE

A horas flébeis, outonais –
Por magoados fins de dia –
A minha Alma é água fria
Em ânforas de Ouro... entre cristais...

Camarate, Quinta da Vitória, outubro de 1914

ÂNGULO

Aonde irei neste sem-fim perdido,
Neste mar oco de certezas mortas? –
Fingidas, afinal, todas as portas
Que no dique julguei ter construído...

– Barcaças dos meus ímpetos tigrados,[78]
Que oceano vos dormiram de Segredo?[79]
Partiste-vos, transportes encantados,
De embate, em alma ao roxo, a que rochedo?...

– Ó nau de festa, ó ruiva de aventura
Onde, em Champanhe, a minha ânsia ia,
Quebraste-vos também ou, porventura,
Fundeaste a Ouro em portos de alquimia?...[80]

....

....

Chegaram à baía os galeões
Com as sete Princesas que morreram.
Regatas de luar não se correram...
As bandeiras velaram-se, orações...

78/ Em "Taciturno", verso 9, encontramos "ímpetos de rubro", onde a cor quente e vibrante (talvez por sugerir o sangue) acentua o vigor do ímpeto. Aqui, o adjetivo *tigrado* vale mais pela sugestão de força, de ferocidade, que vem do substantivo de que se deriva, do que pela cor mosqueada que, ela também, é expressiva, refletindo a instabilidade dos ímpetos do poeta.

79/ "Vos dormiram" = vos fizeram dormir (?).

80/ "Partiste-vos, quebraste-vos, fundeaste" –, em lugar de partistes-vos, quebrastes-vos, fundeastes –, licença poética.

Detive-me na ponte, debruçado,
Mas a ponte era falsa – e derradeira.[81]
Segui no cais. O cais era abaulado,
Cais fingido sem mar à sua beira...

– Por sobre o que Eu não sou há grandes pontes
Que um outro, só metade, quer passar
Em miragens de falsos horizontes –
Um outro que eu não posso acorrentar...[82]

Barcelona, setembro de 1914

81/ Aqui vemos unidas duas preocupações do poeta: "a ponte era falsa." Por ser ponte, já o deixaria a meio caminho, quase... Sendo falsa – e derradeira, logo, sem deixar esperanças de mudança –, ele tem de abandoná-la por um cais que também é fingido.

82/ Volta o problema do outro (como no poema "7") que não é ele, mas apenas a sua metade, que ele não pode acorrentar, para evitar a sua dispersão.

ANTO[83]

Caprichos de lilás, febres esguias,
Enlevos de Ópio – Íris-abandono...
Saudades de luar, timbre de Outono,
Cristal de essências langues, fugidias...

O pajem débil das ternuras de cetim,
O friorento das carícias magoadas;
O príncipe das Ilhas transtornadas –
Senhor feudal das Torres de marfim...

Lisboa, 14 de fevereiro de 1915

83/ Oito versos e nenhum verbo ou conjunção a encadeá-los; substantivos abstratos de sentido brando, adjetivados por vocábulos ou frases que mais os embrandecem: epítetos nobiliárquicos de coisas impossíveis – suavidade, ternura, requinte –; um verdadeiro retrato poético de António Nobre, de quem Sá-Carneiro, nos últimos versos, bastante se aproximou.

A INIGUALÁVEL

Ai, como eu te queria toda de violetas
E flébio de cetim...
Teus dedos longos, de marfim,
Que os sombreassem joias pretas...

E tão febril e delicada
Que não pudesses dar um passo –
Sonhando estrelas, transtornada,
Com estampas de cor no regaço...

Queria-te nua e friorenta,
Aconchegando-te em zibelinas –
Sonolenta,
Ruiva de éteres e morfinas...

Ah! que as tuas nostalgias fossem guizos de prata –
Teus frenesis, lantejoulas;
E os ócios em que estiolas,
Luar que se desbarata...

....
....

Teus beijos, queria-os de tule,
Transparecendo carmim –
Os teus espasmos, de seda...

– Água fria e clara numa noite azul,
Água, devia ser o teu amor por mim...

Lisboa, 16 de fevereiro de 1915

ESCALA

Oh! regressar a mim profundamente[84]
E ser o que já fui no meu delírio...
– Vá, que se abra de novo o grande lírio,
Tombem miosótis em cristal e Oriente!

Cinja-me de novo a grande esperança,
E de novo me timbre a grande Lua!
Eia! que empunhe como outrora a lança
E a espada de Astros – ilusória e nua!

Rompa a fanfarra atrás do funeral!
Que se abra o poço de marfim e jade!
– Vamos! é tempo de partir a Grade!
Corra o palácio inteiro o vendaval!

Nem portas nem janelas, como dantes:[85]
A chuva, o vento, o sol – e eu, A Estátua![86]
Que me nimbe de novo a auréola fátua –
Tirano medieval de Oiros distantes.

84/ Na carta a Fernando Pessoa, de 7 de agosto de 1915, já citada na nota 76, lamentava-se Sá-Carneiro: "Sou inferior – é a triste verdade – de muito longe inferior ao que já fui (...) E não prevejo o meu regresso a mim – isso, que digo nos meus versos da 'Escala' –, incitação que não será seguida, parece-me. Já vê que não vamos nada bem." (Cf. carta nº 26).

85/ Em "Taciturno", verso 17, encontramos: "Percorro-me em salões sem janelas nem portas"; aqui, "Nem portas nem janelas, como dantes". Parece-nos, porém, que esses dois versos, aparentemente tão semelhantes, exprimem coisas diversas: no primeiro, a ausência de portas e janelas indica a ausência de aberturas nas salas "a espessas densidades", enquanto que no segundo o que há são as aberturas, sem portas ou janelas que as fechem, para que possa o vendaval correr o palácio inteiro.

86/ Cf. "Estátua falsa". Se aqui a estátua não é confessadamente falsa, nimba-a uma *auréola fátua*.

E o príncipe sonâmbulo do Sul,
O Doge de Venezas escondidas,
O chaveiro das Torres poluídas,
O mítico Rajá de Índias de tule –

Me erga imperial, em pasmo e arrogância,
Toldado de luar – cintil de arfejos:[87]
Imaginário de carmim e beijos,
Pierrot de fogo a cabriolar Distância.[88]

Num entardecer a esfinges de Ouro e mágoa[89]
Que se prolongue o Cais de me cismar –
Que ressurja o terraço à beira-mar
De me iludir em Rei de Pérsias de água.

É tempo ainda de realçar-me a espelhos,
Travar mistérios, influir Destaque.
Vamos! por terra os reposteiros velhos –
Novos brocados para o novo ataque![90]

Torne-se a abrir o Harém em festival,
(Harém de gaze, e as odaliscas, seda)...
Que se embandeire em mim o Arraial,
Haja bailes de Mim pela alameda!...

87/ "Cintil de arfejos" – vocábulos que não se encontram nos dicionários (encontramos *cintilos* no poeta simbolista brasileiro Ernâni Rosas); o sentido deve ser: cintilante de palpitações.
88/ Mais um verbo intransitivo ao qual o poeta dá um objeto direto.
89/ Na ideia de *entardecer* funde o poeta a impressão visual – de ouro – e a emotiva – de mágoa.
90/ Note-se como se assemelham as imagens deste poema às do poema "Resgate".

Rufem tambores, colem-se os cartazes –
Gire a tômbola, o carrossel comece![91]
Vou de novo lançar-me na quermesse:
– Saltimbanco, que a feira toda arrases![92]

Eh-lá! mistura os sons com os perfumes,
Disparata de cor, guincha de luz!
Amontoa no palco os corpos nus,
Tudo alvoroça em malabares de lumes!

Recama-te de Anil e destempero,
Tem Coragem – em mira o grande salto!
Ascende! Tomba! Que te importa? Falto
Eu, acaso?... Ânimo! Lá te espero.

Que nada mais te importe. Ah! segue em frente
Ó meu Rei-lua o teu destino dúbio:[93]
E sê o timbre, sê o oiro, o eflúvio,
O arco, a zona – o Sinal de Oriente!

Paris, julho de 1915

91/ "Tômbola e carrossel" – associa o poeta o seu giro (aqui e em outros passos) ao giro da vida, movida pela Sorte.

92/ Neste poema em que o poeta, desdobrado, incita-se a tentar o grande salto, há o mesmo desejo de *elançar-se* que encontramos em "Partida".

93/ Vocábulo dos preferidos de Sá-Carneiro é *lua*, que já encontramos atrás e tornaremos muitas vezes a encontrar. Aplicado a ele, a outrem ou à vida, nunca o é em sentido próprio. Como António Nobre (este, nem sempre, pois em sua obra muitas vezes se encontra a lua-astro da noite, a branquear caminhos), ele atribui à lua cargas emotivas complexas: ela simboliza a altura, o inatingível, o sonho, a loucura de ser poeta. Para Nobre, a Purinha, o seu ideal impossível de mulher, será "esta Torre, esta Lua, esta Quimera"; para Sá-Carneiro, Paris, a cidade sem par, é sua *Lua* e sua *Cobra*. De *Lua* e *Cobra* chama-se Nobre em seu soneto "Memória": "'Só' é o poeta-nato, o *lua*, o santo, a *cobra*!" O ser *lua*, isto é, o estar muito alto, faz de Paris a desgraça de Sá-Carneiro, a sua *cobra*, assim como faz de Anto a sua própria desgraça.

SETE CANÇÕES DE DECLÍNIO[94]

1

Um vago tom de opala debelou
Prolixos funerais de luto de Astro –
E pelo espaço, a Oiro se enfolou[95]
O estandarte real – livre, sem mastro.

Fantástica bandeira sem suporte[96]
Incerta, nevoenta, recamada –
A desdobrar-se como a minha Sorte
Predita por ciganos numa estrada...

2[97]

Atapetemos a vida
Contra nós e contra o mundo.
– Desçamos panos de fundo
A cada hora vivida!

Desfiles, danças – embora
Mal sejam uma ilusão.

94/ Na carta a Pessoa, de 7 de agosto de 1915, citada anteriormente, refere-se a estas canções que com ela remetia ao amigo: "Junto lhe mando uma extensa versalhada. Não sei bem o que aquilo é. Inferior, não há dúvida (...) Esses versos indicam queda, miséria – não há dúvida –, sejam encarados por que lado for: moral ou literário. Assim acho muito bem o título genérico de 'Sete canções de declínio'." (Cf. carta nº 26).

95/ "Enfolou" = inflou.

96/ Esta bandeira erguida sem suporte no ar faz pensar nas "escadas de honra, escadas só, ao ar..." (Cf. "Distante melodia", verso 27).

97/ Em duas de suas últimas cartas a Fernando Pessoa, a de 24 de março de 1916 e a de 31 do mesmo mês e ano, Sá-Carneiro cita os primeiros versos desta canção (cf. cartas nºs 61 e 62).

– Cenários de mutação
Pela minha vida fora!

Quero ser Eu plenamente:
Eu, o possesso do Pasmo.
– Todo o meu entusiasmo,
Ah! que seja o meu Oriente![98]

O grande doido, o varrido,
O perdulário do Instante –
O amante sem amante,
Ora amado ora traído...

Lançar as barcas ao Mar –
De névoa, em rumo de incerto...
– Pra mim o longe é mais perto
Do que o presente lugar.[99]

... E as minhas unhas polidas –
Ideia de olhos pintados...
Meus sentidos maquilados
A tintas desconhecidas...

Mistério duma incerteza
Que nunca se há de fixar...
Sonhador em frente ao mar
Duma olvidada riqueza...

– Num programa de teatro
Suceda-se a minha vida:

98/ "... seja o meu Oriente!" = seja não só o meu ponto de partida, mas o meu impulso inicial. *Oriente* é palavra cara ao poeta.

99/ Porque ele vive, pelo seu sonho, sempre longe de onde está.

Escada de Oiro descida
Aos pinotes, quatro a quatro!...

3

– Embora num funeral
Desfraldemos as bandeiras:
Só as Cores são verdadeiras –
Siga sempre o festival!

Quermesse – eia!– e ruído!
Louça quebrada! Tropel!
(Defronte do carrossel,
Eu, em ternura esquecido...).[100]

Fitas de cor, vozearia –
Os automóveis repletos:
Seus *chauffeurs* – os meus afetos
Com librés de fantasia!

Ser bom... Gostaria tanto
De o ser... Mas como? Afinal
Só se me fizesse mal
Eu fruiria esse encanto.

– Afetos?... Divagações...
Amigo dos meus amigos...
Amizades são castigos,
Não me embaraço em prisões!

100/ Esquecido, diante da vida que passa...

Fiz deles os meus criados,
Com muita pena – decerto.
Mas quero o Salão aberto,
E os meus braços repousados.

4[101]

As grandes Horas! – vivê-las
A preço mesmo dum crime!
Só a beleza redime –
Sacrifícios são novelas.

"Ganhar o pão do seu dia
Com o suor do seu rosto"...
– Mas não há maior desgosto
Nem há maior vilania!

E quem for Grande não venha
Dizer-me que passa fome:
Nada há que se não dome
Quando a Estrela for tamanha!

Nem receios nem temores,
Mesmo que sofra por nós
Quem nos faz bem. Esses dós
Impeçam os inferiores.

Os Grandes, partam – dominem
Sua sorte em suas mãos:

101/ Nesta Canção 4, o poeta confessa-se plenamente cônscio da missão do artista: aqueles que são *grandes* têm o dever de dominar a própria sorte, embora deixando um rastro de luto no seu caminho de Astro.

– Toldados, inúteis, vãos,
Que o seu Destino imaginem!

Nada nos pode deter:
O nosso caminho é de Astro!
Luto – embora! – o nosso rastro,
Se pra nós Oiro há de ser!...

5[102]

Vaga lenda facetada
A imprevisto e miragens –
Um grande livro de imagens,
Uma toalha bordada...

Um baile russo a mil cores,
Um Domingo de Paris –
Cofre de Imperatriz
Roubado por malfeitores...

Antiga quinta deserta
Em que os donos faleceram –
Porta de cristal aberta
Sobre sonhos que esqueceram...

Um lago à luz do luar
Com um barquinho de corda...
Saudade que não recorda –
Bola de tênis no ar...

102/ Ainda na carta de agosto de 1915, o poeta exprimia a sua preferência por esta canção: "Acho mais graça à quinta canção. Efetivamente, sinteticamente, o que anseio pôr na minha vida é tudo aquilo." (Cf. carta nº 26).

Um leque que se rasgou –
Anel perdido no parque –
Lenço que acenou no embarque
De Aquela que não voltou...

Praia de banhos do sul
Com meninos a brincar
Descalços, à beira-mar,
Em tardes de céu azul...

Viagem circulatória
Num expresso de *wagons*-leitos –
Balão aceso – defeitos
De instalação provisória...

Palace cosmopolita
De *rastaquouères* e *cocottes* –
Audaciosos decotes
Duma francesa bonita...

Confusão de *music-hall*
Aplausos e *brou-u-há* – [103]
Interminável sofá
Dum estofo profundo e mole...

Pinturas a *ripolin*,
Anúncios pelos telhados –
O barulho dos teclados
Das *Linotype* do "*Matin*"...[104]

103/ "Brou-u-há": vocábulo onomatopeico, se assemelha à forma francesa *brouhaha*, significando *ruído confuso*, que, evidentemente, o poeta, sempre marcado pelos galicismos, utilizou.

104/ A este octossílabo, único destoante dos redondilhos da canção, refere-se Sá-Carneiro:

Manchete de sensação
Transmitida a todo o mundo –
Famoso artigo de fundo
Que acende uma revolução...

Um sobrescrito lacrado
Que transviou no correio,
E nos chega sujo – cheio
De carimbos, lado a lado...

Nobre ponte citadina
De intranquila capital –
A umidade outonal
Duma manhã de neblina...

Uma bebida gelada –
Presentes todos os dias...
Champanhe em taças esguias
Ou água ao sol entornada...

Uma gaveta secreta
Com segredos de adultérios...
Porta falsa de mistérios –
Toda uma estante repleta:

Seja enfim a minha vida
Tarada de ócios e Lua:
Vida de Café e rua,
Dolorosa, suspendida –

"tanto me embevece, quando passo em frente do *Matin*, o discreto martelar das *Linotypes*, que até deixei ficar o verso forçado, como verá."

Ah! mas de enlevo tão grande
Que outra nem sonho ou prevejo...
– A eterna mágoa dum beijo,
Essa mesma, ela me expande...

6[105]

Um frenesi hialino arrepiou
Pra sempre a minha carne e a minha vida.
Fui um barco de vela que parou
Em súbita baía adormecida...

Baía embandeirada de miragem,
Dormente de ópio, de cristal e anil,
Na ideia de um país de gaze e Abril,[106]
Em duvidosa e tremulante imagem...

Parou ali a barca – e, ou fosse encanto,
Ou preguiça, ou delírio, ou esquecimento,
Não mais aparelhou... – ou fosse o vento
Propício que faltasse: ágil e santo...

...Frente ao porto esboçara-se a cidade,
Descendo enlanguescida e preciosa:
As cúpulas de sombra cor-de-rosa,
As torres de platina e de saudade.

105/ Nesta sexta canção retoma o poeta o metro da primeira, como a retomar o ritmo pausado que acompanha um devaneio com certa sequência, com imagens logicamente encadeadas, em oposição às canções nos 2, 3 e 5, onde o metro sugere o borboletear do espírito em delírio, ora aqui, ora ali, numa sucessiva mutação de imagens, e à quarta canção, em que este mesmo metro, seguidamente sincopado pelos *enjambements*, reproduz o esforço da marcha ideal para a frente.
106/ Aproximando os substantivos *gaze* e *abril*, o poeta sugere-nos a frescura e a leveza de primavera que atribui ao país do sonho.

Avenidas de seda deslizando,
Praças de honra libertas sobre o mar –
Jardins onde as flores fossem luar;
Lagos – carícias de âmbar flutuando...

Os palácios a rendas e escumalha,[107]
De filigrana e cinza as Catedrais –
Sobre a cidade, a luz – esquiva poalha
Tingindo-se através longos vitrais...[108]

Vitrais de sonho a debruá-la em volta,
A isolá-la em lenda marchetada:
Uma Veneza de capricho – solta,
Instável, dúbia, pressentida, alada...

Exílio branco – a sua atmosfera,
Murmúrio de aplausos – seu *brou-u-há*...
E na Praça mais larga, em frágil cera,
Eu – a estátua "que nunca tombará"...

7

Meu alvoroço de oiro e lua
Tinha por fim que transbordar...
– Caiu-me a Alma ao meio da rua,
E não a posso ir apanhar!

Paris, julho e agosto de 1915

107/ Os dicionários não registram este vocábulo com a significação que lhe atribui Sá-Carneiro: a de espuma, cuja leveza e porosidade descreveriam, com a renda e a filigrana, a arquitetura dos palácios de Veneza.
108/ "Através longos vitrais" – galicismo de regência, muito usado pelo poeta.

ABRIGO

Paris da minha ternura
Onde estava a minha Obra –
Minha Lua e minha Cobra,
Timbre da minha aventura.

Ó meu Paris, meu menino,
Meu inefável brinquedo...
– Paris do lindo segredo
Ausente no meu destino.

Regaço de namorada,
Meu enleio apetecido –
Meu vinho de Oiro bebido
Por taça logo quebrada...

Minha febre e minha calma –
Ponte sobre o meu revés:
Consolo da viuvez
Sempre noiva da minha Alma...

Ó fita benta de cor,
Compressa das minhas feridas...
– Ó minhas unhas polidas,
– Meu cristal de toucador...

Meu eterno dia de anos,
Minha festa de veludo...
Paris: derradeiro escudo,
Silêncio dos meus enganos.

Milagroso carrossel
Em feira de fantasia –
Meu órgão da Barbaria,
Meu teatro de papel...

Minha cidade-figura,
Minha cidade com rosto...
– Ai, meu acerado gosto,
Minha fruta mal madura...

Mancenilha e bem-me-quer,[109]
Paris – meu lobo e amigo...
– Quisera dormir contigo,
Ser todo a tua mulher!...[110]

Paris, setembro de 1915

109/ "Mancenilha" é uma árvore de cujo fruto e tronco se extrai um suco venenoso. Está em oposição a "bem-me-quer", como, no verso seguinte, meu "lobo e amigo", a sintetizar os extremos do que, para o poeta, significa Paris.

110/ O poema é todo constituído de vocativos: só nos dois últimos versos completa-se a oração (apenas no verso 2 apareceu um verbo em modo finito, mas numa oração adjetiva). Note-se mais uma vez a atitude de passividade do poeta, que já atrás acentuamos.

SERRADURA

A minha vida sentou-se
E não há quem a levante,
Que desde o Poente ao Levante
A minha vida fartou-se.

E ei-la, a mona,[111] lá está,
Estendida, a perna traçada,
No infindável sofá
Da minha Alma estofada.

Pois é assim: a minha Alma
Outrora a sonhar de Rússias,
Espapaçou-se de calma,
E hoje sonha só pelúcias.

Vai aos Cafés, pede um *bock*,
Lê o *Matin* de castigo,
E não há nenhum remoque
Que a regresse ao Oiro antigo!

Dentro de mim é um fardo
Que não pesa, mas que maça:
O zumbido dum moscardo,
Ou comichão que não passa.

Folhetim da *Capital*
Pelo nosso Júlio Dantas –[112]

111/ "A mona" – a tola.

112/ Contra Júlio Dantas, já consagrado pela corrente conservadora, voltavam-se os novos. José de Almada Negreiros escreveu um "Manifesto Anti-Dantas", em versos, cujas estrofes terminavam por um estribilho: "Morra o Dantas. Morra! Pim!"

Ou qualquer coisa entre tantas
Duma antipatia igual...

O raio já bebe vinho,[113]
Coisa que nunca fazia,
E fuma o seu cigarrinho
Em plena burocracia!...

Qualquer dia, pela certa,
Quando eu mal me precate,
É capaz dum disparate,
Se encontra uma porta aberta...

Isto assim não pode ser...
Mas como achar um remédio?
– Pra acabar este intermédio
Lembrei-me de endoidecer:

O que era fácil – partindo
Os móveis do meu hotel,
Ou para a rua saindo
De barrete de papel

A gritar "Viva a Alemanha"...[114]
Mas a minh'Alma, em verdade,
Não merece tal façanha,
Tal prova de lealdade...

113/ *O raio*: expressão familiar que não repugna aos modernos (cf. Álvaro de Campos) e que dá ao verso um tom de naturalidade corrente.
114/ Gritar "*Viva a Alemanha*" em Paris, em 1915, durante a primeira Grande Guerra Mundial, seria de fato rematada loucura.

Vou deixá-la – decidido –
No lavabo dum Café,
Como um anel esquecido.
É um fim mais *raffiné*.

Paris, 6 de setembro de 1915

O LORD

Lord que eu fui de Escócias doutra vida
Hoje arrasta por esta a sua decadência,
Sem brilho e equipagens.
Milord reduzido a viver de imagens,
Para às montras de joias de opulência
Num desejo brumoso – em dúvida iludida...
(– Por isso a minha raiva mal contida,
– Por isso a minha eterna impaciência).

Olha as Praças, rodeia-as...
Quem sabe se ele outrora
Teve Praças, como esta, a palácios e colunas –
Longas terras, quintas cheias,
Iates pelo mar fora,
Montanhas e lagos, florestas e dunas...

(– Por isso a sensação em mim fincada há tanto
Dum grande patrimônio algures haver perdido;
Por isso o meu desejo astral de luxo desmedido –
E a Cor na minha Obra o que restou do encanto...).

Paris, setembro de 1915

TORNIQUETE

A tômbola anda depressa,
Nem sei quando irá parar –
Aonde, pouco me importa;
O importante é que pare...
– A minha vida não cessa
De ser sempre a mesma porta
Eternamente a abanar...

Abriu-se agora o salão
Onde há gente a conversar.
Entrei sem hesitação –
Somente o que se vai dar?
A meio da reunião,
Pela certa disparato,
Volvo a mim a todo o pano:

Às cambalhotas desato,
E salto sobre o piano...
– Vai ser bonita a função!
Esfrangalho as partituras,
Quebro toda a caqueirada,
Arrebento à gargalhada,
E fujo pelo saguão...

Meses depois, as gazetas
Darão críticas completas,
Indecentes e patetas,
Da minha última obra...
E eu – pra cama outra vez,
Curtindo febre e revés,
Tocado de Estrela e Cobra...[115]

Paris, novembro de 1915

115/ Parece-nos que, neste verso, podemos entender "Estrela" = lua.

PIED-DE-NEZ[116]

Lá anda a minha Dor às cambalhotas
No salão de vermelho atapetado –
Meu cetim de ternura engordurado,
Rendas da minha ânsia todas rotas...[117]

O Erro sempre a rir-me em destrambelho –
Falso mistério, mas que não se abrange...
De antigo armário que agoirento range,
Minh'alma atual o esverdinhado espelho...

Chora em mim um palhaço às piruetas;
O meu castelo em Espanha, ei-lo vendido –
E, entretanto, foram de violetas,

Deram-me beijos sem os ter pedido...
Mas como sempre, ao fim – bandeiras pretas,
Tômbolas falsas, carrossel partido...

Paris, novembro de 1915

116/ "Pied-de-nez": gesto de zombaria que se faz apoiando na ponta do nariz o polegar da mão aberta e com dedos separados. Podemos traduzir por *fiau!*, interjeição que, no Brasil, exprime vaia.

117/ A partir do fim de 1915, a crise moral de Sá-Carneiro mais e mais se agrava, refletindo-se no tom amargo com que acentua o lado ridículo do seu fracasso. No poema anterior, já disparatava, quebrando tudo, fugindo à gargalhada: neste, além do título escarnecedor, é o cetim de ternura *engordurado*, as rendas *rotas*, o *esverdinhado* espelho de sua Alma.

O PAJEM

Sozinho de brancura, eu vago – Asa
De rendas que entre cardos só flutua...
– Triste de Mim, que vim de Alma pra rua,
E nunca a poderei deixar em casa...

Paris, novembro de 1915

CAMPAINHADA

As duas ou três vezes que me abriram
A porta do salão onde está gente,
Eu entrei, triste de mim, contente –
E à entrada sempre me sorriram...

Paris, outubro de 1915

ÁPICE[118]

O raio de sol da tarde
Que uma janela perdida
Refletiu
Num instante indiferente –
Arde,
Numa lembrança esvaída,
À minha memória de hoje
Subitamente...

Seu efêmero arrepio
Zig-zagueia, ondula, foge,
Pela minha retentiva...
– E não poder adivinhar
Por que mistério se me evoca
Esta ideia fugitiva,
Tão débil que mal me toca!...

– Ah, não sei por que, mas certamente
Aquele raio cadente
Alguma coisa foi na minha sorte
Que a sua projeção atravessou...

Tanto segredo no destino de uma vida...

É como a ideia de Norte,
Preconcebida,
Que sempre me acompanhou...

Paris, agosto de 1915

118/ Neste poema, de grande beleza e simplicidade, Sá-Carneiro tenta fixar um momento fugitivo, um breve raio de sol (e o metro irregular reflete a inquietação da busca) que lhe traz uma lembrança imprecisa.

DESQUITE

Dispam-me o Oiro e o Luar,
Rasguem as minhas togas de astros –
Quebrem os ônix e alabastros
Do meu não me querer igualar.

Que faço só na grande Praça
Que o meu orgulho rodeou –
Estátua, ascensão do que não sou,
Perfil prolixo de que ameaça?...

... E o sol... ah, o sol do ocaso,
Perturbação de fosco e Império –
A solidão dum ermitério
Na impaciência dum atraso...

O cavaleiro que partiu,
E não voltou nem deu notícias –
Tão belas foram as primícias,
Depois só luto o anel cingiu...

A grande festa anunciada
A galas e elmos principescos,
Apenas foi executada
A guinchos e esgares simiescos...

Ânsia de Rosa e braços nus,
Findou de enleios ou de enjoos...
– Que desbaratos os meus voos;
Ai, que espantalho a minha cruz...

Paris, julho de 1915

CARANGUEJOLA[119]

– Ah, que me metam entre cobertores,
E não me façam mais nada...
Que a porta do meu quarto fique para sempre fechada,
Que não se abra mesmo para ti se tu lá fores.

Lã vermelha, leito fofo. Tudo bem calafetado...
Nenhum livro, nenhum livro à cabeceira.
Façam apenas com que eu tenha sempre a meu lado
Bolos de ovos e uma garrafa de *Madeira*.

Não, não estou para mais – não quero mesmo brinquedos.
Pra quê? Até se mos dessem não saberia brincar...
– Que querem fazer de mim com estes enleios e medos?
Não fui feito pra festas. Larguem-me! Deixem-me sossegar...

Noite sempre plo meu quarto. As cortinas corridas,
E eu aninhado a dormir, bem quentinho – que amor...[120]
Sim: ficar sempre na cama, nunca mexer, criar bolor –
Plo menos era o sossego completo... História! era a melhor das vidas...

Se me doem os pés e não sei andar direito,
Pra que hei de teimar em ir para as salas, de Lord?

119/ No caderno manuscrito de *Indícios de oiro*, do acervo da Biblioteca Nacional de Portugal, este poema é o de nº 31 – o penúltimo da sequência –, por isso aqui o inserimos. No título do poema ("Caranguejola" = coisa mal segura), Sá-Carneiro revela a precariedade da sua situação. Todo ele é um suposto diálogo: de um lado, o poeta; do outro, os que se oporiam à realização de seus desejos – ou *ela*, ou ele mesmo.

120/ O enternecimento por si mesmo, tão semelhante ao de António Nobre, acentua-se com o diminutivo (de que este poeta faz largo uso, mas que em Sá-Carneiro constitui uma exceção) e a frase interjetiva: "Que amor!...", de caráter antes feminino.

– Vamos, que a minha vida por uma vez se acorde
Com o meu corpo – e se resigne a não ter jeito...

De que me vale sair, se me constipo logo?
E quem posso eu esperar, com a minha delicadeza?...
Deixa-te de ilusões, Mário! Bom *édredon*, bom fogo – [121]
E não penses no resto. É já bastante, com franqueza...

Desistamos. A nenhuma parte a minha ânsia me levará.
Pra que hei de então andar aos tombos, numa inútil correria?
Tenham dó de mim. Co'a breca! levem-me pra enfermaria –
Isto é: pra um quarto particular que o meu Pai pagará.[122]

Justo. Um quarto de hospital – higiênico, todo branco, moderno e tranquilo;[123]
Em Paris, é preferível – por causa da legenda...
Daqui a vinte anos a minha literatura talvez se entenda – [124]
E depois estar maluquinho em Paris, fica bem, tem certo estilo...

– Quanto a ti, meu amor, podes vir às quintas-feiras,
Se quiseres ser gentil, perguntar como eu estou.
Agora no meu quarto é que tu não entras, mesmo com as melhores maneiras:
Nada a fazer, minha rica. O menino dorme. Tudo o mais acabou.[125]

Paris, novembro de 1915

121/ O chamar-se pelo próprio nome é também característica de António Nobre.

122/ Note-se o valor autobiográfico destes versos, em que nenhuma imagem vela a revelação da sua miséria econômica.

123/ Este desejo de tranquilidade, num quarto de hospital, ele já o exprimira em um poema escrito em março de 1915, "Elegia", que não incluímos neste volume: "Convalescença afetuosa/ Num hospital branco de paz..."

124/ O poeta previu mais ou menos certo; na verdade, a aceitação mais ampla da sua poesia demorou um pouco mais que isso.

125/ Notem-se os versos longos, sem obediência a metros fixos. O tom coloquial, em que Sá-Carneiro também nisto se aproxima de Nobre, dá uma perfeita naturalidade ao poema.

ÚLTIMO SONETO

Que rosas fugitivas foste ali:
Requeriam-te os tapetes – e vieste...
– Se me dói hoje o bem que me fizeste,
É justo, porque muito te devi.

Em que seda de afagos me envolvi
Quando entraste, nas tardes que apareceste –
Como fui de percal quando me deste
Tua boca a beijar, que remordi...

Pensei que fosse o meu o teu cansaço –
Que seria entre nós um longo abraço
O tédio que, tão esbelta, te curvava...

E fugiste... Que importa? Se deixaste
A lembrança violeta que animaste,
Onde a minha saudade a Cor se trava?...[126]

Paris, dezembro de 1915

126/ Tão importante é a cor para o poeta que a lembrança violeta, à qual se prende a sua saudade, lhe basta.

ÚLTIMOS POEMAS

CRISE LAMENTÁVEL

Gostava tanto de mexer na vida,
De ser quem sou – mas de poder tocar-lhe...
E não há forma: cada vez perdida
Mais a destreza de saber pegar-lhe...

Viver em casa como toda a gente –
Não ter juízo nos meus livros – mas
Chegar ao fim do mês sempre com as
Despesas pagas religiosamente...

Não ter receio de seguir pequenas
E convidá-las para me por nelas –
À minha Torre ebúrnea abrir janelas,
Numa palavra, e não fazer mais cenas.

Ter força num dia pra quebrar as roscas
Desta engrenagem que empenando vai.
– Não mandar telegramas ao meu Pai,
– Não andar por Paris, como ando, às moscas.

Levantar-me e sair – não precisar
De hora e meia antes de vir pra rua.
– Pôr termo a isto de viver na lua,
– Perder a *frousse* das correntes de ar.

Não estar sempre a bulir, a quebrar coisas
Por casa dos amigos que frequento –

Não me embrenhar por histórias melindrosas
Que em fantasia apenas argumento...

Que tudo em mim é fantasia alada,
Um crime o bem que nunca se comete:
E sempre o Oiro em chumbo se derrete
Por meu Azar ou minha zoina suada...

Paris, janeiro de 1916

O FANTASMA

O que farei na vida – o Emigrado
Astral após que fantasiada guerra,[127]
Quando este Oiro por fim cair por terra,
Que ainda é Oiro, embora esverdinhado?

(De que revolta ou que país fadado?)
Pobre lisonja a gaze que me encerra...
Imaginária e pertinaz, desferra
Que força mágica o meu pasmo aguado?

A escada é suspeita e é perigosa:
Alastra-se uma nódoa duvidosa
Pela alcatifa, os corrimãos partidos...

Taparam com rodilhas o meu norte,
As formigas cobriram minha Sorte,[128]
Morreram-me meninos nos sentidos...[129]

Paris, 21 de janeiro de 1916

127/ O adjetivo *astral*, muito encontradiço em Sá-Carneiro e Fernando Pessoa, além de ser vocábulo corrente no simbolismo, é caro aos ocultistas e teosofistas, entre os quais se incluem os dois poetas.

128/ Em vários poetas (como Fernando Pessoa e Pablo Neruda), as formigas simbolizam a destruição.

129/ A acuidade sensorial do poeta revela-se no sofrimento que experimenta não no seu sentimento, mas nos sentidos (cf. "Álcool", verso 8).

EL-REI[130]

Quando chego o piano estala agoiro
E medem-se os convivas logo, inquietos;
Alargam-se as paredes, sobem tetos;
Paira um Luxo de Adaga em mão de moiro.

Meu intento porém é todo loiro
E a cor-de-rosa, insinuando afetos.[131]
Mas ninguém se me expande... Os meus diletos[132]
Frenesis ninguém brilha![133] Excesso de Oiro...

Meu Dislate a conventos longos orça.[134]
Pra medir minha zoina, aquém e além,[135]
Só mítica, de alada, esguia corça.[136]

Quem me convida mesmo não faz bem:
Intruso ainda quando, à viva força,
A sua casa me levasse alguém...

Paris, 30 de janeiro de 1916

130/ O título do soneto, estranhamente absurdo em relação ao seu contexto, é mais uma manifestação do humor sombrio com que zomba de si (cf. *Pied-de-Nez*).
131/ A suavidade dos coloridos garante a amenidade de sua disposição.
132/ Ninguém se expande comigo, ninguém me acolhe.
133/ Emprego raro do verbo *brilhar* transitivo direto = ostentar.
134/ Entendemos: meu *Dislate* (disparate, tolice) é tamanho que só se pode comparar (*medir*) a longos conventos.
135/ "Zoina" = má sorte, azar. Em cartas escritas pela mesma época em que compôs este soneto, Sá-Carneiro fala com frequência na *zoina* que o persegue: "A zoina, a grande zoina sempre!" (3 de fevereiro de 1916); "A zoina silva sobre mim despedaçadoramente." (18 de fevereiro de 1916). (Cf. cartas n°s 51 e 55).
136/ Não sabemos se interpretamos bem estes dois versos: apenas uma corça mítica, cuja natural agilidade seria acrescida de ter asas, poderia medir a zoina, isto é, servir de padrão para avaliar a desmesura do seu poder sobre ele.

AQUELOUTRO[137]

O dúbio mascarado, o mentiroso
Afinal, que passou na vida incógnito;
O Rei-lua postiço, o falso atônito;
Bem no fundo o covarde rigoroso...

Em vez de Pajem bobo presunçoso...[138]
Sua alma de neve asco de um vômito...
Seu ânimo cantado como indômito
Um lacaio invertido e pressuroso...

O sem nervos nem ânsia, o papa-açorda...[139]
(Seu coração talvez movido a corda...)
Apesar de seus berros ao Ideal,

O corrido, o raimoso, o desleal,[140]
O balofo arrotando Império astral,
O mago sem condão, o Esfinge gorda...[141]

Paris, fevereiro de 1916

137/ Estes três sonetos – "O Fantasma", "El-Rei" e "Aqueloutro", datados de janeiro e fevereiro de 1916 – em gradação ascendente de desdém e repulsa culminam com este que é o seu autorretrato, grotesca e tragicamente caricaturado.
138/ O jogo das antíteses salienta o aspecto negativo que ele se atribui.
139/ "Papa-açorda" = covarde, molengo.
140/ "Raimoso" = reimoso? Parece-nos que sim, pois o sentido deste vocábulo (genioso, brigão) cabe bem aqui.
141/ "O Esfinge gorda" – Sá-Carneiro tinha desgosto de seu físico, de sua precoce obesidade.

FIM[142]

Quando eu morrer batam em latas,
Rompam aos saltos e aos pinotes,
Façam estalar no ar chicotes,
Chamem palhaços e acrobatas!

Que o meu caixão vá sobre um burro
Ajaezado à andaluza...
A um morto nada se recusa,
E eu quero por força ir de burro!

Paris, fevereiro de 1916

142/ Até à sua morte e ao seu funeral quis Sá-Carneiro dar o tom grotesco que lhes tira a dignidade, como para mais achincalhar-se.

POEMAS DISPERSOS

MANUCURE[143]

Na sensação de estar polindo as minhas unhas,
Súbita sensação inexplicável de ternura,
Todo me incluo em Mim – piedosamente.[144]
Entanto eis-me sozinho no Café:
De manhã, como sempre, em bocejos amarelos.
De volta, as mesas apenas – ingratas
E duras, esquinadas na sua desgraciosidade
Boçal, quadrangular e livre-pensadora...
Fora: dia de Maio em luz
E sol – dia brutal, provinciano e democrático
Que os meus olhos delicados, refinados, esguios e citadinos
Não podem tolerar – e apenas forçados
Suportam em náuseas. Toda a minha sensibilidade
Se ofende com este dia que há de ter cantores
Entre os amigos com quem ando às vezes –
Trigueiros, naturais, de bigodes fartos –
Que escrevem, mas têm partido político
E assistem a congressos republicanos,
Vão às mulheres, gostam de vinho tinto,
De peros ou de sardinhas fritas...

143/ "Este poema", diz Fernando Pessoa, "foi feito por *blague*", mas quisemos incluir partes selecionadas dele nesta antologia como testemunho da tentativa futurista de Sá-Carneiro e porque, apesar de voluntariamente diverso do resto da sua obra (sobretudo do ponto de vista formal), parece-nos conter alguns elementos essenciais da sua poesia, que procuraremos fixar.

144/ Há já de início uma atitude que procuramos evidenciar: a autoternura concentrada nos cuidados dispensados às mãos e às unhas.

E eu sempre na sensação de polir as minhas unhas
E de as pintar com um verniz parisiense,
Vou-me mais e mais enternecendo
Até chorar por Mim...
Mil cores no Ar, mil vibrações latejantes,
Brumosos planos desviados
Abatendo flechas, listas volúveis, discos flexíveis,
Chegam tenuemente a perfilar-me
Toda a ternura que eu pudera ter vivido,
Toda a grandeza que eu pudera ter sentido,
Todos os cenários que entretanto Fui...[145]
Eis como, pouco a pouco, se me foca
A obsessão débil dum sorriso
Que espelhos vagos refletiram...
Leve inflexão a sinusar...
Fino arrepio cristalizado...
Inatingível deslocamento...
Veloz faúlha atmosférica...

E tudo, tudo assim me é conduzido no espaço
Por inúmeras intersecções de planos
Múltiplos, livres, resvalantes.

É lá, no grande Espelho de fantasmas
Que ondula e se entregolfa todo o meu passado,
Se desmorona o meu presente,
E o meu futuro é já poeira...
....

Deponho então as minhas limas,
As minhas tesouras, os meus *godets* de verniz,

145/ A mesma presença das cores e das vibrações, as mesmas maiúsculas alegorizantes (*Mim*, *Ar*, *Fui*).

Os polidores da minha sensação –
E solto meus olhos a enlouquecerem de Ar!
Oh! poder exaurir tudo quanto nele se incrusta,
Varar a sua Beleza – sem suporte, enfim! –
Cantar o que ele revolve, e amolda, impregna,
Alastra e expande em vibrações:
Sutilizado, sucessivo – perpétuo ao Infinito!...
Que calotes suspensas entre ogivas de ruínas,
Que triângulos sólidos pelas naves partidos!
Que hélices atrás dum voo vertical!
Que esferas graciosas sucedendo a uma bola de tênis! –
Que loiras oscilações se ri a boca da jogadora...
Que grinaldas vermelhas, que leques, se a dançarina russa,
Meia-nua, agita as mãos pintadas da Salomé
Num grande palco a Ouro!
– Que rendas outros bailados![146]

Ah! mas que inflexões de precipício, estridentes, cegantes,
Que vértices brutais a divergir, a ranger,
Se facas de apache se entrecruzam
Altas madrugadas frias...

E pelas estações e cais de embarque,
Os grandes caixotes acumulados,
As malas, os fardos – *pêle-mêle*...
Tudo inserto em Ar,
Afeiçoado por ele, separado por ele
Em múltiplos interstícios
Por onde eu sinto a minh'Alma a divagar!...

– Ó beleza futurista das mercadorias!

146/ A sucessão de peças da moderna mecânica (calotes, triângulos, hélices) não exclui "as ogivas de ruínas", "as mãos da Salomé", o "palco a Ouro".

– Sarapilheira dos fardos,
Como eu quisera togar-me de Ti!
– Madeira dos caixotes,
Como eu ansiara cravar os dentes em Ti![147]
E os pregos, as cordas, os aros... –
Mas, acima de tudo, como bailam faiscantes
A meus olhos audazes de beleza,
As inscrições de todos esses fardos –
Negras, vermelhas, azuis ou verdes –
Gritos de atual e Comércio & Indústria
Em trânsito cosmopolita:

FRÁGIL! FRÁGIL!

8 4 3 - AG LISBON

492 - WR MADRID[148]

Ávido, em sucessão da nova Beleza atmosférica,
O meu olhar coleia sempre em frenesis de absorvê-la
À minha volta. E a que mágicas, em verdade, tudo baldeado
Pelo grande fluido insidioso,
Se volve, de grotesco – célere,
Imponderável, esbelto, leviano...
– Olha as mesas... Eia! Eia!
Lá vão todas no Ar às cabriolas,
Em séries instantâneas de quadrados
Ali – mas já, mais longe, em losangos desviados...
E entregolfam-se as filas indestrinçavelmente,
E misturam-se às mesas as insinuações berrantes
Das bancadas de veludo vermelho

147/ Há nestes versos uma visível influência de Álvaro de Campos.

148/ Num poema futurista como este, não podiam faltar as brincadeiras gráficas.

Que, ladeando-o, correm todo o Café...
E, mais alto, em planos oblíquos,
Simbolismos aéreos de heráldicas tênues
Deslumbram os xadrezes dos fundos de palhinha
Das cadeiras que, estremunhadas em seu sono horizontal,
Vá lá, se erguem também na sarabanda...

Meus olhos ungidos de Novo,
Sim! – meus olhos futuristas, meus olhos cubistas, meus olhos
[interseccionistas,
Não param de fremir, de sorver e faiscar
Toda a beleza espectral, transferida, sucedânea,
Toda essa Beleza-sem-Suporte,
Desconjuntada, emersa, variável sempre
E livre – em mutações contínuas,
Em insondáveis divergências...

– Quanto à minha chávena banal de porcelana?

Ah, essa esgota-se em curvas gregas de ânfora,
Ascende num vértice de espiras
Que o seu rebordo frisado a ouro emite...

É no ar que ondeia tudo! *É lá que tudo existe!...*[149]

... Dos longos vidros polidos que deitam sobre a rua,
Agora, chegam teorias de vértices hialinos
A latejar cristalizações nevoadas e difusas.
Como um raio de sol atravessa a vitrine maior,
Bailam no espaço a tingi-lo em fantasias,
Laços, grifos, setas, ases – na poeira multicolor –.

149/ Também característica do futurismo é esta tentativa ideogramática.

APOTEOSE.

....

(...)

– Meus olhos extenuaram de Beleza!

Inefável devaneio penumbroso –
Descem-me as pálpebras vislumbradamente...

....

... Começam-me a lembrar anéis de jade
De certas mãos que um dia possuí –
E ei-los, de sortilégio, já enroscando o Ar...
Lembram-me beijos – e sobem
Marchetações a carmim...

Divergem hélices lantejoulares...
Abrem-se cristas, fendem-se gumes...
Pequenos timbres de ouro se enclavinham...
Alçam-se espiras, travam-se cruzetas...
Quebram-se estrelas, soçobram plumas...

Dorido, para roubar meus olhos à riqueza,
Fincadamente os cerro...

Embalde! Não há defesa:
Zurzem-se planos a meus ouvidos, em catadupas,
Durante a escuridão –
Planos, intervalos, quebras, saltos, declives...

– Ó mágica teatral da atmosfera,
– Ó mágica contemporânea – pois só nós,
Os de Hoje, te dobramos e fremimos!

....

(...)

Sereno.
Em minha face assenta-se um estrangeiro
Que desdobra o *Matin*.
Meus olhos, já tranquilos de espaço,
Ei-los que, ao entrever de longe os caracteres,
Começam a vibrar
Toda a nova sensibilidade tipográfica.

Eh-lá! grosso normando das manchetes em sensação!
Itálico afilado das crônicas diárias!
Corpo-12 romano, instalado, burguês e confortável!
Góticos, cursivos, rondas, inglesas, capitais!
Tipo miudinho dos pequenos anúncios!
Meu elzevir de curvas pederastas!...
E os ornamentos tipográficos, as vinhetas,
As grossas tarjas negras,
Os *puzzles* frívolos da pontuação,
Os asteriscos – e as aspas... os acentos...
Eh-lá! Eh-lá! Eh-lá!...

(...)

Mas o estrangeiro vira a página,
Lê os telegramas da Última-Hora,
Tão leve como a folha do jornal,

Num rodopio de letras,
Todo o mundo repousa em suas mãos!

(...)

Lisboa, maio de 1915

* * *

Ah, que te esquecesses sempre das horas
Polindo as unhas –
A impaciente das morbidezas louras
Enquanto ao espelho te compunhas...

....

A da pulseira duvidosa
A dos anéis de jade e enganos
A dissoluta, a perigosa
A desvirgada aos sete anos...

O teu passado – Sigilo morto,
Tu própria quase o olvidaras –
Em névoa absorto
Tão espessamente o enredaras.

A vagas horas, no entretanto,
Certo sorriso te assomaria
Que em vez de encanto,
Medo faria.

E em teu pescoço
Mel e alabrastro –
Sombrio punhal deixara rastro
Num traço grosso.

A sonhadora arrependida
De que passados malefícios –
A mentirosa, a embebida
Em mil feitiços...

....

Agosto de 1915

FEMININA

Eu queria ser mulher pra me poder estender
Ao lado dos meus amigos, nas *banquettes* dos cafés.
Eu queria ser mulher para poder estender
Pó de arroz pelo meu rosto, diante de todos, nos cafés.

Eu queria ser mulher pra não ter que pensar na vida
E conhecer muitos velhos a quem pedisse dinheiro –
Eu queria ser mulher para passar o dia inteiro
A falar de modas e a fazer *potins* – muito entretida.

Eu queria ser mulher para mexer nos meus seios
E aguçá-los ao espelho, antes de me deitar –
Eu queria ser mulher para que me fossem bem estes enleios
Que num homem, francamente, não se podem desculpar.

Eu queria ser mulher para ter muitos amantes
E enganá-los a todos – mesmo ao predileto –
Como eu gostava de enganar o meu amante loiro, o mais esbelto,
Com um rapaz gordo e feio, de modos extravagantes...

Eu queria ser mulher para excitar quem me olhasse,
Eu queria ser mulher para me poder recusar...
....

Paris, fevereiro de 1916

POEMA DE FERNANDO PESSOA A SÁ-CARNEIRO

SÁ-CARNEIRO

Nesse número do Orpheu *que há de ser feito*
com sóis e estrelas em um mundo novo.

Nunca supus que isto que chamam morte
Tivesse qualquer espécie de sentido...
Cada um de nós, aqui aparecido,
Onde manda a lei certa e a falsa sorte,

Tem só uma demora de passagem
Entre um comboio e outro, entroncamento
Chamado e mudo, ou a vida, ou o momento;
Mas, seja como for, segue a viagem.

Por isso, embora num comboio expresso
Seguisses, e adiante do em que vou,
No términus de tudo, ao fim lá estou
Nessa ida que afinal é um regresso.

Porque na enorme gare onde Deus manda
Grandes acolhimentos se darão
Para cada prolixo coração
Que com seu próprio ser vive em demanda.

Hoje, falho de ti, sou dois a sós.
Há almas pares, as que conheceram

Onde os seres são almas □
□
Como éramos só um, falando! Nós
Éramos como um diálogo numa alma.
Não sei se dormes □ calma
Sei que, falho de ti, estou um a sós.

É como se esperasse eternamente
A tua vinda certa e combinada
Aí embaixo, no Café Arcada –
Quase no extremo deste Continente;

Aí onde escreveste aqueles versos
Do trapézio, do não-sei, – sei eu –
Aquilo tudo que depois no *Orpheu*
□
Ah, meu maior amigo, nunca mais
Na paisagem sepulta desta vida
Encontrarei uma alma tão querida
Às coisas que em meu ser são as reais.

Não mais, não mais, e desde que saíste
Desta prisão fechada que é o mundo,
Meu coração é inerte e infecundo,
E o que sou é um sonho que está triste.

Porque há em nós, por mais que consigamos
Ser nós mesmos a sós sem nostalgia,
Um desejo de termos companhia –
O amigo enorme que a falar amamos.

Fernando Pessoa
[1934]

POEMA DE ÁLVARO DE CAMPOS A SÁ-CARNEIRO

Se te queres matar, porque não te queres matar?
Ah, aproveita! que eu, que tanto amo a morte e a vida,
Se ousasse matar-me, também me mataria...
Ah, se ousares, ousa!
De que te serve o quadro sucessivo das imagens externas
A que chamamos o mundo?
A cinematografia das horas representadas
Por atores de convenções e poses determinadas,
O circo policromo do nosso dinamismo sem fim?
De que te serve o teu mundo interior que desconheces?
Talvez, matando-te, o conheças finalmente...
Talvez, acabando, comeces...
E, de qualquer forma, se te cansa seres,
Ah, cansa-te nobremente,
E não cantes, como eu, a vida por bebedeira,
Não saúdes como eu a morte em literatura!

Fazes falta? Ó sombra fútil chamada gente!
Ninguém faz falta; não fazes falta a ninguém...
Sem ti correrá tudo sem ti.
Talvez seja pior para outros existires que matares-te...
Talvez peses mais durando, que deixando de durar...
A mágoa dos outros?... Tens remorso adiantado
De que te chorem?
Descansa: pouco te chorarão...
O impulso vital apaga as lágrimas pouco a pouco,
Quando não são de coisas nossas,
Quando são do que acontece aos outros, sobretudo a morte,
Porque é a coisa depois da qual nada acontece aos outros...

Primeiro é a angústia, a surpresa da vinda
Do mistério e da falta da tua vida falada...
Depois o horror do caixão visível e material,
E os homens de preto que exercem a profissão de estar ali.
Depois a família a velar, inconsolável e contando anedotas,
Lamentando entre as últimas notícias dos jornais da noite,
Interseccionando a pena de teres morrido com o último crime...
E tu mera causa ocasional daquela carpidação,
Tu verdadeiramente morto, muito mais morto que calculas...
Muito mais morto aqui que calculas,
Mesmo que estejas muito mais vivo além...

Depois a retirada preta para o jazigo ou a cova,
E depois o princípio da morte da tua memória.
Há primeiro em todos um alívio
Da tragédia um pouco maçadora de teres morrido...
Depois a conversa aligeira-se quotidianamente,
E a vida de todos os dias retoma o seu dia...

Depois, lentamente, esqueceste.
Só és lembrado em duas datas, aniversariamente:
Quando faz anos que nasceste, quando faz anos que morreste.
Mais nada, mais nada, absolutamente mais nada.
Duas vezes no ano pensam em ti.
Duas vezes no ano suspiram por ti os que te amaram,
E uma ou outra vez suspiram se por acaso se fala em ti.

Encara-te a frio, e encara a frio o que somos...
Se queres matar-te, mata-te...
Não tenhas escrúpulos morais, receios de inteligência!...
Que escrúpulos ou receios tem a mecânica da vida?
Que escrúpulos químicos tem o impulso que gera
As seivas, e a circulação do sangue, e o amor?
Que memória dos outros tem o ritmo alegre da vida?

Ah, pobre vaidade de carne e osso chamada homem,
Não vês que não tens importância absolutamente nenhuma?

És importante para ti, porque é a ti que te sentes.
És tudo para ti, porque para ti és o universo,
E o próprio universo e os outros
Satélites da tua subjetividade objetiva..
És importante para ti porque só tu és importante para ti.
E se és assim, ó mito, não serão os outros assim?

Tens, como Hamlet, o pavor do desconhecido?
Mas o que é conhecido? O que é que tu conheces,
Para que chames desconhecido a qualquer cousa em especial?

Tens, como Falstaff, o amor gorduroso da vida?
Se assim a amas materialmente, ama-a ainda mais materialmente:
Torna-te parte carnal da terra e das coisas!
Dispersa-te, sistema físico-químico
De células noturnamente conscientes
Pela noturna consciência da inconsciência dos corpos,
Pelo grande cobertor não-cobrindo-nada das aparências,
Pela relva e a erva da proliferação dos seres,
Pela névoa atômica das cousas,
Pelas paredes turbilhonantes
Do vácuo dinâmico do mundo...

26-4-1926[150]

150/ Este poema, de autoria de Álvaro de Campos, foi escrito no dia em que se completavam dez anos do suicídio de Sá-Carneiro. (PESSOA, Fernando. Fernando Pessoa: antologia poética. Organização Cleonice Berardinelli. Rio de Janeiro: Casa da Palavra, 2012, p. 176-78).

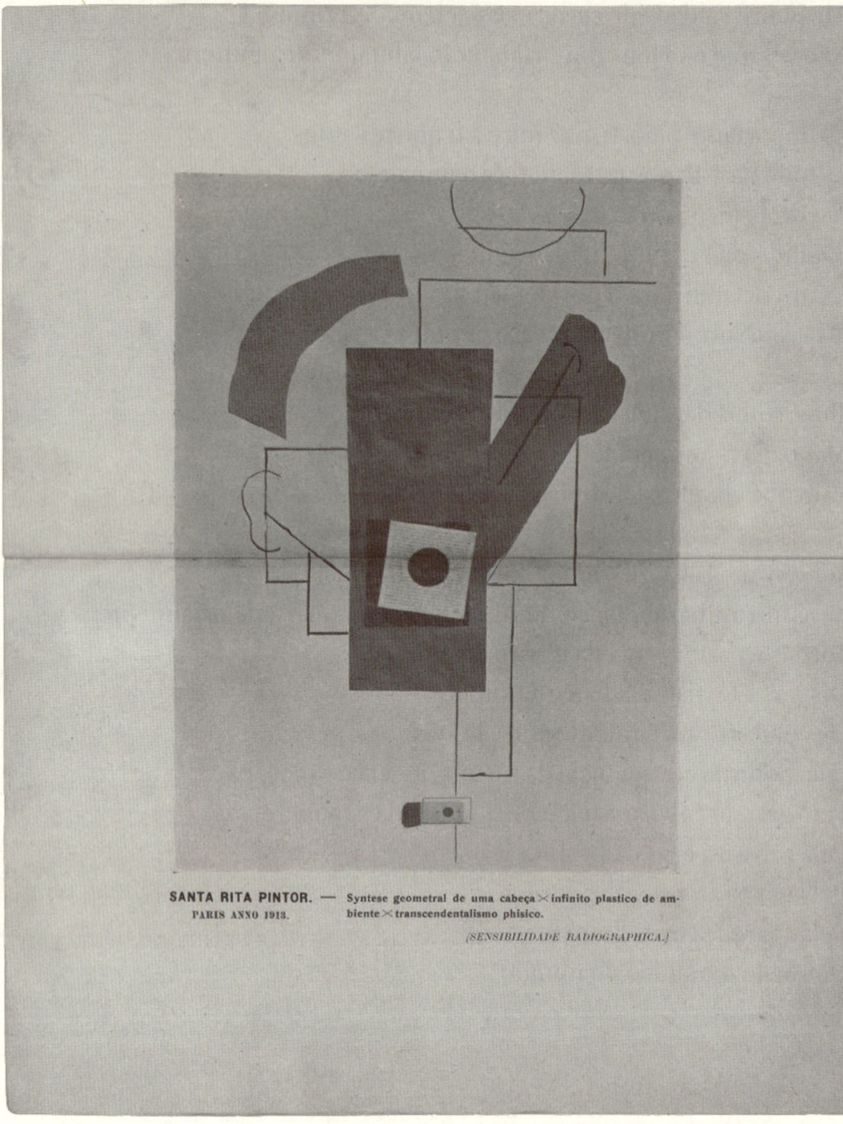

Guilherme de Santa-Rita

Síntese geometral de uma cabeça x infinito plástico de ambiente x transcendentalismo físico (sensibilidade radiográfica) 1913, colagem.

Publicado no nº 2 da revista *Orpheu*, 1915.

PROSA

. A ESTRANHA MORTE DO PROFESSOR ANTENA

. O HOMEM DOS SONHOS

. ASAS

. EU-PRÓPRIO O OUTRO

. A CONFISSÃO DE LÚCIO

A ESTRANHA MORTE DO PROFESSOR ANTENA

A Côrtes-Rodrigues

Mesmo entre o público normal causou grande sensação a morte do Professor Domingos Antena. Não tanto – é claro – pela irremediável perda que nele sofreu a Ciência contemporânea, como pelo mistério policial em que a sua morte andou envolvida.

Esse automóvel-fantasma que, de súbito, surgira e logo, resvalando em vertigem, se evolara por mágica, a ponto de ser impossível achar dele um indício sequer, embora todas as diligências – e mesmo a prisão dalguns *chauffeurs* que puderam entretanto fornecer álibis irrefutáveis –, volveu-se logicamente matéria-prima ótima, de mais a mais roçando o folhetim, para os diários, então, por coincidência, privados de assunto emocional.

Depois, a figura do Professor Antena era entre nós popular. O seu rosto glabro, pálido e esguio, indefinidamente muito estranho; os olhos sempre ocultos por óculos azuis, quadrados, e o sobretudo negro, eterno de Verão e de Inverno, na incoerência do feltro enorme de artista; e os cabelos longos e a *lavallière* de seda, num laço exagerado – tudo isto grifara bem o seu perfil na retina paspalheira da multidão inferior das esquinas. Entanto jamais um dito grosseiro, dessa lusa grosseria, provinciana e suada, regionalista, que até nesta Lisboa – central, em vislumbres – campeia à rédea solta (e mesmo refina democraticamente) o atingiu nas ruas ou nas praças, pelas quais ele era silhueta quotidiana. Pois ao invés dos sábios convencionais e artistas castrados que fogem às multidões, à Europa, ao progresso, num receio gagá de ruído e agitação – o Professor Antena era, pelo contrário, onde mais se aprazia, sobretudo nas horas maravilhosas da criação. Com efeito um grande sábio cria – *imagina* tanto ou mais do que o Artista. A Ciência é talvez a maior das artes – erguendo-se a mais sobrenatural, a mais irreal, a mais longe em Além. O artista adivinha. Fazer arte é Prever. Eis pelo que Newton e Shakespeare, se se não excedem, se igualam.

De resto nada há que torne alguém mais lisonjeiro ao povo do que a lenda – e em volta do Professor Antena nimbava-se um véu áureo de Mistério. A tradição sabia que esse homem excêntrico, se debruçara mais duma vez sobre qualquer coisa enorme, alucinante – que o seu laboratório seria melhor, entre aparelhos bem *certos*, a gruta dum feiticeiro, do que o *atelier* dum mero cientista. Os periódicos heroificavam-no popularmente nas suas *manchettes*, dia a dia – e, por último, as curas extraordinárias, laivadas de milagre, que ele fizera pelos hospitais graças à sua perturbadora aplicação dos raios ultravioleta – tinham acabado de o sagrar aos inferiores, em humanitarismo.

Eis pelo que a sua morte desastrosa causou funda emoção. O caso foi assunto durante semanas por toda a cidade, por todo o país – discutido, perscrutado.

Como é que eu, o seu discípulo mais querido – hoje, meu Deus, o seu herdeiro – e a única testemunha da tragédia, não *vira* coisa alguma, não conservara sequer na memória um detalhe que pudesse identificar o automóvel que o esmagara?... Demais, no local do desastre, a estrada fazia uma curva e o macadame era avariado. Logo o veículo não pudera, normalmente, resvalar em bólide... Eu protestava, é certo, com o horror do momento que me cegara. E essa razão teve que ser aceite. Mas em verdade, apesar do meu nome impoluto, dos laços estreitos, filiais, que me ligavam ao Mestre, não sei se suspeições teriam caído sobre mim, caso o atropelamento não fosse evidente. Evidente; entanto muito singular; pois além do crânio esmigalhado, das pernas decepadas, ferimentos *reais*, ainda que duma violência fenomenal – outra ferida houve quase inexplicável: uma ferida perfurante, cônica, a meio do ventre, que dir-se-ia feita por uma broca triangular, girando vertiginosamente a rasgar-lhe as entranhas com a sua ponta de diamante.

Aventou-se ainda, por outro lado, que o automóvel conduziria bandidos trágicos à Bonnot, fugitivos de qualquer sangreira. Mas crime algum se cometera essa manhã. Logo a sherlockholmesca hipótese foi posta de parte. E como o inexplicável se não explica, mas tem que ser admitido – a estranha morte do Professor Antena ficou aceite como um atropelamento banal. E breve ninguém falava já do fato – tudo olvidado na queda dum mistério...

O meu nome escreveu-se frequentes vezes nos periódicos, durante o inquérito. Muitos repórteres me procuraram, e os correspondentes dos jornais estrangeiros. Mas eu só lhes respondia com os meus lamentos, as minhas lágrimas, e a descrição sucinta, sempre igual, da catástrofe: um automóvel enorme, fechado, de súbito surgindo na curva, em bólide, e sem tocar a sereia – um ruído de ferragens, nuvens de pó... e na estrada, esmigalhado, o cadáver do Mestre...

....

Pois bem, hoje, quase um ano decorrido sobre o desastre, eu venho falar enfim. E venho agora só, porque só agora possuo nas minhas mãos documentos que, irrefutavelmente, autenticam a minha narrativa – documentos que fornecem pelo menos uma hipótese admissível, uma forte hipótese, ao estranho desfecho que se vai conhecer. No momento da tragédia ser-me-ia impossível contar a verdade – todos me farão, de resto, essa justiça após me haverem lido. Um louco, no meu caso, teria falado. Isso mesmo definiria a sua loucura. Homem sensato, calei-me. A prova maior da sensatez está em ocultarmos a realidade dos fatos inverossímeis. A verdade é só para ser dita ocorrendo nela circunstâncias muito especiais. Eis o axioma máximo.

Mas entrando propriamente na matéria.

Eu proponho-me fazer hoje a simples exposição verídica da morte do Mestre, e a seguir interpretá-la segundo os documentos que achei entre os seus papéis. Esses documentos ficam, bem entendido, à disposição de quem os queira examinar diretamente. Por infelicidade são muito incompletos. Duma memória prodigiosa – e, de mais a mais, como nenhum artista, cioso dos seus segredos – o Professor Antena limitava-se com efeito a assentar nos seus cadernos, além de fórmulas e esquissos, apontamentos telegráficos – por vezes indecifráveis – onde condensava as suas ideias, os raciocínios que o deviam guiar a determinadas conclusões. Eram estes apontamentos que, desenvolvidos, mais tarde lhe serviam de base para os volumes elucidativos que publicava sobre cada uma das suas descobertas – ou mesmo das suas buscas: volumes que hoje formam uma preciosa biblioteca da mais surpreendente leitura –, biblioteca a que, por nossa desgraça, falta um volume: o maior, o mais Fantástico. Se assim não fora, hoje a humanidade teria avançado de mil séculos – haveríamos, quem sabe, descoberto enfim o Mistério...

Entretanto sejamos lúcidos e breves.

Para a melhor exposição, arrumarei assim a minha narrativa: Restabelecerei primeiro a verdade sobre o desastre. Depois, num apanhado, condensarei – tanto quanto possível ordenada e claramente – todos os apontamentos dispersos encontrados entre os papéis do Mestre, os quais, reconstituídos nas suas lacunas, *ajustados*, refletidos em conjunto – além das coisas assombrosas que nos entremostram – nos fornecem, senão uma explicação definitiva, categórica, pelo menos, como já dissemos, uma forte hipótese sobre a estranha morte do Professor Antena.

* * *

Uma manhã de abril do ano passado, no dia 20, para precisar – procurando o Mestre, como quotidianamente fazia, foi-me entregue uma carta pela sua velha criada. Abri-a admirado, e mais surpreso fiquei ao ler as suas poucas linhas:

Não me procures antes de te chamar. Preciso estar só, inteiramente só, durante algum tempo. Mas sossega. Tu serás o primeiro a saber. Adeus, e desculpa. Segredo absoluto.

P.S. – Espera a cada instante notícias minhas, e corre logo que eu te avise.

Acostumado às suas estranhezas, dobrei a carta, guardei-a e retirei-me...

Entretanto, nos dias que sucederam, não me pôde esquecer o caso. Sobretudo uma forte curiosidade me assaltara. Para que seria aquele isolamento tão súbito e tão contrário aos seus hábitos – para quê? Decerto alguma nova descoberta... Mas conhecendo-o bem, como não havia outro remédio, resignei-me a esperar...

Aliás, não podia haver dúvida – tratava-se com certeza dalguma nova descoberta porquanto eu lembrava-me de que nos últimos tempos, especialmente desde o começo do ano, o Mestre parecia absorvido por qualquer problema novo em que não deixasse de se concentrar. Pequenas distrações, respostas vagas e, nos últimos dias, certo ar de triunfo, de *ansiedade*, que lhe iluminava o rosto – tudo indicava que o seu gênio breve nos iria surpreender em qualquer maravilha nova...

Enfim, decorridas duas semanas, alta madrugada, a campainha de minha casa retiniu muito aguda. Era um telegrama urgente: "Vem sem falta 6 horas" – dizia-me nele o sábio. Ansioso, não tive tempo para mais do que me vestir e aquecer uma chávena de leite...

Às seis horas em ponto batia à sua porta. A velha criada, já a pé, abriu:

– O senhor manda-o esperar na sala – disse.

Nova bizarria. Pois, habitualmente, eu, mal chegava, sem mesmo perguntar coisa alguma, logo me dirigia ao laboratório, instalado num grande pavilhão, a meio do jardim.

Entretanto, tagarela, a velhota, em ares de caso, acrescentava cochichando:

– Ih Jesus... Sabe lá... Aquilo vai em duas semanas que não sai do casarão – era como a boa mulher designava o laboratório. – Só para comer. E mesmo assim... Até nem me deixa lá ir chamá-lo!... Imagine, mandou pôr uma campainha. Olhe, quer ver...

Ao mesmo tempo carregava num botão colocado na saleta de entrada.

Um minuto decorrera, quando o Mestre se precipitou abraçando-me.

Estranhei-o. Nesses quinze dias que estivera sem o ver, ele mudara muito. Talvez tivesse emagrecido. Mas não fora essa a mudança principal – antes esta, muito bizarra: a expressão do seu rosto deslocara-se, não se transformara – *deslocara-se*. Era muito estranho, mas era assim. E os olhos, através dos óculos, fulguravam-lhe num outro brilho, nimbados em auréola.

Gritou-me:

– Ah! Enfim!... Enfim!... Ainda não sei, ainda não sei positivamente, mas tenho a confiança máxima. Vais ver! Vais ver!... Nem tu calculas...

"Todos os meus trabalhos – pacotilha!... O mais assombroso segredo! O Mistério-Maior!... Por ora ainda te não digo nada... Vem comigo... Estou prestes a vencer... ou a ser vencido... Só então direi tudo... Vem... Quero-te ao meu lado no Instante Supremo. Para isso te chamei. Prometera-te: tu serás o primeiro *a saber* – primeiro!... Espera-me um momento."

Saiu, e reapareceu envolto numa ampla peliça. Era já em maio. E embora a manhã estivesse bastante fresca, admirou-me que em vez do seu sobretudo negro, quotidiano, envergasse essa peliça exagerada que, de resto, nem lhe conhecia. Nas mãos, calçava grossas luvas de castor, cinzentas. Um cachecol muito extravagante lhe envolvia o pescoço, tapando-lhe o queixo.

Mal chegamos à rua, o Professor parou examinando o espaço. Teve uma hesitação. Depois puxou da algibeira por um objeto que me pareceu um relógio – consultou-o... E, de súbito, resolvendo-se, pegou-me bruscamente por um braço arrastando-me sem dizer uma palavra. Só então notei – e pasmo hoje como só então notei – que os vidros dos seus eternos óculos azuis, quadrados, eram doutra cor: um amarelo-sujo, muito bizarro; uma cor repugnante *que metia medo*. É verdade: ao olhar com mais demora os vidros dos seus óculos, foi esta a impressão que me oscilou, destrambelhadamente. A cor não me soube a cor. Os meus olhos sentiram-na, não *vendo-a*, mas *tateando-a*. Sim, a sensação que essa cor *que eu vira* me transmitiu ao cérebro foi uma sensação de tato – olhá-la, era como se tateássemos qualquer coisa viscosa. E só das estranhas lentes – atingi – provinha a mudança que eu notara no rosto do Mestre: *eram elas que deslocaram a sua expressão fisionômica*.

Durante o nosso passeio, várias vezes ele tornou a consultar o seu relógio – que, num momento, eu pude descobrir não ser um relógio. Faltou-me o tempo para o examinar com a devida atenção. Apenas observei que o seu mostrador era roxo e que os algarismos das horas estavam substituídos por traços de cor. Não me atrevi a fazer perguntas sobre o estranho objeto, porquanto o Professor Antena já me prevenira de que não me responderia a coisa alguma. Demais, não ia eu saber tudo dentro em pouco?...

Entretanto, fosse como fosse, o misterioso relógio devia servir de qualquer forma para a orientação – pois segundo o sábio o consultava, assim eram dirigidos os nossos passos.

Caminhávamos durante duas horas. Estávamos longe da cidade, numa estrada dos subúrbios, pouco frequentada. Contudo já dois automóveis nos tinham cruzado. O Mestre avançava silencioso: apenas, de quando em quando, um monossílabo... Largara-me o braço. Eu seguia um pouco atrás dele...

O meu estado de alma era interessantíssimo. Sentia-me como que hipnotizado, seguindo magneticamente o seu rastro. Se quisesse parar enquanto ele caminhava, mover-me quando se detinha – ser-me-ia impossível. Os meus passos eram uma função dos seus passos. Um arrepio me varava todo o corpo, como se fôssemos para um grande perigo. Uma nuvem de Mistério nos arrastava – pressenti...

De súbito, um frio incoerente me gelou os dedos... E a manhã dum maio formosíssimo, já alta, volvera-se mais que tépida...

....

Agora dobrávamos uma curva estreita da estrada. Em volta de nós, um grande silêncio... Até que, ao longe, as badaladas dum sino aldeão marcaram as dez horas... E de repente – ah!, o horrível, o prodigioso instante! – eu vi o Mestre estacar... Todo o seu corpo vibrou numa ondulação de quebranto... Ergueu o braço... Apontou qualquer coisa no ar... Um ricto de pavor lhe contraiu o rosto... As mãos enclavinharam-se-lhe... Ainda quis fugir... Estrebuchou... Mas foi-lhe impossível dar um passo... tombou no chão: o crânio esmigalhado, as pernas trituradas... o ventre aberto numa estranha ferida cônica...

Petrificado, eu assistira ao mistério assombroso – sem poder articular uma palavra, esboçar um gesto, fazer um movimento... Uma agonia de estertor me ascendeu grifadamente... Julguei-me prestes a soçobrar também morto, esfacelado... Mas de súbito pude desenvencilhar-me – e soltei então um grande grito: um uivo despedaçador, apavorante...

....

Acudiram primeiro dois trabalhadores que mourejavam perto – os quais, em grossa vozearia, logo começaram amaldiçoando os automóveis... Decorridos momentos, um pequeno grupo rodeava o corpo...

Entretanto eu cobrara algum sangue-frio. E vendo que de forma nenhuma poderia dizer a verdade – a alucinadora verdade – decidi num relance aceitar a explicação do automóvel, tanto mais que na estrada havia fundos sulcos de pneumáticos, seguramente vestígios dos veículos que, algum tempo antes, nos haviam cruzado.

Foi-se chamar a guarda fiscal ao posto que ficava próximo, e eu contei a versão que até hoje se acreditou: um grande automóvel, de súbito surgindo vertiginosamente na curva da estrada, um barulho de ferragens, nuvens de poeira... e um cadáver...

....

O resto é bem conhecido: o transporte para o morgue, o grande enterro, o ruído da imprensa, as investigações policiais improfícuas...

Outros pormenores entretanto não vieram a público. Ei-los:

Após a remoção do cadáver, eu, ainda mal refeito, corri à casa do Mestre, a prevenir a velha criada do triste acontecimento e a dispor o que fosse necessário. Ao bater à porta, a boa mulher veio-me abrir pálida de susto... toda a tremer... Contou-me que havia um grande barulho no casarão, que tinha querido ir ver o que era... mas que recuara cheia de medo, pois vinha de lá um terrível bafo de calor...

Sem ouvir mais, numa ânsia, corri ao laboratório. E efetivamente um misterioso ruído – como que zumbido de abelhas fantásticas – chegava do interior. Não hesitei um segundo... Abri a porta, cuja fechadura ofereceu uma resistência desusada... entrei...

Sobre uma mesa, ao meio do pavilhão, estava assente um aparelho que eu nunca vira. Esse aparelho, em funcionamento, é que provocava o estranho ruído e, decerto, abrasava o ambiente. Era como que um pequeno motor cujo volante fosse substituído por uma hélice formada por um sistema de três ampolas de vidro. As ampolas continham uma substância roxa e *dardejavam em torno de si um halo de luz negra.* Não divago. Os raios luminosos projetados eram efetivamente negros. E eu me explico melhor: o laboratório estava iluminado por lâmpadas elétricas, achando-se corridas as cortinas pretas que revestiam todas as janelas. Pois bem: em torno do aparelho havia um halo de outra luz, *não de sombra, de luz* – entanto, não posso exprimir-me doutra maneira: de luz negra. Sim; *era como que um jato de ágata negra.* Com efeito, este mineral ainda que negro, é brilhante – de forma alguma sombrio. Pois o mesmo se dava com essa luz aterradora – *com essa luz fantasma.* E na auréola negra, luminosa, grifavam-se como faíscas, crepúsculos roxos-dourados, num estrépito agudo. Depois, – requinte de Mistério – as ampolas em movimento não projetavam luz apenas: dimanavam simultaneamente um perfume denso, opaco e sonoro, e um som arrepanhante, *fumarento*. De espaço a espaço, em ecos circulares, produziam-se também surdas detonações.

Receei cair fulminado pelos estranhos fluidos, sufocado pela temperatura infernal – e não sei em verdade o que me sucedera se não vencesse o sangue-frio de correr ao comutador elétrico que fornecia a corrente que acionava o aparelho. Fechei-o... Imediatamente a máquina parou... Olhei as ampolas. A substância roxa evolara-se – *como se só o movimento a criasse.*

....

Quanto ao instrumento de precisão que o sábio várias vezes consultara durante o nosso passeio, foi achado em estilhaços numa das grandes algibeiras do colete – bem como despedaçados ficaram os seus extravagantes óculos. Assim; de tudo quanto se me afigurava ter tido uma certa relação com o desastre alucinador – apenas me restavam três ampolas vazias e uma máquina que, em si, nada oferecia de extraordinário.

Entretanto a mim próprio jurara descobrir alguma coisa. E desde que me achei na posse da herança do Mestre – ansiosamente logo me lancei à busca de qualquer traço que me pudesse descortinar um pouco, muito pouco que fosse, o Enigma formidável.

Hoje enfim – restabelecida antes toda a verdade – venho publicar os resultados das minhas buscas, pelos quais se verá como logicamente, ainda que distantemente, se pode referir o Mistério à simples realidade científica. Ei-los:

* * *

"É desolador como sabemos pouco de nós. Tudo é silêncio em nossa volta. O que é a vida? O que é a morte?... Donde *somos*, para onde viemos, para onde vamos?... Mistério. Nuvens. Sombra fantástica... E o homem de siso não crê nos espectros!... Mas não seremos espectros, nós próprios? O Mistério?... Olhem-nos: O Segredo-Total, O Mistério Maior, somo-nos nós, em verdade... Ah!, diante dum espelho, devíamos sempre ter medo!... Deixemos o futuro, esqueçamos Amanhã – sonhadores heroicos de Além. Entanto olhemos o passado – tentemos vará-lo, saber ao menos quem fomos Aquém."

Eis como o Professor Antena – que, a par de todos os grandes sábios – roçara já, mais duma vez, o espiritismo, o magismo – orientou os seus trabalhos, por um rasgo admirável de lucidez, neste sentido novo: não tentar romper o futuro das nossas almas, além-Morte – antes sondar primeiro o nosso passado, aquém-vida. Na realidade afigura-se mais lógico, mais *fácil*, e mesmo mais interessante, conhecermo-nos primeiro em Passado do que em Porvir – já que ignoramos um e outro.

O que foi deixou vestígios.

E assim, partindo desta verdade aceite como axioma, o Mestre começou procurando esses vestígios.

– Onde os buscar?

– Dentro de nós, decerto.

Ora, dentro do nosso mistério total, o que será mais fantástico? A inteligência – melhor: a imaginação. Não há dúvida. Pois como é que o nosso cérebro, de forma alguma querendo admitir o inexplicável, ao mesmo tempo sabe acumular fantasia sobre fantasia – a cria mesmo, involuntariamente, a toda hora? Se o nosso cérebro só admite o que vê, o que sente – *o que é* –, como se concebe então que, ao mesmo tempo, saiba sonhar o que não existe? Sim, como é que não *havendo* fadas, nem encantamentos, nem deuses, nem milagres – os homens souberam *realizar* todas estas irrealidades?...

De que se acastela a verdadeira Arte?

– Da fantasia.

– A que se reduz o gênio?

– Às faculdades criativas. Quer dizer: à fantasia desenvolvida no mais elevado grau.

Sim, sim, se a nossa razão só pode admitir o que se palpa, como se lembrou de idealizar o que se não palpa?

Há, sem dúvida, aqui uma incoerência perturbadora...

Incoerência? Talvez só aparente. Vejamos: nós conhecemos um dia certo panorama donde depois nos afastamos. Como já o conhecemos, mais tarde, *longe dele*, sabemos relembrá-lo. Isto é: vê-lo imaterialmente, *mas porque já o vimos materialmente*. Nem doutra forma se conceberia que fosse. Ora, sendo assim, porque não havemos de supor – em paralelo, e com muitos visos de verdade – que uma origem semelhante terá a imaginação?

Nesta ordem de ideias, a fantasia não será mais do que uma soma de reminiscências. Simplesmente de longes reminiscências de coisas que nos não lembramos de ter visto – mas que tudo, em realidade, nos leva a crer que vimos, pois as sabemos *rever*. Aliás, eis disto a prova máxima: *a imaginação não é ilimitada*. O artista que queira executar uma obra só a pode ascender dentro dum número muito restrito de Artes: ou será um pintor, um poeta, um escultor, um músico ou um arquiteto. Por mais distante que se eleve o seu gênio, ser-lhe-á vedado alterar uma obra que se não reduza a um poema, a um edifício, a uma partitura, a uma estátua, a um quadro. Se a imaginação fosse livre – isto é: se fosse meramente imaginação, se não fosse fator de coisa alguma – não deveriam existir estas restrições. O artista acumularia *outras obras, doutras Artes* e só em verdade caberia o epíteto de genial àquele que triunfasse deslumbrar-nos com uma Nova Arte.

De resto, mesmo fora da arte, na simples vida de aspiração, tudo se limita a três ou quatro números de cada ordem – tudo se sintetiza. Sonhem-se os espasmos. Mas até o maior onanista não saberá evadir-se, criando um êxtase novo – que não seja êxtase, mas outra coisa qualquer, excessiva, total; enfim: mais arrepiadamente doutra cor, *duma cor que ainda não o tivesse sido*.

Portanto, para concluir: a fantasia, a *propriedade* mais misteriosa do homem e aquela que melhor o distingue dos outros animais, é fator de qualquer coisa, visto que se restringe – e, *apoiadamente*, deverá ser fator de reminiscências. Logo:

Só podemos imaginar aquilo que vimos ou de que nos lembramos. Se vimos, a fantasia chama-se memória. *Se apenas nos lembramos sem nos recordarmos de o ter visto – é nesse caso a fantasia pura.*

O homem que mais reminiscências guardou – será aquele cuja fantasia mais se alargará. Gênios serão pois os que menos se esqueceram.

Aceite esta hipótese tão verossímil, imediatamente nos é lícito concluir que antes da nossa vida atual, outra existimos. A fantasia cifrar-se-á nas lembranças vagas, longínquas, *veladas*, que dessa outra vida conservamos. E sendo assim, nada nos repugna também propor que a nossa vida de hoje não será mais do que a morte, do que o "outro-mundo" da nossa existência da véspera.

– Mas como passaremos duma vida para a outra vida, atendendo que nunca conservamos longínquas reminiscências da anterior?

Segundo o Mestre, tudo residiria numa simples adaptação a diversos meios. Os órgãos da nossa vida *A*, em função do tempo – ou de qualquer outra grandeza –, ir-se-iam pouco a pouco atrofiando relativamente a essa vida; isto é: *modificando*. Até que a mudança seria completa. Então dar-se-ia a morte para essa vida *A*. Mas, ao mesmo tempo, esses órgãos haver-se-iam adaptado a outra existência, tornando-se sensíveis a ela. E quando assim acontecesse, nasceríamos para uma vida *B*. Quer dizer:

As almas têm idade. E as várias vidas – pois nada nos indica que tenha limite o seu número – não serão mais do que os vários meios a que sucessivamente, e conforme as suas idades, as almas se afeiçoarão.

Lembremo-nos em paralelo:

Os batráquios, animais terrestres na sua generalidade, foram primeiro larvas adaptadas ao meio aquático. Mudaram de forma, mudaram de órgãos. Tiveram guelras, têm pulmões. Vivem, bem visivelmente para nós, duas vidas diversas em meios diversos. Logo, nem por isso é muito arrojado formularmos a seguinte hipótese:

Não somos mais, na vida de ontem e na de hoje, do que as sucessivas metamorfoses, diferentemente adaptadas, do mesmo ser astral. O homem é uma crisálida que se lembra.

Esta hipótese proposta vamos tentar, senão demonstrá-la, pelo menos *apoiá-la*.

Busquemos dentro de nós os fenômenos mais frisantemente misteriosos, procurando ver se *acertam* com a hipótese em questão. E, grosseiramente, sem ir mais longe, olhemos os sonhos, a epilepsia. Haverá porventura alguma coisa mais inquietante do que as visões reais – ou melhor: destrambelhadamente reais – que nos surgem nos sonhos, e de que os ataques de epilepsia, que são como que uma morte temporária, um mergulho fora-de-nós?...

Os sonhos...

Admitamos como provado que o homem guarda reminiscência duma outra vida – duma outra metamorfose – anterior a esta. Se guarda reminiscências, isto significa que conservou vislumbres de sentidos, de *órgãos* dessa outra vida. (Também entre os batráquios urodelos, as guelras primitivas deixaram vestígios nos criptobrânquios – os folhetos branquiais, o espiráculo – e subsistem mesmo, funcionando a par dos pulmões, nos perenibrânquios, singulares animais perturbadoramente adaptados a duas vidas simultâneas.)

Durante o sono, os nossos sentidos atuais anestesiam-se. Mas os crepúsculos de sentidos doutrora permanecerão acordados visto que não devem ser sensíveis ao sono desta vida, que não é a deles. Entretanto nos nossos sentidos contemporâneos adormecidos, estagnaram imagens da nossa vida presente, e – por outro lado – eles não se acham inteiramente anestesiados. Contudo, a sua intensidade não será tão grande que sufoque os vestígios de sentidos doutrora, como quando estamos acordados, e assim uns e outros trabalharão em conjunto. Daí, toda a incoerência dos sonhos, o destrambelhamento da realidade, visto que as sensações serão meras sombras de sensações estagnadas, interpretadas por vislumbres de sentidos doutra vida, transmitidas ao nosso cérebro pelos nossos sentidos atuais morfinizados, *vacilantes*. Ou, talvez mais claramente: durante o sono, os nossos sentidos adormecidos trabalharão acionados por sentidos doutra vida. Donde, uma soma de parcelas arbitrárias, cujo resultado se traduzirá na incoerência, na *falta de medida*, na fantasmagoria dos pesadelos.

Muitas vezes, quando sonhamos, temos a sensação nítida de que estamos sonhando, e, se o sonho é terrível, fazemos um violento esforço por despertar. Isto nada mais significará do que a luta dos nossos sentidos reais anestesiados, contra os vislumbres de sentidos-fantasma em atividade.

Lembrar-nos-emos tanto melhor do que sonhamos quanto mais perfeita tenha sido durante o sono a morfinização dos nossos sentidos. "Não sonhar" indicará que os nossos sentidos de hoje adormeceram inteiramente, e assim não pudemos guardar reminiscências do que oscilaram os vislumbres dos sentidos doutrora.

E, paralelo a este último, se apresentará o caso da epilepsia.

Nos epilépticos, a adaptação dos órgãos à existência atual, por qualquer circunstância física, será intermitente – haverá lacunas desta vida. O epiléptico, durante as crises, regressará a uma vida anterior – nada entanto nos podendo contar, de coisa alguma se recordando (nem do intervalo que houve na sua vida presente), pois a adaptação dos seus órgãos à vida de ontem, e a respectiva desadaptação à vida de hoje, teriam sido inteiras. Assim, não conservaria durante o ataque nenhuns pontos de referência que lhe permitissem, nesta, lembrar-se do que viveu na outra.

Nada nos prova, de resto, que haja só duas existências. Pelo contrário: tudo faz pressentir que se viva uma série delas, uma série mesmo infinita – muito melhor: uma série talvez circular, fechada; donde se conceberia sem grande esforço a imortalidade da Alma.

E, sempre conforme os apontamentos do Mestre, a loucura não seria mais do que uma adaptação prematura e imperfeita a uma existência vindoura. Aliás é muito admissível que já fremam em nós crepúsculos de sentidos duma vida imediatamente futura, como outrora – na de ontem – já vibrariam indícios dos desta, de hoje. E assim se explicaria o singular fenômeno do *já-visto*: por vezes temos a sensação de já havermos presenciado, não sabemos *donde*, certo cenário em que nos agitamos *agora* pela primeira vez.

Com efeito podia muito bem suceder que na nossa metamorfose de ontem, mais provavelmente na velhice desse período, existissem já embriões de sentidos futuros sensíveis ao nosso meio atual – os quais teriam sido longinquamente impressionados por essa paisagem, e dela guardado fantasmas de reminiscências que hoje, ao depará-la, bruxuleassem.

"Assim", escreve o Mestre, "eu, olhando para trás de mim, tenho a noção nítida, recordo-me com efeito, da cor de certas épocas e, muito frisantemente, da *cor* do período romântico – tempo em que terei sido velho da minha vida de ontem."

Outro ponto primordial há a examinar – por cujo exame será possível formularmos algumas hipóteses sobre certas circunstâncias da nossa vida imediatamente anterior.

Vejamos:

Na existência atual não vivemos só nós. Entretanto o único ser dotado de fantasia é o homem. Isto é: o homem é o único ente que guarda reminiscências, a única crisálida que se lembra.

Por que será assim?

Duas hipóteses nos é lícito propor:

Na vida de ontem haveria seres de várias espécies – cada uma delas *morrendo* diferentemente, isto é: desadaptando-se da vida *A* e adaptando-se à vida *B* diferentemente. Conservaria, porém, vislumbres de sentidos dessa vida *A*, uma única espécie, que na vida *B* acordaria em homem.

Contudo esta segunda hipótese se afigurava ao Mestre bem mais provável e bem mais interessante:

Nessa vida anterior haverá apenas um ente – *mas muitas mortes.* Conforme se tiver morrido na vida *A*, assim se nascerá para a vida *B*. E o ente que nessa vida *A* morrer mais perfeitamente, será na vida *B* o menos perfeito. Logo: *Não foi o mesmo o destino dos seres dessa existência após a sua morte quanto a ela.*

E eis o que muito bem nos viria explicar a origem da fantástica concepção humana de Inferno e Céu – o céu para os que procederam bem, o inferno para os que procederam mal. Ela não residiria mais do que na adaptação inconscientemente feita como hipótese, duma verdade consciente sabida na outra vida e de que, nesta, tivéssemos conservado pálidas reminiscências. Sim. Na vida de ontem, saberíamos que o nosso porvir na de hoje variaria conforme existíssemos a de então. E assim, identicamente, teríamos suposto – ao desenvolvermo-nos na vida atual – que o nosso destino em Amanhã seria diverso segundo procedêssemos em Hoje; escolhendo como fatores das várias sortes o bem e o mal. Ora, em verdade, ser bom ou mau é uma orientação, uma *tensão* diferente do espírito – o que, duma maneira muito lógica, poderia diversamente influir na adaptação dos nossos órgãos à existência vindoura, e no seu respectivo desafeiçoamento quanto à presente:

"Na vida anterior à nossa haverá pois um único ser, o qual morrerá mais ou menos perfeitamente, terá nesta vida determinado destino, conforme lá agiu, *foi* – este 'foi', é claro, de forma nenhuma traduzindo ter sido bom ou mau, ideias que só significarão alguma coisa aos nossos sentidos de hoje."

A fantasia compõe-se de reminiscências. Se o homem fantasiou destinos diversos para depois de si, é porque nele existem lembranças dalgum fato real, paralelo.

Eis donde se chega a todas estas conclusões, e eis pelo que o Professor Antena reputava a segunda hipótese a melhor apoiada.

Entretanto ainda se não agitou o lado mais inquietador do problema.

Aceite a hipótese das vidas sucessivas – e, de resto, preocupando-nos apenas com a de hoje e com a de ontem – onde se localizarão essas vidas, quais serão os seus *meios*?...

Essas vidas existem sobrepostas, bem como os seus meios – parece ter concluído o sábio. Unicamente os seres adaptados a uma vida seriam insensíveis a outra. Assim não a poderiam ver, não a poderiam sentir, embora ela os traspassasse, os entrecruzasse.

– Mas essas existências não preencherão antes os vários astros?

Era muito admissível. Simplesmente o Mestre punha em dúvida a existência de vários astros. Conforme as suas notas (ignoraremos sempre, por desgraça, em virtude de que maquinismo de raciocínios, de que observações ou de que experiências, ele chegara a imaginar tal sistema do universo) os astros não seriam mais do que vários *estados* do mesmo tempo – ou melhor: da mesma grandeza indefinida – e as vidas: a idade, os diversos períodos de metamorfoses do mesmo ser psíquico que sucessivamente se fosse adaptando a um e outro estado dessa grandeza.

Não nos julguemos em plena fantasia. Olhando em volta de nós, logo topamos com fatos paralelos – longinquamente paralelos, mas em todo o caso comparáveis. Pois não existem ao nosso redor sobrepostos três meios: o sólido, o líquido, o gasoso? E não existem indivíduos especialmente adaptados pelo menos a dois desses três meios?

Muito bem. Admitamos por momentos que um peixe não teria órgãos sensíveis à vida terrestre – que, assomando à tona de água, os seus olhos não avistariam nem os promontórios nem as falésias, e que o seu corpo seria poroso e transparente a tudo quanto pertencesse a essa vida. Suponhamos que, em relação ao meio aquático, o mesmo se dava com os seres terrestres. E eis como teríamos duas vidas misturadas, emaranhadas

– mas cada uma delas vivida exclusivamente, *existindo* exclusivamente para determinados indivíduos.

Que, na verdade, assim acontece. Apenas todos nós nos vemos uns aos outros, e vemos ou sentimos os meios onde nos não podemos agitar. Aceite-se porém que esses meios que nós presenciamos são, ainda que diferentes, da mesma ordem; outros, no entanto, existindo de outras ordens, entre as quais as diferenças serão máximas, nenhum dos seres a um dos meios de certo grupo adaptado será sensível a um meio doutro grupo – e teremos a realização da hipótese do Mestre. Suponhamos ainda, para completar, que assim como um sapo, no estado de larva, é um ser aquaticamente adaptado, e, no período adulto, um animal terrestre – também um mesmo núcleo psíquico vivendo originariamente uma vida *A* num meio α, se iria adaptando sucessivamente aos meios β, γ, δ existindo neles as vidas *B*, *C*, *D*: cada um desses meios, é claro, tornando-se-lhe sensível em função das suas metamorfoses; isto é: da sua idade.

Há mais porém. Existe outro paralelo bem melhor, bem mais frisante – a vida vegetal.

Os vegetais *vivem*. E, entretanto nenhum sentido, nenhum órgão, possuem propriamente igual aos dos animais – a bem dizer nem o seu meio é o mesmo, visto que uns e outros se aproveitam de elementos *diversos* dum mesmo meio. Os vegetais não veem seguramente a nossa vida, não a sentem. A prova está em que lhes falta por completo o instinto da conservação. *Não fogem quando nos propomos colhê-los*. A nossa vida "atravessa" a sua vida, mas eles nunca a adivinham.

Pois bem. Por que não há de suceder o mesmo conosco?

Por que não hão de viver em volta de nós outros seres, nossos parentes – nossos antepassados, nossos vindouros – que nos verão, nos sentirão, não sendo por nós nem vistos nem pressentidos?

É avançar muito decerto assegurar o contrário. (Mesmo sabemos tão pouco, tão infinitamente pouco, que nunca devemos, em verdade, garantir coisa alguma.)

E, sendo assim, nada nos repugnaria, comparando, propor que as doenças que nos matam seriam apenas as *colheitas* que de nós fariam seres doutra vida e dos quais não fugiríamos, à falta de os saber adivinhar.

"De resto", anotara o Mestre em parênteses, "todas estas comparações com o reino vegetal devem abranger também os minerais. Nada nos prova, com efeito, que eles não vivam. Apenas não viverão uma vida como nós a compreendemos. Não viverão isoladamente. Mas podem viver em conjunto: *terão idade em conjunto*. E cada 'tempo' dessa idade representar-se-á por uma espécie mineral."

Entanto, cumpre não esquecer: tudo isto são meras comparações, apenas grosseiros paralelos. Pois, em verdade, para todos nós – animais, vegetais ou minerais – o *meio* é realmente um mesmo conjunto: apenas muito diversas as adaptações, os processos de utilizar esse meio.

"Todos formaremos um conjunto. Podermo-nos-emos até, quem sabe, vermo-nos todos uns aos outros – pelo menos os superiores em complexidade orgânica veem os inferiores. Haverá porém vários conjuntos. Cada um destes conjuntos é que não poderá, *naturalmente*, varar o Mistério de nenhum outro."

E foi essa a extraordinária empresa a que o Professor Antena se decidiu meter ombros, embora todas as barreiras!...

Não nos é desgraçadamente possível saber como ele chegou a um resultado prático – pois, segundo veremos, a sua estranha morte parece não significar mais do que esse resultado atingido, ainda que debalde. Mas, pelos seus papéis, conhecemos em teoria o que buscou vencer:

Admitido como verdadeiro o sistema de vidas sucessivas entrecruzadas, cada uma delas apenas sensível ao conjunto de seres que a existisse – aquele que, não obstante, tivesse conseguido *artificialmente*, duma existência, tornar os seus órgãos sensíveis a outra, poderia, da sua, viajar nessa outra.

Seria o caso do vegetal que, continuando a ser vegetal, fosse ao mesmo tempo animal. Nós não sabemos, não *sentimos*, o que será a existência duma árvore. Conseguíssemos vivê-la, *não nos esquecendo de nós*, e conhecê-la-íamos. "Não nos esquecendo de nós", isto é: não deixando de ser nós próprios, visto que, dada a transformação completa, da mesma maneira ignoraríamos tudo – porque só conheceríamos então a nossa vida de vegetal.

Paralelamente – e segundo a hipótese do sábio – um epiléptico, durante a crise, baixou a um outro mundo. Mas como os seus órgãos, momentaneamente, se desadaptaram por completo deste – ele não pode, ao regressar, dizer-nos o que viveu no outro. *Viajou-o de sentidos vendados.*

Em resumo – o Mestre propunha-se ao seguinte: adaptar os seus sentidos a uma outra vida (à nossa vida imediatamente anterior), conservando-os ao mesmo tempo despertos na de hoje. Verdadeira ambição de Deus, a sua!

Entretanto publiquemos ainda estas curiosas notas, extraídas quase textualmente dos seus cadernos.

"Suponha-se mesmo que existem vários astros e que, em cada um deles se localizará uma vida e um meio. Pois nem por isso cairia por terra a hipótese dos mundos sobrepostos."

"Como assim?", objetar-se-á. "Entre os astros haveria nesse caso distância – e não se vence distância sem movimento... Perdão... Mas quem nos diz que o movimento existe? Podemos acaso ter essa certeza? De forma alguma... E vêm até de muito longe as dúvidas a tal respeito – já Zenão d'Eleia negava a sua existência. De resto o mais provável, o quase certo – é que o movimento, o tempo, a distância (ou melhor: as medidas do tempo e da distância), serão apenas sensações próprias aos nossos órgãos atuais, *sensações que os definem*: e a realidade das coisas uma outra sensação; bem como a sua irrealidade. Porquanto no Universo, nada será real nem irreal, *mas outra coisa qualquer* – que só saberia o indivíduo perfeito que se adaptasse duma só *Idade*, a todas as vidas, vivendo-as universalmente. E a esse triunfador, em verdade, caberia o nome de Deus.

"Depois, nesta hipótese da sobreposição dos meios, não será um belo apoio o conhecido fenômeno do *já-visto*? Se as existências se cristalizassem *separadas*, longínquas entre si, se a distância fosse uma realidade – presumivelmente nós não lograríamos entrever com vislumbres de sentidos prematuros (por transparência brumosa, decerto) o que estilizasse numa outra vida, e assim chegados a ela, reconhecermos às vezes, em tênues lembranças, sombras, paisagens, crepúsculos.

"Em pequeno", aponta ainda o sábio – "colocando-me em face dum espelho, estremecia não me conhecendo, isto é: apavorado do meu mistério. Entretanto a sensação que me oscilava – descubro agora – não era verdadeiramente esta. Parecia-me antes, não que me desconhecia, mas que já soubera outrora quem *fora* – e que hoje me esquecera, sendo impossível recordar-me por maiores esforços que empregasse.

"E isto só vem apoiar a teoria das reminiscências – logo das vidas sucessivas, pela qual se chega a conceber a eternidade da Alma. Aliás, devemos com efeito ser espiritualmente eternos – e um indício reside em que, pensando no nosso Além, nos chega sempre por último esta sensação: ainda que a morte fosse o aniquilamento total, ficaríamos embora *sabendo* qualquer coisa – por nada termos ficado sabendo, *por nada termos sentido ver.*"

....

* * *

Eis tudo quanto me foi possível extrair dos vagos apontamentos do Mestre. Daqui para diante, apenas nos será lícito fazer suposições sobre eles.

Estas notas, já antigas de alguns anos, deve-as o Professor Antena haver meditado, *ajustado*, descido profundamente nos últimos tempos. E decerto encontrou provas autênticas para as suas teorias – não tornando desde aí a assentar coisa alguma porquanto, embrenhado no assunto, e decidido a trabalhá-lo até ao seu limite, isso lhe seria dispensável. Com efeito ele só se utilizava dos seus cadernos quando, ocupando-o a resolução de determinado problema – ideias lhe surgiam sobre qualquer outro que só mais tarde agitaria.

Seguro do seu sistema, buscou demonstrá-lo; isto é: penetrar numa outra vida – na nossa vida imediatamente anterior, segundo todas as probabilidades. Como o tentaria, em prática? Segredo...

Em outros maços de papéis existem séries de cálculos e de fórmulas químicas que provavelmente se relacionaram com a busca da maravilha. Os cálculos, porém, são indecifráveis na sua maioria, e as fórmulas de impossível leitura, visto que, a par de símbolos conhecidos, muitos outros figuram que não podemos identificar. A fórmula que mais se repete é esta:

$$W^3 Y^2 X N^4 R^0 . \alpha$$

Sem dúvida referiam-se também à descoberta as estranhas ampolas encontradas em movimento no seu laboratório e o misterioso relógio que, durante o passeio trágico, parecia orientar os seus passos. Nada mais sabemos.

Ora em tudo isto – afirmei logo de começo – residiam as provas de verossimilhança da extraordinária morte do Professor Antena – cuja verdade só hoje estabeleci.

Vejamos por que maneira:

Muito facilmente – se aceitarmos que o Mestre venceu o Mistério, como em verdade essa morte fantástica nos parece indicar.

Sim. Mantendo-se sensíveis a esta vida, os seus órgãos teriam com efeito acordado noutra vida. Nesse instante Absoluto, o corpo do Mestre deixara de ser poroso, insensível, invulnerável a essa existência. Mas quando isso sucedeu, qualquer coisa desse mundo o teria varado – como ao epiléptico descido a outra vida durante a sua crise qualquer coisa da nossa poderia esfacelar (um automóvel, o volante duma máquina) se nós não *víssemos* o seu corpo e não o resguardássemos.

Assim – talvez apenas por um acaso desastroso –, o Professor Antena, ao *vencer*, surgisse na outra vida entre uma Praça pejada de veículos, entre uma oficina titânica, no meio de maquinismos vertiginosos, alucinantes, que o tivessem esmagado.

(É claro que os termos que utilizo são nimiamente paralelos – pois nessa existência nem haveria maquinismos nem Praças, mas quaisquer outras coisas. Quaisquer coisas *novas* que, da nossa vida, pela vez primeira teria presenciado o grande Mestre.)

Tal é a hipótese que pela minha parte proponho. Quem entender que formule outras – mesmo que retome as suas teorias e praticamente as busque verificar. Para isso as publiquei. Seria um crime ocultá-las. Elas rasgam sombra, fazem-nos oscilar de Mistério, como nenhumas outras. Incompletas, embaraçadas, são entretanto as mais assombrosas...

... E na memória do Professor Domingos Antena, devemos sempre relembrar, atônitos, Aquele que, por momentos, foi talvez Deus – Deus, Ele-Próprio: que realizaria, um instante, o Deus que nós, os homens, criamos eternamente.

(Lisboa, dezembro de 1913 e janeiro de 1914)

O HOMEM DOS SONHOS

A José Paulino de Sá-Carneiro

I

Nunca soube o seu nome. Julgo que era russo, mas não tenho a certeza. Conheci-o em Paris, num Chartier gorduroso de Boul'Mich, nos meus tempos de estudante falido de Medicina.

Todas as tardes jantávamos à mesma mesa, de forma que um dia entabulamos conversa.

Era um espírito original e interessantíssimo; tinha opiniões bizarras, ideias estranhas – como estranhas eram as suas palavras, extravagantes os seus gestos. Aquele homem parecia-me um mistério. Não me enganava, soube-o mais tarde: *era um homem feliz*. Não estou divagando: era um homem inteiramente feliz – tão feliz que nada lhe poderia aniquilar a sua felicidade. Eu costumo dizer, até, aos meus amigos que o fato mais singular da minha vida é ter conhecido um homem feliz.

O mistério, penetrei-o uma noite de chuva – uma noite muito densa, frigidíssima. Eu começara amaldiçoando a vida, e, num tom que lhe não era habitual, o meu homem apoiou:

"Tem razão, muita razão! É uma coisa horrível esta vida – tão horrível que se pode tornar bela! Olhe um homem que tenha tudo: saúde, dinheiro, glória e amor. É-lhe impossível desejar mais, porque possui tudo quanto de formoso existe. Atingiu a máxima ventura, e é um desgraçado. Pois há lá desgraça maior que a impossibilidade de desejar!...

"E creia que não é preciso muito para chegarmos a tamanha miséria. A vida, no fundo, contém tão poucas coisas, e é tão pouco variada... Olhe, em todos os campos. Diga-me: ainda se não enjoou das comidas que lhe servem desde que nasceu? Enjoou-se, é fatal; mas nunca as recusou porque é um homem, e não pode nem sabe dominar a vida. Chame os mais belos cozinheiros. Todos lhe darão legumes e carnes – meia dúzia de espécies vegetais, meia dúzia de espécies animais. Mesmo, na terra, o que não for animal ou vegetal é sem dúvida mineral... Eis o que demonstra bem a penúria inconcebível da Natureza!

“E quanto aos sentimentos? Descubra-me algum que, no fim de contas, se não reduza a qualquer destes dois: amor ou ódio. E as sensações? Duas também: alegria e dor. Decididamente, na vida, anda tudo aos pares, como os sexos. A propósito: *conhece alguma coisa mais desoladora do que isto de só haver dois sexos?*

“Mas voltando ao campo material. Arranje-me um divertimento que não seja a religião, a arte, o teatro ou o esporte. Não me arranja, asseguro-lhe.

“Com certeza o que existe de melhor na vida é o movimento, porque, caminhando com uma velocidade igual à do tempo, no-lo faz esquecer. Um comboio em marcha é uma máquina de devorar instantes – por isso a coisa mais bela que os homens inventaram.

“Viajar é viver o movimento. Mas, ao cabo de pouco viajarmos, a mesma sensação da monotonidade terrestre nos assalta, bocejantemente nos assalta. Por toda a banda o mesmo cenário, os mesmos acessórios: montanhas ou planícies, mares ou pradarias e florestas – as mesmas cores: azul, verde e sépia – e, nas regiões polares, a brancura cegante, ilimitada, expressão-última da monotonidade. Eu tive um amigo que se suicidou por lhe ser impossível conhecer outras cores, outras paisagens, além das que existem. E eu, no seu caso, teria feito o mesmo.”

Sorri, ironicamente observando:

– Não o fez, contudo...

– Ah!, mas por quem me toma?... Eu conheço outras cores, conheço outros panoramas. *Eu conheço o que quero! Eu tenho o que quero!*

Fulguravam-lhe os estranhos olhos azuis; chegou-se mais para mim e gritou:

– Eu não sou como os outros. Eu sou feliz, entenda bem, *sou feliz!*

Era tão singular a sua atitude, tão especial o tom da sua voz, que julguei estar ouvindo um louco, e senti um desejo infinito de pôr termo à conversa. Mas não havia pretexto. Tive que ficar, e, a partir deste momento, o homem bizarro, sem se deter um instante, fez-me a seguinte admirável confissão:

"É bem certo. Eu sou feliz. Nunca dissera a ninguém o meu segredo. Mas hoje, não sei por que, vou-lho contar a si. Ah!, supunha nesse caso que eu vivia a vida?... Triste ideia fez de mim! Julguei que me tivesse em melhor conta. Se a vivesse, há muito já que teria morrido dela. O meu orgulho é indomável, e o maior vexame que existe é viver a vida. Não me canso de lho gritar: a vida humana é uma coisa impossível – sem variedade, sem originalidade. Eu comparo-a à lista dum restaurante onde os pratos sejam sempre os mesmos, com o mesmo aspecto, o mesmo sabor.

"Pois bem! Eu consegui variar a existência – mas variá-la quotidianamente. Eu não tenho só tudo quanto existe – percebe? –; eu tenho também tudo quanto não existe. (Aliás, apenas o que não existe é belo.) Eu vivo horas que nunca ninguém viveu, horas feitas por mim, sentimentos criados por mim, voluptuosidades só minhas – e viajo em países longínquos, em nações misteriosas que existem para mim, *não porque as descobrisse,* mas porque as edifiquei. Porque eu edifico tudo. Um dia hei de mesmo erguer o ideal – não obtê-lo, muito mais: construí-lo. E já o entrevejo fantástico... e todo esguio... todo esguio... a extinguir-se em altura azul... esculpido em vitória... resplandecendo ouro... ouro não, mas um metal mais áureo do que o ouro...

"De resto, é evidente, faltam-me as palavras para lhe exprimir as coisas maravilhosas que não existem... Ah! o ideal... o ideal... Vou sonhá-lo esta noite... Porque é sonhando que eu vivo tudo. Compreende? *Eu dominei os sonhos*. Sonho o que quero. Vivo o que quero."

"As viagens maravilhosas que tenho feito. Vou-lhe contar algumas... A mais bela é esta, porque foi a mais temível:

"Eu estava farto de luz. Todos os países que percorrera, todos os cenários que contemplara, inundava-os a luz do dia, e, à noite, a das estrelas. Ah!, que impressão enervante me causava essa luz eterna, essa luz enfadonha, sempre a mesma, *sempre tirando o mistério às coisas...* Assim parti para uma terra ignorada, perdida em um mundo extrarreal onde as cidades e as florestas existem perpetuamente mergulhadas na mais densa treva... Não há palavras que traduzam a beleza que experimentei nessa região singular. Porque eu via as trevas. A sua inteligência não concebe isto, decerto, nem a de ninguém...

"Era uma capital imensa... Os bulevares rasgavam-se extensíssimos, *sempre ascendendo*, ladeados por grandes árvores; a multidão pejava-os girando silenciosa, e os veículos – os trens, os grandes ônibus, os automóveis – rodavam isocronamente num clangor soturno. *E todo aquele silêncio se reunia em música*. Ah!, que estranho calafrio de medo me varou, delicioso e novo, o corpo dispersado! Em face dos meus olhos abria-se uma vida misteriosa, enfim, porque a luz a não iluminava!... Espetáculo soberbo e pavoroso! Eu via a treva!... Eu via a treva!... No recanto duma rua perdida encontrei dois amantes a morderem-se nas bocas. Ai, como deviam ser grandiosos aqueles beijos profundos na suprema negrura das trevas densíssimas!... Mais longe assisti a uma cena de sangue: cruzavam-se estiletes, havia gritos de dor... Nunca vivi um momento mais temível do que esse... E, pelos arrabaldes, os vinhedos carregados de frutos, os trigais maduros, as searas e os pomares que o vento balanceava... toda a vida, em suma, toda a vida, na escuridão impenetrável!... Que triunfo! Que triunfo!...

"Glória maior foi talvez a que atingi na minha viagem a um mundo perfeito onde os sexos não são dois só... Pude ver labirintos de corpos entrelaçados a possuírem-se numa cadeia de espasmos contínuos, sucessivos e atuais, que se prolongavam uns pelos outros em fuga distendida... Infinito! Infinito! Era, ruivamente era, o cântico aureoral da carne, a partitura sublime da voluptuosidade que fremiam todos esses sexos diferentes vibrando em turbilhões... A vida a deslizar em ondas... a vida a deslizar em ondas!...

"Narrar-lhe todas as minhas viagens seria impossível. No entanto quero-lhe falar ainda doutro país.

"Que estranho país esse. Todo duma cor que lhe não posso descrever porque não existe – *duma cor que não era cor*. E eis no que residia justamente a sua beleza suprema. A atmosfera deste mundo, não a constituía o ar nem nenhum outro gás – não era atmosfera, era música. *Nesse país respirava-se música*. Mas o que havia de mais bizarro era a humanidade que o povoava. Tinha alma e corpo como a gente da Terra. Entanto o que era visível, o que era definido e real – era a alma. Os corpos eram invisíveis, desconhecidos e misteriosos, como invisíveis, misteriosas e desconhecidas são as nossas almas. Talvez nem sequer existissem, da mesma forma que as nossas almas talvez não existam também...

"Ah!, que sensações divinas vivi nesse país!... O meu espírito ampliou-se... Tive a noção de perceber o incompreensível... Hei de talvez lá voltar um dia, a esse país sem igual, a esse país d'Alma...

"Em suma, meu amigo, eu viajo o que desejo. Para mim há sempre novos panoramas. Se quero montanhas, escuso de ir à Suíça: parto para outras regiões onde as montanhas são mais altas, os glaciares mais resplandecentes. Há para mim uma infinidade de cenários montanhosos, todos diversos, como há também mares que não são mares e extensões vastíssimas que não são montes nem planícies, que são qualquer coisa mais bela, mais alta ou mais plana – enfim, *mais sensível!* O mundo para mim ultrapassou-se: é universo, mas um universo que aumenta sem cessar, que sem cessar se alarga. Quer dizer, não é mesmo universo: é mais alguma coisa.

"No círculo espiritual, também para mim não há barreiras – e tenho sentido, além do amor e do ódio, outros sentimentos que lhe não posso definir, é claro, porque só eu os vivo, não havendo assim a possibilidade de lhos fazer entender nem por palavras, nem por comparações. Sou o único homem que esses sentimentos emocionam. Logo seria desnecessário ter uma voz que os traduzisse, visto que a ninguém a poderia comunicar. Aliás, o mesmo acontece com as horas mais belas que tenho vivido. Só lhe posso dizer as que de longe se assemelham às da vida e que por isso exatamente são as menos admiráveis.

"Agora passo-lhe a esboçar algumas voluptuosidades novas.

"Um corpo de mulher é sem dúvida uma coisa maravilhosa – a posse de um corpo esplêndido, todo nu, é um prazer quase extra-humano, quase de sonho. Ah!, o mistério fulvo dos seios esmagados, a escorrer em beijos, e as suas pontas loiras que nos roçam a carne em êxtases de mármore... as pernas nervosas, aceradas – vibrações longínquas de orgia imperial... os lábios que foram esculpidos para ferir de amor... os dentes que rangem e grifam nos espasmos de além... Sim, é belo; tudo isso é muito belo! Mas o lamentável é que poucas formas haverão de possuir toda essa beleza. Emaranhem-se os corpos contorcidamente, haja beijos de ânsia em toda a carne, o sangue corra até... Por fim sempre os dois sexos se acariciarão, se entrelaçarão, se devorarão – e tudo acabará em um espasmo que há de ser sempre o mesmo, visto que reside sempre nos mesmos órgãos!...

"Pois bem! Eu tenho possuído mulheres de mil outras maneiras, tenho delirado outros espasmos que residem noutros órgãos.

"Ah!, como é delicioso possuir com a vista... A nossa carne não toca, nem de leve, a carne da amante nua. Os nossos olhos, só os nossos olhos, é que lhe sugam a boca e lhe trincam os seios... Um rio escaldante se nos precipita pelas veias, os nossos nervos tremem todos como as cordas duma lira, os cabelos sentem, dilatam-se-nos os músculos... e os olhos de longe, vendo, vão exaurindo toda a beleza, até que por fim a vista se nos amplia, o nosso corpo inteiro vê, um estremeção nos sacode e um espasmo ilimitado, *um espasmo de sombra*, nos divide a carne em ânsia ultrapassada... Atingimos o gozo máximo! Possuímos um corpo de mulher só com a vista. Possuímos fisicamente, mas imaterialmente, como também se pode amar com as almas. Neste caso são mais doces, mais serenos, mas não menos deliciosos, os espasmos que nos abismam.

"Há ainda outra voluptuosidade que, por interessante, lhe desejo esboçar: é a posse total dum corpo de mulher que sabe unicamente a um seio que se esmaga.

"Enfim, meu amigo, compreenda-me: Eu sou feliz porque tenho tudo quanto quero e porque nunca esgotarei aquilo que posso querer. Consegui tornar infinito o Universo – que todos chamam *infinito*, mas que é para todos um campo estreito e bem-murado."

Houve um grande silêncio. Pelo meu cérebro ia um tufão silvando, e as imagens fantásticas que o desconhecido me evocara – rodopiantes, pareciam querer no entanto definir-se em traços mais reais. Mas logo que estavam prestes a fixar-se, desfaziam-se como bolas de sabão...

O homem disse ainda:

– A vida é um lugar-comum. Eu soube evitar esse lugar-comum. Eis tudo.

E mandou vir conhaque.

Estive dois dias sem o ver. Quando o encontrei de novo à mesa do restaurante, notei uma expressão diferente no seu rosto. Confessou-me:

– Já conheço o ideal. No fim de contas é menos belo do que imaginava... E o meu amigo, que tem feito?

Pusemo-nos a falar de banalidades. Eu quis ainda levar a conversa para a sua vida sonhada, mas todos os meus esforços permaneceram inúteis.

Saímos. Acompanhou-me até casa. Deu-me as boas-noites. Depois, nunca mais o vi.

* * *

Largo tempo meditei no homem estranho: meses e meses a sua recordação me obcecou perturbadoramente. Quis também fruir o segredo do dominador dos sonhos. Mas embalde. Não os consegui nunca imperar e, breve, renunciei à quimera dourada.

Desde aí, a minha loucura foi toda ela de esparzir luz, ainda que só luz crepuscular, sobre o mistério admirável.

E um dia, finalmente, um dia de triunfo, eu pressenti a verdade.

Que vinha a ser aquele homem? Segredo! Segredo! Eu dele ignorara sempre tudo. Muita vez me acompanhou a minha casa – e eu jamais conhecera onde fosse a sua casa. Afigurara-se-me russo; porém não mo disse nunca.

Alto, extremamente alto e magro. Grandes cabelos encrespados, dum loiro triste, *fugitivo*; e os seus olhos fantásticos de azul, com certeza os olhos mais estranhos que me iluminaram algum dia. Só os posso evocar nesta incoerência: eram dum brilho fulgurante – *mas não brilhavam*.

A sua voz de calafrio, ressoando abafada e sonora, parecia vir duma garganta falsa que não existisse no seu corpo. Quando se erguia e caminhava, os seus passos ágeis, silenciosos, longos, davam a impressão total de que os seus pés, em marcha aérea, não pousavam no solo: a sua marcha era indecisa – e eis aqui o mais bizarro – como indecisas e brumosas igualmente eram as suas feições. Os seus traços fisionômicos dir-se-iam inconstantes, sendo quase impossível abrangê-los em conjunto: um grande pintor teria uma real dificuldade em fixar na tela o rosto móvel do homem dos sonhos. Quem longas horas o tivesse na sua frente, não o ficava entanto conhecendo: aquele rosto fugitivo não se aprendia em longas horas.

Enfim, da sua fisionomia, do seu andar, dos seus gestos, da sua voz, ressaltava esta impressão: o desconhecido era uma criatura de bruma, indefinida e vaga, irreal... *Uma criatura de sonho!* – passou-me esta ideia pelo espírito como um relâmpago de claridade. Sim, o meu homem era perfeitamente comparável às personagens que nos surgem nos sonhos e que nós, de manhã, por maiores esforços que empreguemos, não conseguimos reproduzir inteiramente materializadas, porque nos faltam pormenores do seu desenho: se os olhos nos lembram, esqueceu-nos a expressão da boca; se sabemos a cor estranha dos cabelos, fugiu-nos o tom fantástico dos olhos. Em suma, é-nos impossível reconstruir o conjunto da personagem indecisa que entrevimos sonhando. As suas feições escapam-nos – tal como escapavam as feições do homem bizarro.

Queria dizer: *o desconhecido maravilhoso era uma figura de sonho* – e entretanto uma figura real.

Mas foi precisamente quando, envaidecido, eu suscitara já esta longínqua claridade, que o segredo admirável se me volveu em ideia fixa. Temi quase endoidecer, e não sei o que teria sido do meu pobre cérebro que a asa do mistério roçara, se por fim não conseguisse mergulhar mais fundo o abismo azul:

Se o homem dos sonhos era uma figura de sonho, mas, ao mesmo tempo, uma criatura real – havia de viver uma vida real. A nossa vida, a minha vida, a vida de todos nós? Impossível. A essa existência odiosa ele confessara-me não poder resistir. *Demais, nessa existência, a sua atitude era duma figura de sonho.* Sim, duma figura irreal, indecisa, de feições irreais e indecisas. Logo, o desconhecido maravilhoso não vivia a nossa vida. *Mas, se a não vivia e entretanto surgia vagamente nela, é porque a sonhava.*

E eis como eu pude entrever o infinito. O homem estranho sonhava a vida, vivia o sonho. Nós vivemos o que existe; as coisas belas, só temos força para as sonhar. Enquanto que ele não. Ele derrubara a realidade, condenando-a ao sonho. E vivia o irreal.

Poeira a ascender quimerizada...

Asas d'ouro! Asas d'ouro!...

(Paris, março de 1913)

ASAS

A Alfredo Pedro Guisado

I.

Já se me gravara frisantemente a recordação daquele extraordinário personagem, quando uma noite, no café, Inácio de Gouveia mo apresentou em indiferença.

Não pudera, com efeito, esquecer mais a inexplicável criatura esguia, de longos cabelos mordoirados, rosto litúrgico, olhos de inquietação – que, alta madrugada, eu vira a primeira vez, perto de Notre-Dame, solitária e extática. Mas não, como seria admissível, contemplando a Catedral na bruma violeta da antemanhã de outono – estrambóticamente, ao contrário, de costas para ela, a olhar o céu, abismada, num enlevo profundo...

Parei alguns minutos examinando o desgraçado. Contraía-se-lhe o rosto, os olhos palpitavam-lhe em bizarras divergências, enclavinhavam-lhe o corpo bruscos estremeções – como se na verdade presenciasse, no espaço, qualquer cena emocionante!

Encontrei-o de novo, poucos dias volvidos, na Praça Vendôme. Mais discretamente, porque era na agitação das cinco horas, o meu desconhecido indagava sempre a atmosfera: hoje, numa atitude mais serena, enternecida a cor-de-rosa – descendo, em frágil suavidade, o olhar, instante a instante, sobre as mulheres de luxo que saiam dos automóveis...

E vira-o ainda, uma última vez, no jardim do Luxemburgo – então apenas absorto nas correrias das crianças.

Foi pois com íntima curiosidade que o saudei, na frase infalível do "muito prazer em conhecê-lo" – sincera, por exceção.

Sabia agora que era um vago artista russo, conhecido distante de Gouveia: "Petrus Ivanowitch Zagoriansky" – "salvo erro", avisara-me em português o romancista.

Este, por sinal, breve se despediu – e os dois ficamos sós.

Maravilhosamente se entabulou a nossa conversa – parecíamos já antigos companheiros. E toda a noite eu ouvi, suspenso, as palavras do russo.

Que zebrante intensidade, que síntese de oiro!

Em face dele, a convulsionar a beleza das suas frases *novas*, vinha-me a sensação destrambelhada de que o artista não falava só com a sua boca, mas com todo o seu corpo...

Amiudaram-se, a partir daí, os nossos encontros. Uma intimidade quotidiana, mesmo. E hoje, recordando essa época da minha vida, afinal tão próxima, ela evoca-se-me em laivos de sonho, de beleza e pasmo – de inquietação, misteriosamente.

Não estou escrevendo uma novela – apenas fixando um episódio bem real, por secreto e perturbador. Assim, nem me esforçarei por dar um seguimento dramático à minha narrativa. Ela resvalará mais do que livre, desarticulada – apoiando-se quase estritamente na reprodução das nossas conversas.

Logo de início eu confessara ao estrangeiro já o conhecer de vista – e ter-me impressionado muito o seu aspecto aureolado e a sua estranha atitude, olhando o espaço, em Notre-Dame e na Praça Vendôme.

Lembro-me que Zagoriansky, dessa vez, apenas sorriu num dos seus inolvidáveis sorrisos *triangulares*, acrescentando qualquer coisa que não percebi – como que uma onomatopeia hirta: decerto uma palavra russa iludindo a resposta.

Mas, poucos dias depois, quando lhe falei demoradamente da minha Arte e lhe narrei os planos dalgumas novelas – o meu companheiro, mudando de atitude, baixando enfim os olhos, principiou sem ser rogado:

– Solenemente, é admirável. Desistira de encontrar alguém que o pensasse. O meu amigo, em suma, é um artista – um Artista! Tudo quanto me acaba de sugerir – protesto-lhe – é uma Apoteose à minha vibratilidade. Que triunfo! Pela primeira vez acho alguém com quem saiba falar da minha Arte, decisivamente. Não digo que me compreenda. Longe disso. Mas vai sentir-me um pouco. É já muito. Verá...

E pôs-se, ainda em confiança velada, a dizer-me os seus fins, as suas teorias últimas:

"Nervos! Nervos!... Oh, o horror do Mesmo! Para que sempre fazer idêntico, se tantas coisas Outras nos envolvem?... Ao excessivo e ao diverso – em Marchetado e Ruivo!...

"Lembrava-se de mim – contou-me – de me ter visto olhando o céu, como louco, embevecido... É que enredava então um dos meus poemas Novos onde sugestionaria toda a beleza insuspeita do Ar. Do Ar, sem dúvida, meu amigo – o Grande Insidioso que tudo contorna e prolonga, esparze vibratilmente...

"Notre-Dame – incrustação medieval! Abóbadas do templo, rosáceas dos vitrais, cornijas e telhados – tudo, tudo, pelo espaço... Mas são degraus de trono, degraus de trono – outras tantas catedrais projetadas na atmosfera: sucessivas; ao Infinito! A atmosfera: um espelho de Fantasmas! E cada figura, cada ogiva, cada rendilhado – se traduz lá, vagueando-se, se projeta lá em insinuações envolventes de contorno. Pois o ar tudo rodopia, amola e alastra, anela, diverge insondavelmente... Para além da nossa existência real, outra se influi, existe – suave: a das formas aéreas, contínuas, que emolduramos. Quem sabe até se elas não irão ser, ultrapassando o Vácuo – as almas sutis, voláteis, dos corpos doutros mundos?...

"E eis qualquer coisa que a minha Ânsia estrebuchou fixar!... Translucidez-Espectro... Visões de Nós-próprios... e dos templos... dos palácios... das torres... das arcarias... Ah!, eu não vibro só os monumentos nas suas linhas imutáveis, nativas, rudes – a pedra. De há muito absorvi senti-los a bem mais Imperial nos seus moldes incorpóreos de ar – transmitidos, flexíveis, impregnantes...

"As grandes catedrais! Notre-Dame... Que altos-relevos do Espaço... que maravilhosas intersecções de planos... Planos múltiplos e livres, *desdobrados*, que se enclavinham, se transmudam, soçobram, turbilhonam!...

"*Eu quero uma Arte que interseccione ideias como estes planos!*

"Oiça bem!, oiça bem! Quero uma Arte interceptada, divergente, inflectida... uma Arte com força centrífuga... uma Arte que se não possa demonstrar por aritmética... uma Arte-geometria no espaço... Sim!, sim!, uma Arte a três dimensões... no espaço... no espaço... Áreas e Volumes!"

Em vertigem, dificilmente me guiara por este rodopio. E abismava-me. Enfim! – era toda uma Imaginativa nova...

De resto, havia nas suas frases uma desconexão aflitiva, um destrambelho fugaz – e, nos seus olhos, um esplendor *fumarento*, a boca amarfanhando-se-lhe em um ricto de sombra.

Prosseguiu:

– Urge também, meu amigo, que um Artista de gênio saiba individuar, *animar*, a Atmosfera... quando a rompem grandes expressos, e os afilamentos dos dirigíveis, as hélices, os volantes, as rodas das oficinas, os braços dos guindastes – tanta beleza dura! – ... quando a entalham basílicas, memórias, ruínas do Egito... debilmente, se a afagam mãos esquivas de mulher, e as correrias loiras das crianças, nos jardins...

Mais tarde, havia de me tornar...

"Acredite-me, cada vez melhor me convenço de que a atmosfera é uma fonte inesgotável de beleza inúmera. Convém que nós, os artistas, aprendamos, hora a hora, a devassá-la... Saber a Distância! compreender o Ar... o espaço, que nunca é imóvel – e vibra sempre, coleia sempre... A mínima oscilação, só por si, vale um motivo de Arte – é uma beleza nova: zebrante, rangente, desconjuntada e emersa... Fantasie um corpo nu, magnífico, estendido sobre colchas da Índia, em um *atelier* de luxo... Mas de volta, meu amigo, de volta, tudo será esse corpo – só a beleza purificada desse corpo!... Soçobrará o resto, desarticular-se-á em redor, focado o ambiente nessa apoteose – alabastros de convergência!... Depois é o próprio corpo que, de tanto haver concentrado, se desmorona em catadupas de oscilações afiladas, loiras, viciosas... Abrem os seios gomos de ar crispados, as pernas derrotam colunatas – agitam os braços múltiplas grinaldas; os lábios palpitam incrustações de beijos... Tudo se abate de Beleza! E o corpo é já um montão de ruínas, de destroços de ar, que ondeiam livres, em vórtice – e se emaranham, se entrecruzam, se desdobram, se convulsionam... *Todo o ar vive esse corpo nu!*

"E nas grandes oficinas... o giro ácido das rodas... os volantes... os êmbolos... as correias de transmissão... o oscilar de complicados maquinismos... Outros tantos movimentos de ar – fogos de artifício, é verdade, fogos de artifício de Ar!... Hélices, espirais, ramos de parábola, estrelas, hipérboles mortas – turbilhonando, ziguezagueando, entregolfando-se... Magia contemporânea! Europa! Europa!...

"Nos teatros, então, se uma dançarina multicolor volteia – repare –, a atmosfera toda se colore em cerca, abismando-se em despojos policromos que vêm atingir as nossas próprias mãos, os rostos dos espectadores – como o farfalhar dos vidrilhos...

"Pois é tudo isto, em suma (e as inflexões das espadas), que devemos – Hoje! – adivinhar e sugerir em Alma."

Por mim, gritei-lhe, como da outra vez, o meu espanto e o meu culto em face das teorias sublimes. Ele estranhava que eu as soubesse compreender tão longe – embora os meus nervos e o meu gênio. Mas breve se convenceu da minha sinceridade – dia a dia em maior confiança.

* * *

Há dez anos que Petrus Ivanowitch levara a sua família – sua mãe e sua irmã – a abandonar Moscou, depois da morte de seu pai, e a estabelecer residência em Paris.

Desde o princípio das nossas relações me quisera, à viva força, mostrar em sua casa – onde, por sinal, conheci mais tarde Sérgio Warginsky e me deixei apresentar de novo a sua mulher – ainda muito formosa – que noutros tempos, em Lisboa, conhecera em circunstâncias tão diversas.

Uma sensação de enlevo devia trazer da minha primeira visita, pois logo de entrada se me frisou um ambiente de ternura e desvelo a cercar o Artista. As servidoras fiéis do seu gênio, aquela mãe e aquela irmã – adivinhava-se num relance: Sofia Dmitrievna, uma senhora de porte aristocrático e magníficos cabelos brancos; Marpha Ivanovna, uma linda rapariga cheia de vida – alta, robusta, musculada. O tipo completo da beleza forte.

Meses depois, ambas elas, notando como Petrus preferia o meu convívio, começaram a pedir a minha opinião: mostrando-se muito receosas pela sua débil saúde – e, ainda mais, pela intensidade excessiva do seu gênio, as complicações do seu espírito, toda a estranheza do seu porte. E, um dia, contaram-me que o meu amigo sofrera outrora uns ataques misteriosos, terríveis, que os médicos não souberam nunca diagnosticar: como que uma bizarra e sinistra epilepsia nova. Há seis anos essas crises não se repetiam. Mas fora justamente desde então que se manifestara um maior desequilíbrio em todos os atos do Artista – em todas as suas palavras, e nas suas opiniões.

Busquei sempre sossegá-las. Só hoje vejo bem como se fundamentava esse temor.

Não era, com efeito, apenas nas suas conversas de arte que Zagoriansky se exprimia inquietadoramente: em maravilhas, sem dúvida – e destrambelhos reais, não obstante. Se me dizia, porventura, qualquer particularidade da sua alma, a estranheza e o vago persistiam. De resto, as nossas conversas nunca se alastraram neste plano. Uma natureza muito concentrada. Mas sempre que o russo se abriu comigo – foram tão singulares como as suas teorias artísticas as suas anotações psicológicas, os traços mais frisantes do seu carácter.

Por exemplo, jurou-me uma noite:

– Se eu quisesse, meu amigo, contar a minha vida, em voz alta, a mim próprio – eu mesmo não acreditaria. Ah!, desenvolveu-se sempre em erro a minha existência... Se lhe entrasse em pormenores, "literatura" suporia. E, no entanto, a verdade irrisória... Menos crível, porém, é que todos os personagens da minha vida – os mesquinhos até, na aparência – tenham procedido, afinal, sempre de acordo com a minha vida. *Encontrei sempre quem devia encontrar*. Ninguém nunca procedeu comigo como procederia com outrem – mesmo os que não me conheciam... Tanto que chego a lembrar-me, em verdade, *se não serei só eu, mas muitos* – isto é: *todos os personagens da minha vida...*

Estampara-se uma dor tão grande no seu rosto – embora uma ironia estridente a repassasse – tamanha tristeza lhe velara a voz e o brilho dos seus olhos – que estremeci, por ele, piedade sincera incluída em um vago receio, talvez...

Breve fui notando os bruscos silêncios que havia nas suas frases, os súbitos olhares perdidos, *soltos*, que frequentemente, conversando, lançava em redor, sem se calar – numa desatenção repentina, inexplicável e assustadora.

De quando em quando, fazia-me agora estrambóticas constatações:

– Já reparou no cheiro do petróleo? É muito curioso... Lembra-se?... Dir-se-ia um aroma *com crosta*... Sim, um aroma duplo: um tom aromal, primeiro, grosso – revestindo um tom mais agudo, esfericamente...

E, outras vezes:

– Não amei nunca. Mas tenho a certeza que, se um dia amasse, o meu amor seria um grande sono. Então, à mulher que ardentemente quisesse, eu diria: "Meu amor, meu amor, tenho sono de ti!"

– Recordam-me a cada instante sabores que nunca experimentei... Gostos maquinados, com rodízios, em complexos movimentos... Gostos transformações de energia, quero crer...

– Houve uma época da minha vida em que só inventava obsessões. *Inventava-as,* não as tinha. O mais perigoso era que, tempo volvido, já não conseguia destrinçar se essas obsessões eram apenas artificiais, criadas pela minha imaginativa de Artista – ou verdadeiras loucuras que, alguma hora, teriam dilacerado o meu espírito, e hoje, vacilantemente, ressumavam... Lembro-me bem das minhas incertezas quanto a esta obsessão dupla que, em lucidez, sabia não ser mais do que o assunto rebuscado duma novela que tencionara compor: um homem que, por uma parte, se convencera de que o seu pensamento era translúcido, e assim, todos saberiam o que ele pensava – *os próprios animais* – as suas ânsias, as suas desilusões... e, por outra parte, num crescendo aflitivo, fosse descobrindo pouco a pouco, em todos os rostos, a mesma expressão; os mesmos tiques, os mesmos trejeitos... Embalde fugiria, de olhos cerrados, em uma náusea de medo... E essa expressão irremediável, obcecante, enfadonha, sempre a mesma – iria por fim encontrá-la nos próprios objetos, nas coisas inanimadas – *nos aromas até*.

Mas bem mais inquietadora, por dolorosa e íntima, a confissão estiolante de certa manhã febril.

Visitara, com ele, um pintorzeco indiferente que vivia num pequenino quarto, trepando ao último andar dum hotel do Odéon. E, à saída, na rua:

– Como o invejo... – divagou o Artista. – Nunca viverei num quarto como esse... Só isto sintetiza bem, quem sabe, a minha dor... Foi outro o meu destino... Houve sempre tapetes na minha sorte... Não poderei nunca viver... *A dor de ter sabido sempre onde ia dormir!*... Duvido que pense também assim... Mas como eu quisera ser aquele quarto... Reparou?... Aquele quarto é uma garota de Paris... Não logrei nunca misturar a mim a gentileza... Jamais recebi uma carta que não esperasse... Sequidão! Sequidão!... Se ao menos, como certo amigo distante, principiasse a amar uma morta... Embalde... E, solitário, passeio com os meus galgos de fantasia... Às vezes, julgo até que se deu comigo esse episódio – que narraram, sem dúvida... Ausência! Ausência! Ela estaria descalça, uma noite de luar, junto do lago, a pedir-me que lhe lançasse água nas mãos e sobre os braços nus... Depois teríamos misturado os dedos na mesma água... E hoje – que suavidade! – parecer-me-ia, decerto, que essa água fora o único beijo que trocáramos... Meu lindo espírito de seda, todo bordado a cor-de-rosa... Mas este mesmo Outono é ilusão!...

Ouvi-o em sobressaltos. Não me surgira nunca tão vincado o destrambelho das suas frases – bem real, por desgraça: de forma alguma um artifício de *poseur* – tão dolorida e flagelada a expressão.

Breve porém mudou de assunto, e as suas ideias de novo se focaram lucidamente.

Por minha parte, acostumado ao seu espírito, tirara já para mim esta conclusão egoísta: um grande desequilibrado, talvez – mas, pelo excesso do seu desequilíbrio, um gênio robusto. E, sem remorsos, tranquilizava a sua família.

Com efeito, olvidando os meus vagos temores, nem me lembrei nunca do seu fim, no meu habitual ceticismo – a não ser remotamente, quando uma manhã me entrou pela casa a gritar:

– Meu amigo! Meu amigo! Creio que descobri hoje, enfim, o segredo da minha existência: *sou todas as mãos esguias de mulher com as unhas pintadas!...*

Não era dum *blagueur* – portanto esta frase seria dum louco, mais tarde ou mais cedo.

Mas fora tão bela, tão loira e perturbante – que logo esqueci o perigo, e, em verdade, admirei só o Artista...

II.

Foi só nos últimos tempos que Petrus Ivanowitch falou comigo, em desassombro total, das suas ânsias de Artista – da sua obra, realmente. Até aí, em verdade, apenas se referia a pontos de vista gerais, às suas opiniões teóricas – mas nunca aos seus versos, a não ser de muito longe.

Por mim, nem por sombras duvidava do seu gênio – cria nele a ferro e fogo. Entanto, a minha certeza apenas repousava na sugestão inolvidável do seu espírito – nas suas frases de chama, e nos seus gestos, no brilho dos seus olhos – em todo o seu perfil, é claro. De resto, inabalavelmente, melhor do que a Obra mais perfeita, isto incidia um Artista imortal. A ponto que eu, de fato, antes de refletir a sangue-frio, tinha bem funda a impressão de que ouvira já muitos dos seus versos.

Das suas obras, falou-me a primeira vez quando, expressamente para ele os apreciar, verti em francês alguns excertos dos meus livros e dos admiráveis trabalhos de Fernando Passos. Zagoriansky maravilhou-se. Pasmava-o como, num país tão diverso, surgira qualquer coisa de vagamente semelhante – garantia – ao espírito velado das suas obras. Certas frases de Fernando Passos, sobretudo, inquietavam-no. Manifestou-me grandes desejos de conhecer um dia o Artista. Mas eu só lhe pude mostrar o seu retrato.

Falou-me pois do seu poema – um livro em que trabalhava há muitos anos.

Não tinha título:

– O seu título – confiou-me – será, quando muito, um compasso de música e alguns traços a cor.

Dividir-se-ia – ajuntou – em várias partes, em várias composições. Mas todas elas, soltas, haviam de se reunir astralmente, *hipnoticamente* (foram os termos que empregou) em um só conjunto. E não me disse mais nada essa noite.

Porém, algumas semanas volvidas, anunciou-me que lhe parecia estar próximo a tocar o limite do seu livro. Com efeito, não o publicaria antes de obter a Perfeição – "esse fluido".

Queixou-se-me:

– Até hoje, não existe uma Obra de Arte perfeita. As maiores são excertos. E eu quero o meu Poema íntegro! Tão incorrigível que lhe não possam tirar uma letra sem se desmoronar.

Insinuei-lhe:

– Entanto, meu amigo, convém não excedermos a tortura. A Perfeição é qualquer coisa de muito relativo – fator demais, estreito, do critério pessoal.

– Não há critérios pessoais. Há Oiro! – insurgiu-se o russo.

– Muito bem! – teimei ainda. – Dado que assim seja, unicamente como é que o meu amigo vai medir que atingiu a Perfeição?

A resposta foi imediata:

– Não lho posso garantir, por enquanto. Mas – tenho grande fé – no minuto em que a dobrar, sabê-lo-ei talvez *fisicamente*. A água, quando ferve, levanta-se em espuma. Desta forma concluímos que está em ebulição. Pois bem: qualquer coisa de paralelo acredito muito que se dará com o grau abstrato que pretendo atingir. Sim, afigura-se-me, em positivo se me afigura, que, no instante de alcançar a perfeição, algum fenômeno físico (talvez como que um súbito *ajustamento*) se dará defronte dos meus olhos... na atmosfera... ou quem sabe até se nas páginas onde estão escritos os meus poemas...

– Um ótimo assunto de novela! – encolhi os ombros, sorrindo, a pedir outro café.

....

....

– Uma arte fluida, meu amigo, uma arte gasosa... Melhor, meu amigo, melhor – gritava-me Zagoriansky no seu gabinete de trabalho, aonde pela primeira vez me recebia – *uma arte sobre a qual a gravidade não tenha ação!*... Os meus poemas... os meus poemas... Mas ignora ainda! Coisa alguma prenderá os meus poemas... Quero que oscilem no ar, livres, entregolfados – transparentes a toda a luz, a todos os corpos – sutis, imponderáveis!... E hei de vencer!... Não atingi a Perfeição, por enquanto... Bem sei, restam escórias nos meus versos... Por isso a gravidade ainda atua sobre eles... Mas em breve... em breve... ah!...

De súbito, acalmando-se, sentou-se numa grande poltrona magenta.

– Não lhe disse nunca, afinal, as características principais da minha Obra. Hoje, porém, julgo dever abrir-me lisonjeiramente consigo, desvendar-lhe os meus segredos... Creio estar prestes a chegar, enfim – e o meu amigo encontra-se preparado, pelo seu espírito e pela minha influência, *a saber*... Oiça: não escrevo só com ideias; escrevo com sons. As minhas obras são executadas a sons e ideias – a sugestões de ideias – (*e a intervalos*, também). Se lhe ler os meus versos, o meu amigo, não entendendo uma palavra, *senti-los-á* em parte. E será idêntico ao seu, o caso do surdo que os saiba ler – *mas não os possa ouvir.* A sensação total dos meus poemas só se obtém por uma leitura feita em voz alta – ouvida e compreendida *de olhos abertos*. Os meus poemas são para se interpretarem com todos os sentidos... Têm cor, têm som e aroma – terão gosto, quem sabe... Cada uma das minhas frases possui um timbre cromático ou aromal, relativo, *isócrono*, ao movimento de cada "circunstância". Chamo assim as estrofes irregulares em que se dividem os meus poemas: suspensas, automáticas, com a sua velocidade própria – mas todas ligadas entre si por ligações fluidas, por elementos gasosos; nunca a sólido, por ideias sucessivas... Serei pouco lúcido. Entanto, como exprimir-me doutra maneira?... Espere... Talvez... A minha Obra não é uma simples realização ideográfica, em palavras – uma simples realização escrita. É mais alguma coisa: ao mesmo tempo uma realização musical, cromática – pictural, se prefere – e até, a mais volátil, *uma realização em aromas*. Sim, sim, a minha obra poder-se-á transpor a perfumes!... Poder-se-á transpor, será tudo isto, bem entendido, quando estiver completa... Finalmente voltando ao seu caso: ouvir as minhas composições sem entender a língua em que estão escritas valerá quase pelo mesmo do que conhecer uma obra de teatro só pela leitura – ignorando a sua realização estética...

Divagava por força o meu amigo... Eu escutara-o preso das palavras mágicas, turbilhonantes – em arrepios a Ouro. Mas não logrei por certo diluir uma crispação de dúvida, um vago ar incrédulo, pois o Artista, de súbito revolvendo-se, correu a uma gaveta da enorme secretária de pau-santo – ao fundo do gabinete –, puxou-a, e dela tirou um caderno azul que brandiu aos meus olhos:

– Terá a prova! – exclamou. – Vou-lhe ler alguns dos meus poemas, *em russo*! O meu amigo depois me contará a impressão sincera da leitura.

E pôs-se a folhear o livro, nervosamente. Admirei-me por sinal – recordo-me – que um Artista tão refinado, tão esquisito, escrevesse os seus trabalhos num vulgaríssimo caderno de estudante, de capa lustrosa, daqueles que se vendem por noventa cêntimos nas galerias do Odéon.

– Ler-lhe-ei primeiro uma das minhas composições mais simples: uma demonstração de ritmos, apenas.

Escutei...

Um assombro! Dissonâncias de capricho entrechocavam-se suavemente, e eram outros tantos arfejos rendilhados, dimanando-se em mil tons – sobre um fundo violeta inalterável, numa evocação de perfumes lisos, cetinosos...

Inútil, com efeito, saber as palavras para reagir ao sortilégio dessa pequena obra-prima!

Disse todo o meu espanto, toda a minha convicção...

Num entusiasmo crescente, Petrus Ivanowitch foi-me declamando inúmeras poesias. A todas eu experimentava beleza – em umas melhor do que noutras, claro. E o russo acrescentou depois que tinham sido justamente as mais complexas que eu melhor adivinhara.

Lembro-me, acima de tudo, do pasmo que me causou certa peça onde havia rodas múltiplas trabalhando em vertigens de cor, num embaralhado e convulsivo movimento, e onde eu, atônito, ia descobrindo as mais elegantes curvas – hélices, espirais, ramos de hipérbole – soltas, expandidas livremente, num fogo de artifício de sons, a girândolas. Era, em verdade, todo um maquinismo de precisão, movido por mágica – secretamente, em súbitas arrogâncias hialinas... estrépitos de cristais...

Por último, Zagoriansky hesitou. Ia a fechar o caderno. Mas decidiu-se, anunciando em frenesi:

POEMA BRILHANTE.

Ah! eu não sabia ainda coisa alguma! Caiu por terra a minha admiração em face dos outros poemas... Descreverei, aliás, facilmente, toda a maravilha assegurando, em perfeita lucidez, isto só:

– *Tive que cerrar os olhos desde os primeiros sons.*

Não pude sustentar – foi certo! – o brilho coruscante, as cintilações magnéticas induzidas nas palavras misteriosas que os meus ouvidos escutavam. Não divago. Alcanço bem o que afirmo. Mera sugestão, talvez. Mas foi assim: os meus olhos não resistiram abertos. E desafiaria aquele que lograsse ouvir o Milagre *sem os fechar*.

Era toda uma nova Arte – diademada e última, excessiva e secreta, opiante, inconvertível, cujo divino criador estava ali, na minha frente!

Ergui-me semilouco, finda a leitura. Beijei o Artista... E Petrus, em verdade iluminado por uma auréola, gritou-me, excedido:

– Vê... vê... Não lhe dissera?... Uma arte gasosa... poemas sem suporte... flexíveis... que se podem deslocar em todos os sentidos... Uma Arte sem articulações!... *Uma Arte correspondente às formas aéreas que as realidades incrustam!*... Sons interseccionados, planos cortados, múltiplos planos – ideias inflectidas, súbitas divergências... Tudo se trespassará, se esgueirará, perpetuamente variável, ondulante – *mas, em somatório, sempre o mesmo conjunto!*... Sim, sim, quero realizar em vários dos meus poemas – e, sobretudo, na junção total – como que uma soma de fatores arbitrários. *Mas uma soma exata de fatores diversos!*

E, para exemplificar, traduziu-me então o pequeno excerto que adiante publico – aonde, conforme explicou, só pretendera suscitar uma impressão indecisa a Vago, entre tenuíssimos apoios na realidade. Qualquer coisa impossível de abranger, escapando-se como azougue: lençol de água movediço, ânfora de oiro quebrada – por isso mesmo, flébeis ressaibos de Além. E a certeza, embora, sempre defronte – em marco...

A simples tradução literal que deste excerto me fez sugestionou-me em tais quebrantos que me despedi sem lhe arrancar a promessa de mo deixar traduzir – ou, melhor, interpretar em português.

Efetivamente, com enormes dificuldades, segundo os seus conselhos, terminava dias depois a versão que publico mais longe – onde quase não existe uma palavra do original, mas que, assim mesmo, reproduz tanto quanto possível, numa língua estrangeira, a sugestão do texto russo: pelos mesmos sons e movimentos, os mesmos timbres cromáticos, as mesmas consonâncias...

Mais tarde, insistindo em interpretar outras das suas obras, porquanto o artista se mostrara muito satisfeito com a minha tentativa – Petrus Ivanowitch escusou-se sempre. Só me permitiu que trasladasse uma composição dos dezoito anos – "Bailado" – que não pertencia ao seu volume, e escrevera, ainda estudante de Direito, quando vivia só em Paris, num Hotel da Rue des Écoles. Daí, por sinal, o estranho e admirável fecho do poema.

A partir dessa noite, muitas vezes lhe perguntei pelo seu livro – insurgindo-me contra os excessos da sua tortura. Urgia, com efeito, publicar essa maravilha, destinada por força a fazer uma revolução em todas as artes.

Ele quase sempre, em desânimos ou entusiasmos, me volvia:

– Ainda é cedo... ainda é cedo... Ainda não triunfei... A gravidade ainda atua sobre a minha obra... De resto, creio faltar pouco... Estarão mesmo já "perfeitos" muitos dos meus poemas – todos até, pode ser, considerados isoladamente. Mas a soma não está certa... Há ainda escórias no conjunto...

Uma tarde porém, não o vendo há três dias, notei-lhe uma expressão nova no rosto – um ar febril em todo o seu aspecto. Dir-se-ia que emagrecera visivelmente nessas poucas horas.

Interroguei-o. Confessou-me:

– Ah! meu amigo... meu amigo... É que avancei muito desde que nos separamos... Hoje, sim, *creio* nos meus pressentimentos! Estou certo de atingir, breve, a Perfeição – o impossível de Esquiveza! Mas é estranho. Na minha glória, crispa-se afiladamente um vago remorso...

– Nervosismo, sem dúvida.

– Esperaremos...

Seguiu-se uma semana de calma relativa, em que evitou referir-se à sua Obra. Apenas, durante ela, uma noite, aludindo à sua ânsia de Artista, me falou do receio que tivera sempre de ver estiolar o seu gênio à força de intensidade. E contou-me que desviava os olhos muitas vezes, para o não pôr em vibração – acarinhava-o, beijando-se nos espelhos – falava a sós com ele – dizia-lhe "meu amor" – tratava-o, enfim, com os desvelos das mães que se levantam, alta noite, no inverno, para aconchegar a roupa dos seus filhos...

Descreveu-me também a agonia perdida de fixar toda a riqueza que lhe atravessava o espírito – no ciúme escoante, simultâneo, de se não poder concentrar em uma só ideia:

– Veja... veja como é terrível, meu caro!... O ciúme dum homem que não lograsse nunca possuir só a mulher que tivesse entre os braços – porque, no minuto da posse, a recordação duma outra, de muitas outras, se lhe interceptaria estridentemente... Um horror... um horror...

E foi a primeira vez que mandou vir absinto – ele, que bebia só xaropes...

... Até que principiou a faltar todas as noites no Café aonde, por hábito, há muito nos encontrávamos...

Eu corria a sua casa, a ver se adoecera...

Recebiam-me, em lágrimas, sua mãe e sua irmã: "Doente não, com efeito. Mas fechava-se horas esquecidas no seu gabinete, recusando comer – num desassossego contínuo, a passear, como as feras..."

As próprias súplicas de Marpha, que ele atendera sempre, eram hoje inúteis. Gritava-lhe por detrás da porta:

– Trabalho! Trabalho!... É o último esforço!...

Só duma vez consegui romper o seu isolamento. Acolheu-me em júbilo – quando me preparava para sustentar a sua rudeza... quem sabe até se um dos seus funestos ataques de cólera, que já tivera ensejo de presenciar...

Exclamou:

– Sim! Sim! É bem verdade! Chego a passos largos... Não me enganara... Não me enganara... Sabê-lo-ei positivamente, materialmente, visivelmente... Alvejo já, não sei em quê, uma modificação muito vaga – *molecular*, presumo... Poucos dias mais, e – enfim!... A Perfeição!

Depois, falou comigo alguns momentos – natural. Roguei-lhe que não descuidasse a sua saúde – mas deixei-o defronte duma grande chávena de café fortíssimo, onde despejara meio frasco dum estranho líquido roxo aromatizado...

Preveni sua irmã. Esta teve um suspiro, e pareceu não dar grande importância ao fato. Mas, ao mesmo tempo, notei pelo seu rosto uma palidez momentânea... um singular constrangimento em toda a sua atitude...

Despedi-me – confesso – muito preocupado. Breve porém, no meu eterno egoísmo, desapareciam essas inquietações. E, em verdade, durante os oito dias que saí de Paris não me lembrei, sequer um instante, da minha última visita ao russo – da sua perigosa situação.

Na manhã seguinte ao meu regresso, dormia ainda quando alguém bateu brutalmente à porta do meu quarto.

Fui abrir, disposto a esbofetear o intruso... e, atônito, deparei com Zagoriansky! – um Zagoriansky terrível: de cabelo em desalinho, olhos injetados, gravata desfeita; brandindo na mão o caderno de capa azul que continha o seu Poema.

Em lágrimas e gritos raspados – mal lhe abri – começou arquejando:

– Loucura... loucura... A Perfeição!... O máximo de esquiveza... Mas era assim... era assim... Alcancei-A! *A gravidade não atua mais sobre os meus versos*... Para que me queixar?... Doido... doido... Em todo o caso, o minuto infinito!... Não lhe dissera?... Havia de o saber perpetuamente... *tinha que o ver!*... Pois foi tal e qual – meu pobre amigo – tal e qual!... Quando viera de ajustar a última palavra, houve um estalido seco, um baque surdo – um ruído de arfejos, a escoar-se... sutil... Olhei as folhas... *Todos os meus versos, libertos enfim, tinham resvalado do meu caderno – por voos mágicos!*...

E desfolhava-me o livro...

Hirto, oscilou-me então um arrepio de gelo... As folhas, brancas... Apenas, intacto, o frontispício onde se liam o nome do Poeta e uma data. Em cada página, só o número da folha e alguns borrões vermelhos que, inexplicavelmente – conforme já reparara –, sujavam, de quando em quando, o texto escrito numa anilina violeta muito pálida.

– Meu amigo... meu amigo... No espaço!... Os meus poemas... no espaço... ah!, ah!... entre os planetas!...

E o resto foi um rodopio de gargalhadas espumosas, contundentes, alucinantes...

....

....

Cinco dias mais tarde, doido de fúrias, Petrus Ivanowitch, apesar da imensa dor da sua família, era internado numa casa de saúde, próximo de Meudon, onde puseram ainda assim muita dificuldade em o receber, devido à misteriosa violência dos seus ataques – crises estranhas, convulsas, espasmódicas, desconhecidas por todos os alienistas: como que um feitiço medieval... um *envoûtement* de missa negra...

Procurou-se por toda a casa, por todo o jardim, o caderno em que o Artista escrevera a sua Obra. Debalde... Restava só esse outro, idêntico – *mas com as páginas limpas*...

Horas perdidas, eu e Marpha nos debruçamos sobre ele, a estudá-lo, a querermo-nos convencer que era outro – outro que o louco decerto comprara, depois de ter destruído o que continha a sua Obra... *Convencermo-nos*... como se não fosse a evidência...

E, no entanto, as manchas de humidade que existiam no primeiro caderno lá se encontravam também naquele – assim como os borrões vermelhos... entre eles o que, mais alastrado, existia na página 22 onde estava escrito o excerto que traduzi com o título de "Além"... E era tudo quanto escapara duma obra genial!...

... As noites inquietantes, confusas – repito – que eu e Marpha sofremos, olhando, defronte de nós, esse caderno vazio, aberto inutilmente... tendo que acreditar, *e não podendo acreditar*...

....

Um sonho quase... uma obsessão...

(Camarate, Quinta da Vitória, outubro de 1914)

"ALÉM" E "BAILADO"

DE
PETRUS IVANOWITCH ZAGORIANSKY
(Fragmentos)

A M.lle Marpha Ivanovna Zagoriansky, irmã do Poeta – estas interpretações portuguesas são comovidamente dedicadas.

I

ALÉM

I.

Erravam pelo ar, naquela tarde loira, eflúvios roxos d'Alma e ânsias de não-ser.
Mãos santas de rainha, loucas de esmeraldas, davam aroma e rocio à brisa do crepúsculo.
O ar naquela tarde era Saudade e Além.

....

E as asas duma quimera, longinquamente batendo, a ungi-lo d'irreal...

....

Lufadas de folhas mortas, todas cheirosas a sombra...

....

Um ar que sabia a luz e que rangia a cristal...

....

E muito ao longe, muito ao longe, as casas brancas...

2.

Na grande alcova da vitória, toda nua e toda ruiva, eu tinha-a finalmente estiraçado sobre o leito fantástico da Cor.
Linda espiral de carne agreste – a mais formosa enchia para mim os olhos de mistério, sabendo que eu amava as ondas de estranheza...
E os seus braços, de nervosos, eram corças...
E os seus lábios, de rubros, eram dor...

....

No jardim, os girassóis não olhavam para o Sol...

....

Verguei-me todo sobre ela...
A hora esmaeceu...
O ar tornou-se mais irreal...
Houve um cortejo de estrelas...

....

Em face daquela glória, que tumultuava tão perto, que me ia sagrar enfim, os meus olhos eram esforço – e a minh'alma um disco d'ouro!...

....

....

A louca acerava as pontas dos seios, para os tornar mais acres, para me ferir melhor.
E os meus lábios d'ânsia, sofriam já da saudade dos beijos que lhe iam dar...

....

Ao longe sempre as casas brancas...

3.

... E foi então quando eu já me sentia entrelaçado d'Ouro, sagrado d'além-Cor, quando era todo encanto em laivos de infinito – que o instante abateu e me desencantei...
Sobre o seu corpo de equilíbrio – uivos d'horror!, uivos d'horror!
– cabriolante se elançara a teoria arrepiadora dos ângulos agudos, zombando estridentemente dos redemoinhos e das curvas...

Gumes brutais, turbilhões silvantes, linhas quebradas destruidoras – tudo sulcavam!, tudo sugavam!... A limpidez! A limpidez!...
– Pavor sem nome!...
E uma gaiola picaresca de losangos veio descendo guturalmente a desnudar-lhe a carne nua – de toda a cor, de todo o som, de todo o aroma; encerrando-a, a girar em volta dela numa vertigem monstruosa de círculos enclavinhados, impossíveis!...
Toda a beleza, em estilhaços, gritava-me que lha salvasse...
E o meu olhar – que saudade! – não lhe podia valer...
....
As casas brancas não perdoam! As casas brancas não perdoam!...

4.

Triste de mim, sem dor, a oscilar, ainda todo vibrante... queria mentir a mim mesmo, queria voltar – mas tudo me resvalava...
À força de ilusão, volvi-me uma grande mentira: fui Príncipe sem rei, iluminado a luz falsa – luz que não soava, e era oca, deserta e média...
– Para quê? Para quê?...
Breve o meu corpo tombava na terra firme, anoitecido em Alma – e tudo ruía ao meu redor: asas de insônia, galeões dourados, torres de prata, zimbórios d'oiro... Tudo ruía – mas tudo ruía em sortilégio, noutras ruínas: o oiro, em seios perdidos; a prata, em glória abandonada...
....
Só as ruínas das casas brancas, eram ruínas de casas brancas!

(Paris, janeiro de 1913.)

II

BAILADO

I.

Tudo horizonte... só horizonte...
....
Ruído brusco de silêncio...
– O horizonte é Forma que rocia...

Puseram na minha febre compressas de madrugada...

Água fria! Água fria!

Como o silêncio range... e tine... e tine... em listas d'Ouro fustigante, serpentinas...

Efêmero Ouro que se volve em labareda a perverter...

Apoteose!

Cisnes de brasa, em mar de Som, arfam o mar, zebradamente...
O mar é um seio a vibrar...
(E o seio golfa, endoidecido.)

Oriente! Oriente!

Lá longe, há elmos...
Singram castelos de miragem...
Ascendem espiras... vertiginam hélices...
Grifam-se timbres de cristal...
E o mar soçobra em luz que Sente...

(Luz singular!
É luz que eu espasmo!)

Divirjo em lira, iriadamente...

2.

A grande esfinge platinada, da luz do sol faz sombra-Estátua.
Põe-se-me a Alma...

– Agora é noite perdida de medo azul e longe intenso...

Retinem perfumes dum país longínquo...
Em volta da esfinge tudo é inconstância...
Abismam-se garras...
Sepulcram-se gumes...
E quebram-se espadas...

....

De súbito, esvai-se num meteoro a silvar...

....

Olha o carro do Triunfo, ascendendo o Capitólio...
Olha o rastro leonino...
Olha o bergantim real...

....

Olha a ogiva, olha o pórtico...
Olha a cruz da catedral!...

....

(– Aonde pasma a grande Fera?
– A Fera já não Ilude.)

Em jorros de asas a crescer, alteia-se o órgão santo...
O altar-mor vibra de lindo...
O turíbulo inunda o Som...
– Nossa Senhora da Cor!

A nave sagra-se em ânsia...
Ergue-se o cálice-Auréola...
E a hóstia da comunhão comunga nos seios doirados...
....
O Imperador foi sagrado!

(Festivais da coroação.)

3.

Guinchos de luz...
– Luz maquilhada... –
Asas perdidas no Sol-posto...

... Depois é tudo paz, e os ramos de palmeira baloiçam loiramente a música e o ar...

Oásis...
Laivos fugazes...
Madeixas insidiosas...

4.

Lá volta o Oiro fustigante, todo tigrado de Orgulho.
A chama sutiliza-se, e o crepúsculo é um espelho...
(Vitória!
– O Gelo não me condensa.)
....
Longinquamente vermelho, vem-me um ressaibo a Combate...
Nevoeiro... nevoeiro...
Batismo de dor-Astral...
....
E a neblina começa a encrespar-se em flocos...

A neblina volteia...
A neblina é caudal...
– A neblina não oculta!
A neblina Desvenda!...

5.

Indícios de Alma, lá longe, sobre o Oiro fustigante...
Mãos postas... Ressurreição...
....
E agora desço a escadaria, toda a ascender em além-Sombra...
Mas a descida só me exalça:
Sou eu, um Só – e difusão!
....
Em nostalgias-Dossel.
Tenho saudades-Pekim,
Reminiscências – Brocado...
Pressinto um grande Mistério...
Alvejo-me em cor e som...
Arneses, lanças, Rogério!...
....
Mas ai, o sonho é real: exprime-se em nitidez!
E como existe... passou!...
....
....
Saudade transmigradora, vem fixar-me o instante!

– A minha alma é Sonora!...
....
(Rue des Écoles, cinquante.)

(Paris, março de 1913)

EU-PRÓPRIO O OUTRO

A Carlos Franco

Lisboa, 1907 – outubro, 12

Sou um punhal d'ouro cuja lâmina embotou.

A minha alma é esguia – vibra de se enlaçar. Só o meu corpo é pesado. Tenho a minh'alma presa num saguão.

Não sou covarde perante o medo. Apenas sou covarde em face de mim próprio. Ai!, se eu fosse belo...

Envergonho-me, de grande que me sinto.

Sou tão grande que só a mim posso dizer os meus segredos.

Nunca tive receios. Tive sempre frio.

Novembro, 1

As janelas abertas continuam cerradas...

Novembro, 13

É lamentável como me erro continuamente. Em mim e entre os mais.

Eu fiquei sempre, nunca fui – mesmo quando me perdi.

Às vezes ainda me decido a partir. E parto. Mas nunca venço a seguir. Se não é por culpa minha – é por culpa dos outros, que me acenaram.

É que eles, se me acenaram, foi por julgarem que eu nunca os seguiria – *foi para sofrerem*. E como afinal parti atrás dos seus gestos, desencantaram-se de mim, fugiram escarnecendo-me. Tombei-lhes.

Só me é permitido ser feliz, não o sendo.

Dezembro, 2

É inacreditável!

Quase todos se contentam consigo próprios – *bastam-se*. E vivem, e progridem. Fundam lares. Há quem os beije.

Que náusea! Que náusea! *Não se ter ao menos o gênio de se querer ter gênio!...*

Miseráveis!

Dezembro, 30

... E as janelas abertas, sempre... sempre fechadas...

Encalhei dentro de mim.

Nem me concebo já.

Roma, 1908 – junho, 20

Cidades! Cidades!

Fustigo-me de movimento. É como posso melhor cerrar os olhos.

Corro Europa há seis meses... Não me detenho uma semana. Assim me logro fugir...

....

– Mas ai, depressa me alcanço...

Paris, 1908 – outubro, 12

Ruínas cinzentas de estátuas douradas; esfinges roxas, cegas; tronos sem degraus – e a grande escadaria de mármore atapetada de serapilheiras!...

Mas para que me hei de olhar assim, para quê?... Esta ânsia de me descer é que me entardece. E contudo sinto-me tão orgulhoso ao varar-me...

Ah! se eu fosse quem sou... Que triunfo!...

Outubro, 13

Afinal, é só isto: *sobejo-me.*

Novembro, 15

Serei uma nação? Ter-me-ia volvido um país?...

Pode ser.

O certo é que sinto Praças dentro de mim.

Novembro, 16

É isso! É isso!

Volvi-me nação...

... Grandes estradas desertas... arvoredo... rios... torres... pontes... muitas pontes...

Não me posso preencher. Sobejo-me. Chocalho dentro de mim.

Dezembro, 14

O meu espírito resvalou.

Ultrapassei um limite.

Encaro-me friamente e sou quase feliz.

Dezembro, 22

O sossego... o sossego...

Paris, 1909 – janeiro, 5

Hoje encontrei-*o* pela primeira vez.

Foi no Café. De súbito, vi-*o* na minha frente... O Café estava cheio. Por isso *se* veio sentar na minha mesa.

Mas eu não o vi sentar-se. Quando o vi, já ele estava diante de mim. Ninguém nos apresentara, e já conversávamos os dois...

Como é belo!

E o ar de triunfo que ilumina o seu rosto esguio, macerado?... Tombam-lhe os cabelos longos aos anéis. É ruivamente loiro. Tive vontade de o morder na boca...

Aquele, sim, aquele é que me saberia ser.

Janeiro, 10

Agora todas as noites nos encontramos. Largas horas passamos juntos.

Não sei quem é nem donde veio.

Compreendemo-nos mal. Nunca estamos de acordo. Instante a instante ele me vexa, me sacode. Enfim, *me coloca no meu lugar*.

Não pensa em coisa alguma como eu penso.

É todo doutra cor.

A sua companhia tortura-me. Mas busco-o por toda a parte. Quando ele falta aos encontros que marcamos – o que muitas vezes sucede – desce-me uma tristeza infinita.

Mas, coisa curiosa, até hoje nunca *o* vi *chegar.* Quando dou pela sua presença, já *ele* está em face de mim.

Outras vezes vem muito tarde. Quando aparece finalmente, eu sinto-me muito fatigado, extenuado – como se viesse de executar um grande esforço.

Nunca ouvi os seus passos.

Disse-me que era russo. Mas eu não o acredito.

Janeiro, 18

As nossas conversas resvalam por todos os assuntos. Mas falamos especialmente das nossas almas. Desvendo-lhe toda a minha alma. E ele parece acreditar-me.

Os seus dedos são tão longos... tão longos...

Fevereiro, 27

Pela primeira vez, desde que o conheço, estive uma semana sem o ver.

Só então pude medir bem o que me liga a ele.

Não é afeto, embora chegue a ter desejos de o beijar. É ódio. Um ódio infinito. Mas um ódio doirado. Por isso o procuro. E vivo em face dele. Porque é verdade: agora, só *vivo* em face dele.

Março, 12

O meu amigo vai-se na realidade tornando insuportável. Faz de mim um joguete. A cada momento me manifesta o seu desdém.

As suas opiniões são cada dia mais revoltantes e mais belas.

Março, 28

Deram-me hoje as piores informações a respeito do meu amigo.

Abril, 3

Entretanto como ele é grande!

Será perverso – mas vale bem mais do que os outros.

É todo intensidade, é todo fogo.

Em frente dele reconheço o que eu quisera ser: *o que eu sou erradamente*.

Nele, não me sobejaria.

As suas opiniões, no fundo, são as minhas.

Simplesmente, eu não me quero convencer do que penso. Tenho orgulho. Eis talvez o que lhe falta.

Sou maior do que ele. *Mas ele é belo.*

É belo como o ouro e grande como a sombra.

As janelas abertas, abriram-se-me nele.

Abril, 15

Matá-lo?...

Abril, 30

Devo reagir. Sinto a minha personalidade abismar-se.

Pouco a pouco a minha alma se vai afeiçoando à sua.

Eu tenho o gênio de o admirar. Isso me pode perder.

Ao menos, sejamos nós-próprios.

Soframos, mas sejamos nós-próprios.

E eu já nem creio nos meus sofrimentos...

Maio, 5

Fala-me muita vez das suas amantes. Mas eu nunca vi as suas amantes.

Não sei onde ele mora.

Maio, 18

Nunca posso esquecê-lo. Lembram-me sempre as suas palavras.

Só o que nunca me lembra é o som da sua voz.

Quanto aos seus passos, ainda os não ouvi.

Junho, 12

Decididamente vou-lhe fugir. A medida está cheia.

Junho, 19

Enfim! Desfez-se o encanto... Parto esta manhã.

Lisboa, 1909 – junho, 20

Eis-me de regresso. Mas como são diferentes as coisas em volta de mim...

Junho, 22

Os meus amigos acham-me muito mudado. Dizem-me que eu tenho outra voz, outras atitudes, outra expressão fisionômica.

Venho para casa cheio de medo.

Olho-me a um espelho...

Horror!

Descubro no meu rosto, caricaturizado, o ricto de desdém do *seu* rosto.

Falo alto...

E pela primeira vez me recordo do som da sua voz...

Ando no aposento, em passos largos...

Tremo todo!

Pela primeira vez oiço os seus passos...

Junho, 30

É preciso curar-me desta obsessão.

Julho, 1

Meu Deus! Meu Deus! Já não tenho os mesmos gestos, os antigos pensamentos. Todo eu mudei. Todo eu ressoo falso...

E todos me estranham... todos fogem de mim...

Todos... Como os abomino... Como os acho inferiores...

Ele, sim, ele é grande! *Ele é o maior.*

Julho, 20

Que alucinação de tortura!
Não me sei já defender.
Falo. E de súbito as minhas palavras divergem.
O que eu digo, é ele quem o pensa...

Julho, 25

Sento-me à minha banca de trabalho.
Vou começar uma obra que há muito tempo medito.
Traço as primeiras linhas.
Ergo-me desiludido.
Não posso admitir as minhas ideias.
Elas parecem-me vulgares.
Não creio na minha obra.
Duvido se serei um artista.
O *outro* é que tem razão.
Se eu fosse um artista seria belo.
E teria os dedos longos.
E seria pálido.
E esquecer-me-ia sempre das horas.
Rasgo tudo o que escrevera.
Sobem-me náuseas de mim.

Julho, 26

Dantes, beijava-me nos espelhos.

Agosto, 2

Hoje escrevi algumas páginas.
Nestas, acredito.
São verdadeiras obras de arte.
Leio-as em voz alta num orgulho de auréola...

....

Mas depressa me enraiveço.

E rasgo-as também.

Não são minhas.

Se o não tivesse conhecido, nunca as escreveria...

Agosto, 6

Ele usava um estranho anel d'ouro na mão esquerda.

Um dia contou-me que o achara no mar, em criança.

E foi roubado por marinheiros, numa escuna.

Agosto, 20

Em meu redor tudo são destroços de mim.

Fios d'oiro me puxam para um abismo.

Agosto, 25

Mas eu não quero!, não quero!, não quero!...

Setembro, 2

A verdade, a verdade temível, é esta: Hora a hora resvalo de mim-próprio. Transbordo.

Como sofro...

Setembro, 8

Mistério!

Não lhe deixei o meu endereço; não lhe disse para onde vinha, e hoje – hoje, sim, em minha casa! – recebi um telegrama seu. Chega amanhã.

Maldito!...

Setembro, 9

Eis como as coisas se passaram:

Decidira fechar-me em casa, dando ordem aos criados para não abrirem a ninguém.

Mas um pavor horrível me assaltou.
Saí...
E de súbito *ele* caminhava ao meu lado!...

Setembro, 10

Que vai ser de mim? Que vai ser de mim!?...

Setembro, 15

Ele não me deixa nunca...

Setembro, 18

Os meus sentidos começam-se a modificar. Os sons rangem-me noutros aromas. Sinto as cores noutras direções. A luz já me traspassa.

Setembro, 26

O que eu tenho lutado!

Setembro, 27

Ah...

Setembro, 28

O fim!...
Já não existo. Precipitei-me nele.
Confundi-me.
Deixamos de ser nós dois. Somos um só.
Eu bem o pressentia; era fatal...
Ah!, como o odeio!...
Foi-me sugando pouco a pouco.
O seu corpo era poroso. Absorveu-me.
Já não existo.
Desapareci da vida.
Enquistei-me dentro dele.
Ruínas!

Outubro, 2

O mais doloroso é que ele não sabe que me absorveu porque não me admirava.

Se me admirasse, seria eu quem o absorveria.

Outubro, 6

Quero fugir, quero fugir!...

Haverá tortura maior?

Existo, e não sou eu!...

Eu-próprio sou outro... *Sou outro... O Outro!...*

....

Outubro, 8

Para onde ele vai, vou eu também. Mas eu nunca sei para onde ele vai...

Os seus espasmos são os meus. Mas só ele possui.

Os seus ideais são os meus. Mas só ele os não realiza.

Como libertar-me?...

Outubro, 12

Malvado!...

Outubro, 17

Tudo menos isto! Tudo menos isto!

....

....

....

S. Petersburgo, 1910 – janeiro, 13

Enfim – o triunfo!

Decidi-me!

Matá-*lo*-ei esta noite... quando *Ele* dormir...

....

....

(Lisboa, novembro de 1913)

A CONFISSÃO DE LÚCIO[1]

A António Ponce de Leão

...assim éramos nós obscuramente
dois, nenhum de nós sabendo bem
se o outro não era ele-próprio,
se o incerto outro viveria...

FERNANDO PESSOA
Na floresta do alheamento

Cumpridos dez anos de prisão por um crime que não pratiquei e do qual, entanto, nunca me defendi; morto para a vida e para os sonhos; nada podendo já esperar e coisa alguma desejando – eu venho fazer enfim a minha confissão, isto é, demonstrar a minha inocência.

Talvez não me acreditem. Decerto que não acreditam. Mas pouco importa. O meu interesse hoje em gritar que não assassinei Ricardo de Loureiro é nulo. Não tenho família; não preciso que me reabilitem. Mesmo, quem esteve dez anos preso, nunca se reabilita. A verdade simples é esta.

E àqueles que, lendo o que fica exposto, me perguntarem: – "Mas por que não fez a sua confissão quando era tempo? Por que não demonstrou a sua inocência ao tribunal?" – a esses responderei: – A minha defesa era impossível. Ninguém me acreditaria. E fora inútil fazer-me passar por um embusteiro ou por um doido... Demais, devo confessar, após os acontecimentos em que me vira envolvido nessa época, ficara tão despedaçado que a prisão se me afigurava uma coisa sorridente. Era o esquecimento, a tranquilidade, o sono. Era um fim como qualquer outro – um termo para a

1/ A edição de 1945 da Ática foi adotada como base para este texto, por ser a republicação da primeira edição – de 1914 –, ainda em vida do poeta Sá-Carneiro.

minha vida devastada. Toda a minha ânsia foi pois de ver o processo terminado e começar cumprindo a minha sentença.

De resto, o meu processo foi rápido. Oh! o caso parecia bem claro... Eu nem negava nem confessava. Mas quem cala consente... E todas as simpatias estavam do meu lado.

O crime era, como devem ter dito os jornais do tempo, um "crime passional". Cherchez la femme. *Depois, a vítima um poeta – um artista. A mulher romantizara-se desaparecendo. Eu era um herói, no fim de contas. E um herói com seus laivos de mistério, o que mais me aureolava. Por tudo isso, independentemente do belo discurso de defesa, o júri concedeu-me circunstâncias atenuantes. E a minha pena foi curta.*

Ah! foi bem curta – sobretudo para mim... Esses dez anos esvoaram-se-me como dez meses. É que, em realidade, as horas não podem mais ter ação sobre aqueles que viveram um instante que focou toda a sua vida. Atingido o sofrimento máximo, nada já nos faz sofrer. Vibradas as sensações máximas, nada já nos fará oscilar. Simplesmente, este momento culminante, raras são as criaturas que o vivem. As que o viveram ou são, como eu, os mortos-vivos, *ou – apenas – os* desencantados *que, muita vez, acabam no suicídio.*

Contudo, ignoro se é felicidade maior não se existir tamanho instante. Os que o não vivem, têm a paz – pode ser. Entretanto, não sei. E a verdade é que todos esperam esse momento luminoso. Logo, todos são infelizes. Eis pelo que, apesar de tudo, eu me orgulho de o ter vivido.

Mas ponhamos termo aos devaneios. Não estou escrevendo uma novela. Apenas desejo fazer uma exposição clara de fatos. E, para a clareza, vou-me lançando em mau caminho – parece-me. Aliás, por muito lúcido que queira ser, a minha confissão resultará – estou certo – a mais incoerente, a mais perturbadora, a menos lúcida.

Uma coisa garanto porém: durante ela não deixarei escapar um pormenor, por mínimo que seja, ou aparentemente incaracterístico. Em casos como o que tento explanar, a luz só pode nascer de uma grande soma de fatos. E são apenas fatos que eu relatarei. Desses fatos, quem quiser, tire as conclusões. *Por mim, declaro que nunca o experimentei. Endoideceria, seguramente.*

Mas o que ainda uma vez, sob a minha palavra de honra, afirmo é que só digo a verdade. Não importa que me acreditem, mas só digo a verdade – mesmo quando ela é inverossímil.

A minha confissão é um mero documento.

I

Por 1895, não sei bem como, achei-me estudando direito na Faculdade de Paris, ou melhor, não estudando. Vagabundo da minha mocidade, após ter tentado vários *fins* para a minha vida e de todos igualmente desistido – sedento de Europa, resolvera transportar-me à grande capital. Logo me embrenhei por meios mais ou menos artísticos, e Gervásio Vila-Nova, que eu mal conhecia de Lisboa, volveu-se-me o companheiro de todas as horas. Curiosa personalidade essa de grande artista falido, ou antes, predestinado para a falência.

Perturbava o seu aspecto físico, macerado e esguio, e o seu corpo de linhas quebradas tinha estilizações inquietantes de feminilismo histérico e opiado, umas vezes – outras, contrariamente, de ascetismo amarelo. Os cabelos compridos, se lhe descobriam a testa ampla e dura, terrível, evocavam cilícios, abstenções roxas; se lhes escondiam a fronte, ondeadamente, eram só ternura, perturbadora ternura de espasmos dourados e beijos sutis. Trajava sempre de preto, fatos largos, onde havia o seu quê de sacerdotal – nota mais frisantemente dada pelo colarinho direto, baixo, fechado. Não era enigmático o seu rosto – muito pelo contrário – se lhe cobriam a testa os cabelos ou o chapéu. Entanto, coisa bizarra, no seu corpo havia mistério – corpo de esfinge, talvez, em noites de luar. Aquela criatura não se nos gravava na memória pelos seus traços fisionômicos, mas sim pelo seu estranho perfil. Em todas as multidões ele se destacava, era olhado, comentado – embora, em realidade, a sua silhueta à primeira vista parecesse não se dever salientar notavelmente: pois o fato era negro – apenas de um talhe um pouco exagerado – os cabelos não escandalosos, ainda que longos; e o chapéu, um *bonet* de fazenda – esquisito, era certo –, mas que em todo o caso muitos artistas usavam, quase idêntico.

Porém, a verdade é que em redor da sua figura havia uma auréola. Gervásio Vila-Nova era aquele que nós olhamos na rua, dizendo: ali, deve ir *alguém*.

Todo ele encantava as mulheres. Tanta rapariguinha que o seguia de olhos fascinados quando o artista, sobranceiro e esguio, investigava os cafés... Mas esse olhar, no fundo, era mais o que as mulheres lançam a uma criatura do seu sexo, formosíssima e luxuosa, cheia de pedrarias...

– Sabe, meu caro Lúcio – dissera-me o escultor, muita vez –, não sou eu nunca que possuo as minhas amantes; elas é que me possuem...

Ao falar-nos, brilhava ainda mais a sua chama. Era um conversador admirável, adorável nos seus erros, nas suas ignorâncias, que sabia defender intensamente, sempre vitorioso; nas suas opiniões revoltantes e belíssimas, nos seus paradoxos, nas suas *blagues*. Uma criatura superior – ah! sem dúvida. Uma destas criaturas que se enclavinham na memória – e nos perturbam, nos obcecam. Todo fogo! todo fogo!

Entretanto, se o examinávamos com a nossa inteligência, e não apenas com a nossa vibratilidade, logo víamos que, infelizmente, tudo se cifrava nessa auréola, que o seu gênio – talvez por demasiado luminoso – se consumiria a si próprio, incapaz de se condensar numa obra – disperso, quebrado, ardido. E assim aconteceu, com efeito. Não foi um falhado porque teve a coragem de se despedaçar.

A uma criatura como aquela não se podia ter afeto, embora no fundo ele fosse um excelente rapaz; mas ainda hoje evoco com saudade as nossas palestras, as nossas noites de café – e chego a convencer-me que, sim, realmente, o destino de Gervásio Vila-Nova foi o mais belo; e ele um grande, um genial artista.

Tinha muitas relações no meio artístico o meu amigo. Literatos, pintores, músicos, de todos os países. Uma manhã, entrando no meu quarto, desfechou-me:

– Sabe, meu caro Lúcio, apresentaram-me ontem uma americana muito interessante. Calcule, é uma mulher riquíssima que vive num palácio que propositadamente fez construir no local onde existiam dois grandes prédios que ela mandou deitar abaixo – isto, imagine você, em plena

Avenida do Bosque de Bolonha! Uma mulher linda. Nem calcula. Quem me apresentou foi aquele pintor americano dos óculos azuis. Recorda-se? Eu não sei como ele se chama... Podemo-la encontrar todas as tardes no Pavilhão de Armenonville. Costuma ir lá tomar chá. Quero que você a conheça. Vai ver. Interessantíssima!

No dia seguinte – uma esplêndida tarde de inverno, tépida, cheia de sol e céu azul – tomando um fiacre, lá nos dirigimos ao grande restaurante. Sentamo-nos; mandou-se vir chá... Dez minutos não tinham decorrido, quando Gervásio me tocava no braço. Um grupo de oito pessoas entrava no salão – três mulheres, cinco homens. Das mulheres, duas eram loiras, pequeninas, de pele de rosas e leite; de corpos harmoniosos, sensuais – idênticas a tantas inglesas adoráveis. Mas a outra, em verdade, era qualquer coisa de sonhadamente, de misteriosamente belo. Uma criatura alta, magra, de um rosto esguio de pele dourada – e uns cabelos fantásticos, de um ruivo incendiado, alucinante. A sua formosura era uma destas belezas que inspiram receio. Com efeito, mal a vi, a minha impressão foi de medo – de um medo semelhante ao que experimentamos em face do rosto de alguém que praticou uma ação enorme e monstruosa.

Ela sentou-se sem ruído; mas logo, vendo-nos, correu estendendo as mãos para o escultor:

– Meu caro, muito prazer em o encontrar... Falaram-me ontem muito bem de si... Um seu compatriota... um poeta... M. de Loureiro, julgo.

Foi difícil adivinhar o apelido português entre a pronúncia mesclada.

– Ah!... Não o sabia em Paris – murmurou Gervásio.

E para mim, depois de me haver apresentado à estrangeira:

– Você conhece? Ricardo de Loureiro, o poeta das *Brasas*...

Que nunca lhe falara, que apenas o conhecia de vista e, sobretudo, que admirava intensamente a sua obra.

– Sim... não discuto isso... você bem vê, para mim já essa arte passou. Não me pode interessar... Leia-me os *selvagens*, homem, que diacho!...

Era uma das *scies* de Gervásio Vila-Nova: elogiar uma pseudoescola literária da última hora – o *Selvagismo*, cuja novidade residia em os seus livros serem impressos sobre diversos papéis e com tintas de várias cores, numa estrambótica disposição tipográfica. Também – e eis o que mais entusiasmava o meu amigo – os poetas e prosadores *selvagens*, abolindo a ideia, "esse escarro", traduziam as suas emoções unicamente em jogo silábico, por onomatopeias rasgadas, bizarras: criando mesmo novas palavras que coisa alguma significavam e cuja beleza, segundo eles, residia justamente em não significarem coisa alguma... De resto, até aí, parece que apenas se publicara um livro dessa escola. Certo poeta russo de nome arrevesado. Livro que Gervásio seguramente não lera, mas que todavia se não cansava de exalçar, gritando-o assombroso, genial...

A mulher estranha chamou-nos para a sua mesa, e apresentou-nos os seus companheiros que ainda não conhecíamos: o jornalista Jean Lamy, do *Fígaro*, o pintor holandês Van Derk e o escultor inglês Tomás Westwood. Os dois outros eram o pintor americano dos óculos azuis e o inquietante viscondezinho de Naudières, louro, diáfano, maquilado. Quanto às duas raparigas, limitou-se, apontando-nos:

– Jenny e Dora.

A conversa logo se entabulou ultracivilizada e banal. Falou-se de modas, discutiu-se teatro e *music-hall*, com muita arte à mistura. E quem mais se distinguiu, quem em verdade até exclusivamente falou foi Gervásio. Nós limitávamo-nos – como acontecia com todos, perante ele, perante a sua intensidade – a ouvir, ou, quando muito, a protestar. Isto é: a dar ensejo para que ele brilhasse...

– Sabe, meu querido Lúcio – uma vez contara-me o escultor –, o Fonseca diz que é um *ofício* acompanhar-me. E uma arte difícil, fatigante. É que eu falo sempre; não deixo o meu interlocutor repousar. Obrigo-o a ser intenso, a responder-me... Sim, concordo que a minha companhia seja fatigante. Vocês têm razão.

Vocês – note-se em parêntese – era todo o mundo, menos Gervásio... E o Fonseca, de resto, um pobre pintorzinho da Madeira, "pensionista do Estado", de barbichas, *lavallière*, cachimbo – sempre calado e oco, olhando nostalgicamente o espaço, à procura talvez da sua ilha perdida... Um santo rapaz!

Depois de muito se conversar sobre teatro e de Gervásio ter proclamado que os atores – ainda os maiores, como a Sara, o Novelli – não passavam de meros cabotinos, de meros intelectuais que *aprendiam* os seus papéis, e de garantir – "creiam os meus amigos que é assim" – que a verdadeira arte apenas existia entre os saltimbancos; esses *saltimbancos* que eram um dos seus estribilhos e sobre os quais, na noite em que nos encontráramos em Paris, logo me narrara, em confidência, uma história tétrica; o seu rapto por uma companhia de pelotiqueiros, quando tinha dois anos e os pais o haviam mandado, barbaramente, para uma ama da Serra da Estrela, mulher de um oleiro, do qual, sem dúvida, ele herdara a sua tendência para a escultura e de quem, na verdade, devido a uma troca de berços, era até muito possível que fosse filho – a conversa deslizou, não sei como, para a voluptuosidade na arte.

E então a americana bizarra logo protestou:

– Acho que não devem discutir o papel da voluptuosidade na arte porque, meus amigos, a voluptuosidade é uma arte – e, talvez, a mais bela de todas. Porém, até hoje, raros a cultivaram nesse espírito. Venham cá, digam-me: fremir em espasmos de aurora, em êxtases de chama, ruivos de ânsia – não será um prazer bem mais arrepiado, bem mais intenso do que o vago calafrio de beleza que nos pode proporcionar uma tela genial, um poema de bronze? Sem dúvida, acreditem-me. Entretanto o que é necessário é saber vibrar esses espasmos, *saber provocá-los.* E eis o que ninguém sabe; eis no que ninguém pensa. Assim, para todos, os prazeres dos sentidos são a luxúria, e se resumem em amplexos brutais, em beijos úmidos, em carícias repugnantes, viscosas. Ah! mas aquele que fosse um grande artista e que, para matéria-prima, tomasse a voluptuosidade, que obras irreais de admiráveis não altearia!... Tinha o fogo, a luz, o ar, a água, e os sons, as cores, os aromas, os narcóticos e as sedas – tantos sensualismos novos ainda não explorados... Como eu me orgulharia de ser esse artista!... E sonho uma grande festa no meu palácio encantado, em que os maravilhasse de volúpia... em que fizesse descer sobre vós os arrepios misteriosos das luzes, dos fogos multicolores – e que a vossa carne, então, sentisse enfim o fogo e a luz, os perfumes e os sons, penetrando-a a dimaná-los, a esvaí-los, a matá-los!... Pois nunca atentaram na estranha voluptuosidade do fogo, na perversidade da água, nos requintes viciosos da luz?... Eu confesso-lhes que sinto uma verdadeira excitação sexual – *mas de desejos espiritualizados de beleza* – ao mergulhar as minhas pernas todas nuas na água de um regato, ao contemplar um braseiro incandescente, ao deixar o meu corpo iluminar-se de torrentes elétricas, luminosas... Meus amigos, creiam-me, não passam de uns bárbaros, por mais requintados, por mais complicados e artistas que presumam aparentar!

Gervásio insurgiu-se: "Não; a voluptuosidade não era uma arte. Falassem-lhe do ascetismo, da renúncia. Isso sim!... A voluptuosidade ser uma arte? Banalidade... Toda a gente o dizia ou, no fundo, mais ou menos o pensava."

E por aqui fora, adoravelmente dando a conhecer que só por se lhe afigurar essa a opinião mais geral, ele a combatia.

Durante toda a conversa, apenas quem nunca arriscara uma palavra tinham sido as duas inglesinhas, Jenny e Dora – sem também despregarem ainda de Gervásio, um só instante, os olhos azuis e louros.

Entretanto as cadeiras haviam-se deslocado e, agora, o escultor sentava-se junto da americana. Que belo grupo! Como os dois perfis se casavam bem na mesma sombra esbatidos – duas feras de amor, singulares, perturbadoras, evocando mordoradamente perfumes esfíngicos, luas amarelas, crepúsculos de roxidão. Beleza, perversidade, vício e doença...

Mas a noite descera. Um par de amorosos do grande mundo entrava a refugiar-se no célebre estabelecimento, quase deserto pelo inverno.

A americana excêntrica deu o sinal de partida; e quando ela se ergueu eu notei, duvidosamente notei, que calçava umas estranhas sandálias, nos pés nus... *nos pés nus de unhas douradas*...

Na Porta Maillot, tomamos o *tramway* para Montparnasse, começando Gervásio:

– Então, Lúcio, que lhe pareceu a minha americana?

– Muito interessante.

– Sim? Mas você não deve gostar daquela gente. Eu compreendo bem. Você é uma natureza simples, e por isso...

– Ao contrário – protestava eu em idiotice –, admiro muito essa gente. Acho-os interessantíssimos. E quanto à minha simplicidade...

– Ah! pelo meu lado, confesso que os adoro... Sou todo ternura por eles. Sinto tantas afinidades com essas criaturas... como também as sinto com os pederastas... com as prostitutas... Oh! é terrível, meu amigo, terrível...

Eu sorria apenas. Estava já acostumado. Sabia bem o que significava tudo aquilo. Isto só: *Arte*.

Pois Gervásio partia do princípio de que o artista não se revelava pelas suas obras, mas sim, unicamente, pela sua personalidade. Queria dizer: ao escultor, no fundo, pouco importava a obra de um artista. Exigia-lhe porém que fosse interessante, genial, no seu aspecto físico, na sua maneira de ser – no seu modo exterior, numa palavra:

– Porque isto, meu amigo, de se chamar artista, de se chamar homem de gênio, a um patusco obeso como Balzac, corcovado, aborrecido, e que é vulgar na sua conversa, nas suas opiniões – não está certo; não é justo nem admissível.

– Ora... – protestava eu, citando verdadeiros grandes artistas, bem inferiores no seu aspecto físico.

E então Gervásio Vila-Nova tinha respostas impagáveis.

Se por exemplo – o que raro acontecia – o nome citado era o de um artista que ele já alguma vez me elogiara pelas suas obras, volvia-me:

– O meu amigo desculpe-me, mas é muito pouco lúcido. Esse de quem me fala, embora aparentemente medíocre, era todo chama. Pois não sabe quando ele...

E inventava qualquer anedota interessante, bela, intensa, que atribuía ao seu homem...

E eu calava-me...

De resto, era outro traço característico em Gervásio: construir as individualidades como lhe agradava que fossem, e não as ver como realmente eram. Se lhe apresentavam uma criatura com a qual, por qualquer motivo, simpatizava – logo lhe atribuía opiniões, modos de ser do seu agrado; embora, em verdade, a personagem fosse a antítese disso tudo. É claro que um dia chegava a desilusão. Entretanto, longo tempo ele tinha a força de sustentar o encanto...

Pelo caminho, não pude deixar de lhe observar:

– Você reparou que ela trazia os pés descalços, em sandálias, e as unhas douradas?

– Você crê?... Não...

A desconhecida estranha impressionara-me vivamente e, antes de adormecer, largo tempo a relembrei e à roda que a contemplava.

Ah! como Gervásio tinha razão, como eu no fundo abominava essa gente – *os artistas*. Isto é, os falsos artistas cuja obra se encerra nas suas atitudes; que falam petulantemente, que se mostram complicados de sentidos e apetites, artificiais, irritantes, intoleráveis. Enfim, que são os exploradores da arte apenas no que ela tem de falso e de exterior.

Mas, na minha incoerência de espírito, logo me vinha outra ideia: – Ora, se os odiava, era só afinal por os invejar e não poder nem saber ser como eles...

Em todo o caso, mesmo abominando-os realmente, o certo é que me atraíam como um vício pernicioso.

Durante uma semana – o que raro acontecia – estive sem ver Gervásio. Ao fim dela, apareceu-me e contou-me:

– Sabe, tenho estreitado relações com a nossa americana. É na verdade uma criatura interessantíssima. E muito artista... Aquelas duas pequenas são amantes dela. É uma grande sáfica.

– Não...

– Asseguro-lhe.

E não falamos mais da estrangeira.

Passou-se um mês. Eu já me esquecera da mulher fulva, quando uma noite o escultor me participou de súbito:

– É verdade: aquela americana que eu lhe apresentei outro dia dá amanhã uma grande *soirée*. Você está convidado.

– Eu!?...

– Sim. Ela disse-me que levasse alguns amigos. E falou-me de si. Aprecia-o muito... Aquilo deve ser curioso. Há uma representação no fim – umas apoteoses, uns bailados ou o quer que é. Entanto, se é maçador para você, não venha. Eu creio que estas coisas o aborrecem...

Protestei, idiotamente ainda, como era meu hábito; afirmei que, pelo contrário, tinha até um grande empenho em o acompanhar, e marcamos *rendez-vous* para a noite seguinte, na Closerie, às dez horas.

No dia da festa, arrependi-me de haver aceitado. Eu era tão avesso à vida mundana... E depois, ter que envergar um *smoking*, perder uma noite...

Enfim... enfim...

Quando cheguei ao café – caso estranho! – já o meu amigo chegara. E disse-me:

– Ah!... sabe? Temos que esperar ainda pelo Ricardo de Loureiro. Também está convidado. E ficou de se encontrar aqui comigo. Olhe, aí vem ele...

E apresentou-nos:

– O escritor Lúcio Vaz.

– O poeta Ricardo de Loureiro.

E nós, um ao outro:

– Muito gosto em o conhecer pessoalmente.

Pelo caminho a conversa foi-se entabulando e, ao primeiro contato, logo experimentei uma viva simpatia por Ricardo de Loureiro. Adivinhava-se naquele rosto árabe de traços decisivos, bem vincados, uma natureza franca, aberta – luminosa por uns olhos geniais, intensamente negros.

Falei-lhe da sua obra, que admirava, e ele contou-me que lera o meu volume de novelas e que, sobretudo, lhe interessara o conto chamado "João Tortura". Esta opinião não só me lisonjeou, como mais me fez simpatizar com o poeta, adivinhando nele uma natureza que compreenderia um pouco a minha alma. Efetivamente, essa novela era a que eu preferia, que de muito longe eu preferia, e entretanto a única que nenhum crítico destacara – que os meus amigos mesmo, sem mo dizerem, reputavam a mais inferior.

Brilhantíssima aliás a conversa do artista, além de insinuante, e pela vez primeira eu vi Gervásio calar-se – ouvir, ele que em todos os grupos era o dominador.

Por fim o nosso *coupé* estacou em face de um magnífico palácio da Avenida do Bosque, todo iluminado através de cortinas vermelhas, de seda, fantasticamente. Carruagens, muitas, à porta – contudo uma mescla de fiacres mais ou menos avariados, e algumas soberbas equipagens particulares.

Descemos.

À entrada, como no teatro, um lacaio recebeu os nossos cartões de convite e outro imediatamente nos empurrou para um ascensor, que, rápido, nos ascendeu ao primeiro andar. Então, deparou-se-nos um espetáculo assombroso:

Uma grande sala elíptica cujo teto era uma elevadíssima cúpula rutilante, sustentada por colunas multicolores em mágicas volutas. Ao fundo, um estranho palco erguido sobre esfinges bronzeadas, do qual – por degraus de mármore rosa – se descia a uma larga piscina semicircular, cheia de água translúcida. Três ordens de galerias – de forma que todo o aspecto da grande sala era o de um opulento, fantástico teatro.

Em qualquer parte, ocultamente, uma orquestra moía valsas.

À nossa entrada – foi sabido – todos os olhares se fixaram em Gervásio Vila-Nova, hierático, belíssimo, na sua casaca negra, bem cintada. E logo a estrangeira se nos precipitou a perguntar a nossa opinião sobre a sala. Com efeito, os arquitetos apenas há duas semanas a tinham dado por concluída. Aquela festa suntuosa era a sua inauguração.

Gritamos o nosso pasmo em face à maravilha, e ela, a encantadora, teve um sorriso de mistério:

– Logo, é que eu desejo conhecer o vosso juízo... *E, sobretudo, o que pensam das luzes...*

Um deslumbramento, o trajo da americana. Envolvia-a uma túnica de um tecido muito singular, impossível de descrever. Era como que uma estreita malha de fios metálicos – mas dos metais mais diversos – a fundirem-se numa cintilação esbraseada, onde todas as cores ora se enclavinhavam ululantes, ora se dimanavam, silvando tumultos astrais de reflexos. *Todas as cores enlouqueciam na sua túnica.*

Por entre as malhas do tecido, olhando bem, divisava-se a pele nua; e o bico de um seio despontava numa agudeza áurea.

Os cabelos fulvos tinha-os enrolado desordenadamente e entretecido de pedrarias que constelavam aquelas labaredas em raios de luz ultrapassada. Mordiam-se-lhe nos braços serpentes de esmeraldas. Nem uma joia sobre o decote profundo... A estátua inquietadora do desejo contorcido, do vício platinado... E de toda a sua carne, em penumbra azul, emanava um aroma denso a crime.

Rápida, após momentos, ela se afastou de nós a receber outros convidados.

A sala enchera-se entretanto de uma multidão bizarrada e esquisita. Eram estranhas mulheres quase nuas nos seus trajos audaciosos de baile, e rostos suspeitos sobre as uníssonas e negras vestes masculinas de cerimônia. Havia russos hirsutos e fulvos, escandinavos suavemente louros, meridionais densos, crespos – e um chinês, um índio. Enfim, condensava-se ali bem o Paris cosmopolita – *rastaquouère* e genial.

Até a meia-noite, dançou-se e conversou-se. Nas galerias jogava-se infernalmente. Mas a essa hora foi anunciada a ceia; e todos passamos ao salão de jantar – outra maravilha.

Pouco antes chegara-se a nós a americana e, confidencialmente, nos dissera:

– Depois da ceia, é o espetáculo – o meu Triunfo! Quis condensar nele as minhas ideias sobre a voluptuosidade-arte. Luzes, corpos, aromas, o fogo e a água – tudo se reunirá numa orgia de carne espiritualizada em ouro!

....

Ao entrarmos novamente na grande sala – por mim, confesso, tive medo... recuei...

Todo o cenário mudara – era como se fosse outro o salão. Inundava-o um perfume denso, arrepiante de êxtases, silvava-o uma brisa misteriosa, *uma brisa cinzenta com laivos amarelos* – não sei por que, pareceu-me assim, bizarramente –, aragem que nos fustigava a carne em novos arrepios. Entanto, o mais grandioso, o mais alucinador, era a iluminação. Declaro-me impotente para a descrever. Apenas, num esforço, poderei esboçar onde residia a sua singularidade, o seu quebranto:

Essa luz – evidentemente elétrica – provinha de uma infinidade de globos, de estranhos globos de várias cores, vários desenhos, de transparências várias – mas, sobretudo, de ondas que projetores ocultos nas galerias golfavam em esplendor. Ora essas torrentes luminosas, todas orientadas para o mesmo ponto quimérico do espaço, convergiam nele em um turbilhão – e, desse turbilhão meteórico, é que elas realmente, em ricochete enclavinhado, se projetavam sobre paredes e colunas, se espalhavam no ambiente da sala, apoteotizando-a.

De forma que a luz total era uma projeção da própria luz – em outra luz, seguramente, mas a verdade é que a maravilha que nos iluminava nos não parecia luz. Afigurava-se-nos qualquer outra coisa – um fluido novo. Não divago; descrevo apenas uma sensação real: essa luz, nós sentíamo-la mais do que a víamos. E não receio avançar muito afirmando que ela não impressionava a nossa vista, mas sim o nosso tato. *Se de súbito nos arrancassem os olhos, nem por isso nós deixaríamos de ver.* E depois – eis o mais bizarro, o mais esplêndido – nós respirávamos o estranho fluido. Era certo, juntamente com o ar, com o perfume roxo do ar, sorvíamos essa luz que, num êxtase iriado, numa vertigem de ascensão – se nos engolfava pelos pulmões, nos invadia o sangue, nos volvia todo o corpo sonoro. Sim, essa luz mágica ressoava em nós, ampliando-nos os sentidos, alastrando-nos em vibratilidade, dimanando-nos, aturdindo-nos... Debaixo dela, toda a nossa carne era sensível aos espasmos, aos aromas, às melodias!...

E não foi só a nós, requintados de ultracivilização e arte, que o mistério rutilante fustigou. Pois em breve todos os espectadores evidenciavam, em rostos confundidos e gestos ansiosos, que um ruivo sortilégio os varara sob essa luz de além-Inferno, sob essa luz *sexualizada.*

Mas de súbito toda a iluminação se transformou divergindo num resvalamento arqueado: e outro frêmito mais brando nos diluiu então, como beijos de esmeraldas sucedendo a mordeduras.

Uma música penetrante tilintava nessa nova aurora, em ritmos desconhecidos – esguia melopeia em que soçobravam gomos de cristal entrechocando-se, onde palmas de espadas refrescavam o ar esbatidamente, onde listas úmidas de sons se vaporizavam sutis...

Enfim: prestes a esvairmo-nos num espasmo derradeiro da alma – tinham-nos sustido para nos alastrarem o prazer.

E, ao fundo, o pano de teatro descerrou-se sobre um cenário aureoral... Extinguiu-se a luz perturbadora, e jorros de eletricidade branca nos iluminaram apenas.

No palco surgiram três dançarinas. Vinham de tranças soltas – blusas vermelhas lhes encerravam os troncos, deixando-lhes os seios livres, oscilantes. Tênues gazes rasgadas lhes pendiam das cinturas. Nos ventres, entre as blusas e as gazes, havia um intervalo – um cinto de carne nua onde se desenhavam flores simbólicas.

As bailadeiras começaram as suas danças. Tinham as pernas nuas. Volteavam, saltavam, reuniam-se num grupo, embaralhavam os seus membros, mordiam-se nas bocas...

Os cabelos da primeira eram pretos, e a sua carne esplêndida de sol. As pernas, talhadas em aurora loura, esgueiravam-se-lhe em luz radiosa a nimbar-se, junto do sexo, numa carne mordorada que apetecia trincar.

Mas o que as fazia mais excitantes era a saudade límpida que lembravam de um grande lago azul de água cristalina onde, uma noite de luar, elas se mergulhassem descalças e amorosas.

A segunda bailadeira tinha o tipo característico da adolescente pervertida. Magra – porém de seios bem visíveis –, cabelos de um louro sujo, cara provocante, nariz arrebitado. As suas pernas despertavam desejos brutais de as morder, escalavradas de músculos, de durezas – masculinamente.

Enfim, a terceira, a mais perturbadora, era uma rapariga frígida, muito branca e macerada, esguia, evocando misticismos, doença, nas suas pernas de morte – devastadas.

Entanto o baile prosseguia. Pouco a pouco os seus movimentos se tornavam mais rápidos até que por último, num espasmo, as suas bocas se uniram e, rasgados todos os véus – seios, ventres e sexos descobertos –, os corpos se lhes emaranharam, agonizando num arqueamento de vício.

E o pano cerrou-se na mesma placidez luminosa...

Houve depois outros quadros admiráveis: dançarinas nuas perseguindo-se na piscina, a mimarem a atração sexual da água, estranhas bailadeiras que esparziam aromas que mais entenebreciam, em quebranto, a atmosfera fantástica da sala, apoteoses de corpos nus, amontoados – visões luxuriosas de cores intensas, rodopiantes de espasmos, sinfonias de sedas e veludos que sobre corpos nus volteavam...

Mas todas estas maravilhas – incríveis de perversidade, era certo – nos não excitavam fisicamente em desejos lúbricos e bestiais; antes numa ânsia de alma, esbraseada e, ao mesmo tempo, suave: extraordinária, deliciosa.

Escoava-se por nós uma impressão de excesso.

Entanto os delírios que as almas nos fremiam, não os provocavam unicamente as visões lascivas. De maneira alguma. O que oscilávamos provinha-nos de uma sensação total idêntica à que experimentamos ouvindo uma partitura sublime executada por uma orquestra de mestres. E os quadros sensuais valiam apenas como um instrumento dessa orquestra. Os outros: as luzes, os perfumes, as cores... Sim, todos esses elementos se fundiam num conjunto admirável que, ampliando-a, nos penetrava a alma, e que só a nossa alma sentia em febre de longe, em vibração de abismos. Éramos todos alma. *Desciam-nos só da alma os nossos desejos carnais*.

Porém nada valeu em face da última visão:

Raiaram mais densas as luzes, mais agudas e penetrantes, caindo agora, em jorros, do alto da cúpula – e o pano rasgou-se sobre um vago templo asiático... Ao som de uma música pesada, rouca, longínqua – *ela* surgiu, a mulher fulva...

E começou dançando...

Envolvia-a uma túnica branca, listada de amarelo. Cabelos soltos, loucamente. Joias fantásticas nas mãos; e os pés descalços, constelados...

Ai, como exprimir os seus passos silenciosos, úmidos, frios de cristal; o marulhar da sua carne ondeando; o álcool dos seus lábios que, num requinte, ela dourara – toda a harmonia esvaecida nos seus gestos; todo o horizonte difuso que o seu rodopiar suscitava, nevoadamente...

Entretanto, ao fundo, numa ara misteriosa, o fogo ateara-se...

Vício a vício a túnica lhe ia resvalando, até que, num êxtase abafado, soçobrou a seus pés... Ah! nesse momento, em face à maravilha que nos varou, ninguém pôde conter um grito de assombro...

Quimérico e nu, o seu corpo sutilizado, erguia-se litúrgico entre mil cintilações irreais. Como os lábios, os bicos dos seios e o sexo estavam dourados – num ouro pálido, doentio. E toda ela serpenteava em misticismo escarlate a querer-se dar ao fogo...

Mas o fogo repelia-a...

Então, numa última perversidade, de novo tomou os véus e se ocultou, deixando apenas nu o sexo áureo – terrível flor de carne a estrebuchar agonias magentas...

Vencedora, tudo foi lume sobre ela...

E, outra vez desvendada – esbraseada e feroz, saltava agora por entre labaredas, rasgando-as: emaranhando, *possuindo*, todo o fogo bêbado que a cingia.

Mas finalmente, saciada após estranhas epilepsias, num salto prodigioso, como um meteoro – ruivo meteoro – ela veio tombar no lago que mil lâmpadas ocultas esbatiam de azul cendrado.

Então foi apoteose:

Toda a água azul, ao recebê-la, se volveu vermelha de brasas, encapelada, ardida pela sua carne que o fogo penetrara... E numa ânsia de se extinguir, possessa, a fera nua mergulhou... Mas quanto mais se abismava, mais era lume ao seu redor...

... Até que por fim, num mistério, o fogo se apagou em ouro e, morto, o seu corpo flutuou heráldico sobre as águas douradas – tranquilas, mortas também...

....

....

A luz normal regressara. Era tempo. Mulheres debatiam-se em ataques de histerismo; homens, de rostos congestionados, tinham gestos incoerentes...

As portas abriram-se e nós mesmos, perdidos, sem chapéus – encontramo-nos na rua, afogueados, perplexos... O ar fresco da noite, vergastando-nos, fez-nos despertar, e como se chegássemos de um sonho que os três houvéssemos sonhado – olhamo-nos inquietos, num espanto mudo.

Sim, a impressão fora tão forte, a maravilha tão alucinadora, que não tivemos ânimo para dizer uma palavra.

Esmagados, aturdidos, cada um de nós voltou para sua casa...

Na tarde seguinte – ao acordar de um sono de onze horas – eu não acreditava já na estranha orgia: *A Orgia do Fogo,* como Ricardo lhe chamou depois.

Saí. Jantei.

Quando entrava no Café Riche, alguém me bateu no ombro:

– Então como passa o meu amigo? Vamos, as suas impressões?

Era Ricardo de Loureiro.

Falamos largamente acerca das extraordinárias coisas que presenciáramos. E o poeta concluiu que tudo aquilo mais lhe parecia hoje uma visão de onanista genial do que a simples realidade.

Quanto à americana fulva, não a tornei a ver. O próprio Gervásio deixou de falar nela. E, como se se tratasse de um mistério de Além a que valesse melhor não aludir, nunca mais nos referimos à noite admirável.

Se a sua lembrança me ficou para sempre gravada, não foi por a ter vivido – mas sim porque, dessa noite, se originava a minha amizade com Ricardo de Loureiro.

Assim sucede com efeito. Referimos certos acontecimentos da nossa vida a outros mais fundamentais – e muitas vezes, em torno de um beijo, circula todo um mundo, toda uma humanidade.

De resto, no caso presente, que podia valer a noite fantástica em face do nosso encontro – *desse encontro que marcou o princípio da minha vida*?

Ah! sem dúvida amizade predestinada aquela que começava num cenário tão estranho, tão perturbador, tão dourado...

II

Decorrido um mês, eu e Ricardo éramos não só dois companheiros inseparáveis, como também dois amigos íntimos, sinceros, entre os quais não havia mal-entendidos, nem quase já segredos.

O meu convívio com Gervásio Vila-Nova cessara por completo.

Mesmo passado pouco, ele regressou a Portugal.

Ah! como era bem diferente, bem mais espontânea, mais cariciosa, a intimidade com o meu novo amigo! E como estávamos longe do Gervásio Vila-Nova que, a propósito de coisa alguma, fazia declarações como esta:

– Sabe você, Lúcio, não imagina a pena que eu tenho de que não gostem das minhas obras. (As suas obras eram esculturas sem pés nem cabeça – pois ele só esculpia torsos contorcidos, enclavinhados, monstruosos, onde, porém, de quando em quando, por alguns detalhes, se adivinhava um cinzel admirável). Mas não pense que é por mim. Eu estou certo do que elas valem. É por *eles*, coitados, que não podem sentir a sua beleza.

Ou então:

– Creia, meu querido amigo, você faz muito mal em colaborar nessas revistecas lá de baixo... em se apressar tanto a imprimir os seus volumes.

O verdadeiro artista deve guardar quanto mais possível o seu inédito. Veja se eu já expus alguma vez... Só compreendo que se publique um livro numa tiragem reduzida; e a 100 francos o exemplar, como fez o... (e citava o nome do russo chefe dos *selvagens*). Ah! eu abomino a publicidade!...

As minhas conversas com Ricardo – pormenor interessante – foram logo desde o início bem mais conversas de alma do que simples conversas de intelectuais.

Pela primeira vez eu encontrara efetivamente alguém que sabia descer um pouco aos recantos ignorados do meu espírito – os mais sensíveis, os mais dolorosos para mim. E com ele o mesmo acontecera – havia de mo contar mais tarde.

Não éramos felizes – oh! não... As nossas vidas passavam torturadas de ânsias, de incompreensões, de agonias, de sombra...

Subíramos mais alto; pairávamos sobre a vida. Podíamo-nos embriagar de orgulho, se quiséssemos – mas sofríamos tanto... tanto... O nosso único refúgio era nas nossas obras.

Pintando-me a sua angústia, Ricardo de Loureiro fazia perturbadoras confidências, tinha imagens estranhas:

– Ah! meu caro Lúcio, acredite-me! Nada me encanta já; tudo me aborrece, me nauseia. Os meus próprios raros entusiasmos, se me lembro deles, logo se me esvaem – pois, ao medi-los, encontro-os tão mesquinhos, tão de pacotilha... Quer saber? Outrora, à noite, no meu leito, antes de dormir, eu punha-me a divagar. E era feliz por momentos, entressonhando a glória, o amor, os êxtases... Mas hoje já não sei com que sonhos me robustecer. Acastelei os maiores... eles próprios me fartaram: são sempre os mesmos – e é impossível achar outros... Depois, não me saciam apenas as coisas que possuo – aborrecem-me também as que não tenho, porque, na vida como nos sonhos, são sempre as mesmas. De resto, se às vezes posso sofrer por não possuir certas coisas que ainda não conheço inteiramente, a verdade é que, descendo-me melhor, logo averiguo isto: meu Deus, se as tivera, ainda maior seria a minha dor, o meu tédio... De forma que *gastar tempo* é hoje o único fim da minha existência deserta. Se viajo, se escrevo – se vivo, numa palavra, creia-me: é só para consumir instantes. Mas dentro em pouco – já o pressinto

– isto mesmo me saciará. E que fazer então? Não sei... não sei... Ah! que amargura infinita...

Eu punha-me a animá-lo; a dizer-lhe inferiormente que urgia pôr de parte essas ideias abatidas. Um belo futuro se alastrava em sua face. Era preciso ter coragem!

– Um belo futuro?... Olhe, meu amigo, até hoje ainda me não *vi* no meu futuro. E as coisas em que me não *vejo*, nunca me sucederam.

Perante tal resposta, esbocei uma interrogação muda, a que o poeta volveu:

– Ah! sim, talvez não compreendesse... Ainda lhe não expliquei. Ouça: desde criança que, pensando em certas situações possíveis numa existência, eu, antecipadamente, me *vejo* ou não *vejo* nelas. Por exemplo: uma coisa onde nunca me vi, foi na vida – e diga-me se na realidade nos encontramos nela? Mas descendo a pequenos detalhes:

"A minha imaginação infantil sonhava, romanescamente construía mil aventuras amorosas, que aliás todos vivem. Pois bem: nunca me vi ao fantasiá-las, como existindo-as mais tarde. E até hoje eu sou aquele que em nenhum desses episódios gentis se encontrou. Não porque lhes fugisse... Nunca fugi de coisa alguma.

"Entretanto, na minha vida, houve certa situação esquisita, mesmo um pouco torpe. Ora eu lembrava-me muita vez de que essa triste aventura havia de ter um fim. E sabia de um muito natural. *Nesse*, contudo, nunca eu me figurava. Mas noutro qualquer. *Outro qualquer*, porém, só podia dar-se por meu intermédio. E por meu intermédio – era bem claro – não se podia, *não se devia* dar. Passou-se tempo... Escuso de lhe dizer que foi justamente a "impossibilidade" que se realizou...

"Era um estudante distinto, e nunca me antevisionava com o meu curso concluído. Efetivamente um belo dia, de súbito, sem razão, deixei a universidade... Fugi para Paris...

"Dentro da vida prática também nunca me figurei. Até hoje, aos vinte e sete anos, não consegui ainda ganhar dinheiro pelo meu trabalho. Felizmente não preciso... E nem mesmo cheguei a entrar nunca na vida, na simples Vida com V grande – na vida social, se prefere. É curioso: sou um isolado que conhece meio mundo, um desclassificado que não tem uma dívida, uma nódoa – que todos consideram, e que entretanto em parte alguma é admitido... Está certo. Com efeito, nunca me *vi* "admitido" em parte alguma. Nos próprios meios onde me tenho embrenhado, não sei por que senti-me sempre um estranho...

"E é terrível: martiriza-me por vezes este meu condão. Assim, se eu não *vejo* erguida certa obra cujo plano me entusiasma, é seguro que a não consigo lançar, e que depressa me desencanto da sua ideia – embora, no fundo, a considere admirável.

"Enfim, para me entender melhor: esta sensação é semelhante, ainda que de sentido contrário, a uma outra em que provavelmente ouviu falar – que talvez mesmo conheça – a do *já visto*. Nunca lhe sucedeu ter visitado pela primeira vez uma terra, um cenário, e – numa reminiscência longínqua, vaga, perturbante – chegar-lhe a lembrança de que, *não sabe quando nem aonde*, já esteve naquela terra, já contemplou aquele cenário?...

"É possível que o meu amigo não atinja o que há de comum entre estas duas ideias. Não lhe sei explicar – contudo pressinto, tenho a certeza, que essa relação existe."

Respondi divagando, e o poeta acrescentou:

– Mas ainda lhe não disse o mais estranho. Sabe? É que de maneira alguma me concebo na minha velhice, bem como de nenhuma forma me vejo doente, agonizante. Nem sequer suicidado – segundo às vezes me procuro iludir. *E creia, é tão grande a minha confiança nesta superstição que* – juro-lhe –, *se não fosse haver a certeza absoluta de que todos morremos, eu, não me "vendo" morto, não acreditaria na minha morte...*

Sorri da *boutade*.

Vagos conhecidos entravam no Café onde tínhamos abancado. Sentaram-se junto de nós e, banal e fácil, a conversa deslizou noutro plano.

Outras vezes também, Ricardo surgia-me com revelações estrambóticas que lembravam um pouco os esnobismos de Vila-Nova. Porém, nele, eu sabia que tudo isso era verdadeiro, sentido. Quando muito, *sentido já como literatura*. Efetivamente o poeta explicara-me, uma noite:

– Garanto-lhe, meu amigo, todas as ideias que lhe surjam nas minhas obras, por mais bizarras, mais impossíveis – são, pelo menos em parte, sinceras. Isto é: traduzem emoções que na realidade senti; pensamentos que na realidade me ocorreram sobre quaisquer detalhes da minha psicologia. Apenas o que pode suceder é que, quando elas nascem, já venham literalizadas...

Mas voltando às suas revelações estrambóticas:

Como gostássemos, em muitas horas, de nos embrenhar pela vida normal e nos esquecer a nós próprios – frequentávamos bastante os teatros e os *music-halls*, numa ânsia também de sermos agitados por esses meios intensamente contemporâneos, europeus e luxuosos.

Assim uma vez, no Olympia, assistíamos a umas danças de *girls* inglesas misturadas numa revista, quando Ricardo me perguntou:

– Diga-me, Lúcio, você não é sujeito a certos medos inexplicáveis, destrambelhados?

Que não, só se muito vagamente – volvi.

– Pois comigo – tornou o artista – não acontece o mesmo. Enfim, quer saber? Tenho medo destas dançarinas.

Soltei uma gargalhada.

Ricardo prosseguiu:

– É que, não sei se reparou, em todos os *music-halls* tornaram-se agora moda estes bailados por ranchos de raparigas inglesas. Ora essas criaturinhas são todas iguais, sempre – vestidas dos mesmos fatos, com as mesmas pernas nuas, as mesmas feições tênues, o mesmo ar gentil. De maneira que eu em vão me esforço por considerar cada uma delas como uma individualidade. Não lhes sei atribuir uma vida – um amante, um passado; certos hábitos, certas maneiras de ser. Não as posso destrinçar do seu conjunto: daí, o meu pavor. Não estou posando, meu amigo, asseguro-lhe.

"Mas não são estes só os meus medos. Tenho muitos outros. Por exemplo: o horror dos arcos – de alguns arcos triunfais e, sobretudo, de alguns velhos arcos de ruas. Não propriamente dos arcos – antes do espaço aéreo que eles enquadram. E lembro-me de haver experimentado uma sensação misteriosa de pavor, ao descobrir no fim de uma rua solitária de não sei que capital um pequeno arco ou, melhor, uma porta aberta sobre o infinito. Digo bem – sobre o infinito. Com efeito a rua subia e para lá do monumento começava, sem dúvida, a descer. De modo que, de longe, só se via horizonte através desse arco. Confesso-lhe que me detive alguns minutos olhando-o fascinado. Assaltou-me um forte desejo de subir a rua até o fim e averiguar para onde ele deitava. Mas a coragem faltou-me. Fugi apavorado. E veja, a sensação foi tão violenta que nem sei já em que triste cidade a oscilei...

"Quando era pequeno – ora, ainda hoje! – apavoravam-me as ogivas das catedrais, as abóbadas, as sombras de altas colunas, os obeliscos, as grandes escadarias de mármore... De resto, toda a minha vida psicológica tem sido até agora a projeção dos meus pensamentos infantis – ampliados, modificados; mas sempre no mesmo sentido, na mesma ordem: apenas em outros planos.

"E por último, ainda a respeito de medos: assim como me assustam alguns espaços vazios emoldurados por arcos – também me inquieta o céu das ruas, estreitas e de prédios altos, que de súbito se partem em curvas apertadas."

O seu espírito estava seguramente predisposto para a bizarria, essa noite, pois ainda me fez estas esquisitas declarações à saída do teatro:

– Meu caro Lúcio, vai ficar muito admirado, mas garanto-lhe que não foi tempo perdido o que passei ouvindo essa revista chocha. Achei a razão fundamental do meu sofrimento. Você recorda-se de uma capoeira de galinhas que apareceu em cena? As pobres aves queriam dormir. Metiam os bicos debaixo das asas, mas logo acordavam assustadas pelos jorros dos projetores que iluminavam as "estrelas", pelos saltos do compadre... *Pois como esses pobres bichos, também a minha alma anda estremunhada* – descobri em frente deles. Sim, a minha alma quer dormir e, minuto a minuto, a vêm despertar jorros de luz, estrepitosas vozearias: grandes ânsias, ideias abrasadas, tumultos de aspirações – áureos sonhos, cinzentas realidades... Sofreria menos se ela nunca pudesse adormecer. Com efeito, o que mais me exacerba esta tortura infernal é que, em verdade, a minha alma chega muitas vezes a pegar no sono, *a fechar os olhos* – perdoe a frase estrambótica. Mal os cerra, porém, logo a zurzem – e de novo acorda perdida numa agonia estonteada...

Mais tarde, relembrando-me esta constatação, ajuntara:

– O meu sofrimento moral, ainda que sem razões, tem aumentado tanto, tanto, estes últimos dias, que eu hoje sinto a minha alma fisicamente.

Ah! é horrível! *A minha alma não se angustia apenas, a minha alma sangra.* As dores morais transformaram-se-me em verdadeiras dores físicas, em dores horríveis, que eu sinto materialmente – *não no meu corpo, mas no meu espírito.* É muito difícil, concordo, fazer compreender isto a alguém. Entretanto, acredite-me; juro-lhe que é assim. Eis pelo que eu lhe dizia a outra noite que tinha a minha alma estremunhada. Sim, a minha pobre alma anda morta de sono, e não a deixam dormir – tem frio, e não sei aquecer! Endureceu-me toda, toda! secou, anquilosou-se-me; de forma que movê-la – isto é: pensar – me faz hoje sofrer terríveis dores. E quanto mais a alma me endurece, mais eu tenho ânsia de pensar! Um turbilhão de ideias – loucas ideias! – me silva a desconjuntá-la, a arrepanhá-la, a rasgá-la, num martírio alucinante! Até que um dia – oh! é fatal – ela se me partirá – voará em estilhaços... A minha pobre alma! a minha pobre alma!...

Em tais ocasiões os olhos de Ricardo cobriam-se de um véu de luz. Não brilhavam: cobriam-se de um véu de luz. Era muito estranho, mas era assim.

Divagando ainda sobre as dores físicas do seu espírito; num tom de *blague* que raramente tomava, o poeta desfechou-me uma tarde, de súbito:

– Tenho às vezes tanta inveja das minhas pernas... Porque uma perna não sofre. Não tem alma, meu amigo, não tem alma!...

Largas horas, solitário, eu meditava nas singularidades do artista, a querer concluir alguma coisa. Mas o certo é que nunca soube descer uma psicologia, de maneira que chegava só a esta conclusão: ele era uma criatura superior – genial, perturbante. Hoje mesmo, volvidos longos anos, é essa a minha única certeza, e eis pelo que eu me limito a contar sem ordem – à medida que me vão recordando – os detalhes mais característicos da sua psicologia, como meros documentos na minha justificação.

Fatos, apenas fatos – avisei logo de princípio.

Compreendiam-se perfeitamente as nossas almas – tanto quanto duas almas se podem compreender. E, todavia, éramos duas criaturas muito diversas. Raros traços comuns entre os nossos caracteres. Mesmo, a bem dizer, só numa coisa iguais: no nosso amor por Paris.

– Paris! Paris! – exclamava o poeta. – Por que o amo eu tanto? Não sei... Basta lembrar-me que existo na capital latina, para uma onda de orgulho, de júbilo e ascensão se encapelar dentro de mim. É o único ópio louro para a minha dor – Paris!

"Como eu amo as suas ruas, as suas praças, as suas avenidas! Ao recordá-las longe delas – em miragem nimbada, todas me surgem num resvalamento arqueado que me traspassa em luz. E o meu próprio corpo, que elas vararam, as acompanha no seu rodopio.

"De Paris, amo tudo com igual amor: os seus monumentos, os seus teatros, os seus bulevares, os seus jardins, as suas árvores... Tudo nele me é heráldico, me é litúrgico.

"Ah, o que eu sofri um ano que passei longe da minha Cidade, sem esperanças de me tornar a envolver nela tão cedo... E a minha saudade foi então a mesma que se tem pelo corpo de uma amante perdida...

"As ruas tristonhas da Lisboa do sul, descia-as às tardes magoadas rezando o seu nome: o meu Paris... o meu Paris...

"E à noite, num grande leito deserto, antes de adormecer, eu recordava-o – sim, recordava-o – como se recorda a carne nua de uma amante dourada!

"Quando depois regressei à capital assombrosa, a minha ânsia foi logo de a percorrer em todas as avenidas, em todos os bairros, para melhor a entrelaçar comigo, para melhor a delirar... O meu Paris! o meu Paris!...

"Entretanto, Lúcio, não creia que eu ame esta grande terra pelos seus bulevares, pelos seus cafés, pelas suas atrizes, pelos seus monumentos. Não! Não! Seria mesquinho. Amo-a por qualquer outra coisa: por uma auréola, talvez, que a envolve e a constitui em alma – mas que eu não vejo; que eu sinto, que eu realmente sinto, e lhe não sei explicar!...

"Só posso viver nos grandes meios. Quero tanto ao progresso, à civilização, ao movimento citadino, à atividade febril contemporânea!... Porque, no fundo, eu amo muito a vida. Sou todo de incoerências. Vivo desolado, abatido, parado de energia, e admiro a vida entanto como nunca ninguém a admirou!

"Europa! Europa! Encapela-te dentro de mim, alastra-me da tua vibração, unge-me da minha época!...

"Lançar pontes! lançar pontes! silvar estradas férreas! erguer torres de aço!..."

E o seu delírio prosseguia através de imagens bizarras, destrambelhadas ideias:

– Sim! Sim! Todo eu sou uma incoerência! O meu próprio corpo é uma incoerência. Julga-me magro, corcovado? Sou-o; porém muito menos do que pareço. Admirar-se-ia se me visse nu...

"Mas há mais. Toda a gente me crê um homem misterioso. Pois eu não vivo, não tenho amantes... desapareço... ninguém sabe de mim... Engano! Engano! A minha vida é pelo contrário uma vida sem segredo. Ou melhor, o seu segredo consiste justamente em não o ter.

"E a minha vida, livre de estranhezas, é no entanto uma vida bizarra – *mas de uma bizarria às avessas*. Com efeito a sua singularidade encerra-se, não em conter elementos que se não encontram nas vidas normais – mas sim em não conter nenhum dos elementos comuns a todas as vidas. Eis pelo que nunca me sucedeu coisa alguma. *Nem mesmo o que sucede a toda a gente*. Compreende-me?"

Eu compreendia sempre. E ele fazia-me essa justiça. Por isso as nossas conversas de alma se prolongavam em geral até de manhã; passeando nas ruas desertas, sem sentirmos frio nem cansaço, numa intoxicação mútua e arruivada.

Em horas mais tranquilas, Ricardo punha-se-me a falar da suavidade da vida normal. E confessava-me:

– Ah, quantas vezes isolado em grupos de conhecidos banais, eu não invejei os meus camaradas... Lembro-me tanto de certo jantar no Leão de Ouro... numa noite chuvosa de dezembro... Acompanhavam-me dois atores e um dramaturgo. Sabe? O Roberto Dávila, o Carlos Mota, o Álvares Cezimbra... Eu diligenciara, num esforço, descer até eles. Por último, consegui iludir-me. Fui feliz, instantes, creia... E o Carlos Mota pedia a minha colaboração para uma das suas operetas... Carlos Mota, o autor da *Videirinha,* o grande sucesso da Trindade... Bons rapazes! Bons rapazes... Ai, não ser como eles...

"Porque afinal essa sua vida –, a vida de todos os dias, – é a única que eu amo. Simplesmente não a posso existir... E orgulho-me tanto de não a poder viver... orgulho-me tanto de não ser feliz... Cá estamos: a maldita literatura..."

E, depois de uma breve pausa:

– Noutros tempos, em Lisboa, um meu companheiro íntimo, hoje já morto, alma ampla e intensa de artista requintado – admirava-se de me ver acamaradar com certas criaturas inferiores. É que *essas* andavam na vida, e eu aprazia-me com elas numa ilusão. As minhas eternas incoerências! Vocês, os verdadeiros artistas, as verdadeiras grandes almas – eu sei – nunca saem, nem pretendem sair, do vosso círculo de ouro – nunca lhes vêm desejos de baixar à vida. É essa a vossa dignidade. E fazem bem. São muito mais felizes... Pois eu sofro duplamente, porque vivo no mesmo círculo dourado e, entretanto, sei-me agitar cá embaixo...

– Ao contrário, eis pelo que você é maior – comentava eu. – Esses a quem se refere, se não ousam descer, é por adivinharem que, se se misturassem à existência quotidiana, ela os absorveria, soçobrando o seu gênio de envolta com a banalidade. São fracos. E esse pressentimento instintivamente os salva. Enquanto que o meu amigo pode arriscar o seu gênio por entre medíocres. É tão grande que nada o sujará.

– Quimera! Quimera! – volvia o poeta. – Sei lá o que sou... Em todo o caso, olhe que é lamentável a banalidade dos *outros*... Como a "maioria" se contenta com poucas ânsias, poucos desejos espirituais, pouca alma... Oh! é desolador!... Um drama de Jorge Ohnet, um romance de Bourget, uma ópera de Verdi, uns versos de João de Deus ou um poema de Tomás Ribeiro – chegam bem para encher o seu ideal. Que digo? Isto mesmo são já requintes de almas superiores. As outras – as verdadeiramente normais – ora... ora... deixemo-nos de devaneios, contentam-se com as obscenidades lantejouladas de qualquer baixo-revisteiro sem gramática...

"A *maioria,* meu caro, a *maioria*... os felizes... E daí, quem sabe se eles é que têm razão... se tudo o mais será frioleira...

"Em suma... em suma..."

Correram meses, seguindo sempre entre nós o mesmo afeto, a mesma camaradagem.

Uma tarde de domingo – recordo-me tão bem – íamos em banalidade Avenida dos Campos Elísios acima, misturados na multidão, quando a sua conversa resvalou para um campo, que até aí o poeta nunca atacara, positivamente:

– Ah! como se respira vida, vida intensa e sadia, nestes domingos de Paris, nestes maravilhosos domingos!... É a vida simples, *a vida útil*, que se escoa em nossa face. Horas que nos não pertencem – etéreos sonhadores de beleza, roçados de Além, ungidos de Vago... Orgulho! Orgulho! E entanto como valera mais se fôssemos da gente média que nos rodeia. Teríamos, pelo menos de espírito, a suavidade e a paz. Assim temos só a luz. Mas a luz cega os olhos... Somos todos álcool, todos álcool! – *álcool* que nos esvai em lume que nos arde!

"E é pela agitação desta cidade imensa, por esta vida atual, quotidiana, que eu amo o meu Paris numa ternura loura. Sim! Sim! Digo bem, numa ternura – uma ternura ilimitada. Eu não sei ter afetos. Os meus amores foram sempre ternuras... Nunca poderia amar uma mulher pela alma – isto é: por ela própria. Só a adoraria pelos enternecimentos que a sua *gentileza* me despertasse: pelos seus dedos trigueiros a apertarem os meus numa tarde de sol, pelo timbre sutil da sua voz, pelos seus rubores – e as suas gargalhadas... as suas correrias...

"Para mim, o que pode haver de sensível no amor é uma saia branca a sacudir o ar, um laço de cetim que mãos esguias enastram, uma cintura que se verga, uma madeixa perdida que o vento desfez, uma canção ciciada em lábios de ouro e de vinte anos, a flor que a boca de uma mulher trincou...

"Não, nem é sequer a formosura que me impressiona. É outra coisa mais vaga – imponderável, translúcida: *a gentileza*. Ai, e como eu a vou descobrir em tudo, em tudo – a gentileza... Daí, uma ânsia estonteada, *uma ânsia sexual* de possuir vozes, gestos, sorrisos, aromas e cores!...

"... Lume doido! Lume doido!... Devastação! Devastação!..."

Mas logo, serenando:

– A boa gente que aí vai, meu querido amigo, nunca teve destas complicações. Vive. Nem pensa... Só eu não deixo de pensar... O meu mundo interior ampliou-se – volveu-se infinito, e hora a hora se excede! É horrível. Ah! Lúcio, Lúcio! tenho medo – medo de soçobrar, de me extinguir no meu mundo interior, de desaparecer da vida, perdido nele...

"...E aí tem o assunto para uma das suas novelas: um homem que, à força de se concentrar, desaparecesse da vida – imigrado no seu mundo interior...

"Não lhe digo eu? A maldita literatura..."

Sem motivos nenhuns, livre de todas as preocupações, sentia-me entanto esquisitamente disposto, essa tarde. Um calafrio me arrepiava toda a carne – o calafrio que sempre me varara nas horas culminantes da minha vida.

E Ricardo, de novo, apontando-me uma soberba vitória que dois esplêndidos cavalos negros tiravam:

– Ah! como eu me trocaria pela mulher linda que ali vai... Ser belo! ser belo!... ir na vida fulvamente... ser pajem na vida... Haverá triunfo mais alto?...

"A maior glória da minha existência não foi – ah! não julgue que foi – qualquer elogio sobre os meus poemas, sobre o meu gênio. Não. Foi isto só: eu lhe conto:

"Uma tarde de abril, há três anos, caminhava nos grandes bulevares, solitário como sempre. De súbito, uma gargalhada soou perto de mim... Tocaram-me no ombro... Não dei atenção... Mas logo a seguir me puxaram por um braço, garotamente, com o cabo de uma sombrinha... Voltei-me... Eram duas raparigas... duas raparigas gentis, risonhas... Àquela hora, duas costureiras – decerto – saídas dos *ateliers* da Rua da Paz. Tinham embrulhos nas mãos...

"E uma delas, a mais audaciosa:

"– Sabe que é um lindo rapaz?

"Protestei... E fomos andando juntos, trocando palavras banais... (Acredite que meço muito bem todo o ridículo desta confidência).

"À esquina do Faubourg Poissonnière, despedi-me: devia-me encontrar com um amigo – garanti. Efetivamente, num desejo de perversidade, eu resolvera pôr termo à aventura. Talvez receoso de que, se ela se prolongasse, me desiludisse. Não sei...

"Separamo-nos...

"*Essa tarde foi a mais bela recordação da minha vida!...*

"Meu Deus! Meu Deus! Como em vez deste corpo dobrado, este rosto contorcido – eu quisera ser belo, esplendidamente belo! E nessa tarde, fui-o por instantes, acredito... É que vinha de escrever alguns dos meus melhores versos.

"Sentia-me orgulhoso, admirável... E a tarde era azul, o bulevar ia lindíssimo... Depois, tinha um chapéu petulante... ondeava-se-me na testa uma madeixa juvenil...

"Ah! como vivi semanas, semanas, da pobre saudade... que ternura infinita me desceu para essa rapariguinha que nunca mais encontrei – *que nunca mais poderia encontrar* porque, na minha alegria envaidecida, nem sequer me lembrara de ver o seu rosto... Como lhe quero... Como lhe quero... Como a abençoo... Meu amor! meu amor!..."

E, numa transfiguração – todo aureolado pelo brilho intenso, melodioso, dos seus olhos portugueses – Ricardo de Loureiro erguia-se realmente belo, esse instante...

Aliás, ainda hoje ignoro se o meu amigo era ou não era formoso. Todo de incoerências, também a sua fisionomia era uma incoerência: por vezes o seu rosto esguio, macerado – se o víamos de frente, parecia-nos radioso. Mas de perfil já não sucedia o mesmo... Contudo, nem sempre: o seu perfil, por vezes, também era agradável... sob certas luzes... em certos espelhos...

Entretanto, o que mais o prejudicava era sem dúvida o seu corpo que ele desprezava, deixando-o "cair de si", segundo a frase extravagante, mas muito própria, de Gervásio Vila-Nova.

Os retratos que existem hoje do poeta, mostram-no belíssimo, numa auréola de gênio. Simplesmente, não era essa a expressão do seu rosto. Sabendo tratar-se de um grande artista, os fotógrafos e os pintores ungiram-lhe a fronte de uma expressão nimbada que lhe não pertencia. Convém desconfiar sempre dos retratos dos grandes homens...

– Ah! meu querido Lúcio – tornou ainda o poeta – como eu sinto a vitória de uma mulher admirável, estiraçada sobre um leito de rendas, olhando a sua carne toda nua... esplêndida... loura de álcool! A carne feminina – que apoteose! Se eu fosse mulher, nunca me deixaria possuir pela carne dos homens – tristonha, seca, amarela: sem brilho e sem luz... Sim! num entusiasmo espasmódico, sou todo admiração, todo ternura, pelas grandes debochadas que só emaranham os corpos de mármore com outros iguais aos seus – femininos também; arruivados, suntuosos... E lembra-me então um desejo perdido de ser mulher – ao menos, para isto: para que, num encantamento, pudesse olhar as minhas pernas nuas, muito brancas, a escoarem-se, frias, sob um lençol de linho...

Entanto, eu admirava-me do rumo que a conversa tomara. Com efeito, se a obra de Ricardo de Loureiro era cheia de sensualismo, de loucas perversidades – nas suas conversas nada disso surgia. Pelo contrário. Às suas palavras nunca se misturava uma nota sensual – ou simplesmente amorosa – e detinham-no logo súbitos pudores se, por acaso, de longe se referia a qualquer detalhe dessa natureza.

Quanto à vida sexual do meu amigo, ignorava-a por completo. Sob esse ponto de vista, Ricardo afigurava-se-me, porém, uma criatura tranquila. Talvez me enganasse... Enganava-me com certeza. E a prova – ai, a prova! – tive-a essa noite pela mais estranha confissão – a mais perturbadora, a mais densa...

Eram sete e meia. Havíamos subido todos os Campos Elísios e a Avenida do Bosque até à Porta Maillot. O artista decidiu que jantássemos no Pavilhão de Armenonville – ideia que eu aplaudi do melhor grado.

Tive sempre muito afeto ao célebre restaurante. Não sei... O seu cenário literário (porque o lemos em novelas), a grande sala de tapete vermelho e, ao fundo, a escadaria; as árvores românticas que exteriormente o ensombram, o pequeno lago – tudo isso, naquela atmosfera de grande vida, me evocava por uma saudade longínqua, sutil, bruxuleante, a recordação astral de certa aventura amorosa que eu nunca vivera. Luar de outono, folhas secas, beijos e champanhe...

....

Correu simples a nossa conversa durante a refeição. Foi só ao café que Ricardo principiou:

– Não pode imaginar, Lúcio, como a sua intimidade me encanta, como eu bendigo a hora em que nos encontramos. Antes de o conhecer, não lidara senão com indiferentes – criaturas vulgares que nunca me compreenderam, muito pouco que fosse. Meus pais adoravam-me. Mas, por isso exatamente, ainda menos me compreendiam. Enquanto que o meu amigo é uma alma rasgada, ampla, que tem a lucidez necessária para entrever a minha. É já muito. Desejaria que fosse mais; mas é já muito. Por isso hoje eu vou ter a coragem de confessar, pela primeira vez a alguém, a maior estranheza do meu espírito, a maior dor da minha vida...

Deteve-se um instante e, de súbito, em outro tom:

– É isto só: – disse – *não posso ser amigo de ninguém*... Não proteste... Eu não sou seu amigo. Nunca soube ter afetos – já lhe contei –, apenas ternuras. A amizade máxima, para mim, traduzir-se-ia unicamente pela maior ternura. E uma ternura traz sempre consigo um desejo caricioso: um desejo de beijar... de estreitar... Enfim: de possuir! Ora eu, só depois de satisfazer os meus desejos, posso realmente sentir aquilo que os provocou. A verdade, por consequência, é que as minhas próprias ternuras, nunca as *senti*, apenas as *adivinhei*. Para as sentir, isto é, para ser amigo de alguém (visto que em mim a ternura equivale à amizade), forçoso me seria antes possuir quem eu estimasse, ou mulher ou homem. Mas uma criatura do nosso sexo, não a podemos possuir. *Logo eu só poderia ser amigo de uma criatura do meu sexo, se essa criatura ou eu mudássemos de sexo.*

"Ah!, a minha dor é enorme: Todos podem ter amizades, que são o amparo de uma vida, a "razão" de uma existência inteira – amizades que nos dedicam; amizades que, sinceramente, nós retribuímos. Enquanto que eu, por mais que me esforce, nunca poderei retribuir nenhum afeto: *os afetos não se materializam dentro de mim*! É como se me faltasse um sentido – se fosse cego, se fosse surdo. Para mim, cerrou-se um mundo de alma. Há qualquer coisa que eu vejo, e não posso abranger; qualquer coisa que eu palpo, e não posso sentir... Sou um desgraçado... um grande desgraçado, acredite!

"Em certos momentos chego a ter nojo de mim. Escute. Isto é horrível! Em face de todas as pessoas que eu sei que deveria estimar – *em face de todas as pessoas por quem adivinho ternuras* – assalta-me sempre um desejo violento de as morder na boca! Quantas vezes não retraí uma ânsia de beijar os lábios de minha mãe...

"Entretanto estes desejos materiais – ainda lhe não disse tudo – não julgue que os sinto na minha carne; *sinto-os na minha alma*. Só com a minha alma poderia matar as minhas ânsias enternecidas. Só com a minha alma eu lograria possuir as criaturas que adivinho estimar – e assim satisfazer, isto é, *retribuir sentindo* as minhas amizades.

"Eis tudo...

"Não me diga nada... não me diga nada!... Tenha dó de mim... muito dó..."

Calei-me. Pelo meu cérebro ia um vendaval desfeito. Eu era alguém a cujos pés, sobre uma estrada lisa, cheia de sol e árvores, se cavasse de súbito um abismo de fogo.

Mas, após instantes, muito naturalmente, o poeta exclamou:

– Bem... Já vai sendo tempo de nos irmos embora.

E pediu a conta.

Tomamos um fiacre.

Pelo caminho, ao atravessarmos não sei que praça, chegaram-nos ao ouvido os sons de um violino de cego, estropiando uma linda ária. E Ricardo comentou:

– Ouve esta música? É a expressão da minha vida: uma partitura admirável, estragada por um horrível, por um infame executante...

III

No dia seguinte, de novo nos encontramos, como sempre, mas não aludimos à estranha conversa da véspera. Nem no dia seguinte, nem nunca mais... até ao desenlace da minha vida...

Entretanto, a perturbadora confidência do artista não se me varrera da memória. Pelo contrário – dia algum eu deixava de a relembrar, inquieto, quase numa obsessão.

Sem incidentes notáveis – na mesma harmonia, no mesmo convívio de alma – a nossa amizade foi prosseguindo, foi-se estreitando. Após dez meses, nos fins de 1896, embora o seu grande amor por Paris, Ricardo resolveu regressar a Portugal – a Lisboa, onde em realidade coisa alguma o devia chamar.

Estivemos um ano separados.

Durante ele, a nossa correspondência foi nula: três cartas minhas; duas do poeta – quando muito.

Circunstâncias materiais e as saudades do meu amigo levaram-me a sair de Paris, definitivamente, por meu turno. E em dezembro de noventa e sete chegava a Lisboa.

Ricardo esperava-me na estação.

Mas como o seu aspecto físico mudara nesse ano que estivéramos sem nos ver!

As suas feições bruscas haviam-se amenizado, acetinado – *feminilizado*, eis a verdade –, e, detalhe que mais me impressionou, a cor dos seus cabelos esbatera-se também. Era mesmo talvez desta última alteração que provinha, fundamentalmente, a diferença que eu notava na fisionomia do meu amigo – *fisionomia que se tinha difundido*. Sim, porque fora esta a minha impressão total: os seus traços fisionômicos haviam-se dispersado – *eram hoje menores*.

E o tom da sua voz alterara- se identicamente, e os seus gestos: todo ele, enfim, se esbatera.

Eu sabia já, é claro, que o poeta se casara há pouco, durante a minha ausência. Ele escrevera-mo na sua primeira carta; mas sem juntar pormenores, muito brumosamente – *como se se tratasse de uma irrealidade*. Pelo meu lado, respondera com vagos cumprimentos, sem pedir detalhes, sem estranhar muito o fato – também como se se tratasse de uma irrealidade; de qualquer coisa que eu já soubesse, *que fosse um desenlace*.

Abraçamo-nos com efusão. O artista acompanhou-me ao hotel, ficando assente que nessa mesma tarde eu jantaria em sua casa.

De sua mulher, nem uma palavra... Lembro-me bem da minha perturbação quando, ao chegarmos ao meu hotel, reparei que ainda lhe não perguntara por ela. E essa perturbação foi tão forte, que ainda menos ousei balbuciar uma palavra a seu respeito, num enleio em verdade inexplicável...

Mas, quando à noite me dirigia para o palacete que o meu amigo habitava numa das avenidas novas, recentemente abertas, eu – coisa esquisita – esquecera-me até já de que ele casara, de que ia conhecer agora a sua mulher...[2]

2/ Incluímos este parágrafo – encontrado na edição de 2004 da Assírio & Alvim – por julgá-lo totalmente adequado ao desenrolar da sequência dos fatos.

Cheguei. Um criado estilizado conduziu-me a uma grande sala escura, pesada, *ainda que jorros de luz a iluminassem*. Ao entrar, com efeito, nessa sala resplandecente, eu tive a mesma sensação que sofremos se, vindos do sol, penetramos numa casa imersa em penumbra.

Fui pouco a pouco distinguindo os objetos... E, de súbito, sem saber como, num rodopio nevoento, encontrei-me sentado em um sofá, conversando com o poeta e a sua companheira...

Sim. Ainda hoje me é impossível dizer se, quando entrei no salão, já lá estava alguém, ou se foi só após instantes que os dois apareceram. Da mesma forma, nunca pude lembrar-me das primeiras palavras que troquei com Marta – era este o nome da esposa de Ricardo.

Enfim, eu entrara naquela sala como se, ao transpor o seu limiar, tivesse *regressado* a um mundo de sonhos.

Eis pelo que as minhas reminiscências de toda essa noite são as mais tênues. Entretanto, durante ela, creio que nada de singular aconteceu. Jantou-se; conversou-se largamente, por certo...

À meia-noite despedi-me.

Mal cheguei ao meu quarto, deitei-me, adormeci... E foi só então que me tornaram os sentidos. Efetivamente, ao adormecer, tive a sensação estonteante de acordar de um longo desmaio, regressando agora à vida... Não posso descrever melhor esta incoerência, mas foi assim.

(E, entre parênteses, convém-me acentuar que meço muito bem a estranheza de quanto deixo escrito. Logo no princípio referi que a minha coragem seria a de dizer a verdade, ainda quando ela não fosse verossímil.)

A partir daí, comecei frequentando amiudadas noites a casa de Ricardo. As sensações bizarras tinham-me desaparecido por completo, e eu *via* agora nitidamente a sua esposa.

Era uma linda mulher loira, alta, escultural – e a carne mordorada, dura, *fugitiva*. O seu olhar azul perdia-se de infinito, nostalgicamente. Tinha gestos nimbados e caminhava nuns passos leves, silenciosos – indecisos, mas rápidos. Um rosto formosíssimo, de uma beleza vigorosa, talhado em oiro. Mãos inquietantes de esguias e pálidas.

Sempre triste – numa tristeza maceradamente vaga – mas tão gentil, tão suave e amorável, que era sem dúvida a companheira propícia, ideal, de um poeta.

Cheguei a invejar o meu amigo...

Durante seis meses a nossa existência foi a mais simples, a mais serena. Ah! esses seis meses constituíram em verdade a única época feliz, em névoas, da minha vida...

Raros dias se passavam em que não estivesse com Ricardo e Marta. Quase todas as noites nos reuníamos em sua casa, um pequeno grupo de artistas: eu, Luís de Monforte, o dramaturgo da *Glória*; Aniceto Sarzedas, o verrinoso crítico; dois poetas de vinte anos cujos nomes olvidei e – sobretudo – o conde Sérgio Warginsky, adido da legação da Rússia, que nós conhecêramos vagamente em Paris e que eu me admirava de encontrar agora assíduo frequentador da casa do poeta. Às vezes, com menor frequência, apareciam também Raul Vilar e um seu amigo – triste personagem tarado que hoje escreve novelas torpes desvendando as vidas íntimas dos seus companheiros, no intuito (justifica-se) de apresentar casos de psicologias estranhas e assim fazer uma arte perturbadora, intensa e original; no fundo apenas falsa e obscena.

Os serões corriam lisonjeiros entre conversas intelectuais – vincadamente literárias – onde a nota humorística era dada em abundância por Aniceto Sarzedas, nos seus terríveis *ereintements* contra todos os contemporâneos.

Marta misturava-se por vezes nas nossas discussões, e evidenciava-se de uma larga cultura, de uma finíssima inteligência. Curioso que a sua maneira de pensar nunca divergia da do poeta. Ao contrário: integrava-se sempre com a dele reforçando, *aumentando* em pequenos detalhes as suas teorias, as suas opiniões.

O russo, esse exprimia a sensualidade naquele grupo de artistas – não sei por que, eu tinha esta impressão.

Era um belo rapaz de vinte e cinco anos, Sérgio Warginsky. Alto e elançado, o seu corpo evocava o de Gervásio Vila-Nova que, há pouco, brutalmente se suicidara, arremessando-se para debaixo de um comboio. Os seus lábios vermelhos, petulantes, amorosos, guardavam uns dentes que as mulheres deveriam querer beijar – os cabelos, de um loiro arruivado, caíam-lhe sobre a testa em duas madeixas longas, arqueadas. Os seus olhos de penumbra áurea, nunca os despregava de Marta – devia-me lembrar mais tarde. Enfim, se alguma mulher havia entre nós, parecia-me mais ser ele do que Marta. (Esta sensação bizarra, aliás, só depois é que eu reconheci que a tivera. Durante este período, pensamentos alguns destrambelhados me vararam o espírito.)

Sérgio tinha uma voz formosíssima – sonora, vibrante, esbraseada. Com a predisposição dos russos para as línguas estrangeiras, fazendo um pequeno esforço, pronunciava o português sem o mais ligeiro acento. Por isso Ricardo se aprazia muito em lhe mandar ler os seus poemas que, vibrados por aquela garganta adamantina, se sonorizavam em auréola.

De resto era evidente que o poeta dedicava uma grande simpatia ao russo. A mim, pelo contrário, Warginsky só me irritava – sobretudo talvez pela sua beleza excessiva – chegando eu a não poder retrair certas impaciências quando ele se me dirigia.

Entretanto bem mais agradáveis me eram ainda as noites que passava apenas na companhia de Ricardo e de Marta – mesmo quase só na companhia de Marta pois, nessas noites, muitas vezes o poeta se ausentava para o seu gabinete de trabalho.

Longas horas me esquecia então conversando com a esposa do meu amigo. Experimentávamos um pelo outro uma viva simpatia – era indubitável. E nessas ocasiões é que eu melhor podia avaliar toda a intensidade do seu espírito.

Enfim, a minha vida desensombrara-se. Certas circunstâncias materiais muito enervantes tinham-se-me modificado lisonjeiramente. Ao meu último volume, recém-saído do prelo, estava-o acolhendo um magnífico sucesso. O próprio Sarzedas lhe dedicara um grande artigo elogioso e lúcido!...

Por sua parte, Ricardo só me parecia feliz no seu lar.

Em suma, tínhamos aportado. Agora sim: *vivíamos*.

Decorreram meses. Chegara o Verão. Haviam cessado as reuniões noturnas em casa do artista. Luís de Monforte retirara-se para a sua quinta;

Warginsky partira com três meses de licença para S. Petersburgo. Os dois poetazinhos tinham-se perdido em Trás-os-Montes. Só, de vez em quando – com o seu monóculo e o seu eterno sobretudo –, surgia Aniceto Sarzedas, queixando-se do reumático e do último volume que aparecera.

Depois de projetar uma viagem à Noruega, Ricardo decidiu ficar por Lisboa. Queria trabalhar muito esse verão, concluir o seu volume *Diadema*, que devia ser a sua obra-prima. E, francamente, o melhor para isso era permanecer na capital. Marta estando de acordo, assim sucedeu.

Foi neste tempo que a intimidade com a mulher do meu amigo se estreitou – intimidade onde nunca a sombra de um desejo se viera misturar, embora passássemos largo tempo juntos. Com efeito, numa ânsia de trabalho, Ricardo, após o jantar, logo nos deixava, encerrando-se no seu gabinete até às onze horas, meia-noite...

As nossas palavras, de resto, apesar da nossa intimidade, somavam-se apenas numa conversa longínqua em que não apareciam as nossas almas. Eu expunha-lhe os enredos de futuras novelas, sobre as quais Marta dava a sua opinião – lia-lhe as minhas páginas recém-escritas, sempre numa camaradagem puramente intelectual.

Até aí nunca me ocorrera qualquer ideia misteriosa sobre a companheira do poeta. Ao contrário: ela parecia-me bem real, bem simples, bem certa.

Mas ai, de súbito, uma estranha obsessão começou no meu espírito...

Como que acordado bruscamente de um sonho, uma noite achei-me perguntando a mim próprio:

– *Mas no fim de contas quem é esta mulher?...*

Pois eu ignorava tudo a seu respeito. Donde surgira? Quando a encontrara o poeta? Mistério... Em face de mim nunca ela fizera a mínima alusão ao seu passado. Nunca falara de um parente, de uma sua amiga. E, por parte de Ricardo, o mesmo silêncio, o mesmo inexplicável silêncio...

Sim, em verdade, tudo aquilo era muito singular. Como a conhecera o artista – ele, que não tinha relações algumas, que nem mesmo frequentava as casas dos seus raros amigos – e como aceitara a ideia do matrimônio, que tanto lhe repugnava?... *O matrimônio*? Mas seriam eles casados?...

Nem sequer disso eu podia estar seguro. Lembrava-me numa reminiscência vaga: na sua carta o meu amigo não me escrevera propriamente que se tinha casado. Isto é: dizia-mo talvez, mas sem empregar nunca uma palavra decisiva... Aludindo a sua mulher, dizia sempre *Marta* – reparava agora também.

E foi então que me ocorreu outra circunstância ainda mais estranha, a qual me acabou de perturbar: *essa mulher não tinha recordações; essa mulher nunca se referira a uma saudade da sua vida*. Sim; nunca me falara de um sítio onde estivera, de alguém que conhecera, de uma sensação que sentira – em suma, da mais pequena coisa: um laço, uma flor, um véu...

De maneira que a realidade inquietante era esta: aquela mulher erguia-se aos meus olhos como se não tivesse passado – *como se tivesse apenas um presente!*

Em vão tentei expulsar do espírito as ideias afogueadas. Mais e mais cada noite elas se me enclavinhavam, focando-se hoje toda a minha agonia em desvendar o mistério.

Nas minhas conversas com Marta esforçava-me por obrigá-la a descer no seu passado. Assim lhe perguntava naturalmente se conhecia tal cidade, se conservava muitas reminiscências da sua infância, se tinha saudades desta ou doutras épocas da sua vida... Mas ela – naturalmente também, suponho – respondia iludindo as minhas perguntas; mais: *como se não me percebesse*... E, pela minha parte, num enleio injustificado, faltava-me sempre a coragem para insistir – *perturbava-me como se viesse de cometer uma indelicadeza.*

Para a minha ignorância ser total, eu nem mesmo sabia que sentimentos ligavam os dois esposos. Amava-a realmente o artista? Sem dúvida. Entanto nunca mo dissera, nunca se me referira a esse amor, que devia existir com certeza. E, pelo lado de Marta, igual procedimento – *como se tivessem pejo de aludir ao seu amor.*

Um dia, não me podendo conter – vendo que da sua companheira detalhe algum obtinha – decidi-me a interrogar o próprio Ricardo.

E, num esforço, de súbito:

– É verdade – ousei –, você nunca me contou o seu romance...

No mesmo momento me arrependi. Ricardo empalideceu; murmurou quaisquer palavras e, logo, mudando de assunto, se pôs a esboçar-me o plano de um drama em verso que queria compor.

Entretanto a minha ideia fixa volvera-se-me num perfeito martírio, e assim – quer junto de Marta, quer junto do poeta – eu tentei por mais de uma vez ainda suscitar alguma luz. Mas sempre embalde.

Contudo o mais singular da minha obsessão, ia-me esquecendo de o dizer:

Não era com efeito o mistério que encerrava a mulher do meu amigo que, no fundo, mais me torturava. Era antes esta incerteza: a minha obsessão seria uma realidade, existiria realmente no meu espírito; *ou seria apenas um sonho que eu tivera e não lograra esquecer, confundindo-o com a realidade?*

Todo eu agora era dúvidas. Em coisa alguma acreditava. Nem sequer na minha obsessão. Caminhava na vida entre vestígios, chegando mesmo a recear enlouquecer nos meus momentos mais lúcidos...

Voltara o inverno, e, com ele, os serões artísticos em casa do poeta, sucedendo aos dois vates perdidos definitivamente em Trás-os-Montes um vago jornalista com pretensões a dramaturgo e Narciso do Amaral, o grande compositor. Sérgio Warginsky, loiro como nunca, sempre o mais assíduo e o mais irritante.

A prova de que o meu espírito andava doente, muito doente, tive-a uma noite dessas – uma noite chuvosa de dezembro...

Narciso do Amaral decidira-se enfim a executar-nos o seu concertante *Além*, que terminara há muitas semanas e que até hoje só ele conhecia.

Sentou-se ao piano. Os seus dedos feriram as teclas...

Automaticamente os meus olhos se tinham fixado na esposa de Ricardo, que se assentara num *fauteuil* ao fundo da casa, em um recanto, de maneira que só eu a podia ver olhando ao mesmo tempo para o pianista.

Longe dela, em pé, na outra extremidade da sala, permanecia o poeta. E então, pouco a pouco, à medida que a música aumentava de maravilha, eu vi – sim, na realidade vi! – a figura de Marta dissipar-se, esbater-se, som a som, lentamente, até que desapareceu por completo. *Em face dos meus olhos abismados eu só tinha agora o* fauteuil *vazio...*

....

Fui de súbito acordado da miragem pelos aplausos dos auditores que a música genial transportara, fizera fremir, quase delirar...

E, velada, a voz de Ricardo alteou-se:

– Nunca vibrei sensações mais intensas do que perante esta música admirável. Não se pode exceder a emoção angustiante, perturbadora, que ela suscita. São véus rasgados sobre o além – o que a sua harmonia soçobra... Tive a impressão de que tudo quanto me constitui em alma, se precisou condensar para a estremecer – se reuniu dentro de mim, ansiosamente, em um globo de luz...

Calou-se. Olhei...

Marta regressara. Erguia-se do *fauteuil* nesse instante...

Ao dirigir-me para minha casa debaixo de uma chuva miudinha, impertinente – sentia-me silvado por um turbilhão de garras de ouro e chama.

Tudo resvalava ao meu redor numa bebedeira de mistério, até que – num esforço de lucidez – consegui atribuir a visão fantástica à partitura imortal.

De resto eu apenas sabia que se tratara de uma alucinação, porque era impossível explicar o estranho desaparecimento por qualquer outra forma. Ainda que na realidade o seu corpo se dissolvesse – devido aos lugares que ocupávamos na sala – presumivelmente só eu o teria notado. Com efeito, bem pouco natural seria que, em face de música tão sugestionadora, alguém pudesse desviar os olhos do seu admirável executante...

A partir dessa noite, a minha obsessão ainda mais se acentuou.

Parecia-me, em verdade, enlouquecer.

Quem era, mas quem era afinal essa mulher enigmática, essa mulher de sombra? De onde provinha, *onde existia*?... Falava-lhe há um ano, e era como se nunca lhe houvesse falado... Coisa alguma sabia dela – a ponto que às vezes chegava a duvidar da sua existência. E então, numa ânsia, corria a casa do artista, a vê-la, a certificar-me da sua realidade – a certificar-me de que nem tudo era loucura: *pelo menos ela existia.*

Em mais de uma ocasião já Ricardo pressentira em mim decerto alguma coisa extraordinária. A prova foi que uma tarde, solícito, se informou da minha saúde. Eu respondi-lhe brutalmente – lembro-me – afirmando com impaciência que nada tinha; perguntando-lhe que ideia estrambótica era essa.

E ele, admirado perante o meu furor inexplicável:

– Meu querido Lúcio – apenas comentara –, é preciso tomarmos conta com esses nervos...

Não podendo mais resistir à ideia fixa; adivinhando que o meu espírito soçobraria se não vencesse lançar enfim alguma luz sobre o mistério – sabendo que, nesse sentido, nada me esperava junto de Ricardo ou de Marta –, decidi valer-me de qualquer outro meio, fosse ele qual fosse.

E eis como principiou uma série de baixezas, de interrogações mal dissimuladas, junto de todos os conhecidos do poeta – dos que deviam ter estado em Lisboa quando do seu *casamento.*

Para as minhas primeiras diligências escolhi Luís de Monforte.

Dirigi-me a sua casa, no pretexto de o consultar sobre se deveria conceder a minha autorização a certo dramaturgo que pensava em extrair um drama de uma das minhas mais célebres novelas. Mas logo de começo não tive mãos em mim, e, interrompendo-me, me pus a fazer-lhe perguntas diretas, ainda que um tanto vagas, sobre a mulher do meu amigo. Luís de Monforte ouviu-as como se as estranhasse – *mas não por elas próprias, só por virem da minha parte*; e respondeu-me chocado, iludindo-as, como se as minhas perguntas fossem indiscrições a que seria pouco correto responder.

O mesmo – coisa curiosa – me sucedeu junto de todos quantos interroguei. Apenas Aniceto Sarzedas foi um pouco mais explícito, volvendo-me com uma infâmia e uma obscenidade – segundo o seu costume, de resto.

Ah! como me senti humilhado, sujo, nesse instante – que difícil me foi suster a minha raiva e não o esbofetear, estender-lhe amavelmente a mão, na noite seguinte, ao encontrá-lo em casa do poeta...

Estas diligências torpes, porém, foram vantajosas para mim. Com efeito se, durante elas, não averiguara coisa alguma – concluíra pelo menos isto: que ninguém se admirava do que eu me admirava; que ninguém notara o que eu tinha notado. Pois todos me ouviram como se nada de propriamente estranho, de misterioso, houvesse no assunto sobre o qual as minhas perguntas recaíam – apenas como se fosse indelicado, *como se fosse estranho da minha parte tocar nesse assunto*. Isto é: ninguém me compreendera... E assim me cheguei a convencer de que eu próprio não teria razão...

De novo, por algum tempo, as ideias se me desanuviaram; de novo, serenamente, me pude sentar junto de Marta.

Mas ai, foi bem curto este período tranquilo.

De todos os conhecidos do artista, só um eu não ousara abordar, tamanha antipatia ele me inspirava – Sérgio Warginsky.

Ora uma noite, por acaso, encontramo-nos no Tavares. Não houve pretexto para que não jantássemos à mesma mesa...

... E de súbito, no meio da conversa, muito naturalmente, o russo exclamou, aludindo a Ricardo e à sua companheira:

– Encantadores aqueles nossos amigos, não é verdade? E que amáveis... Já conhecia o poeta em Paris. Mas, a bem dizer, as nossas relações datam de há dois anos, quando fomos companheiros de jornada... Eu tomara em Biarritz o *sud-express* para Lisboa. Eles faziam viagem no mesmo trem, e desde então...

....

IV

Atordoaram-me, positivamente me atordoaram, as palavras do russo.

Pois seria possível? *Ricardo trouxera-a de Paris?*... Mas como não a conhecera eu, sendo assim? Acaso não o teria acompanhado à gare do Quai d'Orsay? Fora verdade, fora, não o acompanhara – lembrei-me de súbito. Estava doente, com um fortíssimo ataque de gripe... E ele... Não; era impossível... não podia ser...

Mas logo, procurando melhor nas minhas reminiscências, me ocorreram pela primeira vez, nitidamente me ocorreram, certos detalhes obscuros que se prendiam com o regresso do artista a Portugal.

Ele amava tanto Paris... e decidira regressar a Portugal... *Declarara-mo, e eu não me tinha admirado* – não me tinha admirado como se houvesse uma razão que justificasse, que *exigisse* esse regresso.

Ai, como me arrependia hoje de, com efeito, o não ter acompanhado à estação, embora o meu incômodo, e talvez ainda outro motivo, que eu depois esquecera. Entretanto recordava-me de que, apesar da minha febre, das minhas violentas dores de garganta, estivera prestes a erguer-me e a ir despedir-me do meu amigo... Porém, em face do um torpor físico que me invadira tudo, deixara-me ficar estendido no leito, imerso numa profunda modorra, *numa estranha modorra de penumbra...*

....

Aquela mulher, ah! aquela mulher...

Quem seria... quem seria?... Como sucedera *tudo aquilo*?...

E só então me lembrei distintamente da carta do poeta pela qual se me afigurava ter sabido do seu enlace: a verdade era que, de forma alguma, ele me participava um casamento nessa carta; nem sequer de longe aludia a esse ato – falava-me apenas das "transformações da sua vida", do seu lar, e tinha frases como esta que me bailava em letras de fogo diante dos olhos: "agora, que vive alguém a meu lado; que enfim de tudo quanto derroquei sempre se ergueu alguma coisa..."

E, fato extraordinário, notava eu hoje: ele referia-se a tudo isso como se se tratasse de episódios que eu já conhecesse, sendo por conseguinte inútil narrá-los, só comentando-os...

Mas havia outra circunstância, ainda mais bizarra: é que, pela minha parte, eu não me admirara, como se efetivamente já tivesse conhecido *tudo isso*, que, porém, olvidara por completo, e que a sua carta agora, vagamente, me vinha recordar.

Sim, sim: nem me admirara, nem lhe falara do meu esquecimento, nem lhe fizera perguntas – não pensara sequer em lhas fazer, *não pensara em coisa alguma.*

Mais do que nunca o mistério subsistia pois; entretanto divergido para outra direção. Isto é: a ideia fixa que ele me enclavinhava no espírito alterara-se essencialmente.

Outrora o mistério apenas me obcecava como mistério: evidenciando-se, também, a minha alma se desensombraria. Era ele só a minha angústia. E hoje – meu Deus! – a tortura volvera-se-me em quebranto; o segredo que velava a minha desconhecida só me atraía hoje, só me embriagava de champanhe – era a beleza única da minha existência.

Daí por diante seria eu próprio a esforçar-me por que ele permanecesse, impedindo que luz alguma o viesse iluminar. E quando desabasse, a minha dor seria infinita. Mais: se ele soçobrasse, apesar de tudo, numa ilusão, talvez eu ainda o fizesse prosseguir!

O meu espírito adaptara-se ao mistério – e esse mistério ia ser a armadura, a chama e o rastro de ouro da minha vida...

Isto, entretanto, não o avistei imediatamente; levou-me muitas semanas o aprendê-lo – e, ao descobri-lo, recuei horrorizado. Tive medo; um grande medo... O mistério era essa mulher. Eu só amava o mistério...

... Eu amava essa mulher! Eu queria-a! eu queria-a!

....

Meu Deus, como sangrei...

O espírito fendera-se-me numa oscilação temível; um arrepio contínuo me varava a carne ziguezagueantemente. Não dormia, nem sequer sonhava. Tudo eram linhas quebradas em meu redor, manchas de luz podre, ruídos dissonantes...

Foi então que num ímpeto de vontade, bem-decidido, comecei a procurar com toda a lucidez a força de saltar o precipício que estava já bem perto, na minha carreira... Logo a encontrei. O que me impelia para essa mulher fazendo-ma ansiar esbraseadamente, não era a sua alma, não era a sua beleza – era só isto: o seu mistério. Derrubado o segredo, esvair-se-ia o encantamento: eu poderia caminhar bem seguro.

Assim determinei abrir-me inteiramente com Ricardo, dizer-lhe as minhas angústias, e suplicar-lhe que me contasse tudo, tudo, que pusesse termo ao mistério, que preenchesse os espaços vazios da minha memória.

Mas foi-me impossível levar a cabo tal resolução. Desfaleci adivinhando que sofreria muito mais, muito mais fanadamente, extinto o sortilégio, de que enquanto ele me diluísse.

Quis ter porém outra coragem: a de fugir.

Desapareci durante uma semana fechado em minha casa, sem fazer coisa alguma, passeando todo o dia à roda do meu quarto. Os bilhetes do meu amigo principiaram chovendo, e como nunca lhe respondesse, uma tarde ele próprio me veio procurar. Disseram-lhe que eu não estava, mas Ricardo, sem ouvir, precipitou-se no meu quarto a gritar-me:

– Homem! que diabo significa isto? Pousas ao neurastênico à última hora? Vamos, faze-me o favor de te vestir e de me acompanhares imediatamente a minha casa.

Não soube articular uma razão, uma escusa. Apenas sorri volvendo:

– Não faças caso. São as minhas esquisitices...

E, no mesmo instante, eu decidi não fugir mais do precipício; entregar-me à corrente – deixar-me ir até onde ela me levasse. *Com esta resolução voltou-me toda a lucidez.*

Acompanhei Ricardo. Ao jantar falou-me só da minha "madureza" e o primeiro a blagueá-la fui eu próprio.

Marta estava linda essa noite. Vestia uma blusa negra de crepe da China, amplamente decotada. A saia muito cingida deixava pressentir a linha escultural das pernas que uns sapatos muito abertos mostravam quase nuas, revestidas por meias de fios metálicos, entrecruzados em largos losangos por onde a carne surgia...

E pela primeira vez, ao jantar, me sentei a seu lado, pois o artista recusou o seu lugar do costume pretextando uma corrente de ar...

O que foram as duas semanas que sucederam a esta noite, não sei. Entanto a minha lucidez continuava. Nenhuma ideia estranha feria o meu espírito, nenhuma hesitação, nenhum remorso... E contudo sabia-me arrastado, deliciosamente arrastado, em uma nuvem de luz que me encerrava todo e me aturdia os sentidos – *mos não deixava ver*, embora eu tivesse a certeza de que eles me existiam bem lúcidos. *Era como se houvesse guardado o meu espírito numa gaveta...*

....

Foi duas noites após o meu regresso que as suas mãos, naturalmente, pela primeira vez, encontraram as minhas...

Ah! como as horas que passávamos solitários eram hoje magentas... As nossas palavras tinham-se volvido – pelo menos julgo que se tinham volvido – frases sem nexo, sob as quais ocultávamos aquilo que sentíamos e não queríamos ainda desvendar, não por qualquer receio, mas sim, unicamente, num desejo perverso de sensualidade.

Tanto que uma noite, sem me dizer coisa alguma, ela pegou nos meus dedos e com eles acariciou as pontas dos seios – a acerá-las, para que enfolassem agrestemente o tecido ruivo do quimono de seda.

E cada noite era uma nova voluptuosidade silenciosa.

Assim, ora nos beijávamos os dentes, ora ela me estendia os pés descalços para que lhos roesse – me soltava os cabelos: me dava a trincar o seu sexo maquilado, o seu ventre obsceno de tatuagens roxas...

E só depois de tantos requintes de brasa, de tantos êxtases perdidos – sem forças para prolongarmos mais as nossas perversões – nos possuímos realmente.

Foi uma tarde triste, chuvosa e negra de fevereiro. Eram quatro horas. Eu sonhava dela quando, de súbito, a encantadora surgiu na minha frente...

Tive um grito de surpresa. Marta, porém, logo me fez calar com um beijo mordido...

Era a primeira vez que vinha a minha casa, e eu admirava-me, receoso da sua audácia. Mas não lho podia dizer: ela mordia-me sempre...

....

....

Por fim os nossos corpos embaralharam-se, oscilaram perdidos numa ânsia ruiva...

...E em verdade não fui eu que a possuí – ela, toda nua, ela sim, é que me possuiu...

....

À noite, como de costume, jantei em casa de Ricardo.

Muito curiosa a disposição do meu espírito: nem o mínimo remorso, o mínimo constrangimento – nuvem alguma. Pelo contrário, há muito me não via tão bem-disposto. O próprio meu amigo o observou.

Falamos os dois largamente essa noite, coisa que há bastante não acontecia. Ricardo terminara enfim nessa tarde o seu volume. Por isso nos não deixou...

... E no meio da sua conversa íntima, eu esquecera até o episódio dourado. Olhando em redor de mim nem mesmo me ocorria que Marta estava seguramente perto de nós...

Na manhã seguinte, ao acordar, lembrei-me de que o poeta me dissera esta estranha coisa:

– Sabe você, Lúcio, que tive hoje uma bizarra alucinação? Foi à tarde. Deviam ser quatro horas... Escrevera o meu último verso. Saí do escritório. Dirigi-me para o meu quarto... Por acaso olhei para o espelho do guarda-vestidos *e não me vi refletido nele*! Era verdade! Via tudo em redor de mim, via tudo quanto me cercava projetado no espelho. *Só não via a minha imagem*... Ah! não calcula o meu espanto... a sensação misteriosa que me varou... Mas quer saber? Não foi uma sensação de pavor, *foi uma sensação de orgulho*.

Porém, refletindo melhor, descobri que em realidade o meu amigo me não dissera nada disto. Apenas eu – numa reminiscência muito complicada e muito estranha – me lembrava, não de que verdadeiramente ele mo tivesse dito, mas de que, entretanto, mo devera ter dito.

V

A nossa ligação, sem uma sombra, foi prosseguindo.

Ah! como eu, ascendido, me orgulhava do meu amor... Vivia em sortilégio, no contínuo deslumbramento de uma apoteose branca de carne...

Que delírios estrebuchavam os nossos corpos doidos... como eu me sentia pouca coisa quando ela se atravessava sobre mim, iriada e sombria, toda nua e litúrgica...

Caminhava sempre aturdido do seu encanto – do seu triunfo. Eu tinha-a! Eu tinha-a!... E erguia-se tão longe o meu entusiasmo, era tamanha a minha ânsia que às vezes – como os amorosos baratos escrevem nas suas cartas romanescas e patetas – eu não podia crer na minha glória, chegava a recear que tudo aquilo fosse apenas um sonho.

A minha convivência com Ricardo seguia sempre a mesma, e o meu afeto. Nem me arrependia, nem me condenava. De resto, antevendo-me em todas as situações, já anteriormente me supusera nas minhas circunstâncias atuais, adquirindo a certeza de que seria assim.

Com efeito, segundo o meu sentir, eu não prejudicava o meu amigo em coisa alguma, não lhe fazia doer – ele não descera coisa alguma na minha estima.

Nunca tive a noção convencional de certas ofensas, de certos escrúpulos. De nenhum modo procedia pois contra ele; transpondo-me, não me sabia indignar com o que lhe tinha feito.

Aliás, ainda que o meu procedimento fosse na verdade um crime, eu não praticava esse crime por mal, *criminosamente*. Eis pelo que me era impossível ter remorsos.

Se lhe mentia – estimava-o entretanto com o mesmo afeto. Mentir não é menos querer.

Porém – coisa estranha – este amor pleno, este amor sem remorsos, eu vibrava-o insatisfeito, dolorosamente. Fazia-me sofrer muito, muito. Mas por que, meu Deus? Cruel enigma...

Amava-a, e ela queria-me também, decerto... dava-se-me toda em luz... Que me faltava?

Não tinha súbitos caprichos, recusas súbitas, como as outras amantes. Nem me fugia, nem me torturava. Que me doía então?

Mistério...

O certo é que ao possuí-la eu era todo medo – medo inquieto e agonia: agonia de ascensão, medo raiado de azul; entanto morte e pavor.

Longe dela, recordando os nossos espasmos, vinham-me de súbito incompreensíveis náuseas. Longe dela?... Mesmo até no momento dourado da posse essas repugnâncias me nasciam a alastrarem-se, não a resumirem-se, a enclavinharem-se os êxtases arfados; e – cúmulo da singularidade – essas repugnâncias eu não sabia, mas adivinhava, serem apenas repugnâncias físicas.

Sim, ao esvaí-la, ao lembrar-me de a ter esvaído, subia-me sempre um além-gosto a doença, a monstruosidade, como se possuíra uma criança, um ser de outra espécie ou um cadáver...

Ah! e o seu corpo era um triunfo; o seu corpo glorioso... o seu corpo bêbado de carne – aromático e lustral, evidente... salutar...

As lutas em que eu hoje tinha de me debater para que ela não suspeitasse as minhas repugnâncias, repugnâncias que – já disse e acentuo – apenas vinham contorcer os meus desejos, aumentá-los...

Elançava-me agora sobre o seu corpo nu, como quem se arremessasse a um abismo encapelado de sombras, tilintante de fogo e gumes de punhais – ou como quem bebesse um veneno sutil de maldição eterna, por uma taça de ouro, heráldica, ancestral...

Cheguei a recear-me, não a fosse um dia estrangular – e o meu cérebro, por vezes de misticismos incoerentes, logo pensou, num rodopio, se essa mulher fantástica não seria apenas um demônio: o demônio da minha expiação, noutra vida a que eu já houvesse baixado.

E as tardes iam passando...

Por mais que diligenciasse referir toda a minha tortura à nossa mentira, ao nosso *crime* – não me lograva enganar. Coisa alguma eu lastimava; não podia ter remorsos... Tudo aquilo era quimera!

Volvido tempo, porém, à força de as querer descer, de tanto meditar nestas estranhezas, como que enfim me adaptei a elas. E a tranquilidade regressou-me.

Mas este novo período de calma bem pouco durou. Em face do mistério não se pode ser calmo – e eu depressa me lembrei de que ainda não sabia coisa alguma dessa mulher que todas as tardes emaranhava.

Nas suas conversas mais íntimas, nos seus amplexos mais doidos, ela era sempre a mesma esfinge. Nem uma vez se abrira comigo numa confidência – e continuava a ser a que não tinha uma recordação.

Depois, olhando melhor, nem era só do seu passado que eu ignorava tudo – também duvidava do seu presente. Que faria Marta durante as horas que não vivíamos juntos? Era extraordinário! Nunca me falara delas; nem para me contar o mais pequenino episódio – qualquer desses episódios fúteis que todas as mulheres, que todos nós nos apressamos a narrar, narramos maquinalmente, ainda os mais reservados... *Sim, em verdade, era como se não vivesse quando estava longe de mim.*

Passou-me esta ideia pelo espírito, e logo encontrei outro fato muito estranho:

Marta parecia não viver quando estava longe de mim. Pois bem, pela minha parte, quando a não tinha ao meu lado, coisa alguma me restava que, materialmente, me pudesse provar a sua existência: nem uma carta, um véu, uma flor seca – nem retratos, nem madeixas. Apenas o seu perfume, que ela deixava penetrante no meu leito, que bailava sutil em minha volta. Mas um perfume é uma irrealidade. Por isso, como outrora, descia-me a mesma ânsia de a ver, de a ter junto de mim para estar bem certo de que, pelo menos, *ela existia.*

Evocando-a, nunca a lograra entrever. As suas feições escapavam-me como nos fogem as das personagens dos sonhos. E, às vezes, querendo-as recordar por força, as únicas que conseguia suscitar em imagem eram as de Ricardo. Decerto por ser o artista quem vivia mais perto dela.

Ah! bem forte, sem dúvida, o meu espírito, para resistir ao turbilhão que o silvava...

(Entre parênteses observe-se, porém, que estas obsessões reais que descrevo nunca foram contínuas no meu espírito. Durante semanas desapareciam por completo e, mesmo nos períodos em que me varavam, tinham fluxos e refluxos.)

Juntamente com o que deixo exposto, e era o mais frisante das minhas torturas, outras pequeninas coisas, traiçoeiras ninharias, me vinham fustigar. Coloca-se até aqui um episódio curioso que, embora sem grande importância, é conveniente referir:

Apesar de grandes amigos e de íntimos amigos, eu e Ricardo não nos tratávamos por tu, devido com certeza à nossa intimidade ter principiado relativamente tarde – não sermos companheiros de infância. De resto, nunca sequer atentáramos no fato.

Ora, por esta época, eu encontrei-me por vezes de súbito a tratar o meu amigo por tu. E quando o fazia, logo me emendava, *corando como se viesse de praticar uma imprudência.* E isto repetia-se tão amiudadamente que o poeta uma noite me observou com a maior naturalidade:

– Homem, escusas de ficar todo atrapalhado, titubeante, vermelho como uma malagueta, quando te enganas e me tratas por tu. Isso é ridículo entre nós. E olha, fica combinado: de hoje em diante acabou-se o "você". Viva o "tu"! É muito mais natural!...

E assim se fez. Contudo, nos primeiros dias, eu não soube retrair um certo embaraço ao empregar o novo tratamento – *tratamento que me fora permitido.*

Ricardo, virando-se para Marta, mais de uma vez me troçou, dizendo-lhe:

– Este Lúcio sempre tem cada esquisitice... Não vês? Parece uma noiva lirial... uma pombinha sem fel... Que marocas?...

Entretanto este meu embaraço tinha um motivo – complicado esse, por sinal:

Nas nossas entrevistas íntimas, nos nossos amplexos, eu e Marta tratávamo-nos por tu.

Ora, sabendo-me muito distraído, eu receava que alguma vez, em frente de Ricardo, me enganasse e a fosse tratar assim.

Este receio converteu-se por último numa ideia fixa, e por isso mesmo, por esse excesso de atenção, comecei um dia a ter súbitos descuidos. *Porém, dessas vezes, eu encontrava-me sempre a tratar por tu, não Marta, mas Ricardo.*

E embora depois tivéssemos assentado usar esse tratamento, o meu embaraço continuou durante alguns dias como se ingenuamente, confiadamente, Ricardo houvesse exigido que eu e a sua companheira nos tratássemos por tu.

As minhas entrevistas amorosas com Marta realizavam-se sempre em minha casa, à tarde.

Com efeito ela nunca se me quisera entregar em sua casa. Em sua casa apenas me dava os lábios a morder e consentia vícios prateados.

Eu admirava-me até muito da facilidade evidente que ela tinha em se encontrar comigo todas as tardes à mesma hora, em se demorar largo tempo.

Uma vez recomendei-lhe prudência. Ela riu. Pedi-lhe explicações: como não eram estranhadas as suas longas ausências, como me chegava sempre tranquila, caminhando pelas ruas desassombradamente, nunca se preocupando com as horas... E ela então soltou uma gargalhada, mordeu--me a boca... fugiu...

Nunca mais a interroguei sobre tal assunto. Seria mau gosto insistir.

Entretanto fora mais um segredo que se viera juntar à minha obsessão, a excitá-la...

De resto, as imprudências de Marta não conheciam limites.

Em sua casa beijava-me com as portas todas abertas, sem se lembrar de que qualquer criado nos poderia descobrir – ou mesmo o próprio Ricardo, que muitas vezes, de súbito, saía do seu gabinete de trabalho. Sim, ela nunca tinha desses receios. Era como se tal nos não pudesse acontecer – *tal como se nós nos não beijássemos...*

Aliás, se havia alguém bem confiante, era o poeta. Bastava olhá-lo para logo se ver que nenhuma preocupação o torturava. Nunca o vira tão satisfeito, tão bem disposto.

Um vago ar de tristeza, de amargura, que após o seu casamento ainda de vez em quando o anuviava, esse mesmo desaparecera hoje por completo – como se, com o decorrer dos dias, ele já tivesse esquecido o acontecimento cuja lembrança lhe suscitava aquela ligeira nuvem.

As suas antigas complicações de alma, essas, mal eu chegara a Lisboa logo ele me disse que já não o desolavam – pois que, nesse sentido, a sua vida se *limpara.*

E – fato curioso – justamente depois de Marta ser minha amante é que tinham cessado todas as nuvens, é que eu via melhor a sua boa disposição – o seu orgulho, o seu júbilo, *o seu triunfo...*

As imprudências de Marta aumentavam agora dia a dia.

Numa audácia louca, nem retinha já certos gestos de ternura a mim dirigidos, na presença do próprio Ricardo!

Todo eu tremia, mas o poeta nunca os estranhava – *nunca os via*; ou, se os via, era só para se rir, para os acompanhar.

Assim, uma tarde de verão, lanchávamos no terraço, quando Marta de súbito – num gesto que, em verdade, se poderia tomar por uma simples brincadeira agarotada – me mandou beijá-la na fronte, em castigo de qualquer coisa que eu lhe dissera.

Hesitei, fiz-me muito vermelho; mas como Ricardo insistisse, curvei-me trêmulo de medo, estendi os lábios mal os pousando na pele...

E Marta:

– Que beijo tão desengraçado! Parece impossível que ainda não saiba dar um beijo... Não tem vergonha? Anda, Ricardo, ensina-o tu...

Rindo, o meu amigo ergueu-se, avançou para mim... tomou-me o rosto... beijou-me...

....

O beijo de Ricardo fora igual, exatamente igual, tivera a mesma cor, a mesma perturbação que os beijos da minha amante. Eu sentira-o da mesma maneira.

VI

Mais e mais a minha tortura se exacerbava cada noite. E embora visse claramente que todo o meu sofrimento, todos os meus receios provinham só de obsessões destrambelhadas e que, portanto, motivo algum havia para eu os ter – o certo é que, pelo menos, uma certeza lúcida me restava pressentida: fosse como fosse, havia em todo o caso um motivo real no arrepio de medo que me varava a todo o instante. Seriam destrambelhadas as minhas obsessões – ah! mas eram justos, bem justos no fundo, os meus receios.

Os nossos encontros prosseguiam sempre todas as tardes em minha casa, e eu hoje esperava, tremendo, a hora dos nossos amplexos. Tremendo e, ao mesmo tempo, a ansiar numa agonia aquilo que me fazia tremer.

Esquecera as minhas repugnâncias; o que me oscilava agora era outra dúvida: apesar de os nossos corpos se emaranharem, se incrustarem, de ela ter sido minha, toda minha – começou a parecer-me, não sei por que, que nunca a possuíra inteiramente; mesmo que não era possível possuir aquele corpo inteiramente por uma impossibilidade física qualquer: *assim como se* "ela" *fosse do meu sexo*!

E ao penetrar-me esta ideia alucinadora, eu lembrava-me sempre de que o beijo de Ricardo, esse beijo masculino, me soubera às mordeduras de Marta; tivera a mesma cor, a mesma perturbação...

....

....

Passaram-se alguns meses.

Entre períodos mais ou menos tranquilos, o tempo ia agora seguindo. Eu olvidava a minha inquietação, o meu mistério, elaborando um novo volume de novelas – o último que devia escrever...

Meus tristes sonhos, meus grandes cadernos de projetos – acumulei--vos... acumulei-vos numa ascensão, e por fim tudo ruiu em destroços... Etéreo construtor de torres que nunca se ergueram, de catedrais que nunca se sagraram... Pobres torres de luar... pobres catedrais de neblina...

....

Por este tempo, houve também uma época muito interessante na minha crise que não quero deixar de mencionar: durante ela eu pensava muito no meu caso, mas sem de forma alguma me atribular – friamente, desinteressadamente, como se esse caso se não desse comigo.

E punha-me sobretudo a percorrer o começo da nossa ligação. De que modo se iniciara ela? Mistério... Sim, por muito estranho que pareça, a verdade *é* que eu me esquecera de todos os pequenos episódios que a deviam forçosamente ter antecedido. Pois decerto não começáramos logo por beijos, por carícias viciosas – houvera sem dúvida qualquer coisa antes, que hoje não me podia recordar.

E o meu esquecimento era tão grande que, a bem dizer, eu não tinha a sensação de haver esquecido esses episódios: parecia-me impossível recordá-los, como impossível é recordarmo-nos de coisas que nunca sucederam...

Mas estas bizarrias não me dilaceravam, repito: durante esta época eu examinei-me sempre de fora, num deslumbramento – num deslumbramento lúcido, donde provinha o meu alívio atual.

E só me lembrava – conforme narrei – do primeiro encontro das nossas mãos, do nosso primeiro beijo... Nem de tanto, sequer. A verdade simples era esta: eu sabia apenas que devera ter havido seguramente um primeiro encontro de mãos, uma primeira mordedura nas bocas... como em todos os romances...

Quando a saudade desse primeiro beijo me acudia mais nítida – ele surgia-me sempre como se fora a coisa mais natural, a menos criminosa, ainda que dado na boca... Na boca? Mas é que eu nem mesmo disso estava seguro. Pelo contrário: era até muito possível que esse beijo mo tivessem dado na face – como o beijo de Ricardo, *o beijo semelhante aos de Marta...*

Meu Deus, meu Deus, quem me diria entretanto que estava ainda a meio do meu calvário, que tudo o que eu já sofrera nada valeria em face de uma nova tortura – ai, desta vez, tortura bem real, não simples obsessão...

Com efeito um dia comecei observando uma certa mudança na atitude de Marta – nos seus gestos, no seu rosto: um vago constrangimento, um alheamento singular, devidos sem dúvida a qualquer preocupação. Ao mesmo tempo reparei que já não se me entregava com a mesma intensidade.

Demorava-se agora menos em minha casa, e uma tarde, pela primeira vez, faltou.

No dia seguinte não aludiu à sua ausência, nem eu tampouco me atrevi a perguntar-lhe coisa alguma.

Entretanto notei que a expressão do seu rosto mudara ainda: voltara a serenidade melancólica do seu rosto – mas essa serenidade era hoje diferente: mais loira, mais sensual, mais esbatida...

E, desde aí, principiou a não me aparecer amiudadas vezes – ou chegando fora das horas habituais, entrando e logo saindo, sem se me entregar.

De maneira que eu vivia agora num martírio incessante. Cada dia que se levantava, era cheio de medo de que ela me faltasse. E desde a manhã a esperava, fechado em casa, numa excitação indomável que me quebrava, que me ardia.

Por seu lado, Marta nunca tinha pensado em justificar-me as suas ausências, as suas recusas. E eu, embora o quisesse, ardentemente o quisesse, não lhe ousava fazer a mais ligeira pergunta.

De resto, devo explicar que, desde o início da nossa ligação, terminara a nossa intimidade. Com efeito, desde que Marta fora minha – eu olhava-a como se olha alguém que nos é muito superior e a quem tudo devemos. Recebera o seu amor como uma esmola de rainha – como aquilo que menos poderia esperar, *como uma impossibilidade*.

Eis pelo que não arriscava uma palavra.

Eu era apenas o seu escravo – um escravo a quem se prostituíra a patrícia debochada... Mas, por ser assim, tanto mais contorcida se enclavinhava a minha angústia.

....

Uma tarde decidi-me.

Passara há muito a hora depois da qual Marta nunca vinha.

– Ah! que faria nesse instante? Por que não viera!?...

Fosse como fosse, era preciso saber alguma coisa!

Já mais de uma vez, quando ela me faltava, eu estivera prestes a ir procurá-la. Mas nunca ousara sair do meu quarto, no receio pueril de que – embora muito tarde – ainda aparecesse.

Nesse dia, porém, pude-me vencer. Decidi-me...

Corri à casa do meu amigo numa ânsia esbraseada...

Fui encontrá-lo no seu gabinete de trabalho, entre uma avalancha de papéis, fazendo uma escolha dos seus versos inéditos para uma distribuição em dois volumes – distribuição que há mais de um ano o torturava.

– Ainda bem que apareceste! – gritou-me. – Vais-me ajudar nesta horrível tarefa!...

Volvi-lhe balbuciando, sem me atrever a perguntar pela sua companheira, motivo único da minha inesperada visita... Estaria em casa? Era pouco provável. Entanto podia ser...

Só a vi ao jantar. Tinha um vestido-*tailleur*, de passeio...

....

Agora todas as minhas obsessões se haviam dissipado, convertidas em ciúme – ciúme que eu ocultava à minha amante como uma vergonha, que fazia por ocultar a mim próprio, tentando substituí-lo pelos meus antigos desvarios. Mas sempre embalde.

Contudo nunca passavam três dias seguidos sem que Marta me pertencesse.

O horror físico que o seu corpo já me suscitara tinha voltado de novo. Esse horror, porém, e o ciúme mais me faziam desejá-la, mais alastravam em cores fulvas os meus espasmos.

Muitas vezes repeti a experiência de correr a sua casa nas tardes em que ela não vinha. Mas sempre encontrava Ricardo. Marta não aparecia senão ao jantar... E eu, na minha incrível timidez, nunca perguntava por ela – esquecia-me mesmo de o fazer, como se não fosse para isso só que viera procurar o meu amigo àquela hora...

Porém, um dia o poeta admirou-se das minhas visitas intempestivas, do ar febril com que eu chegava e, desde então, nunca mais ousei repetir essas experiências, aliás inúteis.

Decidi espioná-la.

Uma tarde tomei um *coupé* e, descidas as cortinas, mandei-o parar perto de sua casa... Esperei algum tempo. Por fim ela saiu. Ordenei ao cocheiro que a seguisse à distância...

Marta tomou por uma rua transversal, dobrou à esquerda, enveredou por uma avenida paralela àquela em que habitava e onde as construções eram ainda raras. Dirigiu-se a um pequeno prédio de azulejo verde. Entrou sem bater...

....

Ah!, como eu sofria!, como eu sofria!... Fora buscar a prova evidente de que ela tinha outro amante... Louco que eu era em a ter ido procurar... Hoje, nem mesmo que quisesse, me poderia já iludir...

E como eu me enganara outrora pensando que não seria sensível à traição carnal de uma minha amante, que pouco me faria que ela pertencesse a outros...

Começou então a última tortura...

Num grande esforço baldado, procurei ainda olvidar-me do que descobrira – esconder a cabeça debaixo dos lençóis como as crianças, com medo dos ladrões, nas noites de inverno.

Ao entrelaçá-la, hoje, debatia-me em êxtases tão profundos, mordia-a tão sofregamente, que ela uma vez se me queixou.

Com efeito, sabê-la possuída por outro amante – se me fazia sofrer na alma, só me excitava, só me contorcia nos desejos...

Sim! sim! – laivos de roxidão! – aquele corpo esplêndido, triunfal, dava-se a três homens – três machos se estiraçavam sobre ele, a poluí-lo, a sugá-lo!... Três? Quem sabia se uma multidão?... E ao mesmo tempo que esta ideia me despedaçava, vinha-me um desejo perverso de que assim fosse...

Ao estrebuchá-la agora, em verdade, era como se, em beijos monstruosos, eu possuísse também todos os corpos masculinos que resvalavam pelo seu.

A minha ânsia convertera-se em achar na sua carne uma mordedura, uma escoriação de amor, qualquer rastro de outro amante...

E um dia de triunfo, finalmente, descobri-lhe no seio esquerdo uma grande nódoa negra... Num ímpeto, numa fúria, colei a minha boca a essa mancha – chupando-a, trincando-a, dilacerando-a...

Marta, porém, não gritou. Era muito natural que gritasse com a minha violência, pois a boca ficara-me até sabendo a sangue. Mas o certo é que não teve um queixume. Nem mesmo parecera notar essa carícia brutal...

De modo que, depois de ela sair, eu não pude recordar-me do meu beijo de fogo – foi-me impossível relembrá-lo numa estranha dúvida...

....

Ai, quanto eu não daria por conhecer o seu outro amante... os seus outros amantes...

Se ela me contasse os seus amores livremente, sinceramente, se eu não ignorasse as suas horas – todo o meu ciúme desapareceria, não teria razão de existir.

Com efeito, se ela não se ocultasse de mim, *se apenas se ocultasse dos outros*, eu seria o primeiro. Logo, só me poderia envaidecer; de forma alguma me poderia revoltar em orgulho. Porque a verdade era essa, atingira: todo o meu sofrimento provinha apenas do meu orgulho ferido.

Não, não me enganara outrora, ao pensar que nada me angustiaria por a minha amante se entregar a outros. Unicamente era necessário que ela me contasse os seus amores, os seus espasmos até.

O meu orgulho só não admitia segredos. E em Marta era tudo mistério. Daí a minha angústia – *daí o meu ciúme*.

Muita vez – julgo – diligenciei fazer-lhe compreender isto mesmo, evidenciar-lhe a minha forma de sentir, a ver se provocava uma confissão inteira da sua parte, cessando assim o meu martírio. Ela, porém, ou nunca me percebeu, ou era resumido o seu afeto para tamanha prova de amor.

Se em face do meu ciúme todas as outras obsessões haviam soçobrado, restavam-me ainda – como já disse – as minhas repugnâncias incompreensíveis.

E procurando de novo aclará-las a mim próprio, assaltou-me de súbito este receio: *seriam elas originadas pelo outro amante?*

Eu me explico:

Tive sempre grandes antipatias físicas, meramente exteriores. Lembro-me, por exemplo, de que, em Paris, a um restaurante onde todas as noites jantava com Gervásio Vila-Nova ia algumas vezes uma rapariga italiana, deveras graciosa – modelo sem dúvida –, que muito me enternecia, que eu cheguei quase a desejar.

Mas em breve tudo isso passou.

É que a vira um domingo caminhando de mãos dadas com certo indivíduo que eu abominava com o maior dos tédios, e que já conhecia de o encontrar todas as tardes jogando as cartas num café burguês da Praça S. Michel. Era escarradamente o que as damas de quarenta anos e as criadas de servir chamam *um lindo rapaz*. Muito branco, rosadinho e loiro, bigodito bem frisado, o cabelo encaracolado; uns olhos pestanudos, uma boca pequenina – meiguinho, todo esculpido em manteiga; oleoso nos seus modos, nos seus gestos. Caixeiro de loja de modas – ah!, não podia deixar de ser!...

Embirrava de tal forma com semelhante criatura açucarada, que nunca mais tinha voltado ao café provinciano da Praça de S. Michel. Com efeito era-me impossível sofrer a sua presença. Dava-me sempre vontade de vomitar em face dele, na mesma náusea que me provocaria uma mistura de toucinho rançoso, enxúndia de galinha, mel, leite e erva-doce...

Ao encontrá-lo – o que não era raro – eu não sabia nunca evitar um gesto de impaciência. Uma manhã por sinal nem almocei, pois, abancando num restaurante que não frequentava habitualmente, o alambicado personagem tivera a desfaçatez de se vir assentar diante de mim, na mesma mesa... Ah! que desejo enorme me afogueou de o esbofetear, de lhe esmurrar o narizinho num chuveiro de murros... Mas contive-me. Paguei e fugi.

Ora encontrar essa pequena galante de mãos dadas com tamanho imbecil – fora o mesmo do que a ver tombar morta a meus pés. Ela não deixara de ser um amor – é claro –, mas eu é que nunca mais a poderia sequer aproximar. Sujara-a para sempre o homenzinho loiro, engordurara-a. E se eu a beijasse, logo me ocorreria a sua lembrança amanteigada, vir-me-ia um gosto úmido a saliva, a coisas peganhentas e viscosas. Possuí-la, então, seria o mesmo que banhar-me num mar sujo, de espumas amarelas, onde boiassem palhas, pedaços de cortiça e cascas de melões...

Pois bem: e se as minhas repugnâncias em face do corpo admirável de Marta tivessem a mesma origem? Se esse amante que eu ignorava fosse alguém que me inspirasse um grande nojo?... Podia muito bem ser assim, num pressentimento, tanto mais que – já o confessei – ao possuí-la, eu tinha a sensação monstruosa de possuir também o corpo masculino desse amante.

Mas a verdade é que, no fundo, eu estava quase certo de que me enganava ainda; de que era homem bem diferente, bem mais complicada a razão das minhas repugnâncias misteriosas. Ou melhor: que mesmo que eu, se o conhecesse, antipatizasse com o seu amante, não seria esse o motivo das minhas náuseas.

Com efeito a sua carne de forma alguma me repugnava numa sensação de enjoo – a sua carne só me repugnava numa sensação de monstruosidade, de *desconhecido*: eu tinha nojo do seu corpo como sempre tive nojo dos epilépticos, dos loucos, dos feiticeiros, dos iluminados, dos reis, dos papas – da gente que o mistério grifou...

Numa derradeira vontade tentei ainda provocar uma explicação com Marta – descrever-lhe sinceramente todo o meu martírio, ou, pelo menos, insultá-la. Enfim, pôr um termo qualquer à minha situação infernal.

Mas não o consegui nunca. Quando ia a dizer-lhe a primeira palavra, via os seus olhos de infinito... o seu olhar fascinava-me. E como um *médium* no estado hipnótico eram outras as frases que eu proferia – *talvez só as que ela me obrigava a pronunciar.*

Então resolvi, pelo menos, saber de qualquer forma quem era o habitante do prediozinho verde. Repugnavam-me muito as diligências suspeitas, mas não descera eu já a seguir Marta?

Assim, enchi-me de arrojo e determinei ir perguntar pelas cercanias informações sobre o que eu desejava averiguar, recorrendo mesmo em último caso ao porteiro – se é que o prédio tinha guarda-portão.

Escolhi a manhã de um domingo para as minhas investigações, dia em que eu e Marta só nos encontrávamos em casa do poeta, que todas as tardes de domingo nos levava a passear no seu automóvel, o qual então – estávamos em 1899 – fazia grande sucesso em Lisboa.

Porém, ao dobrar a rua transversal que levava à avenida onde era o prédio misterioso, tive um gesto de despeito: Ricardo caminhava na minha frente. Não me pude esconder. Ele vira-me já, não sei como:

– Hein? Tu por aqui a estas horas?... – gritou admirado.

Reuni todas as minhas forças para balbuciar:

– É verdade... Ia a tua casa... Mas lembrei-me de ver estas ruas novas... Ando tão aborrecido...

– Do calor?

– Não... E tu próprio... dize-me... Nunca costumas sair de manhã... sobretudo aos domingos...

– Ah! uma madureza como outra qualquer. Concluí agora mesmo uns versos. E na ânsia de os ler a alguém, ia a casa do Sérgio Warginsky para lhos mostrar… É aqui perto… Anda comigo… Fazemos horas para o almoço…

A estas palavras todo eu tremi num arrepio. Silencioso, pus-me a acompanhá-lo, maquinalmente.

O artista quebrou o silêncio:

– Então, e a tua peça?

– Terminei-a a semana passada.

– O quê!? Mas ainda não me tinhas dito coisa alguma!…

Desculpei-me, murmurando:

– É que me esqueci, talvez…

– Homem! Tens cada resposta que não lembra ao diabo!… – recordo-me perfeitamente de que ele exclamara rindo. E prosseguiu:

– Mas conta-me depressa… Estás satisfeito com a tua obra?… Como resolveste afinal aquela dificuldade do segundo ato? O escultor sempre morre?…

E eu:

– Resolve-se tudo muito bem. O escultor…

Chegáramos defronte do prediozinho verde. Interrompi-me de súbito…

Não! não era ilusão: em face de nós, no outro passeio, Marta sempre nos seus passos leves, indecisos mas rápidos, silenciosos – sem nos ver, sem reparar em redor de si, dirigia-se ao prédio misterioso, batia à porta desta vez, entrava…

E, ao mesmo tempo, apertando-me o braço bruscamente, dizia-me o poeta:

– No fim de contas é um disparate irmos incomodar o russo. O que eu estou é ansioso por conhecer o teu drama. Vamos buscá-lo os dois a tua casa. Quero ouvi-lo esta tarde. Tanto mais que o automóvel precisa conserto. Aquilo, dia sim, dia não, é uma peça que se parte…

……………………………………………………………………………………

Vivi todo o resto desse dia como que envolto num denso véu de bruma. Entanto pude ler o meu drama a Ricardo e a Marta. Sim, quando voltamos ao palacete, após termos passado por minha casa, já Marta regressara, *e notei mesmo que já tinha mudado de vestido* – embora contra o seu costume, não vestisse um traje de interior, mas sim uma *toilette* de passeio.

Lembro-me também de que durante toda a leitura da minha peça só tive esta sensação lúcida: que era bizarro como eu, no meu estado de espírito, podia entretanto trabalhar.

De resto, conforme observei, as minhas dores, as minhas angústias, as minhas obsessões eram intermitentes, tinham fluxos e refluxos: como nos dias de revolta social, entre os tiros de canhão e o tiroteio nas praças, a vida diária prossegue – também, no meio da minha tortura, seguia a minha vida intelectual. Por isso mesmo lograra esconder de todos, até hoje, a atribulação do meu espírito.

Mas, juntamente com a ideia lúcida que descrevi, sugerira-se-me durante a leitura outra ideia muito estrambótica. Fora isto: pareceu-me vagamente que eu era o meu drama – a coisa artificial – e o meu drama a realidade.

Um parêntese:

Quem me tiver seguido deve, pelo menos, reconhecer a minha imparcialidade, a minha inteira franqueza. Com efeito, nesta simples exposição da minha inocência, não me poupo nunca a descrever as minhas ideias fixas, os meus aparentes desvairos que, interpretados com estreiteza, poderiam levar a concluir, não pela minha culpabilidade, mas pela minha embustice ou – critério mais estreito – pela minha loucura. Sim, *pela minha loucura*; não receio escrevê-lo. Que isto fique bem frisado, porquanto eu necessito de todo o crédito para o final da minha exposição, tão misterioso e alucinador ele é.

Ricardo e Marta felicitaram-me muito pela minha obra – creio. Mas não o posso afirmar, em virtude do denso véu de bruma cinzenta que me envolvera, e que só me deixou nítidas as lembranças que já referi.

Jantei com os meus amigos. Despedi-me cedo pretextando um ligeiro incômodo.

Corri para minha casa. Deitei-me logo... Mas antes de adormecer, revendo a cena culminante do dia, observei esta estranha coisa:

Ao pararmos em face do prédio verde, de súbito eu vira Marta avançar distraída até bater à porta... Ora, segundo a direção em que ela me aparecera, era fatal que tinha vindo sempre atrás de nós. Logo, ela devia-me ter visto; *logo eu devia-a ter visto quando* – lembrava-me muito bem – olhara para trás, por sinal em frente de um grande prédio em construção...

E ao mesmo tempo – ignoro por que motivo – lembrei-me de que o meu amigo, quando decidira de repente não ir a casa de Warginsky, terminara a sua frase com estas palavras:

– ... o automóvel precisa conserto. Aquilo, dia sim, dia não, é uma peça que se parte...

E eram as únicas palavras de que me lembrava frisantemente – mesmo as únicas que eu estava certo de lhe ter ouvido. Entretanto as únicas que eu não podia admitir que ele tivesse pronunciado...

Demorei-me ainda largas horas a rever o meu estranho dia. Mas por fim adormeci, levado num sono até alta manhã...

....

Dois dias depois, sem prevenir ninguém, sem escrever uma palavra a Ricardo, eu tive *finalmente* a coragem de partir...

Ah! a sensação de alívio que experimentei ao descer enfim na gare do Quai d'Orsay: respirava, desenastrara-se-me a alma!...

Com efeito eu sofri sempre as dores morais na minha alma, fisicamente. E a impressão horrível que há muito me debelava era esta: que a minha alma se havia dobrado, contorcido, confundido...

Mas agora, ao ver-me longe de tudo quanto me misturara, essa dor estranha diluíra-se: o meu espírito, sentia-o destrinçado como outrora.

Durante a viagem, pelo contrário, numa ânsia de chegar a Paris, as minhas torturas tinham-se enrubescido. Eu pensava que nunca chegaria a Paris, que era impossível haver triunfado, que sonhava com certeza – ou então que me prenderiam no caminho por engano: que me obrigariam a tornar a Lisboa, que vinham no meu encalço Marta, Ricardo, todos os meus amigos, todos os meus conhecidos...

E um calafrio de horror me ziguezagueara ao ver entrar em Biarritz um homem alto e loiro, no qual, de súbito, eu julguei reconhecer Sérgio Warginsky. Mas olhando-o melhor – *olhando-o pela primeira vez realmen-*

te – sorri para mim próprio: o desconhecido apenas tinha do conde russo o ser alto e loiro...

....

Entanto agora já não podia duvidar: *vencera*. Atravessara a Praça da Concórdia, monumental e aristocrática, tilintante de luzes...

De novo, ungindo-me de Europa, alastrando-me da sua vibração, se encapelava dentro de mim *Paris – o meu* Paris, o Paris dos meus vinte e três anos...

E foram então os últimos seis meses da minha vida...

Vivi-os de existência diária, em banalidade, frequentando os cafés, os teatros, os grandes restaurantes...

Nas primeiras semanas – e mesmo depois, numa ou noutra hora – ainda pensei no meu caso, mas nunca embrenhadamente.

Afinal – pressentia – tudo aquilo, no fundo, era talvez bem mais simples do que se me afigurava. O *mistério* de Marta? Ora... ora... Fazem-se tantas loucuras... há tantas aventureiras...

E parecia-me até que, se eu quisesse, num grande esforço, numa grande concentração, poderia explicar coisa alguma, esquecer tudo. *Esquecer é não ter sido*. Se eu lograsse abolir o triste episódio da minha recordação, era exatamente como se nunca o existira. E foi pelo que me esforcei.

Entretanto nunca podia deixar de pensar numa circunstância: a complacência inaudita de Ricardo – *a sua infâmia*. Então as coisas haviam chegado a ponto da sua mulher ir atrás dele, quase com ele, à casa de um amante? Pois se nós a não víramos, ela, por mais distraída que caminhasse, tinha-nos visto com certeza. *Mas nem por isso retrocedera!*

E um turbilhão de pequeninas coisas me ocorria juntamente, mil fatos sem importância ao primeiro exame, mil pormenores insignificantes em que eu só agora atentava.

Há muito que o meu amigo descobrira tudo decerto; por força que há muito soubera das nossas relações... Nem podia deixar de ser assim... Só se fosse cego... Era pasmoso!...

E ele que me queria sempre ao lado da sua companheira? Mudara de lugar à mesa, pretextando uma corrente de ar que nunca existira, só para que eu me sentasse junto de Marta e as nossas pernas se pudessem entrelaçar...

Se saíamos os três, eu ia ao lado dela... E nos nossos passeios de automóvel, Ricardo tomando sempre o volante, sentávamo-nos os dois sozinhos no interior da carruagem... bem chegados um ao outro... *de mãos dadas.* Sim; pois logo os nossos dedos se nos enastravam – maquinalmente, instintivamente... Ah! e era impossível que ele o não observasse quando, muita vez, se voltava para nos dizer qualquer coisa...

Mas – fato estranho – a verdade é que, nesses momentos, eu nunca receara que ele visse as nossas mãos; nunca me perturbara, nem sequer esboçara nunca um gesto de as desenlear... Era como se as nossas mãos fossem soltas, e nós sentados muito longe um do outro...

E dar-se-ia o mesmo com Sérgio? Oh, sem dúvida... *Ricardo estimava-o tanto...*

....

O mais infame, o mais inacreditável, porém, era que, *sabendo ele,* a sua amizade, as suas atenções, por mim e pelo Russo aumentassem cada dia...

Que ele soubesse e entanto se calasse, por muito amar a sua companheira e, acima de tudo, não a querer perder – ainda se admitia. Mas então, ao menos, que mostrasse uma atitude nobre – que não nos adulasse, que não nos acariciasse...

Ah! como tudo isto me revoltava! Não propriamente pela sua atitude; antes pela sua falta de orgulho. Eu não soube nunca desculpar uma falta de orgulho. E sentia que toda a minha amizade por Ricardo de Loureiro, soçobrara hoje em face da sua baixeza. A sua baixeza! Ele que tanto me gritara ser o orgulho a única qualidade cuja ausência não perdoava em um caráter...

Mas devo esclarecer: ao pensar no extraordinário procedimento do meu amigo, nunca me confrangiam as reminiscências das minhas antigas obsessões. Esquecera-as por completo. Mesmo que as recordasse, importância alguma já daria ao *mistério* – seguramente *mistério* de pacotilha –, ao meu ciúme, a tudo mais...

Apenas às vezes, quando muito, me assaltava uma saudade vaga, esvaída em melancolia, por tudo o que outrora me torturara.

Somos sempre assim: O tempo vai passando, e tudo se nos volve saudoso – sofrimentos, dores até, desilusões...

Com efeito, ainda hoje, às tardes maceradas, eu não sei evitar numa reminiscência longínqua a saudade violeta de certa criaturinha indecisa que nunca tive, e mal roçou pela minha vida. Por isto só: porque ela me beijou os dedos; e um dia, a sorrir, defronte dos nossos amigos, me colocou em segredo o braço nu, mordorado, sobre a mão...

E depois logo fugiu da minha vida, esguiamente, embora eu, por piedade – doido que fui! –, ainda a quisesse dourar de mim, num enternecimento azul pelas suas carícias...

E sofri... ela era tão pouca coisa, mas a verdade é que sofri... sofri de ternura... uma ternura muito suave... penetrante... aquática...

Os meus afetos, mesmo, foram sempre ternuras...

Porém, quando me acordava essa saudade branda do meu antigo sofrimento – isto é: do corpo nu de Marta –, no mesmo instante ela se me diluía, ao lembrar-me da atitude infame de Ricardo.

E a minha revolta era cada vez maior.

Por felicidade, até aí, ainda não recebera uma carta do artista. Que nem a teria aberto, se a recebera...

Pessoa alguma conhecia o meu endereço. Saber-se-ia talvez que eu estava em Paris, devido a encontros fortuitos com vagos conhecidos.

Não comprava jornais portugueses. Se vinha no *Matin* qualquer telegrama de Lisboa, não o lia: e assim, em verdade, quase triunfara esquecer-me de quem era... Entre a multidão cosmopolita, criava-me alguém sem pátria, sem amarras, sem raízes em todo o mundo.

– Ah! que venturoso eu fora se não tivesse nascido em parte nenhuma e entretanto existisse... – lembrei-me muita vez estranhamente, nos meus passeios solitários pelos bulevares, pelas avenidas, pelas grandes praças...

....

Uma tarde, como de costume, folheava as últimas novidades literárias nas galerias do Odéon, quando deparei com um volume de capa amarela, recém-aparecido, segundo a clássica tira vermelha... E diante dos meus olhos, em letras de brasa, o nome de Ricardo de Loureiro fulgurou...

Era com efeito a tradução francesa do *Diadema,* que um editor arrojado acabara de lançar, revelando ao mundo uma literatura nova...

....

....

Nessa tarde, pela primeira vez desde que cheguei a Paris, tive algumas horas realmente alucinadas.

Durante elas embrenhei-me a pensar em Ricardo, no seu procedimento inqualificável, na sua inadmissível falta de orgulho.

Meditei em todos os pequenos episódios que atrás referi, descortinei outros ainda mais significativos, perdendo-me a querer descobrir todos os amantes possíveis de Marta... E numa alucinação, não podia conceber que nenhum dos homens que eu vira um dia junto dela não tivesse passado pelo seu corpo – *e sabendo-o o marido*: Luís de Monforte, Narciso do Amaral, Raul Vilar... todos, enfim, todos...

Entretanto, no meio disto, ainda havia qualquer coisa mais bizarra: era que nesta revolta, neste asco, neste ódio – sim, neste ódio! – por Ricardo, misturava-se como que um vago despeito, um ciúme, um verdadeiro ciúme dele próprio. *Invejava-o!* Invejava-o por *ela* me haver pertencido... a mim, ao conde russo, a todos mais!...

E esta sensação descera-me tão forte, essa tarde, que num relâmpago me voou pelo cérebro a ideia rubra de o assassinar – para satisfazer a minha inveja, o meu ciúme: *para me vingar dele!...*

....

Mas voltei por fim à minha calma, e, perante o meu antigo amigo, só me restou o meu nojo, o meu tédio, e um desejo ardente de lhe escarrar na cara toda a sua indignidade, toda a sua baixeza, clamando-lhe:

– Olha que fomos amantes *dela*... eu e todos nós, ouves? *E todos sabemos que tu já o sabes!...*

À noite, antes de adormecer, veio-me ainda esta ideia perturbadora, num atordoamento luminoso:

– A sua baixeza... a sua falta de orgulho... Ah! mas se eu me engano... se eu me engano... se é Marta quem lhe conta tudo... se ele conhece tudo só porque *ela* lho diz... se ela tem segredos para todos, menos para ele... como eu queria... como eu *a* queria para mim... Nesse caso... nesse caso...

E ao mesmo tempo – arrepiadamente, desarrazoadamente – acudiu-me à lembrança a estranha confissão que Ricardo me fizera uma noite, há tantos anos... no fim de um jantar... para o Bosque de Bolonha... no Pavilhão... no Pavilhão d'Armenonville...

VII

Outubro de novecentos principiara.

Uma tarde, no *Boulevard* des Capucines, alguém de súbito me gritou, batendo-me no ombro:

– Ora, até que enfim! Andava exatamente à sua procura...

Era Santa-Cruz de Vilalva, o grande empresário.

Tomou-me por um braço, fez-me à viva força sentar junto dele no terraço do La Paix, e pôs-se a barafustar-me o espanto que a minha falta de notícias lhe causara, tanto mais que, poucos dias antes de desaparecer, eu lhe falara da minha nova peça. Disse-me que em Lisboa muita gente perguntava por mim, que apenas vagamente se sabia que eu estava em Paris por alguns portugueses que tinham vindo à Exposição. Em suma: "Que demônio era isso, homem? Neurastênico pelo último correio?..."

Como sucedia sempre quando alguém me fazia perguntas sobre a minha forma de viver, fiquei todo perturbado – corei e titubeei quaisquer razões.

O grande empresário atalhou, exclamando-me:

– Bom. Mas, antes de mais nada, vamos ao importante: dê-me a sua peça.

Que não a concluíra ainda, que não me satisfazia...

E ele:

– Espero-o esta noite no meu hotel... ali, no *Scribe*... Traga-me a obra. Quero ouvi-la hoje... Que título?

– *A chama.*

– Ótimo. Até logo... Primeira em abril. Última récita de assinatura. Preciso fechar a minha estação com chave de ouro...

Fora-me muito desagradável o encontro que viera pôr termo ao meu isolamento de há seis meses. Porém, ao mesmo tempo, no fundo, a verdade é que eu não o lastimava. Sempre a literatura...

Desde que chegara a Paris, não escrevera uma linha – nem sequer já me lembrava de que era um escritor... E agora, de súbito, vinham-me recordá-lo – evidenciando o apreço em que se tinha o meu nome; e precisamente alguém que eu sabia tão pouco lisonjeiro, tão brusco, tão homem-de-negócios...

À noite, como se combinara, li o meu drama. Santa-Cruz de Vilalva exultou: "Trinta seguras!", punha as mãos no fogo; "a minha melhor obra" – garantiu.

Entreguei-lhe o manuscrito, mas com estas condições:

Que não iria assistir aos ensaios nem me ocuparia da distribuição, de pormenores alguns da *mise-en-scène*. Da mais ligeira coisa, enfim. Deixava tudo ao seu cuidado. Ah! e principalmente que não me escrevesse nem uma palavra sobre o assunto...

O grande empresário anuiu a tudo. Falamos ainda alguns instantes.

E ao despedirmo-nos:

– É verdade – disse – sabe quem me perguntou várias vezes por si? se eu sabia de você... o seu endereço?... O Ricardo de Loureiro... Que o meu amigo nunca mais lhe tinha escrito... Também represento um ato dele... em verso... Boa noite...

Esquecera já o meu encontro com o empresário, a minha peça, tudo – enfim tornara a mergulhar no meu antigo alheamento, quando de súbito me ocorreu uma ideia nova, inteiramente diversa da primeira, para o último ato da *Chama*: uma ideia belíssima, grande, que me entusiasmou.

Não descansei enquanto não escrevi o novo ato. E um dia não pude resistir; parti com ele para Lisboa.

Quando cheguei, tinham começado os ensaios pouco antes.

Todos os meus intérpretes me abraçaram efusivamente. E Santa-Cruz de Vilalva:

– Ora... se eu não sabia já que ele havia de aparecer!... Quem não os conhecesse... São todos a mesma...

Os ensaios marchavam otimamente. Roberto Dávila, no papel de escultor, ia ter decerto uma das suas mais belas criações.

Passaram-se dois dias.

Coisa espantosa: ainda não falara do novo ato da minha peça, razão única por que decidira regressar a Lisboa contra todos os meus projetos, *contra toda a minha vontade*.

Entanto ao terceiro dia, enchendo-me de coragem (foi certo: precisei encher-me de coragem) disse ao empresário o motivo que me trouxera de Paris.

Santa-Cruz de Vilalva pediu-me o manuscrito, sem consentir, porém, que eu lho lesse.

E na manhã seguinte:

– Homem! – gritou-me – Você está maluco! O antigo é uma obra-prima. Este, perdoe-me.. Posso dizer-lhe a minha opinião franca?...

– Sem dúvida... – volvi, já perturbado.

– Um disparate!...

Uma raiva excessiva me afogueou perante a boçalidade do empresário, a sua pouca clarividência. Pois se algumas vezes eu adivinhara nas minhas obras lampejos de gênio, era nessas páginas. Mas tive a força de me conter.

Não sei bem o que depois se seguiu. O certo é que tudo acabou por o drama ser retirado de ensaios, visto eu não consentir que o representassem com o primitivo último ato, e a empresa se negar terminantemente a montá-lo, conforme o parecer do diretor e dos principais intérpretes.

Quebrei as relações com um e com outros, e exigi que me entregassem todas as cópias do manuscrito e os papéis. A minha exigência foi estranhada – lembro-me bem –, sobretudo pelo modo violento como a fiz.

Ao chegar a minha casa – juntamente com o manuscrito original –, lancei tudo ao fogo.

Tal foi o destino da minha última obra...

Decorreram algumas semanas.

As dores físicas do meu espírito tinham regressado; mas agora dores injustificadas – dores pelo menos cuja razão eu desconhecia.

Desde que chegara a Lisboa – era claro – não procurara ainda nenhum dos meus companheiros. Às vezes parecia-me até que gente que em tempos eu conhecera, me evitava. Eram literatos, dramaturgos, jornalistas, que decerto pretendiam lisonjear assim o grande empresário de quem todos mais ou menos dependiam, hoje ou amanhã.

Só uma coisa me admirava: Ricardo, pela sua parte, não me tinha procurado nunca. O que, de resto, ao mesmo tempo se me afigurava bem explicável; o mais natural até: ele percebera sem dúvida os motivos do meu afastamento, e por isso se retraíra, sensatamente.

Estimava bastante que tivesse procedido assim. Caso contrário ter-se-ia dado entre nós uma cena muito desagradável. Em face dele, eu não saberia reprimir os meus insultos.

O caso da *Chama* aborrecera-me deveras. Uma grande náusea me subira por tudo quanto tocava à arte no seu aspecto mercantil. Pois só o *comércio* condenara a versão nova da minha peça: com efeito, em vez de ser um ato meramente teatral, de ação intensa mais lisa, como o primitivo – o ato novo era profundo e inquietador; rasgava véus sobre o além.

Num último tédio comecei vagabundeando dias inteiros pelas ruas da cidade, à toa, por bairros afastados de preferência...

Lembro-me de que seguia por avenidas, dobrava por travessas, ansioso, quase a correr: como alguém, enfim, que debalde procurasse uma pessoa que muito desejasse encontrar – não sei por que, fiz esta comparação às vezes.

Em geral à noite, febril, cheio de cansaço, aturdido, recolhia cedo a casa, dormindo de um sono estagnado até de manhã... para recomeçar o meu devaneio...

Fato curioso: nunca me lembrei durante este período de regressar a Paris, e volver-me ao meu tranquilo isolamento de alma. Não porque me desagradasse hoje essa maneira de viver. Apenas tal recurso nunca me passou pela ideia...

Uma manhã vi de súbito alguém atravessar a rua, dirigindo-se ao meu encontro...

Quis fugir. Mas os pés enclavinharam-se-me no solo. Ricardo, ele próprio, estava em minha frente...

. . . .

Não me podem lembrar – de banais que foram, por certo – as primeiras palavras que trocamos. Seguramente o poeta me disse o espanto que a minha desaparição lhe causara, que lhe causara o meu procedimento atual.

Fosse como fosse, falara-me num tom de grande tristeza, e em toda a sua figura havia a expressão de um sincero desgosto. É possível que, ao expor-me tudo isso, os seus olhos estivessem úmidos de lágrimas.

Pelo meu lado, desde que o tinha em face de mim, ainda não pudera refletir; aturdia-me um denso véu de bruma – tal como na última tarde que passara com o meu amigo.

Escutei em silêncio os seus queixumes, até que, de repente – desenvencilhado, desperto – me não soube conter, como receara, e lhe comecei gritando todo o meu ódio: a minha revolta, o meu nojo...

A sua expressão dolorosa não se transformou com as minhas palavras – o artista pareceu mesmo não as estranhar, como se eu lhe desse a resposta mais natural ao que me contara. Apenas só agora, indubitavelmente, as lágrimas lhe desciam pelo rosto; *mas não era diversa da primeira dor que as provocava.*

E eu acabei:

– ... Tinha-me atascado na lama... Por isso fugi... por essa ignomínia... Ouves? Ouves!?...

Todo ele tremeu então. Velou-lhe o rosto uma sombra...

Deteve-se um instante e, por fim, numa voz muito estranha, sumida, úmida – tão singular que nem parecia vir da sua garganta, começou:

– Ah! como te enganas... Meu pobre amigo! Meu pobre amigo!... Doido que eu era no meu triunfo... Nunca me lembrei de que os mais o não entenderiam... Escuta-me! Escuta-me!... *Oh! tu hás de me escutar!...*

Sem vontade própria, esvaído, em silêncio, eu acompanhava-o como que arrastado por fios de ouro e lume, enquanto ele se me justificava:

– Sim! Marta foi tua amante, e não foi só tua amante... Mas eu não *soube* nunca quem eram os seus amantes. Ela é que mo dizia sempre... *Eu é que lhos mostrava sempre!*

"Sim! Sim! Triunfei encontrando-a!... Pois não te lembras já, Lúcio, do martírio da minha vida? Esqueceste-o?... Eu não podia ser amigo de ninguém... não podia experimentar afetos... Tudo em mim ecoava em ternura... eu só adivinhava ternuras... E, em face de quem as pressentia, só me vinham desejos de carícias, desejos de posse – para *satisfazer* os meus enternecimentos, sintetizar as minhas amizades..."

Um relâmpago de luz ruiva me cegou a alma.

O artista prosseguiu:

– Ai, como eu sofri... como eu sofri!... Dedicavas-me um grande afeto; eu queria vibrar esse teu afeto – isto é: retribuir-to; e era-me impossível!... Só se te beijasse, se te enlaçasse, se te possuísse... Ah! mas como *possuir* uma criatura do nosso sexo?...

"Devastação! Devastação! Eu via a tua amizade, nitidamente a via, e não a lograva sentir!... Era toda de ouro falso...

"Uma noite, porém, finalmente, uma noite fantástica de branca, triunfei! Achei-A... sim, *criei-A!... criei-A!...* Ela é só minha – entendes? – é só minha!... Compreendemo-nos tanto, que Marta é como se fora a minha própria alma. Pensamos da mesma maneira; igualmente sentimos. *Somos nós-dois*... Ah! e desde essa noite eu soube, em glória soube, vibrar dentro de mim o teu afeto – retribuir-to: mandei-A ser tua! *Mas, estreitando-te ela, era eu próprio quem te estreitava...* Satisfiz a minha ternura: venci! E ao possui-la, eu sentia, *tinha nela*, a amizade que te devera dedicar – como os outros sentem na alma as suas afeições. Na hora em que a achei – tu ouves? – foi como se a minha alma, sendo sexualizada, se tivesse materializado. *E só com o espírito te possuí, materialmente!* Eis o meu triunfo... Triunfo inigualável! Grandioso segredo!...

....

"Oh! mas como eu hoje sofro... como sofre outra vez despedaçadoramente...

"Julgaste-me tão mal... Enojaste-te... gritaste à infâmia, à baixeza... e o meu orgulho ascendia cada aurora mais alto!... Fugiste... E, em verdade fugiste de ciúme... Tu não eras o meu único amigo – eras o primeiro, o maior – mas também por um outro eu oscilava ternuras... Assim *a* mandei beijar esse outro... Warginsky, tens razão, Warginsky... Julgava-o tão meu amigo... parecia-me tão espontâneo... tão leal... *tão digno de um afeto*... E enganou-me... enganou-me..."

Atônito, eu ouvia o poeta como que hipnotizado – mudo de espanto, sem poder articular uma palavra...

A sua dor era bem real, bem sincero o seu arrependimento; e observei que o tom da sua voz se modificara, aclarando-se ao referir-se ao conde russo – para logo de novo se velar, dizendo:

– Que valem os outros, entanto, em face da tua amizade? Coisa alguma! Coisa alguma!... Não me acreditas?... Ah! mas é preciso que me acredites... que me compreendas... Vem!... Ela é só minha! Pelo teu afeto eu trocaria tudo – *mesmo o meu segredo*. Vem!

Depois, foi uma vertigem...

Agarrou-me violentamente por um braço... obrigou-me a correr com ele...

....

Chegamos por fim diante da sua casa. Entramos... galgamos a escada de um salto...

Ao atravessarmos o vestíbulo do primeiro andar, houve um pormenor insignificante, o qual, não sei por quê, nunca olvidei: em cima de um móvel onde os criados, habitualmente, punham a correspondência, estava uma carta... Era um grande sobrescrito timbrado com um brasão a ouro...

É estranho que, num minuto culminante como este, eu pudesse reparar em tais ninharias. Mas o certo foi que o brasão dourado me bailou alucinador em frente dos olhos. Entretanto não pude ver o seu desenho – vi só que era um brasão dourado e, ao mesmo tempo – coisa mais estranha – *pareceu-me que eu próprio já recebera um sobrescrito igual àquele*.

O meu amigo – ainda que preso de uma grande excitação – abriu a carta, leu-a rapidamente, e logo a amarfanhou arremessando-a para o sobrado...

Depois, torceu-me o braço com maior violência.

Em redor de mim tudo oscilou... Sentia-me disperso de alma e corpo entre o rodopio que me silvava... tinha receio de haver caído nas mãos de um louco...

E numa voz ainda mais velada, mais singular, mais falsa – isto é: melhor do que nunca parecendo vir doutra garganta – Ricardo gritava-me num delírio:

– Vamos ver! Vamos ver!... Chegou a hora de dissipar os fantasmas... Ela é só tua! É só tua... hás de me acreditar!... Repito-te: Foi como se a minha alma, sendo sexualizada, se materializasse para te possuir... Ela é só minha! É só minha! Só para ti a procurei... Mas não consinto que nos separe... Verás... Verás!...

E no meio destas frases incoerentes, *impossíveis*, arrastava-me correndo numa fúria para os aposentos da sua esposa, que ficavam no segundo andar.

(Pormenor curioso: nesse momento eu não tinha a sensação de que eram *impossíveis* as palavras que ele me dizia; apenas as julgava cheias da maior angústia...)

Tínhamos chegado. Ricardo empurrou a porta brutalmente...

Em pé, ao fundo da casa, diante de uma janela, Marta folheava um livro...

A desventurada mal teve tempo para se voltar... Ricardo puxou de um revólver que trazia escondido no bolso do casaco e, antes que eu pudesse esboçar um gesto, fazer um movimento, desfechou-lho à queima-roupa...

Marta tombou inanimada no solo... Eu não arredara pé do limiar...

E então foi o Mistério... o fantástico Mistério da minha vida...

Ó assombro! Ó quebranto! *Quem jazia estiraçado junto da janela não era Marta* – não! –*, era o meu amigo, era Ricardo... E aos meus pés – sim, aos meus pés! – caíra o seu revólver ainda fumegante!...*

Marta, essa desaparecera, evolara-se em silêncio, como se extingue uma chama...

Aterrado, soltei um grande grito – um grito estridente, despedaçador – e, possesso de medo, de olhos fora das órbitas e cabelos erguidos, precipitei-me numa carreira louca... por entre corredores e salões... por escadarias...

Mas os criados acudiram...

....

....

...Quando pude raciocinar, juntar duas ideias, em suma: quando despertei deste pesadelo alucinante, infernal, que fora só a realidade, *a realidade inverossímil* – achei-me preso num calabouço do governo civil, guardado à vista por uma sentinela...

VIII

Pouco mais me resta a dizer. Pudera mesmo deter-se aqui a minha confissão. Entretanto ainda algumas palavras juntarei.

Convém passar rapidamente sobre o processo. Ele nada apresentou que valha a pena referir. Pela minha parte, nem por sombras tentei desculpar-me do crime de que era acusado. Com o inverossímil, ninguém se justifica. Por isso me calei.

O apelo do meu advogado, brilhantíssimo. Deve ter dito que, no fundo, a verdadeira culpada do meu crime fora Marta, a qual desaparecera e que a polícia, segundo creio, procurou em vão.

No meu crime subentenderam-se causas passionais, seguramente. A minha atitude era romanesca de esfíngica. Assim pairou sobre tudo um vago ar de mistério. Daí, a benevolência do júri.

Entanto devo acentuar que sobre o meu julgamento conservo reminiscências muito indecisas. A minha vida ruíra toda no instante em que o revólver de Ricardo tombara aos meus pés. Em face a tão fantástico segredo, eu abismara-me. Que me fazia pois o que volteava à superfície?... Hoje, a prisão surgia-me como um descanso, *um termo*...

Por isso, as longas horas fastidiosas passadas no tribunal, eu só as vi em bruma – como sobrepostas, *a desenrolarem-se num cenário que não fosse precisamente aquele em que tais horas se deveriam consumar*...

Os meus "amigos", como sempre acontece, abstiveram-se: nem Luís de Monforte – que tanta vez me protestara a sua amizade – nem Narciso de Amaral, em cujo afeto eu também crera. Nenhum deles, numa palavra, me veio visitar durante o decorrer do meu processo, *animar-me*. Que a mim, de resto, coisa alguma me *animaria*.

Porém, no meu advogado de defesa fui achar um verdadeiro amigo. Esqueceu-me o seu nome; apenas me recordo de que era ainda novo e de que a sua fisionomia apresentava uma semelhança notável com a de Luís de Monforte.

Mais tarde, nas audiências, havia de observar igualmente que o juiz que me interrogava se parecia um pouco com o médico que me tinha tratado, havia oito anos, de uma febre cerebral que me levara às portas da morte.

Curioso que o nosso espírito, sabendo abstrair de tudo numa ocasião decisiva, não deixe entanto de frisar pequenos detalhes como estes...

Passaram velozes os meus dez anos de cárcere, já o disse.

De resto, a vida na prisão onde cumpri a minha sentença não era das mais duras. Os meses corriam serenamente iguais.

Tínhamos uma larga cerca onde, a certas horas, podíamos passear, sempre sob a vigilância dos guardas, que nos vigiavam misturados conosco e que às vezes até nos dirigiam a palavra.

A cerca terminava num grande muro, um grande paredão sobre uma rua larga – melhor: sobre uma espécie de largo onde se cruzavam várias ruas. Em frente – pormenor que se me gravou na memória – havia um quartel amarelo (ou talvez outra prisão).

O prazer maior de certos detidos era de se debruçarem do alto do grande muro, e olharem para a rua; isto é: para a vida. Mas os carcereiros, mal os descobriam, logo brutalmente os mandavam retirar.

Eu poucas vezes me acercava do muro, apenas quando algum dos outros prisioneiros me chamava com insistência, por grandes gestos misteriosos, pois nada me podia interessar do que havia para lá dele.

Mesmo, nunca soubera evitar um arrepio árido de pavor ao debruçar-me a esse paredão e ao vê-lo esgueirar-se, de uma grande altura – enegrecido, lezardento, escalavrado – sobre raros indícios de uma velha pintura amarela.

Nunca tive que me queixar dos guardas, como alguns dos meus companheiros que, em voz baixa, me contavam os maus tratos de que eram vítimas.

E o certo é que, às vezes, se ouviam de súbito, ao longe, uns gritos estranhos – ora roucos, ora estridentes. E um dia um prisioneiro mulato – decerto um mistificador – disse-me que o tinham vergastado sem dó nem piedade com umas vergastas horríveis – *frias como água gelada*, acrescentara na sua língua de trapos...

Aliás, eu com raros dos outros prisioneiros me misturava. Eram – via-se bem – criaturas pouco recomendáveis, sem ilustração nem cultura, vindas por certo dos *bas-fonds* do vício e do crime.

Apenas me aprazia durante as horas de passeio na grande cerca, falando com um rapaz louro, muito distinto, alto e elançado. Confessou-me que expiava igualmente um crime de assassínio. Matara a sua amante: uma cantora francesa, célebre, que trouxera para Lisboa.

Para ele como para mim, também a vida parara – ele vivera também o *momento culminante* a que aludi na minha advertência. Falávamos por sinal muita vez desses instantes grandiosos, e ele então referia-se à possibilidade de fixar, *de guardar*, as horas mais belas da nossa vida – fulvas de amor ou de angústia – e assim poder vê-las, ressenti-las. Contara-me que fora essa a sua maior preocupação na vida – *a arte da sua vida*...

Escutando-o, o novelista acordava dentro de mim. Que belas páginas se escreveriam sobre tão perturbador assunto!

Enfim, mas não quero insistir mais sobre a minha vida no cárcere, que nada tem de interessante para os outros, nem mesmo para mim.

Os anos voaram. Devido à minha serenidade, à minha resignação, todos me tratavam com a maior simpatia e me olhavam carinhosamente. Os próprios diretores, que muitas vezes nos chamavam aos seus gabinetes ou eles próprios nos visitavam, a conversar conosco, a fazerem-nos perguntas – tinham por mim as maiores atenções.

... Até que um dia chegou o termo da minha pena e as portas do cárcere se me abriram...

Morto, sem olhar um instante em redor de mim, logo me afastei para esta vivenda rural, isolada e perdida, donde nunca mais arredarei pé.

Acho-me tranquilo – sem desejos, sem esperanças. Não me preocupa o futuro. O meu passado, ao revê-lo, surge-me como o passado de um outro. *Permaneci, mas já não me sou.* E até à morte real, só me resta contemplar as horas a esgueirar-se em minha face... *A morte real* – apenas um sono mais denso...

Antes, não quis porém deixar de escrever sinceramente, com a maior simplicidade, a minha estranha aventura. Ela prova como fatos que se nos afiguram bem claros são muitas vezes os mais emaranhados; ela prova como um inocente, muita vez, se não pode justificar, porque a sua justificação é inverossímil – *embora verdadeira*.

Assim eu, para que lograsse ser acreditado, tive primeiro que expiar, em silêncio, durante dez anos, um crime que não cometi...

A vida...

1-27 de setembro de 1913 – Lisboa

Mário de Sá-Carneiro

HOMENAGEM DE FERNANDO PESSOA A SÁ-CARNEIRO

MÁRIO DE SÁ-CARNEIRO

Atque in perpetuum, frater, ave atque vale.
CATULUS

Morre jovem o que os Deuses amam, é um preceito da sabedoria antiga. E por certo a imaginação, que figura novos mundos, e a arte, que em obras os finge, são os sinais notáveis desse amor divino. Não concedem os Deuses esses dons para que sejamos felizes, senão para que sejamos seus pares. Quem ama, ama só a igual, porque o faz igual com amá-lo. Como porém o homem não pode ser igual dos Deuses, pois o Destino os separou, não corre homem nem se alteia deus pelo amor divino: estagna só deus fingido, doente da sua ficção.

Não morrem jovens todos a que os Deuses amam, senão entendendo-se por morte o acabamento do que constitui a vida. E como à vida, além da mesma vida, a constitui o instinto natural com que se a vive, os Deuses, aos que amam, matam jovens ou na vida, ou no instinto natural com que vivê-la. Uns morrem; aos outros, tirado o instinto com que vivam, pesa a vida como morte, vivem morte, morrem a vida em ela mesma. E é na juventude, quando neles desabrocha a flor fatal e única, que começam a sua morte vivida.

No herói, no santo e no gênio os Deuses se lembram dos homens. O herói é um homem como todos, a quem coube por sorte o auxílio divino; não está nele a luz que lhe estrela a fronte, sol da glória ou luar da morte, e lhe separa o rosto dos de seus pares. O santo é um homem bom a que os Deuses, por misericórdia, cegaram, para que não sofresse; cego, pode crer no bem, em si, e em deuses melhores, pois não vê, na alma que cuida própria e nas coisas incertas que o cercam, a operação irremediável do capricho dos Deuses, o jugo superior do Destino. Os Deuses são amigos do herói, compadecem-se do santo; só ao gênio, porém, é que verdadeiramente amam. Mas o amor dos Deuses, como por destino não é humano, revela-se em aquilo em que humanamente se não revelara amor. Se só ao gênio, amando-o, tornam seu igual, só ao gênio dão, sem que queiram, a maldição fatal do abraço de fogo com que tal o afagam. Se a quem deram a beleza, só seu atributo, castigam com a consciência da mortalidade dela; se a quem deram a ciência, seu atributo também, punem com o conhecimento do que nela há de eterna limitação; que angústias não farão pesar sobre aqueles, gênios do pensamento ou da arte, a quem, tornando-os criadores, deram a sua mesma essência? Assim ao gênio caberá, além da dor da morte da beleza alheia, e da mágoa de conhecer a universal ignorância, o sofrimento próprio, de se sentir par dos Deuses sendo homem, par dos homens sendo deus, êxul ao mesmo tempo em duas terras.

Gênio na arte, não teve Sá-Carneiro nem alegria nem felicidade na vida. Só a arte, que fez ou que sentiu, por instantes o turbou de consolação. São assim os que os Deuses fadaram seus. Nem o amor os quer, nem a esperança os busca, nem a glória os acolhe. Ou morrem jovens, ou a si mesmos sobrevivem, íncolas da incompreensão ou da indiferença. Este morreu jovem, porque os Deuses lhe tiveram muito amor.

Mas para Sá-Carneiro, gênio não só da arte mas da inovação nela, juntou-se, à indiferença que circunda os gênios, o escárnio que persegue os inovadores, profetas, como Cassandra, de verdades que todos têm por mentira. *In qua scribebat, barbara terra fuit.* Mas, se a terra fora outra, não variara o destino. Hoje, mais que em outro tempo, qualquer privilégio é um castigo. Hoje, mais que nunca, se sofre a própria grandeza. As plebes de todas as classes cobrem, como uma maré morta, as ruínas do que foi grande e os alicerces desertos do que poderia sê-lo. O circo, mais que em Roma que morria, é hoje a vida de todos; porém alargou os seus muros até os confins da terra. A glória é dos gladiadores e dos mimos. Decide supremo qualquer soldado bárbaro, que a guarda impôs imperador. Nada nasce de grande que não nasça maldito, nem cresce de nobre que se não definhe, crescendo. Se assim é, assim seja! Os Deuses o quiseram assim.

Fernando Pessoa

SANTA RITA PINTOR. — **Estojo scientifico de uma cabeça + aparelho ocular + sobreposição dynamica visual + reflexos de ambiente × luz.**

PARIS ANNO 1914.

(SENSIBILIDADE MECHANICA.)

Guilherme de Santa-Rita

Estojo científico de uma cabeça + aparelho ocular + dinâmica visual + reflexos de luz x luz (sensibilidade mecânica).

Publicado no nº 2 da revista *Orpheu*, 1915.

CORRESPONDÊNCIA

. DE SÁ-CARNEIRO A FERNANDO PESSOA

. DE FERNANDO PESSOA A SÁ-CARNEIRO

DE SÁ-CARNEIRO A FERNANDO PESSOA

1

GRAND CAFÉ[1]
14, Boulevard des Capucines

Paris, ano de 1912
último dia

Meu querido Amigo,

Você vai-me perdoar. À sua admirável carta, à sua longa carta, eu vou-lhe responder brevemente, desarticuladamente. É que no instante atual atravesso um período de *anestesiamento* que me impede de explanar ideias. Este anestesiamento resume-se em levar uma vida oca, inerte, humilhante – e docecontudo. Outros obtêm essa beatitude morfinizando-se, ingerindo álcool. Eu não; procedo de outro modo: saio de manhã, dou longos passeios, vou aos teatros, passo horas nos cafés. Consigo expulsar a alma. E a vida não me dói. Acordo momentos, mas logo ergo os lençóis sobre a cabeça e de novo adormeço. No entanto, quero que essa letargia acabe. E fixei-lhe o termo para justamente de hoje a uma semana.

O estudo de si próprio é magistral – um documento que eu preciosamente guardarei, do fundo da alma agradecendo-lhe a prova de amizade e consideração que com ele me deu. Creia que as minhas palavras não podem traduzir a minha gratidão. Um dia belo da minha vida foi aquele

1/ As formatações dos elementos contidos nas cartas, tais como local, data, vocativo, assinatura e *post-scriptum*, respeitam as edições usadas como base para esta antologia. Bem como grifos, destaques, palavras estrangeiras e abreviações. A opção tem como objetivo nos aproximarmos o mais possível da forma original das cartas. (N.E.)

em que travei conhecimento consigo. Eu ficara conhecendo *alguém*. E não só uma grande alma; também um grande coração. Deixe-me dar-lhe um abraço, um desses abraços onde vai toda a nossa alma e que selam uma amizade leal e forte.

Respeitantemente ao Santa-Rita, a minha opinião difere muito da sua e da do Veiga Simões: não me parece um caso de hospital, mas vai talvez pasmar – um caso de Limoeiro... Pequeninas janelas abertas na sua vida, nos seus pensamentos, fazem-me ver unicamente: hipocrisia, mentira, egoísmo e cálculo, cujo somatório é este: todos os meios são bons para chegar ao fim. No entanto creia que foi pouco feliz na escolha desses meios: o cubismo e a monarquia...

É na verdade uma personagem interessante, mas lamentável e desprezível.

O "Homem dos sonhos" está em meio. Mas ultimamente não tenho mexido nele. Há lá uma frase nova. Diga-me o que pensa dela: "Decididamente na vida anda tudo aos pares, como os sexos. Diga-me: conhece alguma coisa mais desoladora do que isto de só haver dois sexos?" (a frase é pouco mais ou menos esta). Depois o homem descreverá a voluptuosidade de um país em que há um número infinito de sexos, podendo-se possuir ao *mesmo tempo* os vários corpos.

Por todo este mês terminá-lo-ei.

Rogo porém que me diga se devo incluir esta nova ideia da diversidade dos sexos ou não. *Não se esqueça disto na sua próxima carta.*

Afinal o Philéas Lebèsgue, depois de me enviar o livro dele com a amável dedicatória que você viu aonde se lia que do *Princípio* se falaria pormenorizadamente no *Mercúrio*, limitou-se a acusar a recepção do volume... Aliás, este último número do *Mercúrio* fala de você e por isso vou-lho enviar amanhã.

Brevemente escreverei uma verdadeira carta. De novo lhe suplico perdão e lhe agradeço profundamente todas as suas amabilidades.

Um grande abraço

Sá-Carneiro

Sublime, ainda que "porca", a frase do Pascoais!...

2

CAFÉ RICHE
Bd. des Italiens
Paris (9[E])

Paris – Janeiro de 1913
Dia 7

Meu querido Amigo,

Apresso-me a responder à sua carta hoje recebida.

O que nela diz, alegrou-me e entristeceu-me. Alegrou-me a sua colaboração nessa revista inglesa. Acho uma coisa ótima, um trabalho sobretudo útil e uma boa ação, qual é a de tornar conhecidos no mundo os poetas portugueses de hoje, fazer saber que num canto amargurado e esquecido da Europa uma poesia grande e nova se começa a desenvolver rasgando horizontes desconhecidos, perturbadores e belíssimos. Não desanime nesse trabalho!

Acho muito feliz o novo plano de publicação dos seus versos. O título *Gládio* é, quanto a mim, um verdadeiro achado, uma coisa muito bela. Não o deve é revelar a ninguém, não vá surgir nas montras das livrarias qualquer *plaquette* anêmica e imbecil com esse nome.

A "Sinfonia em x" não poderia ser incluída neste volume? Eu lembro-me que talvez pudesse ser e por isto: nela há, com efeito, um combate – o poeta esgrime, brande o *gládio* contra o desconhecido, o infinito, que quer abraçar, compreender, sintetizar. Que lhe parece? Mas isto da inclusão duma poesia neste ou naquele volume é coisa de somenos importância e que não o deve torturar.

O que na sua carta me entristeceu foi o que de *si* diz. Ainda bem que no "suplemento" escreve que um pouco de energia regressou. Creia que compreendo e, melhor, *sinto* muito bem a tragédia que me descreve, tragédia em que eu tanta vez ando embrenhado. É uma coisa horrível! Um abatimento enorme nos esmaga, o pensamento foge-nos e nós sentimos que nos faltam as forças para o acorrentar. Pior ainda: *sentimos que se nos dessem essas forças, mesmo assim não o acorrentaríamos*. E vamos dormindo o tempo. Intimamente sabemos que a crise passará. Fixaremos a ideia, e *realizaremos.* Mas embora o saibamos firmemente, não o *cremos*. Eu, por mim, meu caro amigo, embora saiba muito bem que hei de escrever mais livros, não o acredito nestes períodos de aniquilamento. A este respeito devo lhe dizer que me parece aproximar-se uma época de energia – após tantos meses de passivismo. Veremos... Que outro tanto lhe suceda, eis o que do coração desejo e acredito. Ah! como eu compreendo e sinto as linhas que você escreve: "Ainda assim eu não trocaria o que em mim causa este sofrimento pela felicidade de entusiasmo que têm homens como o Pascoais. Isto que ambos sentimos – é do artista em 'nós' (?), misteriosamente. Os entusiasmados e felizes pelo entusiasmo, mesmo o Pascoais, sofrem de *pouca arte*."

Como isto é verdadeiro e bem dito! E como eu me revolto quando aventando o ar, de narinas abertas, olhar olhando ao alto, e por altissonante o eterno Santa-Rita me *leciona:* "Creia meu querido Sá-Carneiro, em arte o entusiasmo é tudo! Como eu amo as pessoas que são todas entusiasmo! Que se curvam em face dalguém, ou dalguma ideia, sem refletir, sem admitir meios-termos nem raciocínios. São estas as individualidades, as *criaturas de raça*. Ah! e eu sou uma destas criaturas de *raça*, toda de *raça*!... Sou mouro, espanhol... Você, meu caro Sá-Carneiro, não tem entusiasmos, não tem instinto – é todo cérebro... E note, eu admiro as individualidades sejam elas o que forem. Conhece em Lisboa o Veríssimo Amigo, da papelaria do Camões? Como eu admiro esse homem... Todo papeleiro... E religioso, muito talassa..." Etc. E por aqui fora canta o contrassenso a impetuosidade...: o disparate, a desordem, em resumo, que nunca são o gênio – ou quando muito são gênios falidos – porque esse, é certo, pode ser e é *loucura,* mas não loucura barata e mesquinha, sim loucura grande, resplandecente. Não imagina você como me incomodam, me arrepanham e torturam as conversas com este personagem de quem procuro afastar-me o mais possível. Atualmente, há quinze dias que não o vejo. Ver que alguém não tem razão, e que triunfantemente, a cada passo, brama que a razão está do lado dele, é para mim uma coisa insuportável.

As suas cartas, meu caro Fernando, essas são, pelo contrário, alguma coisa de profundamente bom que me conforta, *anima,* delicia – elas fazem-me por instantes feliz. Como é bom termos alguém que nos fala e que nos compreende e é bom e sincero, lúcido, inteligente = Grande.

O prazer com que eu o abraçarei daqui a um semestre! As longas, deliciosas conversas que teremos...

Acerca de ideias novas, esta nascida ontem à noite: um artista busca a perfeição – é esta a sua tortura máxima e desfaz e refaz a sua obra. Vence: atinge a perfeição e continua a querer fazer maior: porém, a tela em que trabalha evola-se por fim, dilui-se, torna-se espírito – desaparece. *Esse artista ultrapassou a perfeição*. É possível que em vez dum pintor faça dele um músico. Não dou a isto, por enquanto, grande importância. *Diga você a sua opinião*. E muito obrigado pelo que escreve acerca da nova ideia do "Homem dos sonhos".

Como já aí tencionava, mandei o meu livro, acompanhado duma carta, ao redator da *Comédia G.* de Pawlowski. Ele deu-me esta resposta interessante: "ler um papelinho junto." Não acha curioso? Na *Semana Literária* da *Comédia* noticiou o recebimento do livro dizendo que era um volume de novelas publicado em português. Bem mais delicado que o Lebèsgue, porquanto eu não enviei o livro sequer à redação; mas só a ele e para o seu domicílio particular.

Em aditamento devo-lhe dizer que outro título que me agrada muito é o de *Ascensão*, aonde, talvez melhor (com certeza melhor, a não ser por causa do tamanho grande do *Orfeu*), cabe a "Sinfonia em x". Quero destacar aqui um admirável, um enorme verso seu, este:

"Quanto mais desço em mim mais subo em Deus."

E como eu compreendo bem, profundamente bem essa quadra soberba pelo que diz nas palavras e no *som*: "Alma que... etc..." A crença maior, a verdadeira crença nobre e pura, é a descrita nela!

E um grande abraço, meu querido, meu muito querido Fernando, do seu

Sá-Carneiro

Escreva sempre!...

3

CAFÉ BALTHAZAREL
2 bis, Boul. St. Martin

Paris, 21 de janeiro de 1913
às dez horas da noite

Meu querido Amigo,

Esta tarde escrevi-lhe uma carta e agora, à noite, venho-lhe escrever outra... É que num lapso de cinco horas nasceram coisas que não posso resistir a confiar-lhe – a maçá-lo e a pedir-lhe a sua opinião sobre elas. Trata-se de projetos literários. Mas se abriu esta carta primeiro, peço-lhe que leia a outra antes. E perdoe-me...

Começo (a carta vai sair longa; você perdoará?).

Andava ultimamente muito desolado por ver o tempo ir passando e as forças me faltarem para escrever o livro que *quero* publicar cada ano – isto é, para escrever o meu volume de 1913. Não que – santa modéstia! – as ideias me faltassem ou o cérebro me andasse vazio. Pelo contrário. Tensões novas até me tumultuavam nele, material mais vago e intenso – superior portanto. Mas para o que eu me sentia castrado neste período que ameaçava prolongar-se era para o trabalho material de grandes composições – novelas extensas, quero dizer, como as que eu tinha tenção de manufaturar para o *Perturbadoramente*: "A confissão de Lúcio" e "Gentil" *amor.* Ora hoje revelou-se-me uma maneira de "arranjar as coisas" – perdoe o lugar-comum. É a organização de um pequeno livro que me parece deveras interessante e original, reunindo a essas qualidades a de pequena extensão material. É um livro muito mais a fazer com o *pensamento* do que com a *mão*. É livro que levará meses a ser trabalhado na *rua* e semanas a ser escrito. Justamente o "ideal" para o período que atravesso. Com efeito, eu vou vivendo com uma "tensão" muito elevada que não me permite fixidez. Mas "fixidez" para escrever esse volume arranjá-la-ei facilmente porque em números positivos é coisa para, no total, não exceder trinta dias de trabalho de banca.

Agora ouça o plano do livro e a sua descrição. E desde já lhe digo que lhe peço toda a sua atenção espiritual, toda a sua compreensão, toda a sua sinceridade para me dizer o que pensa acerca do que lhe vou expor e para me dar os conselhos que lhe vou pedir.

O volume será publicado sob a forma – talvez – de uma *plaquette,* o mais elegante possível, é claro. Compor-se-á de sete pedaços de prosa, cada um pouco mais ou menos das dimensões do "Homem dos sonhos". Isto é: narrativa de dez minutos a um quarto de hora. Frontispício:

Além

– SONHOS –[2]

Composição:

"O homem do ar" (3), "O homem dos sonhos", "A orgia das sedas", "O fixador de instantes", "Asas" (2), "Mistério", "Além".

Cada uma destas narrativas cabe no *Além,* como vai ver. "O homem dos sonhos", que conhece, é evidentemente uma história de *além*-vida, de *além*-terra; desenvolve-se noutros mundos, noutros sentimentos. "O fixador de instantes" é um amoroso do *além* – quer *prolongar* os momentos bons que fixa além do instante em que os viveu, é a história do *além*-tempo. A sua ideia é, por outro lado, *além*-humana, visto que a gente normal não a pode compreender. Quanto às outras narrativas, é preciso falar-lhe mais detalhadamente, visto que as desconhece ou mal conhece. (*Além,* mesmo, abrange o livro todo, porque as histórias que ele encerra são todas vagas, *sonhadas,* além-realidade.)

"A orgia das sedas" – Trata-se dum esteta que descobriu a maneira de *ampliar* a voluptuosidade e mesmo o simples prazer da emoção artís-

---

2/ Os números correspondem a conselhos que adiante lhe pedirei. (N. de S.-C.)

tica que até aqui apenas era recebida pelos ouvidos (música) e olhos; bem como a voluptuosidade só era sorvida pelo paladar (comidas), pelos órgãos sexuais e muito imperfeita e distraidamente pelo olfato (perfumes). Ora, enquanto o ouvido, o olhar, o paladar e o olfato apenas existem cada um localizado no seu órgão, um sentido há que, concentrado nas mãos, vive entretanto em todo o nosso corpo – *o tato*. Tirar todo o partido deste sentido eis o segredo principal do grande esteta. E assim se descreve a espantosa "Orgia das sedas". Um palácio carregado de perfumes e músicas, e suntuosidades e mulheres nuas para os olhos. Mas tudo isto apenas acessórios. O importante: as sedas que passam sobre os corpos, sedas e veludos fantásticos de cores e desenhos e contextura que *tocam* ao roçar na pele como o arco dos violinistas toca ao passar nas cordas do instrumento. As sedas rolam sobre a pele e há sensações estranhas e deliciosas, voluptuosidades ignoradas e fulvas, espasmos supremos – delícias irreais cujo cenário são os perfumes e as músicas e as mulheres. O segredo consiste na maneira de fazer passar as sedas sobre os corpos nus e na de lhe dar a sua contextura. A ideia deste conto é descrever as regiões inexploradas da voluptuosidade – o além-voluptuosidade. Há nele uma *ampliação,* como ampliação do universo há no "Homem dos sonhos" e de momento no "Fixador de instantes". Que pensa desta ideia, da qual julgo ainda não lhe ter falado?

"Asas" – É a história do artista que busca a perfeição e a ultrapassa sem a conseguir atingir (além-perfeição). Eu dava a este conto – cuja ideia lhe expus outro dia – o título de "Asas", querendo simbolizar a perfeição que não se pode atingir porque, ao atingi-la, evola-se, bate asas. Receio porém que o título seja vago demais. Conviria melhor unicamente "A perfeição"? Peço-lhe que me responda.

"O homem do ar" – É a narrativa da tragédia do ar, em que lhe falei. Mas este título agrada-me mediocremente. Também se poderia chamar: "O amoroso do ar", "Tragédia azul", "A tragédia do ar". Dê a sua opinião. Devo-lhe dizer que esta ideia é uma das que mais estimo e que atingiu no meu cérebro já sua completa maturação. O homem do ar morrerá vítima dele: *morrerá de amor e de piedade pela atmosfera e ascenderá no azul.*

"Mistério" – É a ideia que lhe expus na minha carta anterior, assim encenada: dois noivos que vieram passar a lua-de-mel numa casa de campo são encontrados mortos, inexplicavelmente, sem feridas nem sinais de violências. Um doido, antigo poeta, que vive em face da habitação deles, clama que viu de noite uma janela abrir-se e uma forma toda luminosa saltar, ascendendo na atmosfera um halo de luz doirada. O narrador, em face do que conhecia dos ideais dos seus amigos, *sugere* (não explica, apenas sugere vagamente) que a morte seria devida à *compreensão* daquelas duas almas que se materializaram num ser doutra região – ou mesmo só numa alma imaterial. Esta ideia, ainda pouco madura, seduz-me bastante, vendo nela um grande alcance. Fale sobre ela, diga o que pensa.

"Além" – É o fecho do livro. A empresa mais difícil, mais audaciosa em que até hoje tenho pesando. Não é uma ideia que se possa expor. A narrativa resume-se no seguinte: dar por frases a ideia do "Além" – o *além*, o vago, os desequilíbrios do espírito, os voos da imaginação. Isso dar-se-á por meio de mistura de coisas raciocinadas, coerentes, com súbitos mergulhos no azul, tempestades de palavras que se emaranhem e arranhem, se entredevorem e precipitem. Quando sonhamos, escapam-nos pormenores; os acontecimentos que se desenrolam nos sonhos por vezes não têm ligação, sucedem-se *invertidos, não estão certos* em suma. Faça um esforço para me compreender: *surgem-nos como uma soma de parcelas de espécie diferente.* Pois o que é preciso é que esta narrativa dê ao leitor a mesma sensação. Ela desenrolar-se-á como a descrição duma viagem. Mas toda infixada, irreal. Diga-me se compreende bem isto. E creia que sei medir a dificuldade da empresa. Mas estou decidido a tentá-la. Esta narrativa fechará o livro. O próprio "Além" terminando as variações do *Além.*

Eu julgo uma ideia feliz esta do subtítulo: "Sonhos", em vez de contos, narrativas, prosas banais e com pouco cabimento neste livro. *Diga o que pensa.* Não se esqueça. E tenho um favor muito grande a pedir-lhe. Há uma epígrafe que é a sonhada para este livro e que eu teria uma grande pena de não imprimir no frontispício. Ora, esta epígrafe é um verso inédito seu: "O que eu sonhei, morri-o." Você vê otimamente como ela se casa com o volume e de certo me permitirá imprimi-la, pondo por baixo (se ainda estiver inédita) esta legenda: "Duma canção inédita de Fernando Pessoa." Rogo-lhe que me dê resposta a tudo quanto lhe pergunto e peço, resposta larga e breve. Assim auxiliar-me-á poderosamente na minha tarefa; incutir-me-á entusiasmo e força. Este pequeno livro escrevê-lo-ei até julho, levando-o pronto para Lisboa aonde o burilarei, entretanto publicando-o em outubro próximo unicamente. Bem vê que em face de mim tenho tempo de sobra, pois é um trabalho materialmente pequeníssimo. E é preciso contar que o "Homem dos sonhos" está, por assim dizer, já escrito.

Ainda um conselho: eu penso pôr esta dedicatória no livro: "*À gente lúcida*" (mas por "ironia" porque a "gente lúcida" condenará as minhas narrativas). Receio entretanto que se lhe possa dar outra interpretação: à gente lúcida, inteligente, porque só ela pode compreender este livro. Responda a isto. A dedicatória: "À gente tranquila – estas páginas de alucinação e de ânsia" iria melhor? Ou nem uma nem outra prestam para o efeito? É outra coisa a que tem que responder.

Suplico-lhe que me perdoe a maçada que lhe "prego" e que me dê sobretudo a sua opinião. Ela é o melhor incentivo para o meu trabalho, o melhor guia. E quase lhe poderei chamar o meu colaborador.

Responda breve!!...

O seu muito amigo e obrigado

Sá-Carneiro

P.S. – Uma destas narrativas há de levar o seu nome à frente. Prefere o "Homem dos sonhos" como estava assente, ou agrada-lhe mais que eu lhe dedique uma das outras? À sua escolha... Não se esqueça de responder também a isto.

Responda breve!

4

CAFÉ RICHE
B. des Italiens
Paris

Paris – Fevereiro de 1913
Dia 3

Meu querido Amigo,

Recebi a sua carta anteontem. Não sei como agradecer-lhe. E só lhe digo que ela me causou uma grande alegria porque nos dá sempre grande prazer sabermos que temos quem nos estime e nos *compreende*. Obrigado.

Em primeiro lugar quero-lhe falar das suas poesias. Elas são admiráveis, já se sabe. Mas o que mais aprecio nelas é a sua qualidade. Eu me explico. Os seus versos são cada vez mais *seus*. O meu amigo vai criando uma nova linguagem, uma nova expressão poética e – veja se compreende o que eu quero significar – conseguiu uma notável força de *sugerir* que é a beleza máxima das suas poesias *sonhadas*. É muito difícil dizer o que quero exprimir: *entre os seus versos correm nuvens*, e essas nuvens é que encerram a beleza máxima. Dos versos que me escreve na sua carta, os que eu coloco mais alto, por serem aqueles aonde mais frisantemente isto se observa, são os tercetos de *O Manibus Date Lidia Plenis...* E – sobretudo – as sextilhas do "Abismo". Esta poesia é, quanto a mim, uma coisa sublime. De tudo o que conheço seu talvez a que mais fico estimando.

Toda ela é uma orquestração de bruma – o poeta manuseia o mistério, interroga o Além. E que coisa maravilhosa a 2ª estrofe!... Como é bem descrito o estado da alma que interroga: "O que é ser rio e correr? O que é está-lo eu a ver?" E neste verso: "Tudo de repente é oco", passou uma asa de gênio. Sabe bem que não estou a "elogiar", que estou apenas a dizer sinceramente o que penso da sua obra. Peço que me acredite e que acredite também nisto: *que eu compreendo os seus versos.* Quantas vezes em frente dum espelho – e isto já em criança – eu não perguntava olhando a minha imagem: "Mas o que é ser-se eu; o que sou eu?" E sempre, nestas ocasiões, de súbito, *me desconhecia,* não acreditando que eu fosse eu, tendo a sensação de sair de mim próprio. Concebe isto?

O soneto composto numa fuga ao raio é muito belo também. Gosto menos do "Dobre" e pouco do "Fio d'água"; "Uma melodia" é outra coisa soberba. E eu compreendo muito bem o horror da sua tortura, que nela descreve.

O que é preciso, meu querido Fernando, é reunir, concluir os seus versos e publicá-los, não perdendo energias em longos artigos de crítica nem tampouco escrevendo fragmentos admiráveis de obras admiráveis, mas nunca terminadas. É preciso que se conheça o poeta Fernando Pessoa, o artista Fernando Pessoa – e não o crítico só –, por lúcido e brilhante que ele seja. Atenta bem nas minhas palavras. Eu reputo mesmo um perigo para o seu triunfo a sua demora em aparecer como poeta. Habituado a ser considerado como o belo crítico, os "outros" terão estúpida, mas instintivamente repugnância em o aceitar como poeta. E você pode encontrar-se o crítico-poeta e não o poeta-crítico. Por isso, embora em princípio eu concorde com a sua resolução de não publicar versos senão em livro, achava preferível – se não vê possibilidade de o fazer sair num espaço breve – a inserção de algumas das suas poesias (ainda que poucas) na *Águia.* Seria *pour prende date* como poeta.

Mas isto não são conselhos sequer. Não tenho essa petulância. É apenas o que eu faria no seu caso. Perdoe-me mesmo ter-lhe dito isto. Seja em paga da ofensa que você me fez pedindo desculpa por me dar a sua opinião sobre um ponto em que eu não o consultava diretamente. Concordo com tudo quanto você me diz acerca de títulos e dedicatórias etc. A dedicatória não é mesmo preciso que exista. O título "Asas" conservá-lo-ei provavelmente. E para "O homem do ar" adotarei com certeza "O ar", que você sugere, ou unicamente "Ar". Diga o que pensa.

As recomendações que faz acerca da "materialização" são perfeitamente justas. E eu terei o máximo cuidado de não cair nesse escolho.

Junto, vão umas linhas que tenho escrito ultimamente. Elas não se aparentam em coisa alguma com o que até hoje tenho composto. São coisas que me têm surgido bizarramente, não sei bem como. Serão do "Além". São ainda frases soltas, não certas. Peço que as medite bem, profunda, demoradamente, palavra por palavra, *e que me diga com a máxima sinceridade o que pensa delas*. Presta-me assim o maior dos serviços. Eu creio que não me negará este favor. Mas sinceridade absoluta. Elas aí vão (considere-as apenas como excertos ainda não polidos).

1° fragmento

Erravam pelo ar naquela tarde loira eflúvios roxos d'alma e ânsias de não ser. Mãos santas de rainha, loucas de esmeraldas, davam aroma e rocio à brisa do crepúsculo.
O ar naquela tarde era beleza e paz; o ar naquela tarde era saudade e além...

....

E as asas duma quimera, longinquamente batendo, a ungi-lo de irreal...

....

Lufadas de folhas mortas, todas cheirosas a sombra...

....

Um ar que sabia a luz e que rangia a cristal...

....

E muito ao longe... muito ao longe... as casas brancas...

*

Na grande alcova da vitória, toda nua e toda ruiva, eu tinha-a finalmente estiraçada sobre o leito fantástico da cor.
Linda espiral de carne agreste, a mais formosa enchia para mim os olhos de mistério, sabendo que eu amava as ondas de estranheza.

E os seus braços, de nervosos, eram corças...
E os seus lábios, de rubros, eram dor...

....

No jardim, os girassóis não olhavam para o sol...

....

Verguei-me todo para ela...
A hora esmaeceu...
O ar tornou-se mais irreal...
Houve um cortejo de estrelas...

....

Em face daquela glória que me sorria tão perto, que me ia sagrar enfim – os meus olhos eram chama e a minha alma um disco de ouro...

*

Até aqui isto é na sua essência o começo dum todo. Agora é que escreverei apenas frases soltas. Mas primeiro deixe-me dizer-lhe o meu plano: a beleza vai-se agora desfazer da forma que verá. Morta a beleza, sobrevém o abatimento. Mas o poeta quer-se ainda enganar:

"A tristeza das coisas que não foram descera-me na alma. Eu era agora uma esfinge sem mistério – e os raios doirados do meu olhar, apenas reflexos de ouro falso."

Mas juntando toda a sua sede de beleza e de ideal consegue ainda ascender num espasmo de azul.

Mas de novo a desilusão. E é aqui que se dará a queda, através do espaço que será a "viagem" a que eu me referia na minha última carta.

No final de cada capítulo, de cada "cristalização" haverá sempre frases como estas:

"E ao longe sempre as casas brancas."

"As casas brancas não perdoam."

Com esta imagem quero eu significar a impossibilidade da evasão completa no "Além" porque ao longe se vê sempre a fita monótona e bem real e bem sólida da casaria branca – seja o ar misterioso, carregado de cor e de irrealidade, seja a beleza morta, seja a beleza resplandecente.

Isto vai emaranhadíssimo. Mas você compreende. Eu vou desenrolando ideias que no meu cérebro ainda estão emaranhadas e por isso não poderia ser lúcido. Faça no entanto um esforço por perceber neste caos.

E prosseguindo agora:

....

"Um pouco mais e brotar-me-iam asas..."[3]

....

"A louca acerava as pontas dos seios para os tornar mais acres, para me ferir melhor."

"E os meus lábios d'ânsia sofriam já da saudade dos beijos que lhe iam dar."

....

*

Agora deixe-me expor-lhe como a beleza se desfaz: a beleza à força de grandiosa volve em espaço os olhos do poeta. Este *compreende* o espaço, vê-o. E então detém-se aterrado diante "da cavalgada medonha dos ângulos agudos que se lança de tropel sobre o seu[4] corpo ideal a materializá-lo escarninhamente, zombando das curvas e dos redemoinhos". Depois "uma gaiola picaresca de losangos" põe-se a girar vertiginosamente em volta do seu corpo. No ar haverá "palmas de espadas, derrocadas de gomos, ondulações pavorosas de sons úmidos". Em face disto toda a beleza cairá em estilhaços. Você compreende que tudo isto é muito estranho. No entanto eu sinto-o. E diga-me: não seria horrível ver a girar em volta dum corpo lindo e nu uma gaiola de losangos de ar, tão desgraciosos e bojudos? E os ângulos agudos saltando sobre essa carne? Já num verso diz Cesário que odeia "os ácidos, os gumes e os ângulos agudos". Espadas batendo palmas acho que dão um som esbatido, especial e frio pelo ar que põem em movi-

---

3/ Cf. o poema "Quase", de 13 de maio de 1913.

4/ O corpo da amante nua. (N. de S.-C.)

mento. Derrocadas de gomos têm para mim um "som mudo" e argentino e uma coisa horrível: os "sons úmidos". No que lhe escrevo há frases de que gosto deveras: "Os meus lábios d'ânsia sofriam já da saudade dos beijos que lhe iam dar." É a ideia da saudade antes da posse que eu acho qualquer coisa de trágico e grande – "ter saudade já do futuro". "A minha alma era um disco de ouro." Agrada-me também, pois me dá a impressão duma grande alegria e entusiasmo. Gosto da nota dos girassóis e depois da expressão "verguei-me", que estabelece uma *ligação indefinida* entre as duas frases, porque é das flores que se diz que elas "se vergam". Compreende?

Enfim, atenda nisto tudo e com a maior brevidade diga-me sinceramente o que pensa do que lhe exponho. Com a maior brevidade porque eu fico ansioso de saber a sua opinião.

E muitas desculpas por esta enorme estopada!, e borrada!...

*

Você tem muita razão no que diz acerca da influência perniciosa que o Vila-Moura pode ter sobre o Mário Beirão. Gosto pouco do título do livro,[5] que acho um pouco "doce" demais.

Impagável o espanhol do Ramos!

O Santa-Rita apresentou-me hoje a um escultor, Henrique Franco, pensionista do Estado. Julgo que você o conhece.

Perdoe esta carta tão extensa e os meus pedidos. Mas satisfaça-mos, sim? Resposta sincera e o mais breve possível.

Um grande abraço do seu muito amigo e agradecido

Sá-Carneiro

Perdoe a caligrafia horrenda!

Só a sua muita bondade perdoará a infâmia desses borrões, mas a pena e tinta com que escrevo são horríveis.

Bem sabe que não há aqui menos consideração.

5/ *O último lusíada.*

5

La Régence
Café Restaurant
161-163, Rue Saint-Honoré

Paris – Fevereiro de 1913
Dia 26

Meu querido Amigo,

Eu aviso-o de antemão que isto vai ser uma catástrofe! Uma carta sem fim, quero dizer. Toca a apertar a letra por causa da franquia.

Vai junto uma poesia. Peço-lhe que a leia ao chegar a este ponto, avisando-o unicamente que não se assuste nem com o título, nem com as primeiras quadras *naturais*. A poesia, ao meio, vira em parábola para outras regiões. Peço-lhe que a leia já porque é mais fácil depois ler o que sobre ela escrevo agora. Mesmo para não tomar conhecimento dela já desflorada pelas citações que vou fazer. Aqui é que é a *leitura*.[6]

....

Eu gosto dos versos que o meu amigo teve a pachorra de acabar de ler. Não lhes dou importância, não os amo – gosto, apenas – porque por razoáveis que sejam, não são versos escritos por um poeta. Logo, são maus versos.

Se gosto deles é por o seguinte – encontro-os verdadeiros. Os crepúsculos que ainda nos prendem à terra – àqueles que sonhamos – e nos fazem sentir um vago pesar pela *facilidade* – porque é fácil e quente e cariciosa: "Naquela vida faz calor e amor." Mas logo a reação em face do triunfo maior – a carreira ao ideal. Mais alto, sempre mais alto. Vida e arte no artista confundem-se, indistinguem-se. Daí a última quadra "A tristeza de nunca sermos dois", que é a expressão *materializada* da agonia da nossa glória, dada por *comparação*.

6/ Neste ponto da carta vinha transcrito o poema "Simplesmente", incluído nesta antologia.

Eu explico melhor. A minha vida "desprendida", livre, orgulhosa, *farouche,* diferente muito da normal, apraz-me e envaidece-me. No entanto, em face dos que têm família e amor banalmente, simplesmente, diariamente, em face dos que conduzem pelo braço uma companheira gentil e cavalgam os carrosséis, eu sinto muita vez uma saudade. Mas olho para mim. Acho-me mais belo. E a minha vida continua. Pois bem, *esses* são a arte da vida, da natureza. Não cultivar a arte diária é fulvamente radioso e grande e belo; mas custa uma coisa semelhante ao que custa não viver a vida diária: "A tristeza de nunca sermos dois." Compreende bem o que eu quero dizer? Eis pelo que fechei a poesia com essa quadra aparentemente frouxa e imprópria. Há versos que me agradam muito, porque me encontro neles. Assim, "viajar outros sentidos, outras vidas, numa extrema-unção d'alma ampliada" é simplesmente o "Homem dos sonhos". Não acha? (Está-me a achar é muito pouco modesto. Perdoe.) E pelo orgulho desmedido gosto deste verso: "Vem-me saudades de ter sido Deus." Isto é: em face do turbilhão de maravilhas em que o meu espírito se lança eu quase julgo que um dia fui Deus – e desse meu estado me vêm saudades – como se na verdade O tivesse sido. Peço-lhe que leia com a atenção máxima as quadras da 2ª parte. Todas as palavras foram "pesadas". Não há lá "verbos de encher". Assim este verso: "Sou labirinto, sou licorne e acanto", aparentemente disparatado, não é atendendo que licorne é um animal heráldico e fantástico, acanto (a folha de acanto), o motivo característico dum estilo arquitetônico – isto é beleza plástica – labirinto, emaranhamento. Logo eu quero tratar, entendo que se devem tratar, coisas emaranhadas, erguidas e infinitas, fantásticas e ao mesmo tempo esculpir beleza plástica nas frases. Não trabalhar só com ideias – trabalhar também com o som das frases. Não escrever só – edificar. Mas calo-me, pois sei que um espírito como o seu compreende melhor tudo isto do que o próprio que as escreveu. E mesmo para não ser como o nosso Ramos... Repito: não dou importância alguma aos meus versos. Como há escritores que nas suas horas vagas são pintores, eu, nas minhas horas vagas, sou poeta – na expressão de escrever rimadamente, apenas. Eis tudo. Se não desgosto destas quadras é pelo que elas *dizem,* não pelo que elas cantam. Logo a sua opinião inteira e rude, despida de perífrases, de todas as perífrases, visto tratar-se dum mero diletantismo.

Felizmente ando agora com forças literárias. Muito brevemente lhe enviarei o "Homem dos sonhos" (dentro de três semanas ou um mês, entanto).

A seguir concluirei o *Além*. As suas notas sobre os trechos que lhe enviei são justificadíssimas e elas veem-me bem provar a agudeza genial do seu espírito. Desagradava-me, não sabia por quê, a frase: "O ar naquela tarde era beleza e paz." Você explicou-me por quê. Cortei-a simplesmente. Quanto à frase "que me sorria tão perto" – já a emendara para "que tumultuava tão perto". "Um pouco mais e brotar-me-iam asas" é que eu ainda estimo um pouco. Mas você está de fora!, e deve ter razão. Entretanto não vejo bem o prosaísmo dela; achando interessante ainda esta maneira de exprimir uma alegria infinita, um entusiasmo doirado. Você, peço-lhe de joelhos, nunca faça "cerimônias" comigo; diga-me sempre o que pensa sem medo. É isso o que eu quero e de alma lhe agradeço. É o maior serviço que pode prestar. Se soubesse como eu estimo o seu espírito, como erguidamente o coloco!... Hoje, meu querido Fernando, você é uma das pessoas que mais estimo – não que mais estimo espiritualmente –, que *mais estimo*, dum bloco. Portanto, fale-me como a si próprio. Do *Além* já tenho outro trecho – o começo da queda – que me agrada muito, mas não envio hoje por ainda não estar convenientemente desbravado e o assunto hoje abundar. Dos seus admiráveis versos falo mais longe, pois tendo que dar breve um intervalo a esta carta, é preferível falar de coisas menos importantes aqui. Logo o espírito estará mais descansado.

Seguem-se umas constatações interessantes.

Pela primeira vez na minha vida tive ocasião de experimentar temperaturas muito baixas, 0° a -4°. E quer saber? A sensação que tive foi de não ter frio. Mas simplesmente de o *ver*, de sentir dentro de mim um elemento novo que seria o frio – o Frio – mas que não me esfriava a carne. E no ar, eu via o frio – como aliás nos dias de grande calor, em Lisboa, tenho visto o calor –, embora o sinta bem como calor, e não dentro de mim como "coisa" – segundo constatei com o frio.

A respeito destas "coisas" que sentem em nós devo lhe dizer que por vezes me parece que dentro de mim falta uma coisa, uma coisa que os outros têm. E daí talvez as minhas horas descorajadas, abomináveis. Inexplicavelmente, esta coisa que me falta parece-me ser *um ponto de referência*, sem propriamente saber explicar o que quero exprimir com esta frase.

Vi outra noite na Comédia Francesa o célebre *Antony*, do Alexandre Dumas – marco do ultrarromantismo. Foi bizarra a impressão que trouxe desse espetáculo. Naquela turbamulta de tiradas grandíloquas, na "demasiada" cena final, no decantado "esta mulher resistia-me, assassinei-a", em tudo isso que faz assomar um sorriso ao espectador de hoje e que outrora provocava torrentes de lágrimas desde o galinheiro à orquestra – em tudo isso, de longe em longe, eu entrevi *beleza*, uma beleza parelha daquela que nós amamos – uma ampliação, um lançamento no infinito, no azul, na irrealidade – logo, no além – pela exageração última da realidade. E assim, um remoto elo de parentesco entre o *ultrarromantismo* e nós (não entre o simples romantismo e nós). Apenas *nós construímos irreal com irreal* e eles só se serviam do *real*. Procediam do exterior. *Nós*[7] vivemos no interior, no *foco*. Isto parece disparatado, não é verdade? Entanto eu creio não divagar. Se você assistisse à representação (a simples leitura não basta) desta obra – que hoje só vale como "história retrospectiva" do teatro –, eu julgo que você me compreenderia.

Já que entramos na Comédia Francesa, sempre o levo ao Odéon para lhe contar uma ideia bela que encontrei numa peça dum estreante muito André Fernet, intitulada *La maison divisée* e dada ao público exclusivamente literário das *matinées* de sábado. Trata-se do seguinte: dois adversários combatem por dois ideais totalmente opostos. Vencedor e vencido, ei-los em frente. O vencido pode agora esmagar o vencedor; o vencedor desprezar o vencido. E pouco a pouco veem que não têm esse direito. Eles estão muito próximos um do outro – *são os que estão mais próximos*. Eles lutaram com a mesma unção, o mesmo vigor, a mesma consciência. E no fundo, o objeto que perseguiam era o mesmo – o bem, a beleza, o futuro. Logo... A ideia é outra... Mas positivamente outra? Mais exteriormente apenas outra... As ideias no fundo diferem pouco... Para quê? Para quê? E uma desolação horrível nos invade ao constatarmos que o mais próximo, o mais semelhante a nós – é o nosso adversário. Não acha isto belo, – aliás pessimamente explicado por mim.

Aqui agora existe o intervalo

duas horas após, tendo jantado

7/ Edições anteriores observam que no original, por um lapso do poeta, aqui consta "Não".

Acerca dos seus versos eu tenho medo de falar. Por dois motivos estreitamente parentes. É que precisava de lhe escrever tais coisas, tais palavras, que o meu amigo – à força de grandes – poderia, na sua modéstia, julgar exageradas ou, então, paga dos seus elogios, que o creio muito sinceros. E isso seria horrível. Os seus versos, meu querido Fernando, são uma maravilha, acredite-me, creia-me, por amor de Deus faça-me a justiça de acreditar que os atinjo e, sobretudo, que sou sincero. O "Braço sem corpo" é uma das coisas maiores, mais perturbadoras, extra-humanas – infinitas, ampliadas que eu conheço. É bem o que nos meus versos eu quero que o artista seja. Os dois primeiros versos das duas primeiras quadras são coisas estranhamente admiráveis, mas sobretudo a última estrofe fez-me tremer num calafrio alucinador de beleza e de mistério. Eu creio que dificilmente se pode devassar em mais profundeza o desconhecido, dar melhor a ânsia, a perturbação. Coisas como essas não se apreciam, veneram-se. Devo lhe dizer que a "Voz de Deus" me agrada muito menos e que se cabe na classificação em que o englobei com o "Braço sem corpo" é quanto a mim, por causa desse verso magistral: "Ó universo, eu sou-te." As três últimas estrofes acho-as muito inferiores ao restante, mesmo levando em conta a beleza do "sermente em ti eu sou-me". A interrogação sobre "Que é esse archote, que mão tem o guia" é muito pouco, quase nada em face do resto. *O resto nunca se viu.* Archotes a fulgurar em mão desconhecida já há quem os tenha visto. Em resumo: genial, maravilha completa, sem uma queda, é o "Braço sem corpo"; poesia de valor com dois versos admiráveis e um genial, a segunda. Em ambas as poesias você faz o que eu exprimo duramente e num verso feio quanto à forma: "Forçar os turbilhões aladamente."

Eis, meu caro amigo, a minha opinião sincera, completa. Só lhe rogo que as palavras que eu escrevo não o façam ser indulgente para os meus escritos. Eu tenho um medo horrível do elogio mútuo.

Ainda acerca da minha poesia lhe quero dizer o seguinte:

Eu sei que você condena a primeira parte e eu mesmo reprovo a maneira em que ela é talhada. Mas não podia deixar de ser assim. Com efeito o que eu sobretudo quis dar foi a antítese entre a arte real (primeira parte) e o idealismo (segunda). Daí propositadamente suscitei o choque. Liniariamente a minha poesia pode-se representar assim:

Isto é – vem do real, tem uma inflexão perturbadora e fugitiva para o irreal, tendo longinquamente nova inflexão para o real, impossível porém já de a atrair.

Princípio

Uma nota: o meu livro cabe na arte que eu aconselho. Apesar do erro das digressões e da *realidade* da forma, explora, não infinito, mas loucura – que é um outro infinito. É "asa longínqua a sacudir loucura, nuvem precoce de sutil vapor", se não via já outros sentidos. Aliás, ampliação completa há numa das coisas menos valorosas do livro: "Página dum suicida." É justamente alguém que a força quer partir para o desconhecido – a morte. Esta "justificação" é uma *coquetterie* que você perdoará. Mas não acha que é verdade o que eu digo? Mesmo o Mário Beirão observou-me isto quando me disse as suas impressões sobre o meu volume.

Rogo encarecidamente que me responda muito em breve, mesmo resumidamente, sobretudo a impressão sobre os versos. Faz-me isto, sim? É que fico ansioso pela sua opinião.

Ir para o Algarve, olhe que talvez lhe fizesse bem. Mas se for não se esqueça de mo dizer para eu saber aonde lhe dirigir as minhas cartas. O Ramos já surgiu por Lisboa?

Desculpe-me, creia na minha estima e admiração por si e pelas suas obras e conte-me no número dos seus maiores amigos.

Um grande, grande abraço

Sá-Carneiro

Responda breve!!...

50, Rue des Écoles

6

CAFÉ RICHE
Boulevard des Italiens, 16
Paris

Paris – Março de 1913
Dia 10

Meu querido Fernando Pessoa,

Recebi hoje a sua carta e o número do *Teatro* que já vira, pois o meu pai mo enviara. A primeira coisa que fiz, é claro, foi mostrar a página cubista ao Santa-Rita, que deu pouca sorte, embora ficasse triste, no fundo. Tanto mais que gosta muito da Ester[8] – gostar de amor – e ela vinha na capa... Atribuiu a vingança do Eduardo de Freitas por causa de questões antigas – *biberons* do Freitas; cena de *Trem no bosque* e mulher descompondo, dele, Santa--Rita, ao Freitas. Eu não sei sequer se isto é verdade. Interrogue o Freitas sobre o caso. O meu amigo fez bem em fornecer o meu uniforme. Entanto gostava pouco que o dissesse ao irmão, vindo assim a sabê-lo o Guilherme. Porque o quadro do *Ruído* existe. Tenho-o mesmo no meu quarto, onde ele outro dia o deixou para o mandar emoldurar, oferecido ao Homem Cristo, filho. Pormenor curioso: o Santa-Rita reconheceu imediatamente que se tratava duma obra do Picabia. Disse até que ia mostrar a coisa ao seu autor para este mover um processo à revista. É claro que isto tudo são farolheiras... No entanto, confesso-lhe, meu caro Pessoa, que, *sem estar doido,* eu acredito no cubismo. Quero dizer: acredito no cubismo, mas não nos quadros cubistas até hoje executados. Mas não me podem deixar de ser simpáticos aqueles que, num esforço, tentam em vez de reproduzir vaquinhas a pastar e caras de madamas mais ou menos nuas – antes, interpretar um *so-*

8/ Ester Durval, artista de teatro da época.

nho, um som, um estado de alma, uma deslocação do ar, etc. Simplesmente levados a exageros de escola, lutando com as dificuldades duma ânsia que, se fosse satisfeita, seria genial, as suas obras derrotam, espantam, fazem rir os levianos. Entretanto, meu caro, tão estranhos e incompreensíveis são muitos dos sonetos admiráveis de Mallarmé. *E nós compreendemo-los.* Por quê? Porque o artista foi genial e realizou a sua intenção. Os cubistas talvez ainda não a realizassem. Eis tudo. Depois, eu não posso crer que os artistas desta escola sejam pura e simplesmente *blagueurs*, falidos que deitam mão desse meio para esconderem o seu cretinismo. O mais célebre, o mais incompreensível destes pintores é o espanhol Picasso, de quem tenho visto imensos trabalhos e que é fundador da escola. Pois bem, nos seus trabalhos antecubistas, esse homem realizou maravilhas – admiráveis desenhos e águas-fortes que nos causam por vezes – *com os meios mais simples* – os calafrios geniais de Edgar Poe. Eu não posso crer que este grande artista hoje se transformasse num simples *blagueur* que borra curvas picarescas e por baixo escreve: *O violinista.* Não; isto não pode ser assim. É claro que, entre os sinceros e valorosos, fumistas se podem introduzir. Como por exemplo aconteceu com o simbolismo na poesia (*As deliquescências* de Adoré Floupette,[9] que eram um *pastiche* e que ingênuos tomaram como um livro real). Resumindo: eu creio nas intenções dos cubistas; simplesmente os considero artistas que não realizaram aquilo que pretendem.

Vai junto o "Homem dos sonhos" que você então mandará para a *Águia. É claro que se não o publicarem por qualquer motivo eu não ficarei ofendido.* Entanto deixe-me dizer-lhe que a realização final do conto me agrada bastante. As poucas linhas consagradas ao país onde não há só dois sexos, estimo-as muito, pois me parece darem bem a impressão do prazer que muitos sexos diferentes embaraçados proporcionariam. Frases novas me agradam também: "E todo aquele silêncio *se reunia em música*", "os boulevards *sempre ascendendo*", "*Montanhas mais altas, planícies mais planas, isto é, mais sensíveis*" etc. Rogo-lhe que me diga a sua impressão total, apontando os defeitos que é claro existem. Mas julgo-o entanto suficientemente amadurecido. Como vê, modifiquei inteiramente o final,

9/ Sátira aos poetas simbolistas, feita por Gabriel Vicaire e Henri Beauclair, 1885.

tornando-o o mais vago que pude. Enfim, uma das suas admiráveis críticas – *mas sem desculpas*. Fale-me das frases que aponto e outras que destaque. As provas, o meu amigo as verá, como ofereceu. *A pontuação fica ao seu arbítrio.* Modifique-a como melhor entender e sem receio. O mesmo com as frases em itálico. *O sempre ascendendo,* que vai sublinhado, é talvez melhor não imprimir em itálico. Disso tudo será o meu amigo o melhor juiz. Quanto à ortografia, deve-se conservar a do original; mas é possível que lá vá algum disparate – algum *o* por *u*, *ç* por *ss*. Se assim for, emende, atendendo unicamente a que *lugar* e *ânsia* estão bem respectivamente com *u* e *s*. *Emmaranhar* deixe ir com dois *mm*. (Igual, é com *i*.) Se porventura as provas viessem com muita antecedência podia-mas enviar após as ter revisto. Mas isto é inteiramente desnecessário, pois muito melhor que eu o meu amigo as corrigirá. Para a assinatura vai junto um bilhete-de-visita e um papel. Não sei o que será mais conveniente. O melhor é enviar o conto já para a *Águia*. Pode lê-lo ao Ponce de Leão. Ao Ponce de Leão peço-lhe que diga sempre o que vai nas minhas cartas. E das minhas coisas *já escritas* pode falar a toda a gente. (Já escritas, entende-se completas.) E por estas maçadas todas, os meus agradecimentos mais sinceros.

Mais dois sonhos incluirei no *Além*: "Bailado" e "Aquele que estiolou o gênio".

"Bailado" é apenas a descrição sonora e "pintada" do bailado duma dançarina. Foi em face da dança admirável duma dançarina, Mado Minty, que a ideia me surgiu. Eu tenho lido muita vez que a dança é uma arte sublime, toda emoção, que nos liberta da terra e nos amplia a alma, etc. Muitas dançarinas nuas perseguidas pelos tribunais daqui têm evocado a Arte em face dos conspícuos juízes pouco dados a concordarem com as Phrynés. Eu por mim, até hoje, não pude longinquamente deixar de ir um pouco com os jurados. Damas... damas... Arte... arte... Por amor de Deus, eu serei então um bárbaro? Pareciam-me apenas inteiramente indecentes, para esquentar os *vieux messieurs* da orquestra. Esta mesma Mado Minty já a vira dançar e a mesma impressão trouxera do seu corpo esplêndido e sem véus. (Esta dançarina é das mais consideradas artisticamente por uma reprodução célebre que em tempos fez dos bailados do Egito antigo.) Pois bem, pela primeira vez anteontem eu vi uma *dança* de arte pura e compreendi, na verdade compreendi, os argumentos tantas vezes evocados nos tribunais. Eu fui muito feliz ao fazer tal constatação. Eu não era o bárbaro que receara. Apenas, pela primeira vez, via uma dança-Arte. E tinha nascido o "Bailado" que, se o conseguir realizar, ficará numa coisa bela.

A ideia "Aquele que estiolou o gênio" – essa agrada-me muito. É porém difícil de explicar. Trata-se dum artista que vai constatando a pouco e pouco o nascimento do seu gênio, e que, maravilhado, inerte, o vai vendo crescer enternecidamente como uma mãe extremosíssima. Acarinhando-o, embelezando-o. Mas um dia – horror! – verá que à força de o acariciar, de o ter encerrado em casa (como as mães que não querem que os filhos saiam para não adoecer), ele se estiolou e vai morrendo aos poucos até a ruína definitiva – a morte. Será então o desespero, a ânsia ilimitada. Foi como uma mãe louca que sufocou o filho querido. O meu amigo poderá não atingir por esta horrível explicação a beleza que encontro nisto. Mas ela existe, asseguro-lhe. É uma ideia recente mas já bem amadurecida e que eu espero realizar com facilidade e felicidade. Não sei se haverá outro título melhor. Atualmente atravesso talvez a melhor quadra da minha vida literária. Uma enorme facilidade de trabalho, como nunca senti. O "Homem dos sonhos" apurei-o em poucas horas. É aproveitar a onda e brevemente lhe enviarei coisas novas. Não creia que me precipito. Eu mesmo não posso trabalhar senão precipitadamente. Meios-termos não existem para mim. "O fixador de instantes" está completamente amadurecido e orientado para o vago, como convém. Será uma narrativa alucinada do próprio protagonista. A ordem dos meus trabalhos vai ser esta: "Além" (ou "Bailado"), "A orgia das sedas" (inteiramente madura), "O fixador de instantes" e "Aquele que estiolou o gênio". Os outros sonhos escrevê-los-ei após, pois ainda não chegaram à completa maturação. Rogo-lhe que me dê opinião sobre as ideias novas que lhe exponho.

Concordo plenamente com a sua crítica à minha poesia, menos em dois pontos secundários: o verso "A cada aurora acastelando em Espanha" agrada-me não pelo que diz, mas pela sua cor, que acho muito intensa e vermelha, cor dada pelas palavras *aurora, acastelando* e *Espanha.* Coisa curiosa! A quadra foi feita para este verso. Os dois primeiros, que o meu amigo estima, são uma consequência deste que surgiu isolado. O outro ponto sobre o qual não concordo é com a supressão dos apóstrofos em *cor's* e *imp'rial*. Bem sei que os tratados de poética condenam as elisões e que o apóstrofo é muito desagradável à vista. Entanto acho que no verso, em casos como este, há toda a conveniência em exatamente diligenciarmos fazer a elisão porque a verdade é esta: ninguém pronuncia *co-res* ou *im-pe-ri-al*. Fazendo o verso para ser lido assim, acho a sua leitura pretenciosa e forçada. Apenas há o remédio, para evitar o apóstrofo de conservar as letras, deixando ao leitor o naturalmente não as pronunciar.

Ainda o *saltar* me sugere uma objeção. O meu amigo diz bem. Mas eu também digo bem. Este *saltar* é na acepção do tigre que se lança sobre a presa – é o *bondir* francês, que infelizmente não é propriamente traduzido em português por saltar.

Quanto ao resto, tem o meu amigo mil vezes razão. Entanto poucas emendas farei na poesia. É que, como muitos pais, a estimo pelos seus defeitos – defeitos que ela não podia deixar de ter em virtude da forma como foi feita. Eu não tinha plano algum quando a comecei. Esperava o Santa-Rita na *terrasse* dum café. Passou uma rapariga de preto. Eis tudo. E o que nunca supus foi que a concluísse e, muito menos, que ela saltasse para o vago. Foi um divertimento, em suma. E a imitação de Cesário Verde – como se tratava na ocasião dum puro divertimento sem amanhã – foi propositada! Mau gosto, é claro. Mas eu estava a brincar. Simplesmente da brincadeira nasceu uma coisa com algumas belezas. E aproveitei-a. Não lhe dando importância, apenas estimando-a. Da *Ilustração Portuguesa* (aonde não gosto nada de publicar), o Antônio Maria de Freitas andava sempre a pedir ao meu pai coisas minhas. Assim satisfiz o seu pedido mandando-lhe os versos. Verei as provas e nessa ocasião, entanto, farei algumas das emendas que me aconselha. Se se tratasse duma obra em prosa, nunca, é claro, eu procederia assim. Mas são os versos que não surgirão em volume algum, que se perderão. E por isso deixo-lhe os defeitos pelos motivos expostos. Do *Repas du lion,* do Curel, diz o E. Faguet que é um tecido maravilhoso trazendo preso um farrapo imundo. A minha poesia será um farrapo que traz preso um pedaço de seda, alguma coisa brilhante. E já é muito para um prosador ter conseguido isto. Enfim, para mim, entre a poesia e a "literatura" há a mesma diferença que entre estas duas artes e a pintura, por exemplo. As minhas horas de ócio são ocupadas não a pintar, como o Bataille, mas a fazer versos. Puro diletantismo.

As poesias que me envia são outras maravilhas. Acho a "Voz de Deus" completa e genialmente completa na sua nova versão. Entendo que não deve hesitar em raspar os *seus* aos últimos versos do "Passou"... "O Poente" é das coisas maiores que sei de você. Quanto à ideia que frisa no final da "Queda", não encontro palavras para exprimir a sua grandeza! Meu querido Fernando: é impossível que um talento como o seu não *ilumine* algum dia! Um abraço aonde vai toda a minha admiração, todo o meu culto pelo genial artista que o meu amigo é. E creia na minha sinceridade. Eu já lhe disse que tenho um pavor sem fim do "elogio pelo elogio". Não faz ideia como me orgulho de ser estimado por si como sou, como do fundo da alma lhe agradeço as suas cartas, que para mim são atualmente as maiores alegrias, como me orgulho de merecer a sua atenção. Enfim, estas coisas não se podem exprimir.

Na "Voz de Deus" há, esquecia-me de lhe dizer, uma coisa que eu achava preferível modificar, é: "Deste pavor, do archote se apagar que me guia."[10] Esta transposição do *que* encontro-a dura, deselegante, destruindo beleza. Por que não abstrair simplesmente da rima, tão dispensável, e escrever: "Deste pavor do archote que me guia se apagar". Eu não estou falando em nome da Gramática – é claro – apenas por uma questão de plasticidade. E é muito possível que não tenha razão.

Efetivamente o meu amigo tinha-me falado da volta à ideia de publicar a sua obra num só volume. Acho mais belo, sem dúvida. Apenas mais difícil de realização prática. E por amor de Deus, razões de modéstia não o vão coibir de utilizar esse formosíssimo e grandioso título de "Auréola!!". Não é fácil de encontrar outro mais belo. Um certo orgulho entendo que vai bem ao artista (não ao homem).

10/ Fernando Pessoa manteve a sua forma original.

O seu artigo sobre o Lopes Vieira[11] agradou-me extremamente pelas maravilhosas frases agressivas que contém. Mas é preciso que o poeta apareça!

Este estendal vai terminar.

Peço-lhe que logo que receber esta carta me avise, em simples postal, da sua recepção e que me dê, com *brevidade máxima*, a sua opinião sobre o "Homem dos sonhos", guardando para depois as respostas aos outros pontos da minha carta. Suplico-lhe que proceda assim, pois não sossego enquanto não tenho a sua opinião sobre os meus trabalhos.

Ainda sobre o "Simplesmente": o verso "Que as nossas almas só acumularam", deve-se entender assim: que as nossas almas só construíram. Mas céus são nuvens – por isso acumulam-se.

Renovo os meus pedidos.

E mil agradecimentos e muito abraços.

O seu

Sá-Carneiro

50, Rue des Écoles
Grand Hôtel du Globe

Vai uma coisa do Powlowski na *Comédia* que acho interessante e
verdadeira. Que lhe parece?
Peço-lhe atenção (nas provas) para os espaços entre certos parágrafos.

11/ "Naufrágio de Bartolomeu." In: PESSOA, Fernando. *Páginas de doutrina estética*. Lisboa: Inquérito, 1946.

7

CAFÉ RICHE
Paris

Paris – Abril de 1913
Dia 21

Meu querido Amigo,

Recebi ontem a sua carta e mais uma vez lhe peço perdão de outro dia lhe ter enviado um postal. O meu amigo é tão amável, escreve-me cartas tão longas que na verdade é exorbitar ainda em cima lhe escrever postais a pedir resposta! Mas perdoa-me, não é verdade? Claramente que lhe agradeço não só a sua carta, mera carta, como, duplamente, aquilo que ela contém – a sua opinião inteligente e franca. Muito obrigado. Tenho a sua carta aberta diante de mim. Vou-a percorrendo ao mesmo tempo que lhe escreverei esta, respondendo àquilo que resposta me sugerir.

Diz você que, na sua opinião, do Ponce e do Correia de Oliveira, no "Bailado" eu *transbordei*. Eu acho preferível outro termo: *transviei*. E daí a falência da obra. Já o receava – e a sua carta veio-mo confirmar. Com efeito eu recitava o "Bailado", e achava bela a melodia, mesmo o conjunto. Achava beleza, mas essa beleza não me satisfazia de forma alguma. E eu esquecia-me até dessa obra que tanto me agradava ao recitá-la. Esquecia-me de que a tinha concluído – isto é: instintivamente não a considerava, não cria na sua existência – porque em verdade ela não existe. E, no entanto, veja, ainda hoje creio na sua beleza – simplesmente essa beleza é *uma beleza errada.* Não é uma falsa beleza, é uma beleza errada. Daí eu aceitar a conclusão da sua crítica, condenar o meu trabalho, condená-lo mesmo à morte, e no entanto estimá-lo. Isto é muito difícil de fazer compreender. Deixe-me explanar imodestamente: no "Bailado", eu acumulei beleza em volta de nenhuma armadura, acumulei beleza à toa, uma sobre a outra, e assim o total, composto de coisas belas, ficou inexpressivo, nada atraente – sem valor, numa palavra. Quanto a mim, o defeito primordial da obra é, como eu já pensava, o título ser indiferente: tanto importaria: "Bailado" como "Sonho d'ópio", "Música" etc. (O "Bailado" não será, no entanto, um simples bailado de palavras? Ir-se-ia embora toda a significação material, para ser só a do ritmo de sons e *ideias*? Isto sou eu ainda a querer salvar-me num esforço, aliás inútil. Diga entanto o que pensa sobre este "remédio".)

No princípio e especialmente as primeiras linhas, acha-as você belas. E sabe por quê? É que eu aí comecei compondo *apoiado*; lembrando-me do baile, procurando-o traduzir artisticamente. "Tudo horizonte, só horizonte", porque o pano se erguia sob um cenário maravilhoso de cor, onde tudo era silêncio, e ao longe horizonte crepuscular e vermelho. Mas em breve um ruído brusco de silêncio – o voar dos pés nus da dançarina – vinha animar o quadro.

Ainda me apoiei algumas linhas, mas em breve atacado da bebedeira de palavras – o que não é o mais grave: o pior é que essa bebedeira é também de *ideias*, sobretudo no final – me transviei. Não mais me lembrei da dançarina, só me lembrei de sons falsos, de ideias que saíam do quadro. E daí a ruína. Por isso muita razão tem você quando diz que as minhas frases nenhuma impressão lhe dão de "Bailado" (a não ser talvez, relembro, na acepção de bailado, de redopio, de ideias e palavras).

Contra um pormenor mínimo da sua crítica me insurjo. É quando diz que "sombra ungida" não quer dizer nada. Quer, olhando toda a frase "A grande esfinge platinada da luz do Sol faz sombra ungida". Sim. Um outro obstáculo faria simplesmente *sombra*; mas a esfinge, a grande esfinge misteriosa e simbólica, faz "sombra ungida", sombra *sagrada* por ser feita pela esfinge. É um detalhe mínimo, que nem belo chega a ser, mas que é significativo. Parece que isto se não pode negar. Eu não empreguei o *ungido* simplesmente por ser uma palavra bonita e em moda. Mas isto nenhuma importância tem. Não concordo com a condenação que faz das linhas a partir de "olha o carro de triunfo". Elas não serão belas, mas são das raras que eu julgo traduzirem o bailado. Não serem belas mas estarem certas. "Aonde pasme a grande fera" é tão mau que eu já cortara. Vê-se bem que eu realizei tão mal – isto é, não realizei – o que pretendi, que é exatamente quando mais fujo, mis divago, que atinjo beleza. Assim, segundo você (e eu concordo plenamente) atingi beleza em 3 e em 5. Em 4, no nevoeiro, sou incompreensível. Ora, aqui foi um dos instantes aonde de novo me quis apoiar. *Nevoeiro* eram simplesmente as gazes que envolviam a dançarina numa neblina doirada, que tumultuava em flocos em volta da sua carne, mas que não *ocultava,* como acontece com a neblina real, ao contrário *desvendavam*, visto que os véus só eram neblina ao voltear, e volteando descobriam a carne. Quanto às maneiras que você diz poderem ser aplicadas à tradução dum bailado, devo-lhe dizer que segundo o meu intento foi a terceira maneira que eu quis empregar. Mas nem mesmo ela. Eu decidi como princípio fundamental, nem por sombras falar na bailadeira. Pôr de parte o instrumento, para só realizar a sua obra. A empresa, concorde, era difícil. Eu desejei executar com palavras o mesmo que a dançarina executava com o seu corpo, auxiliado pela música, pela cor (o cenário), pela luz. Sucumbi, é claro. Isso não oferece a mínima dúvida; sou eu, como já disse, o primeiro a reconhecer. Entretanto – e é isto o que mais me penaliza – há no "Bailado" algumas frases que sinceramente eu acho muito, muito belas. São as mesmas que você destaca, é, sobretudo, a parte que antecede o final: "Numa incerta nostalgia" até "Vivo em roxo e morro em som". E é esta a tortura: como salvar essa beleza? Porque o "Bailado", como bailado, está inteiramente, mesmo mais do que inteiramente falhado.

Não é uma obra a emendar, a corrigir. É uma obra a *fazer*. E sendo assim dificilmente se poderão aproveitar frases deste escrito, porque só a preocupação de as aproveitar iria perniciosamente influir sobre a nova composição. Que diz você a isto?

(Cabe-me felicitá-lo, entre parênteses, pela maravilha de inteligência e arte que são as páginas em que você analisa a maneira de realizar um bailado, e de lhe repetir os meus agradecimentos; ou melhor, meu querido amigo: a minha gratidão! Há uma *nuance*...)

Quanto ao *Além*.

O *sujavam* deve-se, na verdade, eliminar. Sabe por que eu o empreguei? Vai ver: é curioso e infantil. Foi para ter a impressão de coisas a correr sobre o corpo pelo abrandamento sucessivo da gutural: sulcavam, sugavam, sujavam. Mas em verdade sonicamente não dá a impressão desejada e a palavra é imprópria e, sobretudo, feia. Os círculos *aguçados* é simplesmente um disparate, e um disparate inútil (dando de barato que existam disparates úteis...); com efeito, para dar a impressão de círculos fantásticos, lá estão os dois termos *enclavinhados*, impossíveis que me parecem fortes e *possíveis*. Tem razão no que diz a seguir sobre o fim do parágrafo. Mas ele ainda não está na sua forma definitiva.

Aceito a "explicação psicológica". Ela é bem real e inteligentemente esboçada. Abstraia entanto da influência de Paris. Ela não existe, parece-me. E daí talvez exista insensivelmente... compreendo perfeitamente o que quer dizer com as influências da sua obra. Elas mesmo não podiam deixar de existir em mim. Tudo o que me entusiasma, me influencia instintivamente. E só me orgulho por isso. Só quem teve dentro de si *alguma coisa* pode ser influenciado. Quando este verão nos encontrarmos, muito lhe falarei do meu *eu* artístico; das minhas qualidades, dos meus defeitos. E tudo se reduz nisto, dito sem modéstia: uma imaginação admirável, bom material para a "realização"; mas um mau operário – pelo menos um operário deficiente, que se distrai, se esquece e envereda. Uma falta de equilíbrio, em suma. Não acha que tenho razão? *Não se esqueça de mo dizer sinceramente, rudemente.* (A falta de equilíbrio vem, sem dúvida, de que eu sou um "desequilibrado" e o fui sempre desde criança.) (Quando acima escrevo "imaginação" não me refiro só à *ideia* duma obra, à pura imaginação, mas também à *imaginação* da sua realização que se encontra em simples frases, não só no total da narrativa. É possível que não me compreenda aqui, mas não lhe sei dizer doutra forma.)

Tomo nota do que você diz por último do "Bailado", acerca da sua música, e que é muito elogioso.

Zango-me por o meu caro amigo me dizer que não me ofenda por ir compor um bailado. Só me alegro por isso, unicamente lhe pedindo que assim que o execute mo envie, bem como o do Correia de Oliveira, a quem peço que transmita o que digo nestas linhas, com os meus cumprimentos.

Vi as linhas da *Águia* e achei também imensa graça. Aquilo deve ser do Álvaro Pinto.

O número do *Teatro* com o artigo sobre o Sousa Pinto, recebi-o e tenho quase a certeza que lhe falei sobre o assunto numa das minhas cartas, referindo-me até entusiasmado às frases fustigantes que você tinha escrito. Mas talvez esteja em erro.

Não se esqueça de me enviar o nº 3, quando puder.

Banido o *Estudo a ruivo*, especialmente pelo Sherlock Holmes.

Sobre o Gomes Leal, com todo o gosto concorrerei com alguma coisa. Darei ordem ao meu pai. Mas como fazer-lhe chegar o dinheiro às mãos, a si? Indo buscá-lo a minha casa? Diga-me e na volta do correio eu lhe direi quando pode ir a minha casa, se for este processo que escolher.

As provas do "Homem dos sonhos", se não chegarem a tempo de eu as rever, não faz mal, pois confio inteiramente em Fernando Pessoa, o revisor.

Duas ideias novas que aqui lhe escrevo, copiando textualmente o apontamento telegráfico que tenho num projeto:

"Fixa na rua um homem que lhe lembra outro já morto (o seu professor de alemão), pois se parece muito com ele. E o desconhecido fixa-o também. *Parece que também o reconhece*. De novo se encontram num café. E falam. O desconhecido é alemão... e conta-lhe que o fixou por se parecer imenso com um seu discípulo morto já... – Disto, dar a ideia das coisas *incertas* que na vida por vezes vivemos, das zonas claro-escuro que nela existem (como às vezes, ainda acordados, como que começamos a sonhar, despertando logo porém desse vago sonho, que não temos a certeza se existiu). Fazer passar a incerteza do próprio encontro, do episódio."

"A estranha obsessão dum homem que ama uma mulher que se lhe entrega toda, mas que ele não pode possuir inteiramente porque a sua beleza se lhe afigura móvel, nunca fixada. Assim, um dia, mata-a. A beleza finalmente deixa de correr, para. Ele possui-a toda nesse corpo morto e pálido, lavado pelo luar. (Obteve a alma da beleza; mas o próprio corpo se transforma em alma. E ele chora a alma e a carne perdida. Porque em face dos seus olhos delirantes a carne se esvai na noite.)"

Estas duas ideias não são muito importantes; entretanto diga-me o que pensa delas.

O Ramos continua no Brasil, aonde parece fixar-se, visto que manda para lá ir a mulher. Soube-o por uma carta que escrevi a esta e à qual uma tia me respondeu... Que "complicações familiares...".

Meu querido Fernando, mais uma vez lhe quero exprimir toda a minha gratidão pelos serviços que lhe devo. Nunca lho poderei agradecer. Só lhe peço que continue estimando-me e falando-me, de si e de mim, com o máximo desassombro.

Um grande abraço. O seu

Sá-Carneiro

Atrevo-me a pedir-lhe que me responda o mais breve que puder!
E pergunte ao Ponce, da minha parte, se está bom de saúde...

Mais um abraço

o *Sá*

8

Paris – Maio de 1913
Dia 3

Meu querido Fernando Pessoa,

Cá estou de novo a maçá-lo. Mas você tem que ter pena de mim. Escrevo uma coisa, e logo tenho ânsia de saber o que o meu querido amigo pensa dela. É um entusiasmo, uma ansiedade... tenha paciência. Nós estamos no mundo para termos paciência e para nos aturarmos uns aos outros.

De resto o que aí vai[12] não tem importância. Eu pelo menos não sei se tem importância. Mas o curioso é como esses versos nasceram. Não nasceram de coisa alguma. Eu lhe conto:

Anteontem, quinta-feira de Ascensão, dia de Santo cá na República, à tarde, quase a dormir, num aborrecimento atroz, alheio, com a cabeça esvaída (dormira muito pouco na noite antecedente), eu estava sentado na *terrasse* dum café do Boulevard dos Italianos. Sem saber como havia de passar o tempo, pus-me a fazer bonecos num papel... e de súbito comecei a escrever versos, mas como que automaticamente. Coisa para rasgar, pensei logo. Se havia disposição má para escrever era aquela em que eu estava. A seguir compus, sem uma rasura, mais de metade das quadras que lhe envio – coisa única em mim – que, como sabe, não tenho o trabalho rápido. Li o que escrevera por desfastio e achei-lhe um sabor especial, monótono, quebrado (pela repetição da palavra na rima), boa tradução do estado sonolento, maquinal, em que escrevera esses versos. E ontem, em vista disso, juntei o resto das quadras, mas num estado normal e refletidamente. Acho isto interessante. E sobretudo, esses versos; eu, ao lê-los, sinto que marcam bem o ritmo amarfanhado da minha alma, o sono (não o sonho – o sono) em que muitos dias vivo. Sono de alma, bem entendido. Mas que nessa tarde coincidia com o sono

12/ Sá-Carneiro refere-se ao poema "Dispersão".

físico... Francamente, rudemente, diga-me você o que isso vale. Afirmo-lhe que não o sei. Mas pressinto que é ou uma coisa muito valiosa, ou uma série de banalidades. Espero ansiosamente a sua resposta. Peço-lhe que perdoe "o domingo de Paris". Não o corto, porque essas duas quadras pertencem ao número das que nasceram num estado subconsciente, com as melhores, aliás. (Domingo, porque, sendo dia de Santo, o aspecto da cidade é o mesmo que o de domingo.) Rogo-lhe também que atenda particularmente às quadras 3ª, 9ª, 14ª, 11ª, 20ª e aos dois versos isolados finais que julgo ser o melhor da poesia. A quadra 15ª não tem beleza, se lha indico é porque acho muito singular o tê-la escrito. Que quer dizer isto? Parece uma profecia... Por que a escrevi eu? Como é que de súbito me surgiu essa ideia do Norte, duma cidade do Norte que eu depois, procurando, vejo que não pode ser outra senão S. Petersburgo?... (Escuso de lhe dizer que esta quadra pertence ao número das que escrevi primeiro, por isso mesmo é que ela se torna interessante.) Do final da poesia gosto muito, muitíssimo, por a terminar quebradamente, em desalento de orgulho: leões que são mais que leões, pois têm asas, e aos quais no entanto arrancaram as jubas, a nobreza mais alta, toda a beleza das grandes feras douradas. Nas quadras que escrevi dum jato, raras emendas fiz: mudei um – "tristeza"! – para "sequinha", por exemplo, e tudo o mais, muito pouco, e meras substituições de palavras. Em resumo, essa poesia pouco mais tempo levou a compor do que o tempo material para a escrever. Como digo, isto em mim é extraordinário.

Repito: ignoro se isso é alguma coisa ou não é nada. Você mo dirá. A você, ao seu alto espírito, à sua maravilhosa clarividência me confio, só lhe rogando que me responda o mais breve possível e me perdoe estas constantes maçadas.

E não se esqueça também de responder à minha última carta, se é que ainda o não fez.

Repetindo-lhe os meus agradecimentos e enviando-lhe um grande abraço, sou o seu muito amigo

Sá-Carneiro

P.S. – Depois de composta a poesia, vi que ela era *sincera*, que encerra talvez um canto do meu estado de alma. Pelo menos, creio-o.

9

CAFÉ RICHE
Boulevard des Italiens, 16
Paris (9ᵉ)

Paris – Maio de 1913
Dia 4

Meu querido Fernando,

Aí vai outra poesia. Fi-la, vamos lá, em três horas, neste café, com barulho e um militar reformado, gagá, ao meu lado, que fala só e implica com os circunstantes... Nesta tenho muita confiança; julgo-a mesmo muito bela, pasmo de a ter feito. É muito interessante o que se passa comigo atualmente. Como é que de súbito eu me virgulo para outra arte tão diferente? E sem esforço, antes naturalmente. Depois há isto. Eu que sou sempre inteligência, que componho sempre de fora para dentro, pela primeira vez acho-me a compor de dentro para fora. Estes versos, antes de os sentir, pressenti-os, pesam-me dentro de mim; o trabalho é só de os arrancar dentre o meu espírito. Sinto mesmo uma ou duas poesias mais dentro de mim. Não lhe posso dizer o que elas são; mas sinto-as. Qualquer dia as escreverei. É preciso notar que o soneto que ontem lhe enviei, bem como esta poesia e essa outra ou outras ainda não escritas, se englobam em *Dispersão*, e entrevejo mesmo uma *plaquette* aonde, sob esse título, elas se reúnam sem títulos; separadas unicamente por números. É preciso notar que só farei essa publicação se o meu amigo me disser que efetivamente estes versos valem alguma coisa, não muita coisa, – entanto alguma coisa. Mesmo eu gostava muito de publicar um feixe de versos entre as minhas prosas. Diga-me pois francamente. O "Bailado", aboli-o. Logo não se admire do "Desce-me a alma", que aproveitei na "Bebedeira", como outras coisas do "Bailado" aproveitarei. Aliás, o verso "Desce-me a alma, sangram-me os sentidos" parece-me muito belo. Que diz você? É verdade. Resolvi substituir toda a primeira parte do "Simplesmente" por esta única quadra:

Ao ver passar a vida mansamente
Nas suas cores serenas, eu hesito,
E detenho-me às vezes na torrente
Das coisas geniais em que medito.

Faço bem? Diga.

Quanto às elisões ("imp'rial" etc.), quando publicar os versos não as faço tipograficamente. O leitor maquinalmente as fará. O mesmo sucede com um "crepúsculo" da "Bebedeira".

Diga-me também: seria melhor escrever a primeira quadra do soneto de ontem assim: (foi como primeiro a escrevi)?

Numa ânsia de ter alguma coisa,
Divago por mim mesmo a procurar.
Desço-me todo, e em vão...
Sem nada achar,
A minh'alma perdida não repousa.

Na "Bebedeira" será melhor "Um disco d'ouro *nasce* a voltear" do que: "Um disco d'ouro *surge* a voltear"?

Desculpe todas estas coisas sem importância. É claro mesmo que pequenos retoques ainda presumivelmente darei a todos estes versos até a hora da sua publicação.

Suplico-lhe, suplico-lhe que me diga o *mais depressa possível* o valor destes versos. Com toda a rudeza. Pode-os mostrar a quem entender.

E perdão de novo pelas minhas maçadas!

O seu muito grato

Sá-Carneiro

Responda logo que possa!

Perdoe-me!...

Destas quatro poesias: 2ª parte do "Simplesmente", "Dispersão", "Soneto"e "Bebedeira", diga-me qual a melhor (eu julgo a última.)

10

CAFÉ RICHE
Boulevard des Italiens, 16
Paris

Paris – Maio de 1913
Dia 6

Meu querido Amigo,

Agora são cartas quotidianas!

Mas hoje é porque recebi a sua, embora vão juntamente mais versos.

Você é um santo!...

Muito interessante e sutil o que diz sobre o Beirão. Concordo plenamente com a necessidade de mais um estilo.

Quanto aos "Pauis". Como pede, vou-lhe falar com franqueza. E peço-lhe que me acredite. É uma vaidade realmente, mas peço-lhe que me acredite. Eu sinto-os, eu *compreendo-os* e acho-os simplesmente uma coisa maravilhosa; umas das coisas mais geniais que de você conheço.

É álcool doirado, é chama louca, perfume de ilhas misteriosas o que você pôs nesse excerto admirável, aonde abundam as garras.

Assim, além do sublime primeiro verso que listra fogo, há estes magistrais que destaco:

"Ó que mudo grito de ânsias põe garras na Hora
Que pasmo de mim anseia por outra coisa que o que chora?"

"Fluido de auréola, transparente de foi, oco de ter-se...
O mistério sabe a eu ser outro... luar sobre o não-conter-se."

e isto que me faz medo, não sei por quê: "A sentinela é hirta e a lança que finca (?) no chão – É mais alta do que ela", para lhe não copiar toda a poesia.

Há unicamente um pedaço que me parece transviado; que pelo menos eu não adivinho; em suma, que não acho belo. São os dois versos e meio que começam em "onda de recuo" e terminam "me sinto esquecer". O que acho falhado é o conjunto, pois o verso "e recordar tanto o Eu próprio que me sinto esquecer" é admirável e até evidente. O que não atinjo é ligação da "onda de recuo que uivada" com os dois versos que lhe seguem. Em suma: a única coisa que não sinto são essas quatro palavras. Devo-lhe também dizer que gosto pouco da frase final: "tão de ferro." Não acho suficientemente louca nem bela para a desculpar da sua rudeza raspante. E abstraindo o que digo (que não é nada) todo o conjunto é sublime. Quem escreve coisas como esses versos é que tem razão para andar bêbado de si. Desculpe-me não me alargar mais em considerações. Confesso-lhe que isso é uma maravilha; pormenores trocaremos este verão, logo no começo de julho (isto dentro de apenas dois meses), aí em Lisboa. Suplico-lhe que me acredite. Eu posso errar, mas digo-lhe o que penso, só o que penso. E sabe: eu não acho os "Pauis" tão nebulosos como você quer; acho-os mesmo muito mais claros do que outras poesias suas. Talvez por uma circunstância física.

(O Ferro, em carta de ontem, falava nos "Pauis", dizendo-mos muito belos, mas encontrando-lhes, no entanto, "enigmas" – a palavra é dele – a mais.)

Curioso o que diz sobre as recitações. E acho especialmente significativo e confortador para você o caso do Ponce. É que há Arte que se aprecia melhor antes de se procurar compreendê-la. Pressentir é mais do que sentir.

Junto vão duas pequenas poesias, números da *Dispersão*. No "Inter-Sonho" emoldurei três frases do "Bailado" que eu reputo das coisas mais belas que tenho escrito e que de forma alguma quereria perder. Gosto, afecciono estas duas poesias, embora das menos importantes da *Dispersão*. Já tenho o plano completo do conjunto. Além dos versos que você tem, que são os feitos hoje, haverá os seguintes números: "Mentira", "Rodopio", "Como eu não possuo", "A queda", e, talvez (quase certamente), "Aquele que estiolou o gênio", volvido poema.

"Mentira" – Não é nas outras pessoas só que eu me engano, é também em mim próprio. Corro para uma aventura. Tudo está certo. E ela não me acontece. O mesmo sucede comigo próprio dentro de mim. Olho para as coisas que crio, julgo-me príncipe. Mas olho-as mais de perto: todas se dispersam, não *são* também; pelo menos não creio nelas. (Isto não se pode explicar, só executar.) Não só não me *acontece* a realidade como também me não *acontece* a fantasia.

"Rodopio" – Volteiam dentro de mim as coisas mais heterogêneas

Volteiam dentro de mim
Num rodopio, em novelos,
Milagres, uivos, castelos,
Forcas de luz, pesadelos,
Altas torres de marfim...

Descrever a angústia de apanhar tudo quanto possa; o que é impossível. Cansaço, mãos feridas. (A seguir a este número, grifando-se nele, virá a "Vontade de dormir".)

"Como eu não possuo" – O que eu desejo, nunca posso obter nem possuir, porque só possuiria *sendo-o*. Não é a boca daquela rapariga que eu quisera beijar, o que me satisfaria era sentir-me, *ser-me* aquela boca, ser-me toda a gentileza do seu corpo agreste (gosto muito deste número).

"A queda" – A descrição de uma queda fantástica, onde enfim jazo *esmagado sobre mim próprio*.

Estas poesias seriam todas curtas, um pouco mais longa talvez "Aquele que estiolou o gênio", que, no entanto, eu ainda posso renunciar a incluir nesta série. É uma questão do momento em que o principiar a compor.

Parece-me que afinal publicarei a série, numerada, mas com títulos. Ela abrirá por um pedaço não numerado, "Partida", que é a segunda parte do "Simplesmente", e que será como que um prefácio, uma *razão* do que se segue. O soneto que lhe enviei terá o título de "Escavação", e a "Dispersão" passará a chamar-se "Sono". Diga-me você o que pensa sobre tudo isto e se entende preferível só numerar as poesias. E por amor de Deus, diga-me *rudemente* o que pensa de cada uma delas, destacando as melhores. Suplico-lhe à sua amizade! *e o mais brevemente possível*!!!

O conjunto de *Dispersão* ficará talvez um pouco monótono. Mas essa monotonidade dar-lhe-á um sabor especial. E é preciso atender a que o folheto se lerá em menos de meia hora.

Os metros que emprego são de talhe clássico. Não é que eu os prefira. Simplesmente as poesias têm-me saído assim – talvez porque a toada certa facilita o trabalho.

Pode ir a minha casa desde terça-feira próxima para o caso Gomes Leal. Isto porque o meu pai está em Tancos, vindo porém a Lisboa, mas só aos domingos-segundas. Só pois nestes dias poderá dar a ordem necessária. Eu digo que você vá a partir de terça para haver certeza completa.

Como é bem certo, magnificamente exprimido, o que você diz sobre a "ânsia transbordante de outro, que é como que uma tortura física"! Oh! não há dúvida, é uma tortura física – quantas vezes o tenho pensado.

Recebi o *Teatro*. Gostei muito do seu artigo e sobretudo do "novo gênero de caricatura".

Renovo-lhe todos os meus perdões, todos os meus abraços pelos seus versos geniais e, infantilmente, lhe rogo que faça um esforço e me responda o mais breve possível.

O seu

Sá-Carneiro

Quanto ao "Homem dos sonhos", faça-o sair como está que eu no livro lhe farei as pequenas emendas.

Na "Vontade de dormir", seria preferível em vez de "quero dormir... sossegar...", "quero dormir... ancorar..."? DIGA!

Parece-me melhor o *ancorar*, que emendei na poesia, riscando o *sossegar*. Diga, no entanto.

11

CAFÉ RICHE
Boulevard des Italiens, 16
Paris

Paris – Maio de 1913
Dia 10

Meu querido Amigo,

Cá estou outra vez!

E foi já antes de ontem que eu copiei os versos que vão junto para lhos mandar – o que afinal só hoje venho a fazer.

Oiça:

No "Rodopio" o que eu quis dar foi a loucura, incoerência das coisas que volteiam – daí a junção bizarra de coisas que aparentemente não têm relação nenhuma. Quis dar também o "Rodopio" pela abundância, pelo movimento. Há versos de que gosto bastante, por exemplo:

> Chovem garras, manchas, laços...
> Planos, quebras, e espaços
> Vertiginam em segredo

as duas quintilhas que se seguem. A antepenúltima.

Sobre a 8ª ("Há incenso de esponsais", etc.) é que tenho dúvidas. Escrevi-a na seguinte intenção: dar a nota da incoerência, no meio do singular turbilhão das coisas esplêndidas e bizarras; veem-se grifar coisas vulgares da vida, ou antes – a nostalgia das coisas vulgares da vida; muita, muita ternura. Traduz essa quintilha, no meio das outras, uma coisa muito verdadeira da minha alma. Mas receio, no entanto, que ela venha destruir o equilíbrio do desequilíbrio artístico da composição. Meti-a entre parênteses, por isso mesmo. Gostaria muito de a conservar. Entanto hesito, e, em última instância, recorro a você. Mas seja imparcial. E diga se ela pode ficar. Se apenas for preferível eliminá-la, deixá-la-ei. Mas se for *preciso* condená-la, condená-la-ei. Você mo dirá.

A seguir ao "Rodopio" vem a "Queda", fazendo conjunto com ele. Gosto bastante desta poesia e muito do seu final.

Para a *Dispersão* faltam, pois, só duas poesias, porquanto aquele "Mentir" não a comporei. O assunto não é, depois de o pensar melhor, o que eu julgava. E, como é, não entra pelo menos no quadro. Ainda sobre o próprio "Aquele que estiolou o gênio", tenho dúvidas. O que farei decerto é "Como eu não possuo", que se grifará nesta ideia: não é só em mim que me disperso – é sobre as coisas: assim como me não posso reunir, também não posso reunir, possuir as coisas.

Sobre "Aquele que estiolou o gênio". Esta ideia de conto, tratado até cientificamente, volveu-se-me de uma forma bizarra, poética. No meu conto o protagonista havia de ter sensações como esta: uma mulher passava e, casualmente, o acariciava. Ele ficava com uma ternura infinita por essa mulher porque ela tinha tocado nele – mas não pelo que ela lhe tinha feito – sim pelo que ela tinha feito a si própria, mexendo nele – mexendo no gênio. E, em exaltações, ao ver as maravilhas subirem dentro de si, nos jardins, abraçaria as árvores – *para lhes fazer bem*. Olhar-se-ia ao espelho, pasmado de admiração em frente de si – mas não pelo seu físico, sim pelo que havia *dentro* dele. E com ternuras especiais olharia para o seu gênio. Às vezes procuraria adormecê-lo, receante de o fatigar etc. Você vai ver, pelo excerto que adiante mando, como poeticamente eu pretendo traduzir estas coisas, que no conto seriam tratadas de fora. Peço muito que me diga o que antevê, pelos excertos, da poesia total e se acha que a deva executar ou não. A executá-la há de ser assim neste corte, nesta maneira, nesta orientação. Caso contrário renunciarei a tratar o assunto em poesia. Os seus conselhos mo ensinarão. Aí vai o que fiz:

– Não vibres tanto, meu amor,
Toma cuidado, olha que vais quebrar...

Se queres ungir, vem cá, ó minha luz, ó meu tesouro,
Vamos beijar os plátanos...

Fecha os olhinhos – não te cegue o ouro;
Cobre-te bem que podes esfriar...
....
Lindo passeio, não foi?
Mas tu nem um instante sabes estar sossegado,

Como tu és ágil... como tu saltaste...
Como tu correste... como te afogueaste....
E a rapariguinha que te beijou?
Mal sabe ela que há de ser rainha...
Viverá cem anos
Porque te afagou...
....

O Sol já se vai a pôr
É tempo de adormecer...

Queres que te conte uma historia?...

Não sonhes tanto glória
Que podes entontecer...

Vamos, ouve a minha história:

Era uma vez uma princesa,
Filha de um grande imperador,
Que se morria da tristeza
De não saber vibrar de amor...
....

É só isto que tenho feito. Deixe-me explanar-lhe o meu plano. A história contará que esta princesa era infeliz por não poder sentir o amor e passar fechada no seu quarto de ouro, tecendo maravilhas no seu tear de marfim... Mas um dia certo pajem galante, finalmente, soube fazê-la vibrar de amor. Ela então desceu do seu quarto, deixou o seu tear e é feliz. Isto indica, pois, e sempre, a mesma ideia da vida fácil, natural, que passa. Mas o "menino" de olhos perdidos não ouve a história, aborrece-se escutando-a, mas não adormece – prossegue ansiando subindo; como no "passeio" não descansou, sempre correndo, saltando. Outras partes da poesia serão: levar o "menino" em frente do espelho, embalá-lo, etc., até ao fim, o estiolamento à força de cuidados. A poesia é voluntariamente maternal, terna, com os diminutivos e as carícias que as mães têm para com os filhos. Ficaria assim dum corte e tom original. Seria como que um simbolismo às avessas: em vez de traduzir coisas reais por símbolos, traduziria símbolos por coisas reais. A palavra "gênio" não entraria mesmo na composição. Tudo isto por vezes me parece muito belo. Mas outras, receio de ser uma beleza errada. Peço pois o seu conselho. Tanto mais que desta ideia em conto, eu tenho a certeza de tirar uma bela coisa (mesmo a poesia não me impediria de o escrever). No caso de o incluir na série *Dispersão* será essa poesia a que encerrará o folheto – pois marcará o *fim* de tudo.

Sobre isto, a sua opinião inteira, e breve, meu querido amigo.

Ansiosamente espero a sua resposta a esta e às outras minhas cartas. Mais uma vez lhe suplico que me responda logo que puder!

Ainda sobre a sua última carta:

Não vi o livro do Aquilino.

Concordo inteiramente com o que diz sobre o Eugênio de Castro.

Muitos abraços e de novo mil perdões e rogos de resposta breve do seu maçador amigo

Sá-Carneiro

Peço-lhe que coloque em ordem de preferência todas as poesias que lhe tenho enviado.

O quarto verso da 2ª quadra do "Sono" é: "Nem dei pela minha vida!"

Não sei se já lhe tinha dito.

Vai já um apontamento interessante do Pawlowski.

Post-Scriptum: Modifiquei da seguinte forma a quadra que substitui a 1ª parte do "Simplesmente":

Ao ver coar-se a vida humanamente
Em suas águas certas, eu hesito,
E detenho-me às vezes na torrente
Das coisas geniais em que medito.

Este "geniais" não é hipervaidade.

As coisas são geniais porque o são elas próprias – coisas. Não por eu pensar nelas.

Como tenho tempo a mais, vou-lhe contar uma cena patusca acontecida com o Santa-Rita há bastantes semanas já. Li-lhe o "Bailado" e ele (que achara uma coisa muito má o "Homem dos sonhos", mas que já gostara muito da segunda parte do "Simplesmente") ficou entusiasmado. Fez-mo repetir e de súbito, na onda dos elogios, deteve-se...

– Que é, homem? – perguntei eu. – Acabe... – E ele confessou:

– Vou-lhe dizer uma coisa desagradável. "É que você não tem valor para fazer coisas tão belas como essas."

Eu lhe explico o que isto quer dizer, meu caro Pessoa: é que, segundo o Santa-Rita confessa, para ele vale muito mais o Artista do que as suas obras, isto é: o aspecto exterior do artista, os seus cabelos, os seus fatos, a sua conversa, as suas *blagues* – o seu eu, em suma, como coisa primordial, – a sua obra, como coisa secundária. Isto é espantoso, mas é assim. De forma que a minha obra *cubista* não era digna de mim... É claro que lhe agradeci a frase, pois ela (para mim, que só dou importância à obra) era um simples elogio....

Depois o Santa-Rita, sempre entusiasmado, pediu-me uma cópia do escrito, pois queria ilustrá-lo. E fantasiou logo uma publicação em *plaquette* "que marcasse bem Paris", e que como ilustrações contendo, além das águas-fortes que sobre o "Bailado" ele comporia, o nosso retrato – mas o nosso retrato confundido num só retrato... que aliás ninguém perceberia que era um retrato. Mas o melhor ainda você não sabe. No dia seguinte aparece-me em casa, às sete horas da manhã (!!), e vem-me mostrar, não desenhos que tivesse feito, mas frases que juntava ao "Bailado", para o enlouquecer mais, dizia!... Tanta petulância e ingenuidade desculpam-se, pois é certamente irresponsabilidade. Vou-lhe citar algumas dessas frases de que ainda me recordo.

> "A baleia a balar...
> O clarim da *Mimoira*...
> Tenho saudades de Y"

e no meio, uma frase em espanhol, do Goya!!!!!!... E dizia que era conveniente meter uma frase em francês e noutras línguas...

Eu pude por isto ver o que era a arte do Santa-Rita (não digo dos cubistas), pois ele me dizia que estas coisas eram só para "marcar Paris", para não se perceberem. E acrescentou mesmo que eu devia arrancar do "Bailado" *tudo quanto se percebesse*. Em face de tudo isto eu não fiz mais do que sorrir. Não valia a pena indignar-me. E é claro que nunca mais se falou nem em *plaquettes*, nem em bailados, nem em ilustrações...

(Ele ainda achava muito conveniente pôr na capa as *armas reais portuguesas*!) Mas olhe que tudo isto era a sério, o mais possível, pois se tratava, em suma, de uma obra a que o seu nome viria ligado!

Adeus, diga se não acha isto *ótimo*. No entanto escusa de divulgar muito esta piada, peço-lhe. O seu

Sá-Carneiro

12

CAFÉ RICHE
Boulevard des Italiens, 16
Paris (9e)

Paris – Maio de 1913
Dia 14

Meu querido Fernando Pessoa,

Foi uma bela surpresa a sua carta recebida ontem porquanto não a esperava tão breve por não ser esse o costume. E pelo o que ela contém e pela extensão, os meus mais sinceros e fundos agradecimentos. Você tem que me desculpar estas minhas horripilantes cartas sem gramática, nem lógica, nem caligrafia em resposta às suas belas páginas. Perdoe-me.

E posto isto, percorrendo a sua carta lhe vou responder.

Das três poesias que me envia, destaco como soberba o "Cortejo fúnebre". É cheia de maravilhas e sem uma única quebra. São verdadeiras garras de gênio faíscas como estas:

> Tenho uma auréola de névoa em meu olhar...
>
> Dobra a finados sem sinos
> Nos meus ócios peregrinos
>
> Passam asas de soslaio na minha atenção
> Um invisível bafo falha um beijo
>
> Lá vai lento e lento o enterro
> Do que eu tinha de áureo no erro

e toda a última estrofe. Digo-lhe mesmo que dos seus versos este "Cortejo fúnebre" é uma das composições que mais estimo, que mais sinto. Os fins das estrofes são admiráveis e maravilhosa a expressão da ideia relativamente banal, pelo menos pouco sutil em relação às expressas nos outro versos, contida no 1º verso da última estrofe. Aí (como aliás em mil outros pontos dos seus versos) se evidencia exuberantemente que você é não só o grande, o admirável, o estranho pensador mas como ele – e acima dele – o maravilhoso artista. Isto endereçado àqueles (àqueles = Mário Beirão) que admirando-o (pelo menos dizendo que o admiram) como poeta ajuntam entanto que você intelectualiza tudo – é todo *intelectual*. Como se a intelectualidade se não pudesse conter na arte! Meios-artistas aqueles que manufaturam, é certo, beleza, mas são incapazes de a pensar – de a descer. Não é o pensamento que deve servir a arte – a arte é que deve servir o pensamento, fazendo-o vibrar, resplandecer – ser luz, além de espírito. Mesmo, na sua expressão máxima, a Arte é Pensamento. E quando por vezes é grande arte e não é pensamento; é-o no entanto porque suscita o pensamento – o arrepio que uma obra plástica de maravilha pode provocar naquele que a contempla. Ah! como eu amo a Ideia! E como você, o admirável ideólogo, é o magnífico estatuário. Como me enraiveço que tantos não estremeçam os seus versos e encolham até os ombros desdenhosamente. Há que lamentá-los, só. São os ancilosados da chama; incapazes de fremirem em frente do que não está catalogado dentro deles – que não compreendem uma língua, só porque ignoram que ela existe quando, se reparassem um pouco mais, breve veriam que essa língua era bem sua conhecida; apenas ampliada e mais brônzea, mais sonora e mais de fogo...

Mas não há senão que ter paciência...

Das suas duas outras poesias acho ainda admirável a "Hora morta" (onde você dá excelentemente a hora que nos morre de tédio), estimando menos a "Espuma", onde entretanto há isto muito belo:

> "Que alma minha chora
> Tão perdida e alheia?"

e ainda a expressão:

"Espuma de morrer."

Você vê que em face das suas poesias eu me limito a distinguir o que acho mais belo – a dar simples impressão de leitura. É que o meu espírito não é como o de você um espírito crítico; não podemos assim analisá-las mais profundamente, desmembrá-las como desejaria (o que num esforço – nestas nossas cartas desnecessário – eu conseguiria entanto pelo menos incompletamente).

A primeira poesia da tal carta a que você se refere era a que começa:

"Braço sem corpo..."

Mesmo a carta em questão só continha, além dessa, a "Primavera".

Muito interessante e significativo o que me narra do Jaime Cortesão.

O caso contado por ele acerca do Dr. Fernando Lopes é simplesmente lamentável.

Não sei como um poeta, em todo o caso um poeta, pode achar estranho que se goste do Camilo Pessanha!... Se não conhecesse versos do Cortesão, e me viessem contar isso, eu ficaria fazendo a pior das ideias de semelhante poeta.

É claro que nas nossas cartas falamos *como a um irmão*. Escusado portanto abrirmos parênteses para evocarmos a modéstia. É tão difícil e tão belo, tão belo, encontrar *quem nos entenda* que não devemos em tais casos embaraçarmo-nos com falsos pejos. Duma vez para sempre, meu querido amigo, acabemos os dois com os "permita-me que..." "e você bem sabe que..." e outros parênteses!...

Concordo absolutamente (e muita vez o tenho pensado) com o que você diz sobre a *Renascença* e que belamente está resumido na frase: que ela é "uma corrente funda, rápida, mas estreita".

Agradeço-lhe entranhadamente (mas não um agradecimento comovido e orgulhoso aonde vai toda a minha alma) o que você diz na parte da sua carta:

"Afinal estou em crer que em plena altura, pelo menos quanto a sentimento artístico, há em Portugal só nós dois." E, muito especialmente, nas linhas em que fala da minha compreensão em face dos seus versos. É esse um dos cumprimentos que mais me lisonjeiam – porque é, para mim, a melhor das *garantias* de mim próprio.

Segue-se uma outra *desculpa*: "Você acha que tudo isto é de um orgulho indecente." Só renovo aqui com maior energia o que atrás deixo escrito. *Falemos*!...

Aqui encerra-se um estudo mais detalhado da *Renascença* com o qual estou inteiramente de acordo e em que destaco esta frase que é uma monumental verdade: "O que é preciso é ter um pouco de Europa na alma." Muito gostava de desenvolver aqui ideias sobre o que você escreve, mas por escrito não tenho coragem... e como estamos a mês e meio de vista...

Sim, tenho toda a razão no que desde que o conheço lhe digo: é preciso surgir como poeta!... e, sobretudo, deixar de ser o *Crítico* (o que de forma alguma significa que deixe de publicar artigos de crítica).

Agradeço-lhe muito o que me diz sobre versos. E depois de pensar, concordo que a "Dispersão" é a melhor das composições que lhe enviei. Quanto aos seus reparos: tem razão sobre o *passeio*, mudá-lo-ei para "procuro" ou para o "vagueio" que você sugere. Diga o que ache melhor levando em conta que nuns versos que vão junto há a expressão "vaguei-o-me".

Quanto aos "hiatos de minha alma", eu simpatizo até com eles, pois me dão a impressão de sono, e são de resto hiatos naturais, que se fazem na conversa corrente. Não me preocuparei por consequência em emendá-los. Se me surgir por acaso qualquer coisa melhor que os evite, empregá-la-ei. O verso "Serei mas já me não sou" (que no fim da carta você aceita melhor) não o emendarei, e a significação que lhe dei é até bem simples: serei, continuarei vivendo; mas o certo é que já me não sou, já não me vivo – vivo apenas.

O verso final do soneto, embora concorde com o que você diz sobre ele, conservá-lo-ei porque o *sinto* muito e porque quis dar precisamente com ele a sensação de qualquer coisa que longinquamente se cinge mas no entanto escapa confusa. Foi depois um verso que me apareceu dentro de mim, subitamente – sem o pensar. Aliás de todas as minhas últimas composições é este soneto o que estimo menos e estou mesmo hesitante em se o arrancarei da série *Dispersão*, por isto: *há talvez* uma incoerência material (não uma incoerência espiritual, mas uma incoerência material) entre ele e o "Rodopio" e todo o sentido da *Dispersão*. Nessa série de poesias *há muito* ouro que se perde. E nesse soneto *não há coisa alguma*; há apenas instantaneamente à força de sonho. Isto, no meu espírito, casa-se muito bem, mas receio que materialmente venha destruir o equilíbrio da série. De resto, o que se diz no último terceto contém-se na última quadra da "Estátua falsa". *Rogo-lhe que me diga o que pensa sobre este assunto* – se devo ou não excluir o soneto da série.

Sobre a "Bebedeira" – O título, embora goste dele, como lhe acho muita razão modificá-lo-ei. Avento-lhe este "Ópio". Com o que não concordo absolutamente nada é com os reparos que o meu amigo fez sobre o "Silvo pra além" e o "Corro à volta de mim". São duas das coisas da poesia que eu estimo exatamente mais. No *silvo* acho muito bem dada a violência da *Dispersão*. Luto, estrebucho, mas tudo debalde... Lá me vou pelos ares fora, silvando. O meu espírito é o foco da ventania em que eu me perco. O "Corro à volta de mim", acho também bom para mostrar pela palavra *corro* a ânsia de me ver, de me encontrar. Já percebi que você tem uma fobia pelos termos que recordam brinquedos de infância (o *saltar* do "Simplesmente"). Sobre a *droga* – aparentemente você tem razão e eu já esperava o seu reparo. Mas oiça-me: os franceses chamam aos narcóticos, e especialmente ao ópio, "a droga" (não "droga" como abstrato, mas "droga" como concreto). Assim se diz de Maupassant: "Foi a droga que conduziu o artista à paralisia geral." Acho interessante esta expressão, daí o tê-la empregado. Para melhor exemplificar, copio dum artigo do *Matin* de hoje, justamente acerca do ópio que invade a Marinha francesa, as seguintes linhas:

"*Ah! mon cher Farrère, vous n'êtes pas tendre pour ceux qui dans les ports français, poussent un cri d'alarme et supplient qu'on arrête la marche envahissante de* la drogue... la drogue*, la revanche du jaune sur le blanc.*" Eis pelo que conservarei o termo.

Sobre a "loira" do último verso. Diga-me se acha preferível substituir a palavra "fulva" ou "ruiva" ou então modificar o verso assim:

"Manhã tão forte que me anoiteceu."

(Repare que vai *me* em vez de *se*.) É claro que mesmo conservando o *se* se pode trocar o "loira" por "forte". Este "forte" não o acho mau pela ideia de álcool que encerra em si. Diga-me pois qual deve ser a versão final deste verso segundo o que lhe exponho. Não se esqueça.

Interessantes (e de resto coisa vulgar) os encontros de mim e Côrtes-Rodrigues e de mim e você – sobretudo este último, que bem mostra, como você frisa, o nosso parentesco.

Percorrendo o labirinto, mas o grato labirinto, do que me expõe sobre a publicação dos seus livros, aqui tem o que penso em poucas palavras:

(Em primeiro lugar, e entre parênteses – condeno a ideia da publicação dum livro de sonetos, como primeiro livro a publicar.) Os "Pauis" devem, mas absolutamente devem, ser incluídos num volume *paúlico* e portanto deve assentar naquilo que, no decorrer do que me escrevia, se lhe sugeriu: "Quatro livros projetados – um pronto já, dois já adiantados, outro começado." A respeito dos títulos sobretudo, acho que a solução que indica é a melhor de todas e não deve hesitar na sua publicação. Agora quer ver o que eu faria se fosse a você? Isto: em virtude de ter tantas coisas belas de vários conjuntos, de vários gêneros e atendendo por outro lado à dificuldade relativa de publicação de livros de versos e ainda ao tempo que um artista precisa para concluir um conjunto, eu, se fosse a você, publicava como obra de estreia uma *Antologia* de mim mesmo aonde reunia simplesmente as coisas mais belas dentre os meus versos. A beleza, o valor das obras seria o único critério da escolha. Esse livro seria volumoso, genial – marcaria. E depois, sossegadamente, então publicaria à medida das circunstâncias espirituais e materiais os livros de conjunto. Havia assim a vantagem de o poeta aparecer todo duma vez – na sua inteira grandeza. É curioso que depois de escrever isto uma dúvida me assalta: isto que eu lhe digo será unicamente um antigo projeto de você; ou uma coisa que eu já lhe teria lembrado? Você provavelmente não gosta desta solução – entretanto eu achava-a poética e original – interessantíssima. O título *Exílio* é muito bom, embora no presente momento político possa recordar algum volume do Joaquim Leitão ou Álvaro Chagas. Mas isto, é claro, não é razão para o condenar. As duas obras-unas (Fausto) entendo que devem ser publicadas em separado.

A sua ideia sobre a revista entusiasma-me simplesmente. É, nas condições que indica, perfeitamente realizável materialmente; disso mesmo me responsabilizo. Claro que não será uma revista perdurável. Mas para *marcar* e *agitar* basta fazer sair uma meia dúzia de números. O título *Esfinge* é ótimo. O que é preciso é arranjar mais colaboração do que a que indica. O *Além* terminá-lo-ei em Paris. E sobre a revista, que há de sair, não vale a pena falarmos de longe, visto que eu chego a Lisboa nos primeiros dias de julho, logo daqui a mês e meio. E imediatamente a lançaremos, vá pensando pois no assunto.

Mais uma vez lhe agradeço o que me diz sobre eu – poeta.

Quanto à "Queda". É claro que o que eu queria dizer, o que eu quis sempre dizer, foi, "sob mim", e apenas uma confusão que me fez escrever "sobre" mesmo na poesia executada, pois o escrevia sempre com a ideia de debaixo. Entanto agora veja que talvez fosse interessante conservar o "sobre" – assim poderia como que um desdobramento; eu – alma, viria estatelar-me, esmagar-me, não sobre o gelo, mas sobre o meu corpo. Diga, depois de bem-pensar, se é preferível conservar o "sobre" ou mudá-lo para "sob". (O verso fica mais correto e belo com sobre – sob é uma palavra de que eu gosto muito pouco. Mas tudo isto são razões secundárias.) Não deixe de me dizer o que pensa sobre isto. São pequenas torturas por cuja solução anseio. E outra tortura é a ordem em que hei de inserir as poesias. Assim, rogo-lhe que mas numere.

Foi tempo perdido o que você gastou a explicar-me os versos *dos* "Pauis" que eu dissera não abranger. É de morrer a rir! Eu lera o "invade" como "uivada". Assim tínhamos "onda de recuo que uivada" etc., que de forma alguma ligava com o resto. Aliás os seus "invade" são muito semelhantes a "uivada", pois na poesia "Hora morta" eu também li um "invade" por "uivada", só depois reparando no lapso. Peço-lhe desculpa do tempo que lhe fiz perder...

Conservarei à *Dispersão* o seu título.

Concordo com o que me diz com o "tão de ferro". Aliás, já pensando melhor na frase eu modificara a minha opinião.

Sobre meus livros.

Este Outono – Uma *plaquette* de versos *Dispersão* que conterá o que já está feito (e poderia mesmo conter só o que já está feito) e o que de belo e dentro do quadro for surgindo (como o "Quase" que hoje lhe envio).

Em 1914 com certeza (ou na primavera ou no outono, entanto dentro de 1914) publicarei o volume *Além*, contos.

Queria também muito escrever uma peça *A força* (que é um estudo da *Desilusão* em que em tempos lhe falei) colaborando com o Ponce, que tem belas qualidades de autor dramático. Esta peça sai do quadro das coisas em que atualmente trabalho; mas nem por isso deixará de ser uma obra literária e mesmo uma obra artística. Confesso-lhe que, infantilmente talvez, gostava muito de ver uma obra minha num palco. É que eu, no fundo, amo a vida.

Morada Ramos (que não me tem escrito).
508, Rua de S. Clemente – Rio de Janeiro.
Endereço Rola:
Gilb. Rola Pereira do Nascimento
na Inspeção da Fazenda de Lourenço Marques.

Respondida infamemente a sua carta, só me resta falar-lhe dos versos que ajunto.[13]

Gosto muito da sua ideia, que define bem o meu eu. Muitas vezes sinto que para atingir uma coisa que anseio (isto em todos os campos) falta-me só um pequeno esforço. Entanto não o faço. E sinto bem a agonia de *ser-quase*. Mais valia não ser nada. É a perda, vendo-se a vitória; morte, prestes a encontrar a vida, já ao longe avistando-a.

13/ Referência ao poema "Quase".

Várias dúvidas: será melhor "permanecera" em vez de "permanecesse" (pelo menos na última quadra)? Em vez de "mãos acobardadas" seria preferível "degeneradas"? Em vez de "puseram grades", "lançar grades"? É preciso notar que isto significa: eu nem sequer posso cair nos precipícios que existem dentro de mim, porque mãos, ainda que de heróis, cheias de medo (ou degeneradas) cobriram os abismos com grades. "Lançar" é mais bonito que "pôr". Mas para o caso (justamente por ser mais feio) parece-me preferível por mais propriedade o verbo "pôr". Diga o que pensa sobre estas ninharias e as outras poesias sobre as quais lhe peço opinião. Só depois de saber a sua resposta estabelecerei as versões definitivas.

Há no "Quase" um verso talvez feio: "Ai a dor de ser-quase... dor sem fim". Mas não o modificarei porque ele exprime concisamente e justamente uma das coisas que eu quero bem vincar na poesia. Note que no verso: "Falhei-me entre os mais, falhei em mim", conduzo a ideia da "Mentira", que eu decidira abandonar.

E termina aqui, pedindo-lhe mil desculpas por todas as minhas maçadas e uma resposta urgente. E a sua opinião sobre o "Quase".

Um grande abraço. O seu

Sá-Carneiro

Post-Scriptum.

Na "Dispersão" parece-me que ficaria muito bem, em vez do que avento atrás, isto:

> Mas nada me fala, nada..., etc.
> *Regresso* dentro de mim

A poesia portuguesa está em Paris. Com efeito nos *boulevards* passeia o poeta Sevilha do Longo Queixo!... Vi-o agora mesmo passar.

Apareceu à venda ontem aqui um volume, editora Ferreira, Camões, *Sonetos*, tradução francesa em verso de A. de Azevedo.

Não se esqueça de me numerar as poesias em vista da sua ordem de publicação.

Nas provas "Homem dos sonhos" emendo: ... "a sair no Outono" para "a sair em 1914".

Mais abraços.

Responda depressa!

O *S.-C.*

Atenda bem a versão
"Manhã tão forte que me anoiteceu."

Não se esqueça de responder a cada uma das minhas dúvidas!...

13

CARDINAL
Café Restaurant
Boulevard des Italiens, 1
Paris

Paris – Maio de 1913
Último dia

Meu querido Amigo,

Perdoe-me. Você está-se atrasando um bocadinho desta vez... Aqui me tem pois a maçá-lo... E de caminho envio-lhe as duas últimas poesias da *Dispersão*, que é obra completa agora, pois decididamente, mesmo que o tratasse em verso, não incluiria nesta série "Aquele que estiolou o gênio". O que porém – apesar do que lhe disse numa das minhas cartas – incluirei nesta série é o soneto "Escavação", pois dentro de mim sinto em verdade um número. Assim teremos doze poesias.

As duas que hoje lhe envio – uma das quais talvez já conheça pelo Ponce de Leão – afiguram-se-me menos artisticamente valiosas, mas estimo-as entre as mais, pelas ideias que encerram: no "Além-Tédio" sobretudo estes versos:

> "De as não ter e de nunca vir a tê-las,
> Fartam-me até as coisas que não tive"

no "Como eu não possuo" a ideia geral: é esta quadra "Não sou amigo de ninguém", etc., onde está condensada a ideia de uma das minhas futuras novelas *A confissão de Lúcio* (perdoe "Pró" desta quadra tanto mais que será o único da *plaquette*, pois o do "Simplesmente" – hoje "Partida", foi emendado). Há outra quadra que pela sua violência me agrada muito nesta poesia e que começa: "Eu vibraria só agonizante", etc. Agrada-me a expressão "aglutinante" e "seios transtornados", bem como na quadra antecedente a "carne estilizada". Esta poesia tem talvez uma certa falta de unidade, entanto julgo-a assim bem. É torturada, contorcida – como torturado e contorcido é o que ela pretende esboçar – peço-lhe que me estabeleça a ordem em que todas as doze poesias devem ser publicadas e, se tiver pachorra, a sua ordem de preferência conforme a opinião do meu querido amigo. A "Bebedeira" intitulei-a definitivamente "Álcool". Não lhe parece bem este título? Outra pergunta: na capa do livro quer pôr abaixo de *Dispersão* "versos", "poemas", "poesias", "doze poemas de Mário de Sá-Carneiro", "doze poesias de Mário de Sá-Carneiro"? E se se fizesse isto: trezentos e quarenta e quatro versos de Mário de Sá-Carneiro (trezentos e quarenta e quatro ou o número deles, quero dizer). Isto, porém, que seria novidade, é talvez (quase com certeza) de mau gosto. Indicar por fora que o livro é em verso é forçoso, pois eu sou conhecido como prosador. Ainda outro subtítulo: "Série em verso." Diga o que pensa sobre isto e que pouca importância tem. (Diga-me: seria melhor em vez de: "De embate ao meu *amor* todo me ruo"; "de embate ao meu *ansiar* todo me ruo"?) Sobre estas pequeninas coisas de viva voz me aconselharei consigo.

Uma ideia nova: um indivíduo cuja ânsia é de criar *mistérios* só pelo perturbador que um mistério é. Assim contará crimes só para ter a glória de todo o mundo andar ansiante por descobrir o mistério. (Crimes de um gênero especial, suponhamos: o roubo da Jucunda – isto para exemplificar grosseiramente qual a minha ideia.) Este homem por fim será morto, despedaçado, pelo mais grandioso mistério que conseguiu criar. Não se entrevê o meu fim nisto tão mal explicado. Diga, não se esqueça.

E mais uma vez perdão pelas minhas contínuas estopadas e, mais uma vez, mil súplicas para que me diga o que pensa dos versos que hoje lhe envio e que escreva o mais brevemente o mais longamente que lhe for possível!...

Sem mais, envia-lhe um grande abraço de sincera amizade o seu saudoso amigo muito obrigado

O *Sá-Carneiro*

50, Rue dos Écoles – Hôtel du Globe.

14

CAFÉ DE ROHAN
1, Place du Palais Royal
Paris

Paris, 3 de junho de 1914

Meu querido Amigo,

Você vai-me perdoar tanta repetição!

Recebi hoje uma carta da Livraria Ferreira na qual acusam a recepção da minha e me dizem terem ficado cientes do seu conteúdo e esperarem as minhas ordens. Assim, se por qualquer razão você ainda lá não foi, suplico-lhe que vá lá *hoje mesmo*[14] requisitar os *Princípios* e hoje mesmo os venda, enviando-me a importância – sobretudo não se esquecendo de me telegrafar para meu sossego. Não se preocupe se por acaso não tiver dinheiro para pagar os fretes adiantados. Faça como eu fiz muitas vezes: diga ao livreiro da Calçada do Combro que não tem troco. Ele paga – e depois desconta no dinheiro que lhe tiver a entregar. Eu faço-lhe todas estas recomendações porque receio que você se prenda com pequeninas coisas. E é claro que, de joelhos, lhe imploro perdão por tudo isto – por todas estas recomendações, estas insistências tolas. Mas veja que procedo para si como um verdadeiro Amigo – isto é: com a franqueza máxima. Compreenda bem e perdoe-me. É só estar preocupado com o pouco dinheiro que tenho que tanto disparate lhe digo – perdoe-me. Se por acaso você estiver à espera, suponhamos, que o Bordalo lhe dê os livros para vender tudo junto, telegrafe-me dizendo-me para eu ficar tranquilo. Desde o momento que o dinheiro chegue até 10 tudo está bem. Agora se for impossível, previna-me sem demora para eu a 7 o mais tardar pedir que mo enviem de Lisboa. E

14/ Este "hoje" é o dia em que você recebe esta carta, ou seja, segunda-feira, 6. (Nota de S.-C.)

repito-lhe: se só puder realizar *A confissão de Lúcio* e *Dispersão*, mande-me o dinheiro, *por pouco que seja*, de qualquer forma, mas não me deixe de avisar telegraficamente em nenhum dos casos. Coro de vergonha a pedir-lhe que me desculpe tudo isto – pois em verdade é abusar – e abusar inutilmente porque decerto amanhã ou depois me chega carta sua com todas as explicações e assim tudo quanto lhe digo nesta fica sem efeito. Devo-lhe dizer de resto que escrevi hoje ao meu pai, mandando-lhe a conta da Livraria Ferreira a fim de ele a pagar. Não tenho nada de interessante a dizer-lhe. Mesmo esta carta é tão infame que falar nela doutra coisa, de alma ou literatura, seria engordurar uma coisa ou outra. Apenas lhe direi que o Crévan faz proximamente uma conferência em seu benefício aonde para exemplificar as suas teorias dançará e boxará. É absolutamente *Petite Semaine*, não acha?

Bem, adeus, meu querido e Santo Amigo, perdoe-me! Perdoe-me! Não se esqueça do que lhe digo – escreva-me!...

Um grande, grande abraço do seu

Mário de Sá-Carneiro

Rasgue esta carta da sua alma!

15

9, Boul. St. Denis – Boul. Sébastopol, 144
Café de France

Paris, 20 de junho de 1914

Meu querido Fernando Pessoa,

Não sei em verdade como dizer-lhe todo o meu entusiasmo pela "Ode" do Álvaro de Campos que ontem recebi. É uma coisa enorme, genial, das maiores entre a sua obra – deixe-me dizer-lhe imodesta mas muito sinceramente: do alto do meu orgulho, esses versos são daqueles que me indicam bem a distância que, em todo o caso, há entre mim e você. E eu já me considero tão grande, já olho em desprezo tanta coisa à minha volta... Perdoe-me. Mas só assim eu posso indicar-lhe a justa medida da minha admiração. Não se pode ser maior, mais belo, mais intenso de esforço – mais sublime: manufaturando enfim Arte, arte luminosa e comovente e grácil e perturbante, arrepiadora com matérias futuristas, bem de hoje – todos prosa. Não tenho dúvida em assegurá-lo, meu amigo, você acaba de escrever a obra-prima do Futurismo. Porque, apesar talvez de não pura, escolarmente futurista[15] – o conjunto da ode é absolutamente futurista. Meu amigo, pelo menos a partir de agora o Marinetti é um grande homem... porque todos o reconhecem como o fundador do Futurismo, e essa escola produziu a sua maravilha. Depois de escrita a sua ode, meu querido Fernando Pessoa, eu creio que nada mais de novo se pode escrever para cantar a nossa época. Serão tudo mais especializações sobre cada assunto, cada objeto, cada emoção que o meu amigo tocou genialmente. Em suma: variações sobre o mesmo tema. Eu quero percorrendo a ode destacar-lhe alguns dos versos que

15/ Referência à citação de Platão e ao parênteses do burro puxando à nora etc. (Nota deS.-C)

mais me abateram de admiração. Este verso fechando a 1ª parte é uma fulgurância genial.

"(Ah! como eu desejaria ser o *souteneur* d'isto tudo!)"

Podia a ode não conter mais beleza alguma que só isto, quanto a mim, a imortalizaria.

Depois, como é belo e – de resto – de acordo com as teorias futuristas:

"(Um orçamento é tão natural como uma árvore. E um parlamento tão belo como uma borboleta.)"

Outra coisa enorme, duma emoção clara, e feminina, gentil:

"Up-la-ho Jockey que ganhaste o Derby.
Morder entredentes o teu *cap* de duas cores!"

Ainda lhe cito como admirável, entre muitas outras, a passagem:

"... A fúria de estar indo ao mesmo tempo dentro de todos os comboios" etc.

Outra maravilha o final com as suas onomatopeias.

Do que até hoje eu conheço futurista – a sua ode não é só a maior – é única coisa admirável. O lê-la, creia, meu querido amigo, foi um dos maiores prazeres da minha vida – pois fica sendo uma das peças literárias que mais sinto, amo e admiro. Rogo-lhe só que acredite nas minhas palavras e que elas estão longe ainda de traduzir todo o meu entusiasmo. A minha pena, confesso-lhe, é só uma: que não seja o nome de Fernando Pessoa que se escreva debaixo dela – isto apesar de todas as considerações. Não acho a ode um excerto (ou *excerptu*). Acho-a pelo contrário – tal como está – um todo completo, perfeito em extremo, em extremo equilibrado. Depois de tudo isto, meu amigo, mais do que nunca urge a Europa!...

Mando-lhe junto uma poesia minha.[16] É bastante esquisita, não é verdade? Creia que traduz bem o meu estado de alma atual[17] indeciso não sei

16/ "Distante melodia."

17/ Isto muito mais sobre o soneto "Apoteose" do que sobre a poesia "Quase". (N.doS.-C.)

de que, "artificial" – morto – mas vivo "por velocidade adquirida" – capaz de esforços, mas sem os sentir: artificiais, numa palavra. Cada vez, meu querido amigo, mais me convenço de que escreverei dois livros: *Céu em fogo* e *Indícios de ouro*... Depois...? Não me "vejo" nesse depois...

O Pacheco vai-se embora, coitado, é claro, por causa da falta de dinheiro (não lhe diga, que lhe disse isto). Ele fez ultimamente umas sanguíneas sobre a Duncan que são muito belas.

Peço-lhe a você que escreva, fale dos meus versos e *não se esqueça do meu pedido*, pelo qual torno a pedir ainda muitas desculpas.

Dê muitas saudades ao Vitoriano Braga, de quem em vão tenho esperado a prometida carta.

Admirável a poesia do Guisado, que ontem também recebi. Admirável.

Um grande, grande abraço do seu

Mário de Sá-Carneiro

O Franco e Pacheco agradecem as suas saudades e enviam-lhas de novo.

P.S. – Os versos que lhe envio hoje parecem-me a coisa minha que, em parte, mais poderia ter sido escrita por você. Não lhe parece? Diga. E diga detalhadamente do valor da poesia, pois eu ignoro-o. Não se esqueça!

16

CAFÉ DE FRANCE
Restaurant
Ch. Sibilon

Paris, 23 de junho de 1914

Muito obrigado, meu querido amigo, por todas as suas amabilidades: uma carta, um postal e o número da *Águia*.

As minhas sinceras felicitações pelo nascimento do Ex.mo Sr. Ricardo Reis, por quem fico ansioso de conhecer as obras que, segundo me conta na carta, repousam sobre ideias tão novas, tão interessantes e originais – e sobretudo grandes porque são muito simplesmente do Fernando Pessoa. Fico ansioso – pêsames pela queda do paul – humano: queda física que não pode atingir tal semideus.

Lepidopteria

Engraçadíssima de inferioridade os dizeres da *Águia*, que mesmo não percebi bem quanto aos versos – ficando sem saber se a redação aplaude a singularidade dos versos ou se a acentuação dessa singularidade "fez um livro singular" é uma ironia. Sobretudo aquelas clássicas duas ou três noites febris da *Confissão de Lúcio* marcam bem o lepidopterismo do crítico... – o Pascoais desatou a chamar grandes poetas a todos os lepidópteros da França (vide Philéas Lebèsgue). O Nicolas Beauduin, futurista, porque o que há de novo e interessante no paroxismo é no fundo de Marinetti – receava eu, tinha a certeza embora nada dele conhecesse que também roçasse as borboletas. Ora, ontem justamente descobri numa revista, *Le Parthénon*, uma poesia dele, "*Music-halls*" (lembre-se como os futuristas acham-se beleza nos *music-halls* e gritam que os devemos cantar). A poesia é má, lepidóptero como burro. De resto comprei o número da revista para você ver. Simplesmente me esqueci ontem dele no restaurante, mas hoje ao jantar reclamá-lo-ei porque decerto o guardaram e assim dentro de poucos dias lho enviarei.

Gente – conhecida

Não o vi mais o Santa-Rita. O Pacheco e o Franco mandam-lhe muitas saudades, agradecendo as suas. O Pacheco vai-se embora breve para aí, dentro de quinze ou vinte dias – outro dia encontrei no meu quarto debaixo da porta o seguinte cartão:

Grand Hôtel Globe, quarto 27
Júlio M. do Nascimento Trigo
Médico

Apresenta os seus respeitosos cumprimentos ao seu excelentíssimo colega, não o tendo feito há mais tempo por ignorar a sua presença neste mesmo hotel.

Isto para catalogar nas "Noções de Erro". Supus que este homem me quisesse pedir dinheiro emprestado, mas até hoje não tive mais novas dele, limitando-me a deixar-lhe um bilhete meu, escrevendo por baixo do meu nome em grandes letras sublinhadas: "Estudante de Direito".

Literatura

Você viu um postal em que iam uns versos em francês? Que demônio era aquilo? A propósito – aí vão outros – uma poesia talvez, mas por enquanto incompleta. Diga o que lhe parecem abstraindo de erros de ortografia possíveis:

Le trône, d'Or, de Moi´perdu,
S'est ecroulé.

Mais le vanqueur est disparu
Dans le palais...

En vain je cherche son armure,
Ses oriflammes...
(Je ne Me suis plus aux dorures:
– Ai-je égorgé mes aigles d'Ame?...)

Tout s'est ternie autour de moi
Dans la gloire.
–Ailleurs, sanglant, mon émoi
Etait d'Ivoire.

Tous les échos vibraient couleur
Dans mon Silence.
Et comme un astre qui s'élance
Je montais – Aile de ma douleur...

J'étais la coupe de l'Empereur
J'étais le poignard de la Reine...
....
....

Je me revais aux heures brodées
Avec des tendresses de Page.
J'etais le roux d'Autres mirages
Pendant mes fièvres affilées...

Eu em verdade não sei bem o que isto é? Paulismo, lepidoterismo ou outra coisa qualquer? Em suma – apontamentos...

É possível, meu querido amigo, que tivesse mais coisas a dizer-lhe. Tinha decerto. Mas não me lembro e, de resto, hoje estou muito estúpido.

Escreva sempre, mande as obras do Ricardo Reis e receba um grande, um gigantesco abraço d'Alma a Íris-Norte e o que você quiser.

Do seu confrade em paulismo e lugar-tenente interseccionista

Mário de Sá-Carneiro

Sossegue. Não iniciei Pacheco, Caeiro.
Saudades a todos os conhecidos e em especial ao Côrtes-Rodrigues.
Como você me escreveu do Café de France – eu faço o mesmo...

17

CAFÉ ROYAL 12,
Boulevard Montmartre
Paris

Paris, 13 de julho de 1914

Meu querido Amigo,

Vou-lhe hoje escrever uma carta grande, parece-me (grande = extensão). Um tempo em extremo lepidóptero: calor (e ontem trovoada), mas sobretudo as impossíveis festas nacionais: balões, bailaricos, guitarras – como aí, tal e qual. Atravessando a Rua Mazarine ontem, eu e o Carlos Franco ficamos arrepiados, semiloucos, pois vimo-nos de súbito em pleno Bairro Alto. Simplesmente, concentrando melhor o nosso espírito, concluímos o nosso erro e sossegamos só porque não era o fado o que as guitarras raspavam...

a) Sua carta – Recebi hoje a sua carta de 10 que, mais do que nenhuma outra, muito agradeço. É interessantíssimo o que nela me conta de si. Compreendo otimamente o seu estado de "suspenso", de "boiar", estado de alma que, de resto, noutro sentido (quero dizer: noutra inflexão) eu já tenho experimentado. O que me diz sobre o seu "exílio", embora na verdade a minha vibratilidade não o possa aceitar com extrema simpatia, é quanto a mim um curiosíssimo fenômeno, mas um "admirável fenômeno" (perdoe-me a expressão estrambótica) no autor da "Ode" do Álvaro de Campos. Meu amigo, seja como for, desdobre-se você como se desdobrar, sinta-de-fora como quiser, o certo é que quem pode escrever essas páginas se não sente, *sabe* genialmente sentir aquilo de que me confessa mais e mais cada dia se exilar. Saber sentir e sentir, meu amigo, afigura-se-me qualquer coisa de muito próximo – pondo de parte todas as complicações. E o que eu, da minha vibratilidade, tomaria em você que tão genialmente admiro e tão sinceramente como posso estimo – era apenas, talvez, que não pudesse fremir, que não *soubesse imaginar fremir* com aquilo que a minha alma oscila acima de tudo mais em leonino. De resto, meu amigo; repare bem no complicado e misterioso fenômeno: eu, eu que pelo contrário cada vez vendo que a única coisa que me poderia fazer sair de mim, como ver em alheamentos de verdadeiro Artista é aquilo a que englobadamente chamo Europa – eu, sinto que nunca poderia ter escrito a "Ode" do Álvaro de Campos, porque em todo o caso não amo tudo que ele canta, suficientemente para assim o fixar... "sinto" menos do que ele, "amo" menos do que ele, "estrebucho" menos do que ele, as avenidas da ópera, os automóveis, as *derbys*, as cocotes, os grandes *boulevards*... E eu amo isso tudo portanto de tal ânsia-brasa!... Quer ver, eu encontro uma explicação fácil para o fato de justamente após o caso Álvaro de Campos você se sentir mais afastado do mundo. Oiça: eu amo incomparavelmente mais Paris, eu vejo-a bem mais nitidamente e compreendo-a em bem maior lucidez longe dela, por Lisboa, do que aqui, nos seus *boulevards* onde até, confesso-lhe, meu amigo, por vezes eu lhe sou infiel e, em vislumbre, me lembro até da sua desnecessidade para a minha alma, para a minha emoção... Assim em você, o meu amigo, é isto só: não sente já ânsia de conhecer cidades, Europa, progresso, porque tudo isso você viajou, hiperviajou, hiperconhece, hiperpossuiu ao escrever a sua admirável obra – uma das coisas suas maiores, repito, mais geniais e daquelas de que eu menos duvido, das que mais garanto! Tudo isto vem apenas aumentar – e você deve ao ouvi-lo embebedar-se de si – a sua grandeza divina, perturbadora, secular! Meu querido amigo, juro-lhe que não exagero, que não literatizo, que não deixo a minha pena seguir inadvertidamente: eu a cada linha mais sua que leio sinto crescer o meu orgulho: o meu orgulho por ser, em todo o caso, aquele cuja obra mais perto está da sua – perto como a Terra do Sol – por o contar no número dos bem íntimos e em suma: *porque o Fernando Pessoa gosta do que eu escrevo*. Não são declarações de amor: mas tudo isto, toda esta sumptuosidade e depois a grande alma que você é, fazem-me ser tão seu amigo quanto eu posso ser dalguém: encher-me de ternuras, gostar, como ao meu pai, de encostar a minha cabeça ao seu braço – e de o ter aqui, ao pé de mim, como gostaria de ter o meu Pai, a minha Ama ou qualquer objeto, qualquer bicho querido da minha infância! Só lhe peço que me desculpe a maneira como me exprimo – mas a única como me posso exprimir em inteira sinceridade. E lastime-me um pouco também... Creia, meu querido Fernando Pessoa, percamos por completo as ilusões: eu toco o fim – um fim embandeirado, mas em todo o caso um limite. Acabei já – acabei após a minha chegada aqui. Hoje sou o embalsamento de mim próprio. Não tenho estados de alma, nem os posso ter já porque dentro de mim há algodão-em-rama (o algodão-em-rama que há dentro dos animais naturalizados)... Estados de alma, ânsias, tristezas, ideais, grandes torturas de que saíam os meus livros tudo isso acabou... Ilusões de glória, "de espanto" já não existem em mim. Entusiasmos do que eu sou, tão-pouco, porque de mais sei o que sou. *Sou o que quero* – o que queria ser, mas sei que o sou. Logo... Meu amigo, eu na vida andei sempre para "gozar", para ser o principal personagem de mim próprio, o personagem principal da minha vida – mas hoje já não o posso ser, porque sei o papel de cor – e desempenhar-me só me pode fazer bocejar no grande tablado hoje para mim coberto de serapilheiras – serapilheiras em que se volveram, tapetes roxos que, na verdade, nunca existiram, mas que eu podia, sabia imaginar... depois eu sou uma criança – tantas vezes lho gritei – e a criança hoje vê a sua idade terminada, bem terminada – terminada há muito, mas só hoje, depois da partida do meu Pai para África, da casa desfeita, terminada em ilusão. Para trás de mim existe o irremediável, o que nunca mais, nunca mais se pode repetir mesmo em miragem.

Meu amigo: nunca mais terei quem arrume a minha roupa nas gavetas, e quem de noite me aconchegue a roupa... alguém que me faça isto e *tenha assistido à minha infância*... Estou só – dos outros – só de mim para sempre. E as minhas saudades, as minhas lágrimas que unicamente assomam – vão, longinquamente, para as ruas da minha quinta quando eu tinha cinco anos, e o leito pequeno de ferro em que eu dormia então, e certa manhã em que, quando acordei, andava um pássaro no meu quarto, e os passeios às tardes tristes em Lisboa, com a minha Ama – em que eu era já o que hoje sou quase... e mais modernamente as últimas ilusões da minha infância: aquele cãozito *cockers* que você ainda conheceu e corria a buscar as pedras que eu lhe atirava... E o meu escritório da Travessa do Carmo onde eu lhe lia, a si, as minhas coisas, onde outrora tanto sonhei com o meu primeiro livro, onde tanto projeto, tanto amigo passou – e onde ainda este ano, no dia 1º de janeiro, eu e o Pacheco e o Franco bebemos champanhe, com o fogão aceso, "fomos" Paris!... Vê: é toda essa futilidade, estas "mariquices", meu amigo, que eu lamento, uma grande dor – mas não em uma dor arrependida: consegui, à força talvez só de o querer, obter o que ambicionava: Paris. Simplesmente era essa a última maravilha – o fim, a apoteose (e foi neste estado de espírito que eu escrevi o soneto "Apoteose" e assim o denominei). Quanto a pessoas, as minhas saudades vão àqueles que compuseram a minha infância – e vão a si, ao Rola, ao Cabreira: os dois últimos como precursores de si, você como o amigo, o companheiro dos brinquedos do meu gênio – e aquele que assistiu ao seu nascimento, à sua infância, que arrumou a sua roupa, lhe aconchegou os cobertores – aquele a quem sempre confiadamente recorri e corri mostrando as minhas obras – como corria à minha ama para me deitar – e, antes de adormecer, não queria que ela fosse embora de ao pé de mim com medo dos ladrões... Perdoe-me! Perdoe-me todas estas digressões, estas inferioridades aparentes – mas, repito, só assim posso exprimir-me em franqueza completa! É este todo o descalabro da minha alma. O meu futuro literário é este: a conclusão da "Grande sombra", a composição de mais alguns contos para o volume *Céu em fogo* (talvez mesmo só das "Asas"), possivelmente alguma outra novela importante – só uma – e várias poesias. Não quero fazer mais. *E não posso fazer mais*. E tudo quanto mais farei se-lo-á feito automaticamente, melhor – *já está feito*. Foi feito em alma antes do fim – mas "no fim" se-lo-á executado materialmente. Meu amigo, creia-me, tudo quanto doravante eu hoje escrever são escritos póstumos. Infelizmente não me engano – como não me enganei na minha volta a Paris. Não lhe dizia tanta vez que não "me via" com uma obra muito longa? Entretanto qual será o meu fim real? Não sei. Mas, mais do que nunca acredito, o suicídio... pelo menos o suicídio moral... acabarei talvez em corpo exilado da minha alma! Mas creio menos nesta hipótese. Nas páginas psicológicas da "Ressurreição" está bem descrito o meu estado de alma atual – apenas não seguirei coberto na vitória maior, possuindo Paris, a executar a minha obra – justamente porque estou liberto e tenho Paris! Meu amigo, deixe-me dizer-lhe imodestamente – a razão de tudo isto está naquela quadra da "Dispersão":

"A grande ave doirada
Bateu asas para o céu,
Mas fechou-as saciada
Ao ver que ganhava o céu..."

O céu da minha obra não quero dizer que seja grande – não sei se na verdade o será. Entretanto estou bem certo que é pesadamente doirado (talvez de ouro falso, mas em todo o caso doirado) com muitas luzes de cor, e lantejoulas todas a girar, fumos policromos, aromas, *maquillages*, lagos de água, dançarinas nuas, atrizes de Paris, salas de restaurantes, densos tapetes... E isso me basta. Passei na vida literária, creio, uma rapariga estrangeira, esguia, pintada, viciosa, com muito gosto para se vestir bizarramente – pelo menos – e para dispor orquídeas em jarras misteriosas, em esquisitas talhas do Japão – gulosa de morangos e champanhe, fumando ópios, debochada – ardendo loucamente. E se assim é, se não me engano: eu fui o que quis: a minha obra representa zebradamente entre luas amarelas aquilo que eu quisera ser fisicamente: essa rapariga estrangeira, de unhas polidas, doida e milionária... Perdoe-me mais uma vez tomar-lhe tempo com tudo isto, tão mal exprimido – e já agora, peço-lhe, fale longamente de tudo quanto lhe digo de mim... Assim me dará uma *ilusão*: a ilusão da sua companhia e, não lhe sei explicar por quê, a ilusão de que ainda me interesso por mim...

Fico muito satisfeito pelo que me diz sobre a sua evolução – que hoje atingiu enfim o período completo da sua maturidade intelectual. Essa certeza dar-lhe-á por certo no seu entusiasmo horas intensas de criação, horas intensas tenho a certeza de execução material.

– É claro que teria sido melhor não falar do Caeiro ao Lopes. Mas o que não tem remédio, remediado está! Nunca devemos ter confidências com quem "não é dos nossos", não nos compreende... Por mim, confio-me a toda a gente. Logo...

– Fez, é claro, muito bem em distribuir os exemplares dos meus livros. Você é de resto o proprietário deles.

b) Literatura – Esqueceu-me outro dia, no postal, de me referir aos excertos que concluem a "Ode" do Álvaro de Campos. São admiráveis, genialmente completando essa obra. E emocionou-me, acima de tudo, encarando como das coisas mais belas de todo o trabalho, a ideia que nas correias de transmissão andam já pedaços do Alexandre Magno do século 50, do Shakespeare do século 100.

Tenho uma ideia para uma novela que não escreverei talvez, "Novela burguesa", de que lhe darei conta noutra carta, pois já estou fatigado de escrever. Essa novela, que não me interessa demasiadamente por interessante que seja, seria uma parelha da novela errada. Depois contarei. Fiz outro dia estas duas quadras lepidópteras de nenhuma poesia, mas que no entanto aqui transcrevo:

Barcaças dos meus ímpetos tigrados,
Que oceanos vos sumiram de segredo?
– Partiste-vos, transportes encantados
De encontro em alma ao roxo, a que rochedo?

Ó nau perdida, ó ruiva de aventura
Onde em champanhe a minha ânsia ia,
Perdeste-vos também ou, porventura,
Fundeaste a oiro em portos d'alquimia?[18]

c) Santa-Ritana – Pela segunda vez depois que aqui estou estive hoje com o Santa-Rita, que foi ao meu hotel. Uma notícia sensacional: o Santa-Rita vai para (não *a*) Lisboa em setembro próximo! É claro que, como tem de ir, ele se mostra satisfeito por isso mesmo (quando o ano passado me dizia ser essa a maior tragédia). Disse: "Compreende: vou lá para baixo *fazer* a minha obra, impor-me socialmente. De resto é muito duro Paris durante

18/ Parte do poema "Ângulo".

tanto tempo, esgota-nos!" Veio me pedir para eu arranjar um editor para a tradução portuguesa dos manifestos do Marinetti (livro *Le futurisme* e os últimos trabalhos). Pedido – disse – feito em nome do Marinetti. Para ser amável escreverei a qualquer livreiro daí, que dirá que não...

Adeus, meu querido Fernando Pessoa. Perdoe-me tudo, tudo.

E um grande, grande abraço do seu pobre

Mário de Sá-Carneiro

Escreva breve! – Saudades do Carlos Franco!

18

CAFÉ RICHE
Boul. des Italiens
Paris IX

Paris – Julho de 1914
Dia 20

Meu querido Amigo,

Recebi hoje a sua carta que muito agradeço. Era desnecessário repetir-me a sua sinceridade dentro dela por causa da literatura com que a ungiu. Eu nunca duvido dela em você – e foi-me mesmo deveras grato esse paulismo intermediário... Você deve talvez ter razão no que me diz sobre o meu estado d'alma. Explicando melhor: eu hoje já não tenho estados de alma: isto é, sei apenas lembrar-me dos estados de alma que deveria ter em certos momentos e do respectivo gênero de sofrimento que esse estado de alma me deveria provocar. Daí o eu ter-lhe falado do meu "embalsamamento" que, creia, é a melhor palavra para descrever o meu *Eu* atual. Quanto à minha vida artística, nada sei. Entretanto esta mesma artificialização, este mesmo embalsamamento a salva, porque a fixa. Assim apenas o que poderia era não aparecer nada de novo – apenas ideias novas. É bom pôr de parte talvez os pessimismos. Há apenas como fatores contrários, o meu egoísmo, a minha infantilidade que me fazem só trabalhar a prêmio... Daí o perigo que um dia o "prêmio" já não me pareça suficiente... Mas o certo é que terminei justamente agora, e dum jato quase, a "Grande sombra" – a qual principiarei a apurar amanhã. Logo...

Meu amigo, até hoje sonetos seus apenas recebi dois a que já me referi, tenho a certeza, numa carta dizendo-lhe em resposta à sua classificação (de lepidópteros) que eram maravilhosos – e só não admiráveis por serem do Fernando Pessoa. Esses sonetos de resto chegaram já há muito tempo e não com a carta que trouxe o fim da "Ode" do Campos. Nem nessa carta, que reli, você fala de sonetos. Veja pois que noção de erro: acrescentada nisto: há uns oito dias o meu avô escreveu-me um postal em que me dizia que sobre o soneto nada podia dizer, pois ele não tinha lá aparecido... Tratar-se-á dos sonetos que você não me enviou?... (em pleno erro!...)

Você tem razão, que novidade literária sensacional o aparecimento em 1970 da *Correspondência inédita* de Fernando Pessoa e Mário de Sá-Carneiro – publicada e anotada por ... (perturbador mistério!)

Que tal é a *Labareda* como aspecto? E como apresentação (queria dizer: colaboração). Você é claro que faz muito bem em mandar para lá ultrapaulismo, mas bem ultra!

Hoje francamente o assunto escasseia. Fico ansioso por conhecer as novas produções do simpático Ricardo Reis.

Extremamente curioso o que me diz sobre o seu desdobramento em vários personagens – e o sentir-se mais eles, às vezes, do que você próprio. Efetivamente descreve bem talvez esse estado o: "Ter-me-ia volvido nação." E é verdade, de toda a alma lhe agradeço as suas palavras sobre mim. Elas são o meu maior orgulho.

Não me lembro de mais nada para lhe dizer senão que, se vir o José Pacheco, lhe dê muitas saudades minhas e lhe diga que eu levarei muito a mal se ele continua no silêncio de até hoje – a ponto que nem eu ou o Franco sabemos se ele aí chegou...

E para você, com todos os agradecimentos repetidos, mil abraços interseccionados em ouro e alma.

O seu

Mário de Sá-Carneiro

O Franco agradece as suas saudades e retribui.

19

AU "LION D'OR"
Gran Café-Restaurant
Barcelona

Barcelona – 5 de setembro de 2014

Meu Querido Amigo,

Não tenho nada a dizer-lhe senão que recebi hoje os seus dois postais. Um no meu hotel – outro na posta-restante. Muito obrigado. A sua carta enviada para Paris a vinte e oito há de cá chegar, com certeza, pois de lá ma devolverão para o hotel. Ainda hoje recebi assim uma do Guisado, de 24. Já vê, pois, que não é tarde para a sua. Nela fala-me você provavelmente da minha poesia "Taciturno" que lhe enviei de Paris, aí por 17 ou 18 de agosto – é verdade: recebeu um postal meu de Perpignan em que lhe anunciava a descoberta do Guerra Junqueiro no compartimento ao lado do meu?...

Que figuras que ele fez ali na estação durante um quarto de hora!... Primeiro comprou o *Matin* mas depois obrigou a mulher do quiosque a restituir-lhe o dinheiro porque a gazeta era antiga de quatro dias devido às circunstâncias, é claro. Depois chamou o homem que vendia "*paniers*" de comida (caixas de cartão com comidas frias para se comer em viagem). Fê-lo abrir a caixa que vem lacrada. Mas achou pouco fiambre e galinha para dois francos e 50... e não comprou! Judeu das Tâmaras! Achei-lhe imensa graça e até hoje me tem esquecido de lho contar. Ah! é verdade, você não imagina, nem por sombras, o francês do *diplomata* Guerra Junqueiro... É um francês Outro, meu Amigo de fugir.

– Se fico por Barcelona? Mistério, mistério... Mas creia que se vão dar grandes sarilhos na minha vida. Sarilhos, é o termo... Esta guerra! Esta guerra!... É fantástico como tudo me tem corrido torto! Uma desgraça.

O seu, muito seu Amigo

Mário de Sá-Carneiro

Escreva!...

Fiz agora o esboço do artigo R.i R.[19] – aliás pouco paúlico.

19/ O artigo a que Sá-Carneiro se refere é sobre o livro *Gênio Peninsular*, de autoria de Ribera y Rovira.

20

Camarate – Quinta da Vitória

Outubro de 1914
Dia 6

Bem, como hoje não há jornais venho conversar um pouco com você, meu querido Fernando Pessoa. Agora tenho lido – lepdopterias. *La Faustin* do Ed. Goncourt. Mau, *pasmosamente.* E romantismos: Balzac, George Sand... Pasmoso! Um interseccionista!... Mas é preciso passar tempo! É verdade: não escrevo a "Elegia" para o *Céu em fogo.* Guardo-a para outro livro: porque não estou em disposições de a escrever agora – e seria grande – e grande já o livro está. Escreverei só mais um conto pequeno, para ele: "Asas", talvez – que está mesmo mais de acordo com o "Ar" europeu do livro. Decididamente é as "Asas" que vou escrever qualquer dia – e assim terminarei o volume. Ficará com oito contos: "A grande sombra", "O fixador de instantes", "Mistério", "Eu-próprio o outro", "A estranha morte do prof. Antena", "O homem do sonhos", "Asas", "Ressurreição". Será um volume de 300 páginas normais. (Quero mesmo escrever as "Asas" neste volume por causa do "Além" e "Bailado", ultra*pederasta* assim o volume.) O Guisado escreveu-me um soneto "Portas cerradas". Não lho copio porque a você o mandou de certo também. Soube outro dia algumas coisas sobre o Valério por pessoa que o conhece muito bem e à família: o pai vende sementes, são Roxos – e o Valério batia na irmã para ela lhe dar dinheiro. É ela mesmo quem quase sempre o tem sustentado e à mulher. Houve tempo em que o Valério dormia nas arcadas do Terreiro do Passo... Em todo o caso é isto mesmo que faz curiosa a sua personalidade. Qualquer dia vou a Lisboa para cortar o cabelo. Avisá-lo-ei. Dê saudades ao Vitoriano e ao Pacheco. Escreva.

Saúdo-o em paulismo.

Adeus. Um grande abraço.

(Ramos mais ou menos interseccionados)

O Seu

Mário de Sá-Carneiro

21

Camarate – Quinta da Vitória

Outubro 1914
Dia 8

Ora você sempre está um lepidóptero!... Por que é que em vez do postal me não enviou o número da *Restauração*![20] Só com um livro do Júlio Dantas na ideia do seu rosto!... E *A Águia*, meu querido Fernando Pessoa, que Alfredo Guimarães! Ai o Leite de Vasconcelos, poeta! E a "Cegueta" (quero dizer a mulher do segredo) do poeta Algarvio... Ora... Ora... O resto! Teófilo & Álgebra... Nem o Parreira salva o número. Bolas!... Então, a guerra?... Bem... bem Adeus... Até qualquer dia, Lisboa. Avisarei. Sabe, o Zagoriansky[21] queria afinal uma arte em que a gravidade não tivesse ação: "Esforço-me para que nos meus poemas – nas suas palavras, sobre as suas ideias, a gravidade não tenha ação." E há de sonhar na glória de libertar o verbo Ser... Nós!... Um grande, grande abraços do seu muito amigo e certo

o *Mário de Sá-Carneiro*

20/ O número do dia 5 de outubro de 1914 inclui uma entrevista com Sá-Carneiro.
21/ Personagem de "Asas".

O Guisado fala-me na carta a que ontem me referi dum poeta Caeiro, ou o que é, que diz mal da gente e encontrou entre galegos. Se calhar é mais um lepidóptero e provinciano![22] Mais saudades.

O *Sá-Carneiro*

Até agora não vi entrevista. Julga que em Camarate há Mônacos?

Última hora:

Inesperadamente vou hoje a Lisboa. Mas decerto que não terei a sorte de o encontrar! *Hélas!...*

22/ Pelo que Sá-Carneiro aqui escreve, pode-se inferir que até aquele momento ele desconhecia o novo heterônimo de Pessoa.

22

Paris – Julho 1915
Dia 16

Meu querido Amigo,

Peço-lhe muita atenção para esta carta – que de resto não vai ter nenhuma importância, nem dar-lhe nenhuma maçada. Sossegue, por consequência. Em primeiro lugar: do que se possa ter aí passado com respeito a questões da minha vida particular, comunico-lhe que não quero saber coisa nenhuma, tenha havido o que houver. Suplico-lhe como um dos maiores obséquios que, se por ventura, sabe alguma coisa a esse respeito, se o foram mesmo procurar – o que é muito natural – etc., me não diga nada, nem faça de longe referências. É pelo sossego do meu espírito que lhe suplico este favor encarecidamente. Você bem compreenderá o que ele para mim representa. Não quero saber nada, absolutamente nada. E peço-lhe que não se refira sequer nas suas cartas a estas minhas linhas. Faça como se nenhuma destas trapalhadas tivesse existido. Fale-me só de si, de questões literárias, do *Orfeu*, etc.! Compreende bem, não é verdade? Por mim creio de resto as coisas a razoável caminho e estou tranquilo no momento em que lhe escrevo. Escrevi ontem uma longa e importantíssima carta ao meu Pai. Antes de receber a resposta a essa carta não sairei de Paris nem comunicarei o meu endereço a ninguém. Nem mesmo a você. Perdoe-me. Mas é capital para a minha vida que ninguém, absolutamente ninguém saiba aonde eu moro em Paris antes do meu Pai receber a minha carta e me responder. Até lá tenho dinheiro. O endereço mesmo que lhe vou pôr no fim da carta é absolutamente confidencial e só a você por enquanto o comunico. Isso porque não quero receber cartas desnecessárias e que só me viriam incomodar. Não irei mesmo à posta-restante-central, perguntar por elas. Em nome da sua amizade lhe rogo por consequência que oculte mesmo a todos o endereço que lhe vou dar. Aos outros dirá que eu me esqueci de lhe mandar o endereço.

Enviar-lhe-ei amanhã o postal que em tempos combinamos. Ao Pacheco e ao Vitoriano se me quiserem escrever, encarregue-se você de subscritar as cartas – mas evite o mais possível de lhes dizer o endereço que lhe vou dar – *muito especialmente ao Vitoriano.* Juro-lhe que nada de importante há sobre tudo isto. Trata-se apenas de ganhar Paris, de lutar pela minha vida – e do meu sossego de espírito. Outro assunto importantíssimo: escrevi hoje ao Augusto (da Livraria) para – como de resto combináramos – ele promover a venda do *Céu em fogo* até ao fim deste mês de forma que eu receba a importância sem falta até 8 de agosto. Vá falar com ele nesse sentido daqui a um ou dois dias, e veja o que ele responde. Mas isso sem falta. Pergunte-lhe também, em meu nome, como vai a venda do *Orfeu.* Diga-lhe que, se quiser, pode vender os *Céus em fogo imediatamente.* Cinco exemplares em bom estado guarde-os para mim. Não se esqueça de lhe dizer isto – porque eu esqueci-me de lho dizer na minha carta. Informe-lhe de quando o negócio será feito. Tornarei a escrever ao Augusto a dizer-lhe que compre um cheque – que você subscritará para mim em carta registrada. Sobre a primeira parte desta carta – *mesmo sobre toda esta carta* – suplico-lhe o maior sigilo. Conto dever-lhe todos estes obséquios. Breve escreverei uma longa carta sobre Paris que está emocionante à noite.

Responda na volta do correio segundo as minhas instruções, pode afinal ir procurar o Augusto no mesmo dia em que receber esta carta. Fico ansioso pela sua resposta. Escreva imediatamente. Mil agradecimentos e perdões. Um grande abraço de toda a alma do seu

Mário de Sá-Carneiro

Escreva para

Posta-Restante

Bureau Nº 8
Boulevard des Italiens
sublinhe *Italiens* Paris

De novo lhe suplico que cumpra à risca tudo quanto lhe peço. Dou-lhe uma grande importância.

Fale muito do *Orfeu*, notícias etc.

23

Lisboa[23] – Julho 1915
Dia 17

Meu Querido Amigo,

Venho lembrar-lhe tudo quanto lhe disse na minha carta de ontem, recomendar-lhe muito que se não esqueça de passar na livraria para falar sobre o *Céu em fogo* a fim de eu saber de certeza se posso contar com dinheiro dessa venda até 8 de agosto efetivamente. Rogo-lhe também que me escreva com a maior brevidade uma das suas cartas-relatório falando-me sobretudo do *Orfeu* – e outras tricas literárias. O Leal circula ainda? O Santa-Rita Pintor tem aparecido por Lisboa? Etc... etc... E é verdade o Afonso Costa afinal morreu ou não? Em San Sebastian chegou um jornal a dedicar o seu artigo de fundo ao grande estadista morto. Todos os jornais espanhóis – e os franceses – noticiaram com efeito a morte do tribuno no dia 14. Mas já li aqui no *Matin* ou no *Journal* (só num deles) um desmentido. Logo... Preocupei-me de resto com a morte do Afonso pela sua Vida, meu caro Fernando Álvaro Pessoa de Campos.

Paris, então. Ah! uma glória – outra glória – outra maravilha. Maravilha que, de resto, para ser vibrada em todo o seu oiro necessita de influenciar alguém que tivesse conhecido a Cidade em plena paz. É a mesma – mas em febre amortecida. Dir-se-ia que mão fantástica fechou um pouco o registro regulador do movimento-total da "corda" que faz mover, em relojoaria, Paris inteiro. Juro-lhe que desde o próprio barulho dos automóveis deslizando nas ruas – e as suas buzinas – até aos timbres elétricos chamarizes dos animatógrafos e mais baiúcas, tudo se atenuou, esmaeceu, velou,

---

23/ Pelo carimbo e contexto da carta, pode-se afirmar tratar-se de lapso de Sá-Carneiro, que se encontrava em Paris.

diluiu – mas permaneceu em encanto – mais penetrante hoje por sutilizado, imponderalizado, cendrado – mas simultaneamente febrilizado em novas crispações. Não sei explicar-lhe o que quisera. Mas enfim, suponha isto – tal e qual: uma grande cidade, as cidades da minha ânsia e dos meus livros – rútilas de Europa, largas, pejadas de trânsito e movimentos – *rendez-vouz* cosmopolitas, farfalhantes de ação. Pois bem: suponha que assim como o guarda-freio dum elétrico, o *chauffeur* ao volante dum automóvel pode acelerar ou diminuir a velocidade do seu veículo – e como também uma torneira permite que aumentemos o jorro dum repuxo a meio dum lago – seria lícito por qualquer mecanismo de sonho fazer o mesmo a toda a atividade múltipla e diversa da Grande Capital. Sim, suponha isso possível. Suponha-se fechando-abrindo esse regulador. E aqui tem a mudança toda de Paris – tão real, mas tão enigmática e perturbadora na sua realidade diminuída. Pois em resumo assim é: Paris, diminuída em grandeza, desconhecidamente ungiu-se de oculto, diluiu-se em incerto. Tanto maior o seu quebranto – que se estiliza em mágica intensidade, à noite – vincadamente. Lembra-se do "Homem dos sonhos", o meu conto? Pois hoje Paris, à noite – é a cidade que ele viajava em sonhos: ela própria: na treva impenetrável, toda a vida. E rasgam-se os *boulevards*, em verdade, numa ideia só ascendente – e desliza a vida: rolam os automóveis, os trens – deslizam nos largos passeios de asfalto citadino a multidão dos transeuntes. E com efeito também todo este silêncio se reúne em música: não realmente em música mas na ideia duma melodia impossível que não se ouvisse, e fosse apenas um bafo: um hálito inconstante, perfumado em espasmo – que nós aspirássemos como se o ouvíssemos em harmonia. Com efeito no medo futurista dos grandes dirigíveis imperiais e agudos – só raros, raríssimos candeeiros de gás são acesos. A ponto que é difícil transitar, ir com muito cautela no perigo até de entropeçar. Fulguram a apoteotizar todo o ambiente velado, se não há nuvens, as estrelas que se diriam de papel prateado sobre uma toga negra de mágica nos teatros de milionários. E a multidão desliza. Deve haver beijos nos recantos – e estiletes, porventura, se cruzarão remotamente nas esquinas mas solitárias. Enfim, é o mistério emprestado a todas as coisas – a cidade toda vivendo nas trevas impenetráveis. E mais se frisa então a impressão de incrédulo, de duvidoso e fugitivo, num calafrio remoto e intranquilo que mais nimba arrepiando-as as sensações diluídas, de excitação agora – esquivamente. Dir-se-ia uma cidade furtiva, em suma, meu querido amigo: uma cidade fora do espaço e do tempo: existindo às escuras – colônia astral, talvez de criminosos... Não sei. Mas todas essas bizarrias interseccionistas me impressiona Paris de hoje. Perdoe toda esta péssima literatura. Sabe? São apenas fugitivos apontamentos: até esboço de apontamentos – para algumas páginas que presumível e futuramente escreverei. Uma crônica. Mas uma crônica paúlica. É verdade: e se eu desenvolvesse tudo isto e o ajustasse para o nº 3 do *Orfeu*? Como crônica, evidentemente. Que se lhe afigura que eu posso tirar daqui? Qualquer coisa interessante? Diga. E não se fie só no que lhe digo. Há muitos outros vértices. Escreva. Por amor de Deus. E não se esqueça das minhas incumbências e de contar o que lhe disser o Augusto. Um grande abraço e um grande adeus.

O seu, muito seu

Mário de Sá-Carneiro

Posta-Restante:

Bureau des Italiens
Paris

AVISO IMPORTANTE! Esta carta saiu, literariamente, muito lepidóptera.

24

CAFÉ RICHE
Paris (9e)

Paris – Julho 1915
Dia 26

Meu Querido Amigo,

Ainda uma carta de negócios – e apelo para toda a sua amizade a fim de me satisfazer o que lhe vou suplicar – não se assuste: não é nada complicado: apenas lhe rogo vivamente que não deixe de fazer *no próprio* dia em que receber esta carta aquilo que vou dizer. Escrevi hoje ao Augusto para ele me informar por telegrama se me pode enviar o dinheiro da venda dos *Céus em fogo* (ou outro qualquer) de forma que eu o receba *impreterivelmente até 12 de agosto o mais tardar*. Você compreende bem a importância que isto tem para mim: se por qualquer motivo a transação dos *Céus em fogo* não pudesse ter sido feita e não houvesse nenhum saldo a meu favor na Livraria – precisava de arranjar dinheiro por outro lado. Assim suplico-lhe, meu querido Fernando Pessoa, que assim que receba esta carta vá imediatamente à Livraria falar ao Augusto, para saber o que há – e recomendar-lhe que não deixe de fazer o que na carta que hoje lhe dirijo, lhe rogo: isto é: *telegrafar-me imediatamente* se posso ou não contar com o dinheiro até a data indicada. Você que me conhece bem sabe como a incerteza – e especialmente a incerteza nestas coisas – me é um suplício. Assim como o maior obséquio, em nome de tudo quanto lhe mereço, lhe suplico que faça de maneira que eu não deixe de ter uma resposta *telegráfica* no mesmo dia em que esta carta chegar a Lisboa. É o maior favor que até hoje lhe tenho rogado – e espero assim que, por modo algum, você mo deixe de prestar. Na carta ao Augusto mandei mesmo os textos em francês dos telegramas para as diversas hipóteses. Entretanto, se outra coisa qualquer de importante houver a dizer você redija o telegrama. *Enfim deixo tudo isto ao seu cuidado*. Suplico-lhe também que me escreva uma carta informando-me do que tenha acontecido em volta do *Orfeu* – e a sua venda etc. Peça na livraria os números 2 do *Orfeu* que você quiser – contando que o Santa-Rita também há de querer exemplares. Rogo-lhe que por enquanto *guarde para si* o endereço que lhe vou comunicar:

Hôtel de Nice
29, Rue Victor Massé

Repare bem em tudo quanto lhe suplico e *é pra mim duma importância capital.* Em último caso – para prevenir todas as hipóteses. – Você mesmo me telegrafava e se, porventura, não tivesse consigo a importância para o telegrama pedia-a em *meu nome* ao Vitoriano Braga ou ao José Pacheco. Mas este caso decerto se não dará. Seja como for sempre hei de ter nas livrarias saldo que chegue para o telegrama. Mas é para prevenir todas as hipóteses. Por amor de Deus, meu querido Fernando Pessoa, não deixe de o fazer *no próprio dia em que receber esta carta* o que lhe suplico tão vivamente. Em nome da nossa amizade: *que me telegrafem imediatamente se posso ou não contar com o dinheiro.* Fico ansioso. E não deixe também de me enviar uma carta circunstanciada na volta do correio. Hoje fui ao Bureau dos Italianos mas não encontrei ainda carta sua. E já havia tempo para a resposta. Enfim, meu querido Amigo, peço-lhe que me perdoe todos esses incômodos – e mais uma vez lhe suplico a máxima atenção para quanto lhe rogo. Vá imediatamente à Livraria! Que não me deixem de telegrafar. Veja bem a importância que isto tem para mim.

– Mando-lhe junto uma poesia.[24] Não sei bem o que é. *Diga a sua opinião* – não se esqueça. Breve escreverei uma carta "psicológica". Estou ansioso por receber um dos seus "relatórios"! Reserve por enquanto o meu endereço – que, além de a você, só comuniquei ao Augusto.

Um grande abraço de toda a alma.

O seu, seu
Mário de Sá-Carneiro

Conto consigo!
29, Rue Victor Massé
Paris 9ème

24/ O poema "Escala".

25

CAFÉ RICHE
Boul. des Italiens
Paris (9ème)

Paris – Agosto 1915
Dia 2

Não sei realmente, meu querido Amigo, como explicar o seu silêncio. Pior: Não sei como *desculpá-lo*. Então eu recorro a si, creia, numa circunstância grave de minha vida – dirijo-me a si pedindo-lhe no fim de contas uma coisa fácil, facílima – que se reduzia a passar numa loja, indagar uma coisa, fazer com que me telegrafassem. Prevejo todas as hipóteses: até a de na livraria se recusarem a mandar o telegrama, pedindo-lhe para, nesse caso, pedir em meu nome a sua importância (caso você não tivesse consigo) ao Vitoriano ou ao Pacheco – e tudo baldado! Você não tem um gesto! Não se lembra da minha intranquilidade – não tem dó de mim, numa palavra! Francamente é duro. Meu querido Fernando. Eu não lhe merecia esse "desmazelo" – porque a outra coisa não posso atribuir a sua falta. Parece-me impossível, realmente! Você não sabe que, a distância, a gente põe-se a fantasiar todas as explicações para um silêncio inaudito como o seu e – vamos lá – como o da livraria, o do Augusto, que é também inadmissível, visto que eu nada mais suplicava do que um telegrama de 5 tostões!! Assim, já me lembrei da sua morte, da sua prisão – da falência da Livraria – e até da destruição de Lisboa. Se os quiosques daqui não vendessem todos os dias o *Século* com um atraso de três dias: isto é: o *Século* dum dia 2, por exemplo, vende-se aqui, a 5! Concorde, meu caro Fernando Pessoa, que tenho razão de sobra para me queixar – tanto mais que ainda não falei do que vem agravar tudo isto: logo que cheguei aqui escrevi-lhe umas poucas de vezes (pelo menos duas cartas) suplicando-lhe que me respondesse, na volta do correio, para a posta-restante, Bureau nº 8. Já lá tenho passado inúmeras vezes, sempre embalde. Para ter a certeza de que não havia qualquer extravio já por duas vezes me dirigi cartas, que sem demora nesse bureau me foram entregues! Isto é muito, muito duro dum amigo como você! Eu não procederia assim com um indiferente. Que mal você me fez! Se porventura se "feriu" com o eu lhe não dar logo o meu endereço, permita-me significar-lhe quão descabido isso foi – e sobretudo como foi injusta e demasiada a pena a que me condenou: o silêncio! Através de tudo o que mais me custa a acreditar é que você, conhecendo de mais a mais o meu caráter, os meus nervos, a minha impaciência – não tivesse tido dó de mim. *Dó*, repito, que era o que eu em todas estas circunstâncias lhe queria merecer! É espantoso! Que pena eu tenho de tudo isto, meu querido Amigo, como é duro vermo-nos de súbito abandonados por quem tanto estimamos e admiramos! Alguns anos duma camaradagem tão estreita, sobretudo duma camaradagem d'Alma, meu querido Fernando Pessoa, deviam-no ter bem conduzido a outro procedimento. Porque – repito – não há razão possível para o seu silêncio: por muitas preocupações de qualquer ordem que o absorvam ou o atormentem. Não era razão para deixar de me escrever uma breve carta aonde me *falasse do essencial*: meia dúzia de linhas. E o mais doloroso, meu Fenando Pessoa, é que noutros tempos você não procedia assim: não tinha amigo mais diligente, que mais depressa respondesse às minhas cartas! Por exemplo: a primeira vez que estive em Paris depois de o conhecer. Enfim, por severo que me mostre nesta carta, eu apenas deploro, funda e tristemente deploro o seu modo de proceder para comigo. Mas estimo-o demais, admiro-o demais para lhe não perdoar as suas faltas – embora lhas não desculpe. E agora oiça, oiça por amor de Deus – em nome dos seus ideais – suplico-lhe de joelhos! Vá à Livraria logo que receba esta. Averigue o que se passa. *Telegrafe-me*. Pelo mesmo correio escrevo ao Vitoriano pedindo-lhe para emprestar o dinheiro necessário ao telegrama. *É claro que este meu pedido só subsiste para o caso de não haverem já telegrafado ou escrito da Livraria:* diga-me o que se passa, por amor de Deus! O Vitoriano adiantará o dinheiro. Repare que me entrego nas suas mãos. Você *não tem o direito* de me negar o seu auxílio. *Escreva-me também, por amor de Deus.* Um simples postal, pelo menos.

Mas na volta do correio. No próprio dia em que receber esta carta. Trata-se da minha vida. Apesar de tudo conto consigo. Um grande abraço de toda a alma. O seu, seu

Mário de Sá-Carneiro

Hôtel de Nice
29, rue Victor Massé – Paris (9ème)

P. S. – Afinal mando incluso o pedido ao Vitoriano no caso de ser necessário ele emprestar a soma. Perdoe-me tudo – *e tenha dó de mim.*

o seu *Mário de Sá-Carneiro*

Post-Scriptum
Suponhamos que você não tinha recebido a carta em que lhe fazia o meu pedido e que assim ficava às aranhas ao receber esta: o que lhe pedi foi que fosse ao Bordalo requisitar todas as *Confissões de Lúcio* e *Dispersões* que lá tivesse e à Livraria Ferreira requisitar todos os *Princípios*. (Escrevi a ambas as casas nesse sentido.) Depois que fosse à Livraria Universal, 30, Calçada do Combro, vender tudo isso onde devem pagar as *Confissões de Lúcio* a 50 réis, as *Dispersões* a 20 réis e os *Princípios* a 70 réis. E que me enviasse sem demora o dinheiro recebido. Desculpe ainda mais esta madureza, Adeus. Outro grande abraço.

o *Sá-Carneiro*

Perdão! Perdão!

26

BRASSERIE CHÂTEAUDUN
60, Faubourg Montmartre
Paris

Paris – Agosto 1915
Dia 7

Meu Querido Fernando Pessoa,

Recebi ontem o seu postal de 2 que muito do coração agradeço. Você decerto já me perdoou a minha última carta – mas, de joelhos por ela lhe venho suplicar perdão. Nunca julguei que uma carta pudesse levar tanto tempo de Paris a Lisboa. Assim, logo que foi sexta-feira, comecei a pasmar da ausência do telegrama – agravada pela falta completa de notícias suas para a posta-restante – Bureau nº 8, Boulevard dos Italianos... Creio bem que você compreenderá – e me perdoará essa carta. De resto escrevia-a sobretudo por uma questão de "*guigne*" que me é muito peculiar: sim, escrevendo aquela carta – e o sarilho hilariante dos bilhetes ao Vitoriano e aos "prezados senhores" A. Xavier Pinto & Cia. – havia mais probabilidades em que me chegasse o telegrama e a sua resposta, como de fato aconteceu – volvida inútil toda essa trapalhada. Nesse caso posso contar com o seu perdão, meu querido Fernando, não é verdade? Muito bem.

– De mim? Ah, de mim, meu pobre amigo, não sei. Olhe, cá estou. E é tudo. Já é alguma coisa, concordemos. Enfim... Espero uma resposta telegráfica do meu Pai a uma carta que lhe escrevi daqui no dia da minha chegada: 15 de julho. Depois, não sei. Eu pedia-lhe nessa carta que me deixasse, *por tudo,* ficar aqui – pelo menos até me mandar ir para a África. Em suma, bem frisado: tudo menos Lisboa. Ignoro o que ele fará. Vamos a ver. Instabilidade! Mas prefiro-a tanto, tanto, à estagnação. África – outro naufrágio a mais. Deixá-lo – se assim for. Pelo menos, agitação, mudança.

Acima de tudo me arrepia a ideia sem espelhos de, sem remédio, novamente fundear no Martinho... Não sei por que mas esse café – não os outros cafés de Lisboa, esse só – deu-me sempre a ideia dum local aonde se vem findar uma vida: estranho refúgio, talvez, dos que perderam todas as ilusões, ficando-lhes só, como magro resto, o tostão para o café quotidiano – e ainda assim, vamos lá, com dificuldade. Tanto lepidopterismo! Mas você continua a perdoar... Em Paris bocejo, é claro. Mas estou melhor. É outra ilusão. Tenho a força de a manter, entanto – e isso me é lisonjeiro. Pequeninas coisas: a outra noite, o luar sobra a Praça da Concórdia, por exemplo, curou-me por uns poucos de dias. E o poder dizer mais tarde: "Quando os alemães tomaram Varsóvia, estava eu em Paris." Tão pequeninas coisas. Você pode medir bem o descalabro irremediável da minha vida, do meu espírito e da minha carne – quando ainda assim, são estes – e os letreiros das ruas dos bairros por onde passo a primeira vez e orgulhosamente leio – os amparos únicos, os lenitivos raros à minha existência destrambelhada... Tenho chegado mesmo a suspeitar nestes últimos tempos se – de fato – já estarei doido. Parece-me que não. Mas o certo é que, mais uma vez, e positivamente, se modificou alguma coisa dentro de mim. O mundo exterior não me atinge, quase – e, ao mesmo tempo, afastou-se para muito longe o meu mundo interior. Diminuiu, diminuiu muito, evidentemente a minha psicologia. Sou inferior – é a triste verdade – de muito longe inferior ao que já fui. Saibo-me a um vinho precioso, desalcoolizado agora, sem remédio. Estou muito pouco interessante. E não prevejo o meu regresso a mim – isso, que digo nos meus versos da "Escala" – incitação que não será seguida, parece-me. Já vê que não vamos nada bem. O que estou ansioso é por uma sua longa carta. Em que me fale de si – e "borde comentários" sobre o que eu lhe escrevo. É para conversamos. Só a sua companhia me faz falta. E quer ver: muitas vezes ponho-me, de súbito, não sei por que, a imaginá-lo, aqui num café de Paris, comigo, em minha frente, sentado à minha mesa. Ainda outro dia – frisantemente – num bar ordinário para Montmartre. Gosto tanto de si! – A menos certas "dispersões" e certos "falares baixos" você realiza para mim "aquilo que unicamente eu admito que se seja". Mas tenho-me dito isto tanta vez... Escreva muito, e breve – Sim?...

– Junto lhe mando uma extensa versalhada.[25] Não sei bem o que aquilo é. Inferior, não há dúvida. Mas duvido se, em todo o caso, interessante. Muito antipáticas certas passagens. Mas sabe, aquilo é "relativamente". Pode crer que eu sou seu amigo, e não fiz de você *chauffeur*, no meu afeto. Literatura, claro – é preciso deitar água na fervura. Acho mais graça à quinta canção. Efetivamente, sinteticamente, o que anseio pôr na minha vida é tudo aquilo. Justamente: e não imagina como me são encantadores os "defeitos duma instalação provisória": a mala ficou na estação – temos que ir comprar colarinhos para mudar. E não vale a pena mandar buscar a mala, porque partimos amanhã. Assim acho pilhéria a essas quadras. Uma observação: O *Matin* fica em pleno Boulevard: é todo envidraçado, vendo-se trabalhar as máquinas rotativas e as *Linotype* – cujo barulho dos teclados se sente distintamente, amortecido, da rua. Esse trabalho sintetiza para mim a ânsia do "papel impresso", a beleza das tipografias – o sortilégio moderno "da grande informação". Sinto isso tanto – tanto me embevece, quando passo em frente do *Matin*, o discreto martelar das *Linotype* que até deixei ficar o verso forçado, como verá. É como o encanto das grandes paredes a "ripolin" e dos anúncios elétricos pelos telhados de que falo na mesma quadra. Seja como for os versos que hoje lhe mando são lamentáveis – um "triste produto". Mas, se tiverem qualquer interesse artístico – pouco me importa. Rogo-lhe muito assim, meu querido Fernando Pessoa, que me fale detalhadamente deles, me diga a sua opinião com a maior franqueza – e me aconselhe mesmo, se devo eliminar qualquer das canções. Esses versos indicam queda, miséria – não há dúvida – sejam encarados por que lado for: moral ou literário. Assim acho muito bem o título genérico de "Sete canções de declínio". Não lhe parece? Enfim, fale-me largamente disso tudo – como noutros tempos fazia. Tenha pena de mim. Não me roube, o seu convívio moral e literário. *Escreva-me uma grande carta!* Conto consigo!

Cubismo: julguei em verdade que tivesse desaparecido com a guerra: tanto mais que certos jornais diziam que os cubos do caldo (*bouillon kub*) e da pintura eram boches. Mas no Sagod – negociante de quadros que

---

25/ "Sete canções de declínio."

acolheu os futuristas e os cubistas e não vende doutra mercadoria – não só estão expostos muitos quadros cubistas como – oh! Pasmo! – um da guerra; última atualidade: sim: um "tank entre shrappnels". A rua do "*marchand*" é de pouca passagem, mas sempre gente parada defronte, rindo: como em face da nossa montra do *Orfeu*... A propósito: dizem-me da Livraria que não se tem vendido. Paciência. E nada mais saiu sobre ele? Parece que não – caso contrário você não se teria esquecido de mo dizer no seu postal. Tenho muita pena.

– Ótimo, meu querido amigo. Vou terminar. Ainda uma vez lhe imploro mil perdões pela minha última carta – e de joelhos prostrado lhe suplico que escreva uma grande carta – relatório. As suas cartas deste gênero são para mim um complemento de Paris. E desta vez ainda não tive nenhuma! Anseio-as tanto mais que na incerteza do tempo que me demorarei aqui – ficaria inconsolável se nenhuma tivesse recebido. Claro que se de súbito resolver sair daqui – isto é: se de súbito a minha vida se resolver em eu sair daqui – lhe telegrafarei os meus habituais telegramas. Escreva-me pois uma grande carta, na volta do correio: por amor de Deus!!...

(O Pacheco sempre virá a Paris? Não o tem visto?) Recomende-me muito ao Vitoriano. E para você um grande abraço de toda a alma. O seu, seu

Mário de Sá-Carneiro

29, Rue Victor Massé

E de vida Literária sua e do nosso Álvaro de Campos? Diga o que há, hein?...

ESCREVA UMA CARTA-RELATÓRIO!!...

27

Paris, agosto de 1915
Dia 10

Meu Querido Amigo,

Recebi hoje, batendo as palmas, a sua carta de 6. Enfim – se não que propriamente ainda um relatório, já, sem dúvida, uma carta "pessoal". Agradeço-lhe vivamente pois – e uma última vez lhe suplico perdão pela minha já tanto aludida descompostura do dia 26, salvo erro. Estou-lhe muito grato por todas as suas diligências no "affaire" do *Céu em fogo* – bem como reconhecido ao Augusto que é na verdade um tipo admirável! Fico sossegado: um hoje recebi também um postal da Livraria – ontem um telegrama do meu Avô a quem pedi dinheiro e que mo anuncia. Agora só falta a resposta telegráfica do meu Pai para definir o meu destino. Veremos... – Os meus parabéns, oh! Mas os meus vivíssimos parabéns pelo novo papel no nosso *Orfeu* que você fez imprimir não sei aonde. Homem, onde raio foi descobrir aquele tipo de papel e de letra – tão Álvaro de Campos e, ao mesmo tempo, tão inglês? (Sobretudo o formato do sobrescrito.) Por curiosidade diga-me como foi que arranjou aquilo – sim? Provavelmente por intermédio da Livraria. – Exorto-o intensamente a que não descure a propaganda europeia do *Orfeu* – claro com traduções talvez não necessariamente integrais – trechos bastarão, creio sobretudo das "Odes", da "Chuva oblíqua" e da "Manucure". Não poupe exemplares – pois para que os queremos nós?... Por mim não mandei o *Orfeu* ao movimento futurista – mesmo porque não sei o endereço. Para centralizar – *mande você.* Não lhe parece melhor? Diga. Agora o que precisa começar a preocupar-nos é o nº 3 – materialmente e "sumariamente". Quanto à primeira questão vou até com certa brevidade escrever ao Augusto para ver se consigo o seguinte: a Livraria mandar imprimir o terceiro número do *Orfeu* à sua tipografia (Lucas) fazendo-me crédito da importância. Se houver perda eu comprometo-me a cobri-las.

Todas as outras condições como eles quiserem. Fazemos só 500 exemplares – sem gravura – com o número mínimo de páginas (72) e forçosamente em papel menos caro. Um papel mais barato, mas no mesmo gênero, claro. O Augusto em tempos disse-me que na tipografia Lucas o 1º do *Orfeu* não custaria mais de 65.000 réis. Meu querido Fernando Pessoa, bem sei que é doloroso não podermos manter o luxo, não dar gravuras – e fazermos um número menos espesso. Mas compreende que é a única forma de o fazer sair – visto que eu, tão cedo, não posso voltar à Tipografia do Comércio. O aparecimento do número nas condições acima indicadas tenho esperança que seja possível – tanto mais que ainda tenho um saldo a meu favor na Livraria que não reclamarei e que – por pequeno que seja – serve para "inspirar confiança"... Agora quanto ao sumário: Almada Negreiros (Nota Importante: convém muito cortejar este pequeno, que, em todo o caso – e com o grande interesse de ser colaborador do *Orfeu* –, nos pode ajudar com uns 10.000 de adiantamento, em qualquer ocasião – e com mais até se, no momento, estiver endinheirado. Não deixe de lhe falar no *Orfeu* e na sua colaboração do III número – aquela coisa soberba a que eu já esqueci o nome – a do "ergo-me pederasta", etc. Fernando Pessoa e Álvaro de Campos: o primeiro deve dar *versos* rimados: "Sonetos dos 7 passos" e "Além-Deus". O 2º alguma coisa – que por ventura tenha feito entretanto. Mário de Sá-Carneiro: não sei propriamente, mas alguma coisa se arranjará (quanto mais não seja os versos que tenho feito e que – por inferiores – sempre são alguma coisa e irritantes na antipatia furiosa das "Canções 3-4" que na minha última carta enviei. Mas isto é pouco – e com que podemos mais contar? Assunto grave. Diga. Se ficar por aqui vou trabalhar muito. De prosa, sinto-me pouco disposto a escrever agora o "Mundo interior" visto ser uma novela interessante mas "igual" a outras minhas. Gostaria de fazer agora uma coisa de outro gênero – e está-me atraindo este assunto: um homem que (através dum enredo outonal e romântico) lute ardentemente para merecer uma mulher: luta pela vida, luta material para ter os meios de fortuna para poder sustentar, no fim de contas, a mulher – luta por questões de família – luta mesmo talvez – e possivelmente a preço de infâmias – para obter o amor dessa mulher afastando um rival. Este homem conseguirá enfim *tudo.* Mas então suicidar-se-á ou fugirá. Isto só brutalmente.

Que lhe parece? Não sei. Mas em todo o caso é impróprio para o *Orfeu*. Se você acha duma conveniência capital o meu "Mundo interior" para o 3º número, diga – que o escreverei. *Suplico-lhe que me fale de tudo isto pormenorizadamente* – e faço votos para que o "dia-de-cinco-mil-réis" tenha passado sem novidade. Adeus. Um grande e sincero abraço do seu

o muito seu
Mário de Sá-Carneiro

29, R. Victor Massé

ESCREVA! Interessou-me o que diz da revista inglesa. Com que então quase do tamanho duma mesa?...

28

Paris – agosto 1915
Dia 13
6 ª feira

Meu Querido Amigo,

Recebi a sua carta de 9 que muito do coração agradeço. Quanto à minha deplorável de 2 já lhe supliquei de joelhos mil perdões – e acho inútil voltar ao assunto. No entanto ainda uma vez me ajoelho diante de você – "S. Fernando Pessoa", lembra-se, como eu lhe chamava o ano passado – a implorar-lhe a sua absolvição. Posso contar com ela, não é assim? Ótimo então.

– Francamente tenho muito pouco a dizer-lhe neste dia astrologicamente terrível de sexta-feira e 13. Mas a propósito: sabe que me está deveras assustando o tal sarilho do atravessamento do Sol em mau aspecto lunar? E por isto: *é que as coisas me estão correndo muito razoavelmente*. Com efeito veja este exemplo (e não lhe posso dar outro melhor visto tratar-se de "finanças"): esperava 40 francos da Livraria – 50 que pedira ao meu avô. Pois bem: da Livraria, recebi 60 – do meu avô, 100... E eu receio mais, palavra, quando as coisas me correm bem do que quando me seguem mal! O que peço a você – não tenha receio em dizer-me, por amor de Deus – é que se debruce mais sobre os meus Astros e veja as circunstâncias que vão atuar no meu destino dos próximos meses. – Quanto mais não seja para exercermos um controle que será muito interessante. Quanto tiver pachorra rogo-lhe, pois, que se debruce – *e não hesite em me informar*. Combinado? Muito bem, você é um anjo.

– Na galeria Sagod, o templo cubista, futurista de que lhe falei já numa das minhas cartas comprei ontem um volume: *I poeti futuristi*. É uma antologia abrangendo o Marinetti e muitos outros poetas: Mario Bétuda, Libero Altomare, etc., etc. Em acabando de ler o catrapázio (uma semana) vou-lho mandar em presente. Já lá descobri uns Fu fu... cri-cri... corcurucu... Is-holá..., etc., muito recomendáveis. Vamos ver... A propósito: não se esqueça por princípio nenhum de mandar com brevidade dois exemplares do *Orfeu* (ou 3) para o movimento futurista. (A propósito: não haveria meio de saber se ainda existe – ou apenas está interrompida pela guerra – a revista internacional de literatura *Poesia* dirigida pelo Marinetti e, segundo anúncio incerto no volume que ontem comprei, colaborada por italianos, franceses, belgas, espanhóis e ingleses. De resto por passeístas e futuristas: Annunzio e Verhaeren colaboraram, por exemplo. Pode, por exemplo, mandar vir à minha conta pela Livraria um ou dois números. Isso é com você. Mas estas linhas servem de ordem para o Augusto – se você quiser. Se a revista existisse – nós poderíamos muito possivelmente ser colaboradores. Por tudo isto, não deixe de enviar o *Orfeu* aos homenzinhos.)

– Outro pedido: telefone já ao Vitoriano agradecendo-lhe muito da minha parte o seu cuidado – mas lamentando que não me tivesse ainda escrito um postal. Não deixe de lhe telefonar – e mil agradecimentos. Adeus. Nunca *se esqueça de mim!* ESCREVA SEMPRE! Um grande abraço d'Alma.

O seu, muito seu
Mário de Sá-Carneiro

P. S. – Se não arquivou a *coupure* do *Diário de Notícias* diga-me, que lha devolvo.

29

Paris – Agosto 1915
Dia 24

Meu Querido Amigo,

Esta manhã recebi a sua admirável carta de 13 – 20 do corrente. Zango-me primeiro que tudo com você, muito, por supor que me pode maçar com a exposição da crise que agita o seu espírito, presentemente. Mas além da honra que a posse dessas páginas me emociona – como é belo e grande e luminoso e perturbador – artisticamente, mesmo: o novelista em mim o garante – tudo quanto o meu querido Fernando Pessoa de si me conta. Sobre a minha impressão – e digo-lhe tudo nela? – nunca, como lendo as suas páginas hoje recebidas eu compreendi a misteriosa frase do protagonista do "Eu-próprio o outro!", "*Ter-me-ei volvido uma nação?*". Já o ano passado de resto numa carta para aqui foi você o primeiro a aplicar esta frase a si. Mas era, creio, sobretudo pelo aparecimento de Caeiro & Cia. – isto é, restritamente: da criação de várias personalidades – Enquanto que eu aplico hoje a frase, *sentia-a* lendo as suas páginas, não por essas várias personalidades, e o Dr. Mora[26] à frente, criadas: mas, em conjunto, pelo drama que se passa no seu pensamento: e por toda a sua vida intelectual – e até social, que eu conheço. É assim, meu querido Fernando Pessoa, que se estivéssemos em 1830 e eu fosse Honoré de Balzac lhe dedicaria um livro da minha *Comédia humana* onde você surgiria como o Homem-Nação – o Prometeu que dentro do seu Mundo-Interior de gênio arrastaria toda uma nacionalidade: uma raça e uma *civilização*. E é bizarramente este último substantivo que me evoca toda a sua grandeza: "*toda uma civilização*" é, meu querido amigo, o que você hoje perturbadoramente se me afigura.

26/ Trata-se de mais um heterônimo de Fernando Pessoa.

São ridículas talvez as frases acima – elas porém exprimem o que eu sinto: que sejam um pouco "rastas" os termos que emprego eles são os que melhor exprimem o que eu quero dizer. E é meditando em páginas como as que hoje recebi – procurando rasgar véus ainda para além delas – que eu verifico a *nossa* grandeza, mas, perante você, a minha inferioridade. Sim, meu querido amigo – é você a Nação, a Civilização – e eu serei a grande Sala Real, atapetada e multicor – a cetins e a esmeraldas – em douraduras e marchetações. Nem mesmo quereria ser mais... E sê-lo-ei? Vê: tem medo o meu querido Amigo, confia-me, na crise em que ora se debate de se *haver enganado*: pois para si criar beleza não é tudo, é muito pouco – que "beleza" a ferro e fogo eu juro que você criou. A meus olhos pois o seu medo pode unicamente ser o de haver "criado beleza errada". (Estou certo que não, mesmo assim – é mera hipótese a minha suposição: um dia breve você encontrará a linha que ajustará tudo quanto volteia antagônico no seu espírito e tirará a prova real da sua "razão".) Mas o meu caso é bem mais terrível a certas horas: para mim basta-me a beleza – e mesmo errada, fundamentalmente errada. Mas beleza: beleza retumbante de destaque e brilho, infinita de espelhos, convulsa de mil cores – muito verniz e muito ouro: teatro de mágicas e apoteoses com rodas de fogo e corpos nus. Medo e sonambulismo, destrambelhos sardônicos cascalhando através de tudo. Foi esta a mira da minha obra. Creio tê-la ganho às vezes. Mas a certas horas... E debruço-me então perdido sobre as minhas páginas impressas: não a ver se elas estão "erradas" – pouco importaria – mas a ver se na verdade fascinariam pelos seus lavores coloridos a criança febril que as folheasse: como eu horas esquecidas aos nove anos passava lendo e relendo "Gil Brás de Santilhana": *porque a edição era ilustrada com litografias multicores...* Certo céu azul duma delas, juro-lhe, nunca o esqueci. E isto não é literatura – será apenas expressão literária duma realidade. E quem me dirá se me enganei ou não? Perturbador enigma... Enfim... Não quero de modo algum profanar a sua carta com mais considerações pessoais. Apenas lhe digo que me emocionou profundamente, que julgo tê-la vibrado e compreendido intimamente. O drama atinge a sua culminância na aparição de duas teorias diferentes – sobre o mesmo caso – e *igualmente certas*. Seria até o assunto para um drama em romance ou teatro: assunto que por força seduziria Ibsen. Comovidamente "obrigado" portanto pela sua carta de hoje, meu querido Fernando. Suplico-lhe é que nunca deixe de me escrever essas grandes cartas. Se soubesse como me faz bem, como sou feliz lendo-as e respondendo-as. Aqui como em Lisboa – mas aqui mais intimamente – você é o meu único companheiro. Lembre-se pois sempre de mim. Escreva-me muito, muito. Eu farei o mesmo. – Espero muito interessado a sua opinião sobre o que ontem lhe contei da "Novela romântica". Mas não hesite em dizer-me que não a devo tentar escrever se assim se lhe afigurar. Eu tenho muitas dúvidas, de mais a mais. Que nada o iniba portanto – peço-lhe em nome da sua amizade. (E aproveito a ocasião para agradecer as gentis primeiras linhas da sua carta sobre este capítulo de "Amizade". Creia que, da mesma forma, as poderia, eu, ter escrito a você.) Por hoje, nada mais. Francamente não sei como se há de organizar o *Orfeu* III... Fale sobre este assunto, e outros mais. Ainda que mínimos. Adeus. Mil abraços e de toda a alma do seu, seu

Mário de Sá-Carneiro

Um conselho de economia: a sua carta de hoje vinha franqueada com 8 centavos. Mas olhe que me parece bem que não excedia os 20 gramas. E o Estado não nos agradece... Mais abraços. SÁ.

Ciente sobre as "7 canções de declínio". Vejo que lhe agradaram e isso muito me satisfaz.

30

Paris – Agosto de 1915
Dia 30

Meu Querido Amigo,

Recebi hoje o seu postal de 27 que de todo o coração agradeço. Com a mesma ânsia de sempre espero a sua carta projetada para domingo último (ontem). Oxalá esse projeto não se difundisse... Fico interessadíssimo com o novo filme Álvaro de Campos, engenheiro. E inquieto: não sei se se trata com efeito de mero filme literário (obras) ou de filme de ação. E as ações do Engenheiro Sensacionista por belas e intensas – fazem-me tremer pelo meu caro Fernando Pessoa... Não se esqueça de me contar tudo por miúdos – e na minha insistência quotidiana não deixo de lhe grafar sublinhadamente mais uma vez a eterna frase: – *Não deixe de me escrever, por amor de Deus!*

De mim: tão pouco e tanto. Sabe você: eu creio que na verdade há um ano estou um pouco cientificamente doido. Com efeito há no meu espírito coisas que não havia dantes. Esta expressão é de resto um puro idiotismo, pois se escrevo o que acima fica é precisamente por não haver no meu espírito coisas que havia dantes, mas coisas impalpáveis. Isto é muito difícil, senão impossível de explicar. Eu atualmente ando *sempre com a Alma de estômago vazio mas sem apetite*. É assim que, muito longinquamente, posso exprimir talvez o "fenômeno". Estou longe de mim? Não sei. Parece-me melhor que fui tomar banho – e estou há um ano esquecido na tina – por milagre a água não tendo esfriado... De resto, meu querido Fernando Pessoa, eu não tenho culpa nenhuma disto. E por o saber escrever: ora, é claro que estou no meu perfeito juízo. Depois as circunstâncias na minha vida é que têm sido muito mais doidas do que eu. Alguém pode governar o acaso? Suponha você um homem de perfeito juízo, perfeitamente normal quanto a si próprio – mas que na sua vida não encontrasse senão circunstâncias inesperadas, fenomenais, irrisórias, estrambóticas, inexplicáveis – que o envolvessem continuamente? A realidade da vida deste homem seria pois uma realidade destrambelhada, louca. E como essa realidade era a vida desse homem – esse homem, sem culpa nenhuma, de perfeito juízo: não o poderíamos em verdade chamar um doido? Creia que o meu caso é um pouco o deste hipotético figurão. E assim, aqui tem você uma talvez futura novela minha: "Para lá?" Análise psicológica muito pessoal e, sobretudo, da minha crise presente. Receio de endoidecer em verdade. Demonstração que não há esse perigo. Mas o olhar em volta – e ver as "circunstâncias", as terríveis circunstâncias positivamente de Rilhafoles... A história seria em diário. Por fim o abandono da luta. Não mais fazer constatações. Deixar entregar-se às *circunstâncias*. Elas que decidam do seu juízo ou da sua loucura. A última frase será esta, com uma data bastante afastada da penúltima, que indicará esse abandono de luta: – "Por enquanto ainda não houve novidade..."

Eu não sei se você percebeu alguma coisa disto. Estou hoje muito lepidóptero para escrever cartas, você perdoe – e faça por perceber... Outro projeto: uma novela gênero Professor Antena (mas muito menos importante). Título: "Pequeno elemento no caso Fabrício." O Fabrício é um homenzinho que de repente se encontra *outro*, perfeitamente outro. É dado como doido, claro. O fim da novela, a processos Antena, é sugerir uma explicação real para este sarilho. Noutra carta lhe explicarei o assunto. Note que não é nenhum caso de desdobramento à "Eu-próprio o outro". Trata-se dum homenzinho que de súbito aparece outro – em alma, claro: ele próprio concorda diante dum espelho que aquele que ele diz ser é louro e gordo: enquanto o espelho lhe reflete um magro e trigueiro. De resto, meu caro Amigo, esta ideia como as outras pouco me seduz. Estou mesmo num período muito passivo para começar qualquer obra. Mas não é mau que surjam ideias, mesmo fracas, para treino imaginativo. Diga em todo caso o que pensa de tudo isto. *Não se esqueça.* ESCREVA!

Adeus. E um grande, grande abraço do seu,

Mário de Sá-Carneiro

P.S. – A novela "Para lá" conterá muitas coisas pelo meio: por exemplo: Fernando Passos será lá bastante falado – e Paris, a minha quinta, etc., etc.

31

MARIO DE SÁ-CARNEIRO
29, Rue Victor Massé
Paris-9ème

Paris, agosto 1915
Último dia

Meu Querido Amigo,

Recebida hoje sua carta de 28. O correio agora está um amor... Concordo intensamente com tudo quanto você diz do *Orfeu* III. Claro que imprescindível o nosso engenheiro – e vincadamente pelas razões que aponta: Capital, etc. O Numa... uma vez que o meu caro Fernando Pessoa se responsabiliza. Sabe bem a confiança completa que tenho em si. Portanto... E tem uma vantagem: o recorde do cosmopolitismo: *preto português* escrevendo em *francês*. Acho ótimo. Faltavam-nos mesmo os artistas de cor. Assim fica completo. O Bossa: é preciso falar ao Almada Negreiros *introuvable* agora por você. A colaboração do Bossa urge obtê-la, mesmo por fraca. O limite de fraqueza, deve ser a novela do Dr. Leal inserta no *Orfeu* 2. Daí para baixo nem... nem poemas interseccionistas do Afonso Costa. Mas até aí – que se não perca a colaboração do Bossa. Procure pois o desenhador Almada Negreiros.

(Nota: A colaboração do Bossa – segundo ele vagamente me disse – são poemas em prosa, à Wilde.) O homenzinho militar de Portalegre acho melhor também guardá-lo por enquanto na gaveta. – Deve ser muito "didático" pelo que você diz. Eis pelo que segundo a sua carta eu vou estabelecer o sumário do *Orfeu* III

Fernando Pessoa – *Poemas*, 15 páginas
Álvaro de Campos – *A Passagem das horas*, 15 páginas

M. de Sá-Carneiro – *Para os* Indícios de ouro, II série, 10 páginas
Numa de Figueiredo – *Pilhérias em francês*, 5 páginas
Antonio Bossa – *Pederastias*, 8 páginas
Albino Menezes – *HZOK*, 10 páginas
Almada Negreiros – *Cena do ódio*, 10 páginas

15+15+10+5+8+10+10 = 73

São bastante escritos ao acaso a maioria destes números. No entanto como os seus versos são de estende e encolhe as probabilidades no geral devem ser estas: vemos o número feito – que só deve ter 72 páginas, pelas condições que já lhe disse. Nota: o número abunda em prosa. Não faz mal por um lado – visto os outros serem quase todos de verso. Mas se se perguntasse ao Montalvor? (A propósito: nunca mais o viu?) Ele falava numas "Canções do Narciso", "Adônis" ou o Raio Que o Parta que estavam muito adiantadas. A este respeito proceda você como entender. A minha colaboração será definitivamente os meus versos, pois não vou agora escrever o "Mundo interior" de afogadilho, claramente. Pus dez páginas, pois os meus versos talvez as ocupem porque são muitas quadras – Se não ocuparem 10, ocupam decerto 8. (Ainda tenho uma poesia inédita, fraca, mas que em necessidade se poderia imprimir: o "Não". Recorda-se?). Coisa muito importante: antes de escrever ao Augusto sobre a execução material do *Orfeu*, trate você de averiguar em seu ou em meu nome quantos *Orfeus* 2 se venderam. *É muito importante saber isto*. Você pode perguntar como coisa sua ou dizer que fui eu que – *apenas por curiosidade* – lhe mandei perguntar de Paris. Mas o número quase certo. Não se esqueça disto e com urgência. O número 3 do *Orfeu* deve entrar no prelo, o mais tardar, nos primeiros dias de outubro. O tempo urge por consequência. Deixo isto ao seu cuidado. (Nota: satisfaz-me muito os nomes novos, nem menos do que três. *É preciso adquirir a certeza da colaboração Bossa,* única incerta. Não deixe de averiguar *Orfeus* II vendidos.)

No caso do panfleto Campos[27] contra Aragão[28] sair, acho muito bem a forma de assinar "Diretor do *Orfeu*" e anunciar a Revista pelas costas. Acho magnífica e justa a sua ideia. Tive a infelicidade de comprar o *Século* anunciando a chegada do herói – e quando li que o HERÓI gritara da janela do Ministério do Interior um "Viva à República! Viva a *Guerra*!!" entornei o copo de café no vestido branco da ideia duma inglesa *tombée en enfance* que não estava a meu lado... Muito chocha esta intersecção...

Entretanto, meu querido Fernando Pessoa, a nossa "camaradagem republiqueira" não merece esses gestos. E, numa palavra, perdoe-me a franqueza: *por comodidade* gostava mais que você não publicasse o *filme*. Deitar pérolas a porcos. Note que a ideia em si acho-a admirável. Se eu fosse rico, você estava aqui em Paris comigo. E então eu lhe editaria, para Lisboa, esses e outros sensacionismos. Não deixaríamos descansar o João Borges!... Assim não sei. A renúncia parece-me melhor. E desculpe-me falar-lhe assim.

Interessantíssimo e europeu o caso "Teixeira – você – sendo-lhe apresentado-como-Diretor *Orfeu* – e isso-para ele-recomendação" – seria tão bom se domesticasse o Homem... Perturbadoramente interessante o Horóscopo *Orfeu*, derivado dos nossos dois. É na verdade incrível! Muito agradecido pelo que me diz da "Novela romântica". É provável que brevemente a comece a escrever – mesmo muito provável pois estou com saudades de trabalhar numa obra seguida e de enredo. Esse de mais a mais agradando-me muito. Deus queira que tenha forças para isso. Sinto um peso de mandria (o verdadeiro nome é este) sobre mim, que não sei se poderei trabalhar. Por hoje disse. *Você escreva sempre*, suplico-lhe. Um grande abraço d'Alma. O seu, seu

Mário de Sá-Carneiro

27/ Aliás, Fernando Pessoa. Mas no caso combativo para mim é o Campos que existe, e o Pessoa, o seu pseudônimo. (Nota de S.-C.)

28/ Refere-se ao Capitão Aragão, o qual se notabilizou no combate de Naulila, tendo regressado do cativeiro alemão, em agosto de 1915.

Em P.S. este "mimoso" poema:

A minha Alma, fugiu pela Torre Eiffel acima,
– A verdade é esta, não nos criemos mais ilusões
– Fugiu, mas foi apanhada pela antena da T.S.F.
Que a transmitiu pelo infinito em ondas hertzianas...
(Em todo o caso que belo fim para a minha Alma)!...

M. de Sá-Carneiro

32

(Postal)
M. de Sá-Carneiro

Paris 6 de setembro 1915

SERRADURA

A minha vida sentou-se
E não há quem a levante,
Que desde o Poente ao Levante
A minha vida fartou-se.

E ei-la, a mona, lá está,
Estendida – a perna traçada –
No infindável sofá
Da minha alma estofada.

Pois é assim: a minh'Alma
Outrora a sonhar de Rússias
Espapaçou-se de calma
E hoje sonha só pelúcias...

Vai aos Cafés, pede um *boc*,
Lê o *Matin* de castigo –
E não há nenhum remoque!
Que a regresse ao Oiro antigo!

Dentro de mim é um fardo
Que não pesa mas que maça
O Zumbido dum moscardo,
Ou comichão que não passa...

Folhetim da *Capital*
Pelo nosso Júlio Dantas,
Ou qualquer coisa entre tantas
Duma antipatia igual...

O raio já bebe vinho,
Coisa que nunca fazia,
E fuma – o estuporinho
Pende pra burocracia...

Qualquer dia pela certa
Quando eu mal me precate,
É capaz dum disparate
Se encontra uma porta aberta...

Pouco a pouco vai-se embora
Tudo quanto nela havia
Que tinha alguma valia –
Manteiga que se dessora.

Isto assim não pode ser...
Mas como achar um remédio?
– Pra acabar este intermédio
Lembrei-me de endoidecer:

O que era fácil – partindo
Os móveis do meu hotel,
Ou para a rua saído
De barrete de papel

Gritando "Viva a Alemanha"!
Mas a minh'Alma em verdade
Não merece tal façanha,
Tal prova de liberdade.

Vou deixá-la – decidido –
Num lavabo dum café
Como um anel esquecido.
É um fim mais *rafinné*...

33

LA RÉGENCE
Café Restaurant
161, Rue Saint-Honoré
Paris

Paris – Setembro de 1915
Dia 13

Meu Querido Amigo,

Custa-me muito a escrever-lhe esta carta dolorosa – dolorosa para mim e para você. Mas por mim já estou conformado. A dor é pois neste momento sobretudo pela grande tristeza que lhe vou causar. Em duas palavras: temos desgraçadamente de desistir do nosso *Orfeu*. Todas as razões lhe serão dadas, melhor pela carta do meu pai que junto incluo e que lhe peço não deixe de ler. Claro que é devida a um momento de exaltação. No entanto cheia de razões pela conta exorbitante que eu obrigo o meu Pai a pagar – o meu Pai que foi para a África por não ter dinheiro e que lá não ganha sequer para as despesas normais, quase. Compreende que seria abusar demais, seria exceder a medida mais generosa depois duma conta tipográfica de 560.000 réis, depois da minha fugida para aqui – voltar daqui a três ou quatro meses a pedir-lhe para saldar uma conta de 30 ou 40.000 réis – na melhor das hipóteses – do nº 3 do *Orfeu*. Mas não se trata sequer disto: o simples aparecimento do nº 3 do *Orfeu* – feito ainda sob a minha responsabilidade (mesmo que eu estivesse certo de tirar toda a despesa) – seria na verdade mostrar em demasia ao meu Pai a minha insubordinação. Você, meu Querido Amigo, tenho a certeza que não obstante o grande dissabor que esta notícia lhe vai causar concorda em que as circunstâncias me inibem absolutamente e assim se conformará e me perdoará. Pena ter criado ilusões, feito com que você falasse a colaboradores, etc. Ao meu Pai, de resto, em desculpa eu disse-lhe que do nº 2 do *Orfeu* ainda havia dinheiro de que lhe daria contas. Não posso pois de forma alguma dispor dele. O *Orfeu* mesmo no Lucas custaria decerto 80.000 réis. A venda seria por força menor. Mas isto tudo repito, é inútil: Eu não posso nas presentes circunstâncias, de forma alguma, continuar com o *Orfeu.* O meu Pai zangar-se-ia muito se visse aparecer outro número, pois suporia sem dúvida – mesmo que assim não fosse – que o teria de pagar. A impossibilidade é pois completa. O meu desgosto é muito grande, você sabe-o perfeitamente. Tanto mais que estava soberbo o sumário, muito especialmente pelo seu caráter poliglota. É uma grande pena. Mas que lhe havemos de fazer? Sirva-lhe de consolo, meu querido amigo, o seguinte: que quando saiu o nº 2 eu lhe disse logo para não contarmos com o 3 – que se este saísse o 4 era impossível sem dúvida – fosse como fosse. A prova maior de franqueza que lhe posso dar é enviando-lhe a carta do meu Pai, carta que recebi no dia 8 deste mês. Leia-a e devolva-ma. Como vê, apesar de tudo, ele consente que eu fique aqui e dá-me no fim de contas o que eu lhe pedi: 250 francos. Você que conhece bem a minha vida sabe as complicações que há por detrás disto tudo – vê como o meu Pai é bom para mim. Por isso tanto melhor compreende, estou certo – as minhas razões. Como não há outro remédio senão resignarmo-nos, resignemo-nos. A morte do *Orfeu* você atribua unicamente a mim, explique que eu em Paris me não quero ocupar do *Orfeu* – que sou o único culpado. Desculpe-se enfim comigo perante todos quantos lhe perguntarem pela revista. Mais uma vez lhe peço perdão e lhe suplico que não se aflija demasiadamente. Em todo o caso sempre se fizeram dois números. Mais vale pouco que nada. Dito isto, que é a razão principal desta carta, passo a responder à sua correspondência ultimamente recebida, ontem e hoje: duas cartas e um postal. Quero antes de mais nada agradecer-lhe os comentários que faz sobre as minhas frases referentes às dúvidas sobre a minha obra. Defende-se você de, no momento, não estar em disposição de escrever frases belas. Mas, meu querido Amigo, essas linhas são artisticamente obras admiráveis e eu ter-lhas merecido, a minha maior glória. Simplesmente genial as "cores que foram gente". Não me envaideci apenas – melhor, esqueci-me até que eram para mim aquelas palavras: e admirei mais uma vez o prodigioso artista. Muito comovidamente lhe agradeço, pois. Devo-lhe, tanto, tanto, meu querido Fernando Pessoa. – Milhares de razões em tudo quanto diz sobre o camarada Rita-Pintor. Este cavalheiro enviou-me uma carta que... uma carta em como... olhe: raios o partam! Enfim mostrando-se indignado com você, insultando-o até. Insultos dele, porém, não ofendem. Assim não me importo de lhe dizer. De resto eu parto do princípio que aos nossos grandes amigos não devemos ocultar nunca o que outros dizem deles. Insultos é claro apenas por você lhe ter dito que por enquanto era segredo o nº 2[29] do *Orfeu*, que não havia dinheiro para gravuras etc. Enfim: ofendido como "dono do *Orfeu*". A verdade é esta. Vou-lhe escrever uma carta muito seca dizendo-lhe que o *Orfeu* não se faz – mas, se se fizesse, de fato, não traria gravuras porque nós não queríamos. Se não fossem as impossibilidades juro-lhe que em face da atitude do futurista e da sua carta o *Orfeu* saía com bonecos, mas do José Pacheco. Isso é que ele rabiava! Infelizmente não nos podemos oferecer esta deliciosa vingança. Se você quiser ver a carta rítica – como mero documento estou pronto a enviar-lha. Se tiver curiosidade. E repito a justiça benevolente de todas as suas palavras acerca do referido cidadão. – Espero com muito interesse a sua carta psicológica que lhe rogo não deixe de me enviar. – O assunto Ferro-Fernandes Carvalho é puramente deplorável. Esses meninos são insuportáveis. Ter o aplauso de lepidópteros e democráticos como esses é o pior que nos pode suceder. Veja o que sucedeu às bicicletas: artigos de luxo que, começando a ser empregados pelos democráticos, desapareceram da via pública como *sport* elegante. A pior recomendação dum produto de luxo é o seu consumo popular. E francamente, para a nossa arte, onde encontrar amadores mais populares que Ferro e Fernandes de Carvalho – para mais na Trafaria, Capital dos Pires! Raios os partam – é pois unicamente o meu comentário, afirmando-lhe que, ao invés de você, nenhum escrúpulo tenho em escrever tudo isto e em os mandar para... a Estefânia, a namorar ao lusco-fusco... Fico com muito interesse na sua tradução do livro teosofista. Uma religião "interceccionista"! Admirável

---

29/ Lapso do Sá-Carneiro, pois se refere ao nº 3.

descoberta! Compreendo muito bem que clássicos sejam tocados pela perfeição da sua admirável "Ode marítima". O outro dia li-a descansadamente sem interrupção – o que ainda não fizera – e além de todas as genialidades frisou-se-me a perfeição de "linha" construtiva.

[A propósito: o Pacheco conta-me numa carta ontem recebida que o Bossa lhe disse ter ouvido numa sala uma senhora recitar versos meus!!!!!! Que essa senhora tinha muita admiração pelos meus versos (o que é para agradecer) – e que o auditório ouvira com muito agrado as minhas estrofes (não exageremos em todo o caso...).]

A carta do T.A. não é chuchadeira. O homenzinho é degenerado sexual (segundo o R. Lopes) e doido, e epiléptico hereditário. De resto basta olhar para ele para concluir logo isto tudo. Julgo assim ter respondido às suas cartas, linha a linha.

Mandei-lhe há dias um postal com uns versos maus. Vinham bem no *Orfeu* por causa da quadra do Dantas. Assim inutilizo-os para os *Indícios de ouro*. Mesmo se não os inutilizasse, cortaria a quadra do Dantas. Na minha próxima carta enviar-lhe-ei uns outros, melhores, mas pouco melhores. E antes de terminar, meu querido Fernando Pessoa, mais uma vez lhe suplico que atenda bem a todas as minhas razões. Sofremos tantas e tantas contrariedades na vida que esta não é senão mais uma. Sobretudo, por amor de Deus, escreva-me na volta do correio pois eu fico em sobressaltos enquanto não souber como você recebe esta notícia. Repare bem, meu amigo, na minha situação em face do meu Pai. A única maneira de me desculpar um pouco era dizer que lhe apresentaria o dinheiro do *Orfeu* 2 – o que farei logo que o receba. Seria exceder a medida continuar. Não me queira mal, pois. Vê a completa impossibilidade. Juro-lhe que o meu desgosto é infinito. Você sabe bem o meu entusiasmo por estas coisas, para o compreender. Mas o meu desgosto agrava-se com a pena que lhe causo. Juro-lhe que não digo isto por simples amabilidade. Peço-lhe que me acredite. E, em nome de tudo, meu querido Fernando Pessoa, não deixe de me responder na volta do correio. Como lhe disse atire todas as culpas para cima de mim. Não tenha *escrúpulo nenhum* – em proceder assim. É a maior fineza que lhe peço. Tudo isto é muito triste, meu querido amigo.

Pura miséria! Que destino horrível este de não ter dinheiro. Mas nada podemos fazer. Logo...

Um grande abraço e mil saudades do seu, seu

Mário de Sá-Carneiro

P.S.: Saudades ao Vitoriano. Não o tem visto? Escreva na volta do correio, por amor de Deus. Não se esqueça. (A devolução da carta do meu Pai não urge.)

34

MÁRIO DE SÁ-CARNEIRO
29, Rue Victor Massé
Paris – 9ème

Paris – setembro de 1915
Dia 18

Meu Querido Amigo,

Recebi os seus dois últimos postais: um antes de ontem, hoje outro. Eu propriamente não atrasei a minha correspondência: motivo único duma série de dias sem lhe escrever: por durante eles também não chegaram notícias suas. Com efeito o correio ultimamente tem andado muito atrasado. Não imagina a pena que me fizeram os seus postais... Que lindo *Orfeu* 3 podíamos fazer! Que desgraça tudo isto! E o desgosto que com esta desilusão você sofreu. Juro-lhe, em inteira sinceridade, que é isso o que mais me preocupa. Os seus poemas em inglês, os geniais "irritantismos" do Almada, o nome do Antônio Bossa e a minha série de versos com a "Serradura" à frente tão embirrenta e desarticulada... Não calcula a pena que eu tenho – pena pessoal, esta – de não poder publicar a minha série das "7 canções", da "Serradura" e das duas poesias que hoje lhe remeto! Com efeito – não sei se já reparou, sem serem importantes, de primordial importância, elas, – em conjunto – parecem-me ser novidade na minha obra. Novidade de pouca importância – bem entendido. Peço-lhe a sua opinião sobre os dois poemas que hoje lhe envio. O "Abrigo" é a sério. Acha bem aí o meu Paris? Não se esqueça de me dizer. Agora sobre a "Serradura":

a) Emendei a quadra que lhe desagrada, assim:

O raio já bebe vinho,
Coisa que nunca faria,

E fuma o seu cigarrinho...
– Em plena burocracia!...

ou:

E fuma o seu cigarrinho
Em plena burocracia...

Que lhe parece preferível? (O "E" pode também ser substituído por outro "Já".) A quadra em si não a elimino porque quero precisamente dizer o que nela digo. São com efeito "concessões" à normalidade o fato de hoje fumar e substituir aqui, frequentes vezes agora, a cerveja pelo vinho branco. Tudo isto é doentio – mas certo...

b) Aproveitando a poesia para os *Indícios de ouro* devo eliminar a quadra do Dantas, não é verdade?[30]

Perdoe-me a miudeza das perguntas, mas não deixe de responder a elas. E perdoe-me, sobretudo, ainda ter coragem para lhe mandar "literaturas" depois do nosso desgosto. Inevitável, de resto, como por certo você concorda. Desculpe-se a todos comigo, repito. E resignemo-nos. Não se zangue comigo, suplico-lhe! Nada mais lhe tenho a dizer, meu querido Fernando Pessoa. Renovo todos os meus pedidos, todos os meus agradecimentos e todos os meus perdões com um grande abraço de toda a alma.

e mil saudades do seu, seu
Mário de Sá-Carneiro

P. S. – Escreva-me, por amor de Deus.

Diga o que pensa sobre os versos de hoje.

O C. Ferreira não me escreveu. De resto, ele dizer que vem a Paris para o próximo mês, não quer, de fato, dizer que não venha mas de modo algum significa também o contrário... Amanhã dia trágico: "uma hora de música" no atelier do pintor-cantor Ferreira da Costa. Parece-me que vou adoecer dos intestinos ...

Mil abraços

MSC

Como se escreve "Mansanilha"? Não se esqueça de me dizer. Nem tenho a certeza se é mansanilha ou massanilha...

30/ A quadra a que se refere não foi eliminada.

35

CAFÉ ROYAL
Paris

Paris, 25 set. 1915

Meu Querido Amigo,

Recebi ontem a sua carta de 20 que de todo o coração agradeço. Você tem mil razões: o *Orfeu não acabou.* De qualquer maneira, em qualquer "tempo" há de continuar. O que é preciso é termos "vontade". Mas junto envio-lhe um *coup-de-théatre*: a carta ontem recebida do futurista Rita Pintor que não quer que o *Orfeu* acabe, e o *continuará* com alguns haveres que possui, caso nós nos não oponhamos, etc., etc. – e contando comigo e *consigo* – pois já lhe não chama nomes feios!... O caso é bicudo – especialmente para você que o tem de aturar. Dou-lhe carta branca. O meu querido amigo diz-lhe o que entender, resolve o que entender. Por mim limito-me a escrever-lhe logo uma carta vaga: que sim e mais que também... Esse sarilho, resolva-o você. Claro que Santa-Rita "maitre" do *Orfeu* acho pior que a morte. Entretanto, você resolverá tudo. "Eu, aqui de longe, nada de positivo posso fazer, nem decidir" – será o tema, o resumo da minha carta ao Gervásio Vila-Nova. AGORA UMA COISA muito importante: rasgaram-se me as ceroulas, chove muito; tive de comprar portanto ceroulas e botas. Assim vi-me forçado a pedir pelo correio de ontem à Livraria que me enviasse *40 ou 50* francos, o mais breve possível de maneira a que eu receba as massas a *8 ou 9* (não faria mal que fosse a 10, mas aos homenzinhos convém falar assim – e, de resto, para meu sossego, quanto mais cedo melhor). Assim suplico ao meu querido Fernando que vá imediatamente à Livraria indagar se foram recebidas as minhas cartas e *não me largue o Augusto.* Na volta do correio, por amor de Deus informe-me do que lá lhe tiverem dito, se eu posso contar efetivamente com os 40 ou 50 francos até 8 ou 9 do próximo mês de outubro. Diga ao Augusto que eu lhe escrevi, que isto tem para mim muita importância. Mace-mo todos os dias. *Conto mais uma vez consigo.* Por amor de Deus não descure este assunto. De resto a Livraria não me faz favor algum, pois o tempo é já passado de sobra até para a liquidação total do *Orfeu. Isto tem para mim efetivamente uma grande importância e assim mais uma vez apelo para a sua amizade.* Informe-me por amor de Deus na *volta do correio,* um simples postal do que lhe tiverem dito sobre o assunto. *Não se esqueça.* E por hoje mais nada senão esta carta estúpida de matéria. Mil abraços de toda a alma. O seu, seu

Mário de Sá-Carneiro

Escusa de reenviar-me a carta do S. Rita. É verdade, esqueceu-me de procurar a outra. Irá depois. Não descure o assunto da Livraria. Perdoe-me!

36

CAFÉ RICHE
Boul. des Italiens
Paris

Paris – Outubro 1915
Dia 2

Meu Querido Amigo,

Europeamente carimbada com o selo da autoridade militar que em Bordéus a abriu recebi hoje a sua magna-carta.

Em primeiro lugar, quero-lha agradecer vivissimamente. Foi uma querida meia hora que passei lendo as suas páginas. Quem me dera ter todas as semanas uma carta assim. E ela veio-me dispor tão bem quanto eu – na minha eterna desolação – posso estar bem-disposto, tanto mais num dia de plena e grande constipação. E você sabe que uma destas macacoas é em mim uma verdadeira catástrofe. Vai-me perdoar até esta carta que será uma rápida e essencial, meramente essencial, resposta ao seu supremo relatório. Em primeiro lugar: não aceito as suas desculpas quanto ao dispor dos números do *Orfeu* nem tampouco compreendo o espanto que lhe causa a "liquidação". Liquidação significa muito simplesmente que é tempo de se ver quantos *Orfeus* há vendidos – e de eu receber a importância da venda: de que já falei ao meu pai – conforme julgo ter-lhe dito. Os exemplares não vendidos para que os quero? *Disponha você de quantos, mas inteiramente de quantos entender*. Quando ao *Céu em fogo* o pagaram a 40 rs. o exemplar – nem 10 réis estou certo dariam pelos *Orfeus*. Repito por consequência que estranhei deveras a sua pergunta. E faça o que quiser dos *Orfeus*. As sobras ficam na Livraria às suas ordens – peço-lhe o favor de dizer isto, ao Augusto. Bem entendido se alguém as comprasse mesmo a 10 réis, podiam-se vender. Mas isso não urge de maneira alguma. *Disponha pois de quantos Orfeus quiser*. – O Santa-Rita deveras é um grande maçador. Estou farto de o aturar aqui com a questão do *Orfeu*. Hoje vai uma carta para você ler e que chegou hoje mesmo. Aí já está disposto a que você dirija inteiramente a revista: ele só tem interesse em publicar os seus bonecos e do Picasso. Em primeiro lugar isto é uma chuchadeira, pois eu não creio de forma alguma que o Santa-Rita vá *pagar o Orfeu* mesmo para publicar os seus bonecos: tanto mais que o conheço bem em questões de dinheiro: aí perfeitamente normal, tocando a economia quase. Nada o meu gênero ou Pacheco. O contrário até, quase. Que hei de eu responder ao Pintor? Olhe, continuo a dizer-lhe que sim e mais que também – que se entenda com você: que eu não quero fazer o *Orfeu* – e que ele é meu e de você, *unicamente*. Você mande-o para o diabo. (Mais se em todo o caso ele verdadeira e seriamente oferecesse pagar o *Orfeu* deixando inteiramente a direção literária a seu cargo? Nem mesmo que isto se desse, julgo viável o plano. Mas você decidiria. Por mim devo-lhe dizer que por uma carta que escrevi ao meu Pai não posso figurar como diretor do *Orfeu*. Há o seguinte: *Orfeu* saindo com o meu nome dificilmente o meu Pai acreditará, nos primeiros instantes (que para Lourenço Marques são 30 dias) que a parte monetária não á ainda sob a minha responsabilidade. Assim, em inteira franqueza, eu preferiria que durante dois meses não saísse a revista. Depois, já o caso era diferente. Não me alongo sobre o assunto que me irrito. Atravesso demais um período de grande tristeza, de melancolia branca, de não sei que saudade irrealizável. O que quero é que me deixem em paz. Mande-me o Santa-Rita para o demônio. Quanto à ideia das circulares e da publicação das plaquetes – acho-a ótima, dado que se possa realizar... Ótima era também a publicação das plaquetes inglesas. Mas se o seu amigo não tem dinheiro... Sempre a eterna humilhação! – Fez muito bem em registrar o nome da revista. Malandros! Malandros Rita, Montalvor & Cia. O caso do brasão sobre o Montalvor é puramente admirável: calino em calendário de desfolhar. Interessou-me muito a história verídica de M. de Montalvor em terras brasileiras. – Genial a forma de publicar o Arco do Triunfo. Anúncios, muitos anúncios: amostras de papel de Armênia (para defumar), cartões embebidos em perfumes que anunciem, amostras de fazendas até, se possível. Os bônus ideia do Pacheco, admirável. – O que porém na sua carta me fez mais rir são as últimas notas "*Coisas fantásticas*": sobretudo o Numa-larápio-de-sobretudos-da-Escola-Médica (que complexidade!) e o Ramos pensando na licença antes de ter o emprego. Quanto à sua partida para o estrangeiro está certo: aquela gente sempre confundiu o Carneiro, o Pessoa e o Campos. Não lhe parece? E eu estou em Paris – fugido: apenas não fugido por sensacionismos... Oxalá assim fora... Termino suplicando mil desculpas por esta carta tão reles em resposta à sua admirável – e pedindo que *não descure assunto massas livrarias*.

Um grande abraço e mil saudades

o seu, seu

Mário de Sá-Carneiro

A carta Santa-Rita lê-se toda com um pequeno esforço.

A sua carta ao Santa-Rita, impagável simplesmente!!!!

P. S. – Escrevi ao Santa-Rita pelo mesmo correio o seguinte, em resumo: longe e atravessando demais a minha vida vários perigos (*sic*) – desinteresso-me por completo da questão do *Orfeu*, do qual – se ele continuasse – eu seria apenas um colaborador intermitente. Mas isto nada quer dizer, pois, por mim, eu coisa alguma posso decidir. O *Orfeu* é propriedade espiritual tanto minha como sua. Eu desisti da minha parte: *logo hoje o Orfeu* é propriedade exclusiva de você, Fernando Pessoa – que se encontra ser assim atualmente o seu único árbitro. Digo-lhe a ruína que é a sua exploração financeira: que se ele "emprestar" dinheiro ao *Orfeu*, este nunca mais lho pagará... Acrescento que lhe mostre a minha carta. Assim você proceda como entender, *à bruta*. – Incite Guisado e Mira à revista, tanto mais que têm dinheiro. Não se esqueça assunto meu *dinheiro* na livraria! Mil saudades.

Sá-Carneiro

Escusado devolver carta Santa-Rita.

37

(Postal)

Paris – Outubro 1915
Dia 6

Meu Querido Amigo,

Recebi hoje o seu postal de 1 de outubro que muito agradeço. Tenha-me olho sobre os homens. Mesmo se eles enviarem as massas até 14 – o que seria indesculpável – *insistisse para que as enviassem o mais depressa possível* – (embora a 15 eu receba do meu Pai). Não se esqueça disto. E pergunte também por que raio não me enviam os livros que pedi? Com efeito preciso de livros para ler. Por isso os mandei vir. Mas até hoje nada! Perdoe maçá-lo tanto, sim? Mas não se esqueça de nenhuma das minhas recomendações! Fico ansioso – como sempre – à espera da sua carta anunciada para amanhã ou depois... Adeus. Escreva sempre. Mil abraços, mil saudades.

O seu, seu

M. de Sá-Carneiro

38

LE CARDINAL
1, Boulevard des Italiens

Paris – Outubro de 1915
Dia 16

Apenas ontem, às 3 da tarde, recebi a sua carta de 9. Do Santa-Rita nada por enquanto me chegou. Que terrível trapalhada. Raios partam o Pintor! Tenho pena de você pelas estopadas de que vai sendo vítima – e tem mil razões no que diz a respeito do tédio de ser necessário abordar, meter-se em contato com tais mesquinhezas de alma! Não seja ingênuo: é claro que o caso Metzner é o Santa-Rita em manobra. Não tenho a mínima dúvida a este respeito. O 3 – disparate – malandrice genial, lá isso não posso negar! E é claro que tudo isso tem graça às pilhas porque nós *nunca* ficaremos comidos (que são os desejos e o termo do Santa-Rita). Colaboração: dê as minhas poesias que entender. Mas acho preferível dar a "Serradura", "Cinco horas", e "Abrigo" (e "O lord"). Assinarei assim (se você concorda):

Mário de Sá-Carneiro
Diretor de *Orfeu*

Se você acha bem, e acha preferível pôr Poeta Sensacionista cabalístico, mefítico, interseccionista, opiado, etc. – para mim é-me indiferente. Proceda como quiser. No entanto parecia-me bem fazer assim, pois marca a individualidade do *Orfeu*. Acho mesmo que você devia também pôr sob o seu nome o mesmo dístico: "Diretor de *Orfeu*". É consigo. Agradeço-lhe pela piada – que disse ao Leal sobre a imortalidade do Pintor. Ri às bandeiras despregadas. Que sorte sem nome o Pintor deu por certo – se o Leal lhe contou, o que duvido, pois o Leal parece-me leal... Concordo opiparamente com a declaração assinada "comitê redatorial de *Orfeu*" Sá-Carneiro, Pessoa, Pacheco, Almada. Tem espírito às carradas. O Pacheco de certo anuirá. Rogue-lhe também em meu nome. Nada que desculpar os proprietários do *Orfeu*, eu e você. Com o Santa-Rita todo cuidado é pouco: tome a máxima cautela, ele há de por força querer falsificar o *Orfeu*! Por mim tomo tanta cautela que pelo mesmo correio envio a seguinte carta:

Ex.mo Sr. Miguel Saraiva
Tipografia do Comércio
10, Rua da Oliveira ao Carmo
LISBOA

"Tem esta o fim de prevenir V. Exa que se alguma pessoa se dirigir a sua casa invocando o meu nome para a impressão duma revista o faz sem minha autorização. Assim V. Exa dever-lhe-á recusar todo crédito. Escrevo-lhe esta carta pois de Lisboa me previne que isto pode suceder – a fim de por a salvo a minha responsabilidade. Sem mais (etc.)."

Com efeito, como do Santa-Rita espero tudo, lembrei-me que ele poderia ir à tipografia *evocando até o meu nome*, para obter crédito. Sei lá. Rogo-lhe até que se lhe constar alguma trapalhada pela tipografia do Comércio vá lá procurar o Ex.mo Sr. Miguel Saraiva, servindo-lhe esta carta de credenciais. Compreende bem o grave que era se o Santa-Rita fosse lá fazer o 3 à custo do meu Pai – dizendo até, sei lá, que aquilo era o nº 3 do *Orfeu*. Se por ventura o 3 se fizer – o que apesar de tudo não creio – você tenha olho em que a numeração das páginas comecem em 1 e em que os nossos nomes sejam seguidos das qualidades que indicamos. *Olho bem vivo*! – É claro que era ótimo que as plaquetes saíssem. Mas parece-me bem difícil a não ser que o Almada se encorajasse. Acho que você não deve sacrificar os 10.000 réis do Pinto. Uma simples declaração num jornal, no *Diário de Notícias* mesmo só, paga como anúncio, basta para pôr as coisas nos devidos termos . Não há razão nenhuma para você fazer favores dessa ordem ao Almada. Rogo-lhe que pense bem nisto. É desnecessário, para manter a individualidade do *Orfeu* – creia – mesmo que a malandrice do Santa-Rita seja total. E esse sacrifício competir-me-ia bem mais a mim do que a você, se fosse necessário. Entanto confesso-lhe que não posso ceder nenhuma quantia do dinheiro que ainda tenho na Livraria para este fim. Preciso comprar várias coisas de vestuário, entre elas um sobretudo, e só posso para isso contar com esse dinheiro. Você compreende pois bem a impossibilidade e desculpa-me. Rogo-lhe muito. Envio-lhe ao mesmo tempo outra carta do meu Pai. Veja bem o que ele é. Por esta carta verá que a conta da tipografia já está paga. Numa outra recebida ontem, meu pai repete-me que fique por aqui... E que África não é terra para mim, só talvez Johnsburg, se eu soubesse perfeitamente inglês. É por uma questão psicológica que lhe envio a carta do meu Pai – que você devolverá – e lhe conto isto. É extraordinário a *superioridade* e a bondade do meu Pai. E isso é para mim, além de tudo um orgulho infinito. Você compreende-me, não é verdade? – diga ao Augusto que se não esqueça de apurar as contas do *Orfeu* e de enviar o resultado definitivo, o mais breve possível. *Não esqueça de me informar do que houver a este respeito*. Que creio que a nenhuma coisa importante deixei de lhe responder. Fico à espera de mais detalhes do *affaire*. Mil saudades e um grande abraço de toda a Alma. O seu, seu

Mário de Sá-Carneiro

Não se esqueça do caso da Livraria, contar-me a resposta do Augusto. Olho vivo no Pintor! Escreva!

39

CAFÉ RICHE
Boulevard des Italiens, 16
Paris

Paris – Outubro 1915
Dia 18

Meu querido Fernando Pessoa,

Recebi ontem a sua carta de 12 e seu postal de 13 que muito agradeço. Também recebi o seu postal de 11. Muito curioso o que me conta na carta, mas perfeitamente compreensível, normal. Que o Montalvorzinho ficara de "orelha" murcha comigo após a descoberta de gatunice, visualmente o percebi. Santa-Rita Pintor é de há muito um meu inimigo íntimo. Nem pode perdoar a cena do Montanha nem *A confissão de Lúcio* – e muitas outras pequeninas coisas, mesmo aqui de Paris durante o curto convívio. Vem de longe o fel. Mas contra você também ele existe supinamente. Assim o *coup*, não tenha dúvida, é, pelo que diz respeito ao Pintor, tão montado contra mim como contra você. E o que ele acima de tudo nos não pode perdoar é a "Estrela" que o seu gênio falido se vê obrigado – entanto, por ser gênio falido – a reconhecer-nos. E isto já é ser, hein? Benévolo para com o Pintor. De resto a minha vitória é íntegra, pois nem um ou outro me prejudicam ou amofinam. Só me amofina não ter dinheiro. E disso não são eles os culpados – *hélas*! Se a malandrice for flagrante, se fizerem um nº 3 do *Orfeu,* por minha parte farei publicar no *século* uma declaração sucinta – três linhas – que no entanto porá tudo em pratos limpos. E nem cinco minutos me incomodam. Talvez logrem mais enfrentá-lo a você, pela sua maneira "a sério" de encarar a vida. A mim... Ai, meu querido Fernando, tenho tantas mais coisas a lastimar, pequeninas dores íntimas, ausências vagas, saudades impossíveis... Meu Deus, meu Deus, que ingênuos bandalhos! Raios os partam, em todo o caso... Agora há uma coisa com que é preciso a máxima cautela: se eles vão ter o desplante de por na rua um real nº 3 do *Orfeu nós não podemos colaborar*: isso seria dar o nosso tácito consentimento. Por minha parte nada me importo de negar cara a cara a colaboração, na dúvida. Você deve fazer outro tanto – mesmo numa quebra de relações. Todos os seus esforços devem orientar-se em de qualquer modo averiguar o que é que eles vão fazer – que original de frontispício se está a imprimir. Não se fie em palavras. O Santa-Rita é capaz de dizer uma coisa – e à última hora aparecer outra, quando já não tiver remédio. A máxima cautela é pouca. Precisa estabelecer um serviço de espionagem. O Júlio de Vilhena parece-me estar indicado como chefe. Repare bem na importância disto: nós podemos e devemos colaborar mesmo no 3 mas de forma alguma no *Orfeu* nº 3. A propósito: parece-me melhor dar apenas para a revista – que apesar de tudo, ainda considero hipotética – "O lord", "A Escala" e o "Abrigo" poesias sérias, nada irritantes. Assim parece-me ser para nós a melhor tática. Não é você desta opinião? Pense bem – *e, decididamente, de mim, dê só ESTAS.* É tramá-los um pouco. E ponto final sobre este nojento – mas hilariante – assunto. Como nós estamos acima de tudo isto. Que dor nas costas de nos devermos curvar tanto para remexer este lixo... Entanto você vá-me informando dia a dia do que houver. A propósito: eu também conheço o Faustino da Fonseca, posso lhe escrever sobre o assunto se for necessário. Ponto final, decididamente.

Mil razões. Espirituoso e "inteligente" o fado do Augusto. Ri muito – e pelo mesmo correio lhe envio um postal de felicitações. É na verdade a melhor coisa, a mais lúcida de muito longe, sobre o Estilo-Novo... Que lhe são aos nossos jornalistas e revisteiros!... Repito-lhe os meus parabéns. – De mim, nada: nem disperso, nem intenso. Há projetos literários: "Novela romântica", "Para lá", "O cúmplice" (coisa nova que lhe contarei proximamente) – mas nestes meses mais chegados não trabalharei. E cá vou fazendo minha como nunca esta quadra:

"Passar tempo é o meu fito.
Ideal que hoje me resta
Pra mim não há melhor festa
Nem mais nada acho bonito..."[31]

Mas guardemos a psicologia para uma carta que lhe quero escrever proximamente.

Envio enfim a carta insultuosa do Rita. Se não fosse *dele* eu não admitia que alguém me escrevesse assim a respeito de você. Mas o meu querido Fernando Pessoa sabe que o Pintor é bicho. À parte que tem licença para dizer tudo e a gente continuar – até um certo ponto – a falar-lhe. Escusa, claro de me recambiar o documento. *Mas guarde-o*. E por hoje, mais nada. Escreva pois dando informes detalhados, dia a dia, e receba um grande abraço da Alma do seu, seu

Mário de Sá-Carneiro

P. S. A sua carta de 13 chegou também aberta pela autoridade militar. Europa e guerra!
Retribua saudades a Torres de Abreu com outras tantas e um abraço.
Que é feito do Vitoriano? Dê-lhe abraços. O mesmo a Pacheco e Almada.
Se o sabe, manda-me endereço africano D. Tomás.
Escreva. Mil saudades! Não recebi nada do Pintor.

31/ Quadra do poema "Cinco Horas".

40

Paris – Novembro 1915
Dia 3

Meu Querido Amigo,

Recebi ontem a sua longa e interessantíssima carta de 29 de outubro, que de todo coração agradeço. Foi um grande prazer, tanto mais que o seu silêncio ou o seu laconismo estenderam-se ultimamente tanto que principiava a lembrar-me se você, por qualquer motivo astral, estaria zangado comigo. Ilusão perfeita – claro. Mas um grande júbilo a sua interessantíssima carta.

O sarilho do *Orfeu*-Rita desopilante a todas as bandeiras despregadas. Mestre Rita, Chefe de nós. Ui! É de arrebentar! Curioso constatar isto: não podendo fazer sair o nosso *Orfeu*, nem armar-se em nosso Chefe – Santa-Rita renuncia à *sua* revista. Combine isto, com o à viva força ele querer ser servilmente futurista – e não "ele-próprio"... Curioso, não é verdade! Novidades, nenhumas. Ideia jornal com Pacheco aplaudo a mãos ruidosas. Mas monetariamente, será possível? Oxalá... Claro que você publica *de mim* os versos que quiser. Disponha como se fossem produções suas – Ótimo pateada a Dantas publicamente – gente – do – *Orfeu*. Ótimo! – Nesta carta vão duas poesias. Eu não sei o que aquilo é ou vale. Pleno destrambelho. A desarticulação sarcástica da minha alma atual: esboçada já na "Serradura" e "Cinco horas". Veja-me o *que dá o meu horóscopo atualmente*. Interessa-me imenso. Faça o possível por o examinar – e não tenha receio de me dizer o que ele acusará. Peço-lhe isto muito: não se esqueça. Escreva-me rapidamente, por amor de Deus. Detalhe assunto jornal que muito me interessa. Abrace por mim o Pacheco e diga-lhe que não se esqueça de responder à carta que ultimamente lhe escrevi. O Franco deve vir em licença por todo este mês, conforme carta recebida hoje. Diga isto ao Pacheco *e que ele está bem e lhe pede para avisar a tia*. Quanto aos meus versos: francamente diga-me se valem alguma coisa. Se assim for – e como creio que farei mais do gênero – farão uma parte dos *indícios* com o título de "Colete de forças" ou "Cabanou". Adeus. Mil abraços e toda a Alma do seu, seu

Mário de Sá-Carneiro

P. S. – Decididamente parece-me que os versos não prestam para nada. Quanto a negócios da Livraria nada tenho a adiantar à minha última carta. Nos últimos dias deste mês (o mesmo nos primeiros de dezembro) preciso receber o mais dinheiro possível: todo seria o ideal. Vá em todo caso falando já disto ao Augusto, a quem qualquer dia escreverei. Mais saudades. Escreva

o *Sá-Carneiro*

41

LE CARDINAL
1, Boulevard des Italiens , Paris

Paris – Novembro 1915
Dia 5

Meu Querido Amigo,

Recebida a sua carta de 1-2 do corrente que muito agradeço. Dê mil emboras meus ao Vitoriano Braga por a sua peça ir ver finalmente os fogos da ribalta. E afirme-lhe o meu desgosto em não poder assistir à *première*. Mas que a minha ideia lá estará num *fauteuil* da 1ª fila e muito o irá abraçar nos intervalos aos bastidores. As minhas palmas essas, telegrafar-lhas-ei na noite da estreia. Que belo, a peça ser representada! "Alguma coisa" enfim nos nossos palcos. E o que a lepidopteria nacional e alfacinha, de colarinhos sujos na alma, vai escoucear. Ui! Que função! E o Vitoriano está em Lisboa ou por Alhandra? Abrace-o muito e que lhe vou escrever breve. – O que diz do Leal curioso e certo, creio. É muita pena que o rapazinho seja um pouco *Orfeu* demais. Picaresco o Santa-Rita estudado como vulto da nova geração. Claro que ele, só ele, o induziu a fazer todo o livro para ser "estudado" – creia, um dos ideais mais acalentados por o nosso Pintor. O Viana simultanista da última hora tem também graça às pilhas: ele, o clássico, mais o primitivo, que desertara até do impressionismo, sua primeira fase... Simultanista – isto é: quase cubista! Interessante este lepidopterismo numa criatura entretanto, creio, de muito valor profissional (faça atenção, digo: muito valor *profissional*). E que raio de ideia será esta dos Delaunnay eternizados "chez-nous" ... ? Mas há o seu quê de Europa nisto tudo. Tanto melhor.

Quanto a ataques meus para o *jornal*, nada, normalmente, farei nesse gênero. Incidentalmente talvez (há já até a quadra da "Serradura"). Mas você, homem, chegue-lhes. O Ribeiro Lopes, muito a aproveitar. Provinciano e democrático no ataque. E como ataca todos, está bem. Está certo, é preciso disso lá.

O Santa-Rita filósofo e a falar de tempos relativos e absolutos é de morrer de gozo! Claro que o Leal anda na história. Mas não deve ter escrito nem ditado o texto. Deve ter falado. E o nosso Pintor confusionado, temperado, condimentado. Admirável!

De mim: todo o meu estado psicológico nesta quadra duma poesia que não escreverei:

As duas ou três vezes que me abriram
A porta do salão onde está gente
Eu entrei, triste de mim, contente,
E à entrada sempre me sorriram.[32]

Quadra que só lhe será percebível se você a interpretar, supondo-lhe uma continuação – de acordo com o Sá-Carneiro que o meu amigo tão bem conhece... Ai, mas por que raio, de vez, não me meterei eu para sempre na cama a ler um almanaque!...

Se o pequeno do tal livro com influência sensacionista fez alguma coisa de interessante, encomende-me o folheto na livraria. Mas só se por qualquer lado, for interessante. E a revista Santaritapintoresca? Foi chão que já deu uvas – hein? Soneto antologia Guisado agora não tem. Farei talvez se fizer. Não tenho nada com isso mas acho restrita a ideia de só publicar sonetos. Acho mesmo um pouco tolo. É pena – porque a ideia em si é ótima.

Sobre influências sensacionistas: bastantes numa carta literária que recebi muito recentemente do Rodrigues Pereira, que estuda para sargento em Coimbra. Lembra-me textualmente esta (mais "Sá-Carneiro", talvez, do que sensacionista): vá a tal bar de Montmartre "*Compre cocaína e quebre os espelhos do teto*". Não pareço eu dos últimos versos que lhe enviei?...

Não deixe de pedir ao Pacheco que responda à minha carta. O Franco deve pois vir a Paris por todo este mês, conforme lhe contei.

32/ Quadra do poema "Campainhada".

Recebi um postal do Augusto a quem você agradecerá. Quanto a negócios de Livraria. Você já sabe: preciso de receber o dinheiro no começo de dezembro. O mais possível. Todo é pouco. *Hélas*!...

Mil abraços de Alma.
Escreva sempre.
o seu, seu

Mário de Sá-Carneiro

42

CAFÉ RESTAURANT D'ORSAY
Buffet de la Gare du Quais d'Orsay
Paris

Paris – Novembro 1915
Dia 10

Meu Querido Amigo,

Afinal você prometeu-me uma carta para ontem – e nem ontem, nem hoje... Até agora o artigo da *Ilustração* não apareceu. Tanto melhor – apesar de ter piada. Outra coisa que tem piada: jantei e almocei hoje com o Hermano Neves – que me convidou para colaborar num jornal *A Tribuna*, que vai fazer sair no 1º de janeiro próximo!!... Tem graça há de concordar... Outro dia também de súbito, num *music-hall*, o Scala, ouvi perto de mim: "Olha, aquele é o gajo do *Orfeu*"... Três portugueses democráticos que nem de vista daí conheço... É curioso também, pois não é? Mesmo em Paris – tantos meses passados. Uma força, ah! sem dúvida, o nosso *Orfeu*. O H. Neves falou de si, dizendo que se indignou só no momento com o caso do A. C.=A. C.[33] Que depois não o tornou a ver, senão se teria explicado *delicadamente* consigo, sobretudo por causa da "bebedeira" que só escreveu por estar zangado, enervado, no momento, mas de que ficou arrependido. Continua sempre a ter graça... – Mando-lhe junto um soneto, que não me parece muito bom – sobre o eterno *Erro*, astro diretriz da minha sorte. (*Pied--de-nez* é o gesto garoto de pôr os dedos como trombeta sobre o nariz, fazendo troça.) Diga você o que pensa sobre o estupurinho e disponha

33/ Provavelmente ocorreu um lapso por parte de Sá-Carneiro, pois a equação correta seria: A.C.=F.P. (Álvaro de Campos = Fernando Pessoa).

dele se o achar aproveitável para a *Antologia Guisado-Mira*. Mas creio bem que não. Você dirá! Por hoje – adeus. Escreva sempre! Mil saudades, um grande abraço o muito seu

Mário de Sá-Carneiro

Abraços Pacheco e Vitoriano. Recomendações Almada N. Diga a este pequeno que venha para Paris como ele disse que ia fazer ao H. Neves.

43

LE CARDINAL
1, Boulevard des Italiens
Paris

Paris – Novembro 1915
Dia 15

Recebi hoje a sua carta de 11, que muito agradeço. Curioso que eu pensara já que você me diria não gostar do verso "seria grande estopada". Emendarei, porque estou de acordo perfeito consigo. Novidades nenhumas. Do Franco não sei mais nada. Muito obrigado por ter prevenido o Pacheco do que eu lhe pedia. Curioso o berbicacho da *Luta*. E o Pintor? Nunca mais o viu; não sabe mais nada? E Leal, Montalvor & Cia. Idem? Idem? Recebi hoje uma carta do Pacheco – desolada como sempre, pela eterna questão das massas! Maldita coisa! A propósito de massas! Escrevi ontem (digo: antes de ontem) para a Livraria explicando que quero receber o mais dinheiro possível no dia 1º de dezembro. Sobretudo veja-me se o Augusto acaba com a liquidação para eu saber com quanto dinheiro posso contar. Isto tem muita importância para mim. As massas, presentemente, também me preocupam bastante. Trate-me pois sem descanso desses assuntos e perdoe-me. Outro pedido: veja-me no anuário comercial a morada do Dr. Antônio Pereira do Vale, oficial de marinha. É qualquer coisa como Rua de Nossa Senhora à Graça, mas não sei o número. Trata-se de um tio meu que vive com os meus avós da parte da minha mãe, gente de quem já lhe tenho falado. O meu avô (desta vez, avô verdadeiro: o pai do meu pai) escreveu-me que eles estão ofendidos etc., por eu não lhes ter mandado o *Céu em fogo* como fiz sempre com meus outros livros. Como isso não custa nada vou-lhes mandar um volume, daqui, mas para isso preciso saber o número da porta. Se por ventura não encontrasse no anuário a morada não tinha importância nenhuma – não se preocupasse mais com o *affaire*. Tenho muita pena de não lhe ter mais nada a dizer. Só suplico que escreva, sempre, sempre, sempre

todo um grande abraço do seu

Mário de Sá-Carneiro

Informe-me na volta do correio do que houver pela Livraria.

44

MÁRIO DE SÁ-CARNEIRO
29, Rue Victor Massé
Paris – 9ème

Paris – Novembro 1915
Dia 18

Meu Querido Amigo,

Oiça: não me largue os livreiros. Eu hoje mando-lhes dois postais. Explique bem ao Augusto – para ele, por seu turno – contar ao Monteiro, que eu preciso receber o mais dinheiro possível – todo é que era o verdadeiro – em 10 de dezembro o mais tardar como já lhes disse por carta. Entanto era da máxima conveniência que ele chegasse dois ou três dias antes. Explique bem isto – e diga o que se passar. Por mim nada: vai um mundo de crepúsculo pela minha alma cansada de fazer pinos. Há capachos de esparto, muito enlameados pelo meu mundo interior. O pior é que nem ao menos sei como os hei de secar! Sinto "material" literário com fartura no meu estado psíquico atual para novas obras. Mas falta-me toda a coragem. Todo o incentivo – "o prêmio" – para escrever, trabalhar. Eu não faço nada sem prêmio. Depois estou terrivelmente constipado! Escreva-me muito por amor de Deus. É uma obra de caridade. Se ao menos o Franco aparecesse... Preciso tanto de alguém! E o C. Ferreira é um ótimo rapaz – tenho agora visto – mas não é mais nada. O Sr. F. da Costa – carbonário pleno. – Nem mesmo isso: a *áurea mediocridade* em todo o seu esplendor. Raios partam tal malandro! Amanhã vou passar o dia com ele...

– A propósito – isto é, como sempre, a despropósito: fale-me do Guisado. É criatura ainda tratável? Fez versos em Mondaris? Eu *poder-lhe-ei* escrever? Informe-me a este respeito. Eu, por mim, gostava muito de lhe escrever mas não sei o que ele tem contra mim, nem as intenções em que está! Informe-me você com toda a franqueza. Sabe bem que o Guisado será sempre para mim o admirável Poeta e excelente rapaz toldado de Burguesia. Não hesite pois em responder-me a esta simples pergunta: posso à vontade escrever ao Guisado – *ou é melhor não o fazer*? Compreende que não estou disposto a receber dele uma carta diplomática...

Adeus, meu querido amigo. Não me largue os livreiros e escreva sempre o mais possível!

Um grande abraço de toda a minha alma

O seu, seu

Mário de Sá-Carneiro

Vou talvez escrever uma poesia que começa assim:

–Ah, que me metam entre cobertores,
E não me façam mais nada...
Que a porta do meu quarto fique para sempre fechada –
Que não se abra mesmo para ti, se tu lá fores...

Lã vermelha, leito fofo, ar viciado –
Nenhum livro, nenhum livro à cabeceira:
Façam apenas com que eu tenha sempre a meu lado
Bolos d'ovos e uma garrafa de Madeira...[34]
....
....

(É verdade, lá vai um poema duma quadra):

34/ Trata-se dos primeiros versos de "Caranguejola".

O Pajem

Sozinho de brancura eu vago – Asa
De rendas que entre cardos só flutua...
Triste de mim que vim de Alma p'ra rua,
E nunca a poderei deixar em casa...

Paris, novembro 1915

Mário de Sá-Carneiro

45

MÁRIO DE SÁ-CARNEIRO
29, Rue Victor Massé
Paris – 9ème

Paris – Novembro 1915
Dia 27

Meu Querido Amigo

Recebi ontem o seu postal de 2, o que muito agradeço. Mando-lhe hoje versos. "A caranguejola" é um poema que fiz ultimamente. Dou-lhe esse título porque o estado psicológico de que essa poesia é síntese afigura-se-me em verdade uma verdadeira caranguejola – qualquer coisa a desconjuntar-se, impossível de se manter. Ignoro se você aprovará o título, como, outrossim, ignoro mesmo se gostará da poesia. Aquilo é desarticulado, quebrado – o próprio pseudoverso desconjuntado, não se mantendo, em suma: uma verdadeira caranguejola na forma como no sentido: diga-me você do valor do estuporinho. Por mim creio que, das duas uma: ou é muito bom ou muito mau... Há um verso que se me volveu numa obsessão e não há forma de me agradar: – é o que grafo:

"Cuidem apenas de que eu tenha sempre a meu lado."

Parece-lhe bem? Mas deve ser *de que* ou só *que*? E seria preferível tirar o *eu*? Isto é de mínima importância – mas, para o meu sossego, suplico-lhe que não deixe de me dizer com que versão me devo *arrêter*. A forma anterior – que lhe escrevi numa carta era: "Façam apenas com que eu tenha sempre a meu lado". Mas modifiquei-a pois há muitos *fazer* próximos. Em todo o caso diga se acha preferível esta versão. Não se esqueça. Isto claro se achar valor à "Caranguejola" – que, sendo assim, irá para o *Colete de forças*, bem entendido. – Os outros dois poemas encontrei-os antes de ontem remexendo velhos papéis "Desquite" foi a primeira coisa que aqui escrevi, antes mesmo da "Escala". Mas amarrotei o papel, parecendo-me os versos incompletos e maus. Relendo-os duvido se se podem aproveitar. Lavre você a sua sentença – bem como ao "Ápice", cuja história é a mesma. Entre muitos outros versos soltos de poesias incompletas encontrei estas duas quadras também:

... De repente a minha vida
Sumiu-se pela valeta...
Melhor deixá-la esquecida
No fundo duma gaveta...

(Se eu apagasse as lanternas
Para que ninguém mais me visse,
E a minha vida fugisse
Com o rabinho entre as pernas?...)

Isto cheira a *Colete de forças.* Mas parece-me que, francamente, não se deve aproveitar. Fale ainda você. Antes de saber a sua opinião sobre quanto lhe pergunto – não escreverei os versos no meu caderno. A propósito da quadra "As duas ou três vezes que me abriram a porta do salão...", segundo as suas indicações, lembrei-me deste título "Campainhada". Que lhe parece? E ponto, sobre literatura – mas não deixe de me responder a tudo isto com brevidade. Perdoe tanta estopada. *Orfeu* mundial – Ontem de manhã, o Carlos Ferreira veio a minha casa e pediu-me emprestado para ler um volume do *Céu em fogo* que eu tinha sobre a minha mesa. Saímos, fui almoçar – e ele, que tinha que fazer, veio encontrar-se comigo, depois do almoço, num café. Contou-me então que acabara de encontrar um português Botica aqui empregado há muito. Este sujeito por acaso olhou para o livro que o C.F. tinha na mão e, ao ver o meu nome, exclamou: – "Ah! isso é o homem do *Orfeu*, hás de me emprestar isso!" O C.F. que lhe respondera: "não posso, porque o livro não é meu, foi o próprio autor que mo emprestou agora mesmo". E o homenzinho, pondo as mãos na cabeça: "O que, o *Orfeu* está em Paris? Com a Breca, toca a fugir rapazes!!..." Note que o C.F. era a primeira vez que encontrava este homem que vive aqui há muito tempo... E repare que só ao ver o meu nome, o efeito foi mágico: ele evocou-lhe logo o *Orfeu*. Não é também consolador?...

Ministério das Finanças: vejo pelo seu postal que posso contar com o que pedi aos livreiros. Mas se ainda não me mandaram todo o dinheiro – urge que mandem o restante o mais breve possível. Já de resto escrevi para o Augusto neste sentido, ontem. Mas você vá recordando. Tenha paciência, meu querido amigo, mais uma vez em tanto o incomodar. E não descure também o caso do Crédit Lyonnais conforme a minha última carta. Fale-me de tudo isto em volta do correio. – Quando o Dr. Leal partir diga-me, mas que vai ele fazer a Sevilha? Você sabe? E parece-lhe que ele arranjou dinheiro? Quanto a Pacheco & Cia. ainda falam em vir? Não deixe de me informar a este respeito, pois tenho muita curiosidade. *Escreva na volta do correio!* Mil abraços.

o seu, seu

Mário de Sá-Carneiro

Nota final:

A uma dentista *europeia* (pois é sobrinha do Dr. Lombard, protagonista dum escândalo recente de falsos atestados médicos *affaire* de que os jornais falaram largamente – e estando o titi preso) conhecida do Ferreira da Costa, ouvi outro dia esta definição de belo (que não deve na verdade ser da clínica), mas que acho interessante e, sobretudo, definidora do belo interseccionista: "Belo é tudo quanto nos provoca a sensação de invisível." Diga também você o que pensa desta piada...

Do Franco não sei ainda mais nada.

46

Paris – Dezembro 1915
Dia 12

Meu Querido Amigo,

Morro de saudades de receber uma carta sua! Oxalá a tradução tenha acabado a estas horas!! Antes de mais nada: viu a última *Ilustração Portuguesa*? Se a viu, rebentou, por certo à gargalhada: vem com efeito lá uma página anunciando o número de Natal onde figuram os retratos dos colaboradores: Júlio Dantas, Augusto de Castro, etc., e... Mário de Sá-Carneiro, o homem do *Orfeu*! É fantástico! E podemos presumir que o nosso Dantas não deve achar a coisa muito bem... Confesso-lhe que fiquei contente pela piada infinita que o caso tem. No número de Natal você lerá o artiguelho para o qual já de há muito lhe pedi perdão embora, de envolta com muito lepidopterismo pataqueiro, haja lá vislumbres de sensacionismo. – Ainda sobre a nossa escola: sabe que se representou aí no Nacional uma comédia do Chagas Roquete (que creio caiu plenamente) onde um personagem principal era amanuense... e *poeta futurista*. Está a ver: influência Órfica no caso... A peça chamava-se: *D. Perpétua que Deus haja*. Se quiser indagar detalhes, indague-os. – Guisado: se ele está mal quase comigo e não com você é que o motivo não é o mesmo. Com efeito por política, foi você que mais o ofendeu – que mais longe foi contra o democratismo – sendo pelo contrário eu o signatário da carta, desmentido. Logo o homem está mal comigo por outra razão: será pela minha falta de honestidade – isto é, por não ter dado contas do *Orfeu*? Não vejo com franqueza outro motivo. Se é assim, você sabe, meu querido Fernando Pessoa, que o meu Pai pagou à tipografia 570.000 réis. 250.000 mil foram do *Céu em fogo*: logo 320.000 dos dois números do *Orfeu*. Assim se o Guisado me exproba pela minha "indelicadeza" neste sentido era bom que você, que está ao par disto e do dinheiro que se apurou da venda dos dois números, lhe fizesse ver que, se eu apresentasse contas, àquele que contribuiu com 12.000 para a revista – era só para lhe pedir mais dinheiro... Francamente se o Guisado está indisposto por este motivo, tem imensa graça, imensa!... (dos *Orfeus* 2 venderam-se 600 = 120.000 réis. Do nº 1: 450 = 95.000: total – igualemos a conta – 220.000 réis, para 320.000, há um déficit de 100.000 réis. Isto dito "grosso modo").

Junto vai um soneto. Diga o que lhe parece. Exitei em chamá-lo "Soneto de amor" ou – como vai – "Último soneto". O que acho preferível. Diga-me também, não se esqueça, como pontuaria estes versos... "se deixaste a lembrança violeta que animaste, onde a minha saudade a cor se trava", sendo "onde a minha saudade", etc., complemento do verbo "deixaste", a minha dúvida é se será preferível pôr apenas uma vírgula em *animaste,* ou meter entre vírgulas a frase, que *animaste.* É uma coisa mínima, mas não deixe de mo dizer.

Quanto à Livraria: que me mandem o dinheiro diretamente se o meu Avô, a quem pedi 75 frs. adiantados, lá porventura não foi recebê-los (ou receber toda a importância mesmo). Fale com o Augusto a este respeito. Não se esqueça de me dizer se lhe chegou afinal a minha carta de 27 com os poemas. E faça o impossível por me enviar um *relatório.* Fico ansioso e conto consigo. Mil abraços do seu, seu

Mário de Sá-Carneiro

escreva

O melhor para evitar complicações é pontuar-se, segundo você, todo o último terceto.

47

Paris – Dezembro 1915
Dia 24

Meu Querido Amigo,

Atrasada, desta vez, na resposta à sua carta de 12 – de recepção já por postal devidamente acusada – e mesmo, vamos lá, à de 17 antes de ontem recebida, venho-lhe pedir mil desculpas. Mas a chegada do Carlos Franco, mil trapalhadas e cartas mais urgentes até a escrever: como ao Dr. Leal e ao meu Pai, ao meu Avô, sei lá mais a quem fazem-me com que só hoje lhe possa escrever. Do C. Franco lhe direi que quanto a "total-psicológico-sensibilidade" o temos que definitivamente colocar num plano muito alto, quase de "criatura-superior". 7 meses de trincheiras, os combates de Arras e a ofensiva da Champagne de forma alguma lhe embotaram os nervos, o fizeram desinteressar das coisas artísticas. Entregou-me a guardar – calcule – o *Orfeu I* e o *Céu em fogo* que na mochila o acompanharam em todos os ataques – dos quais nunca se quis despojar! E sabe versos meus de cor, que cita a cada passo, bem como frases do *Marinheiro,* versos do Álvaro de Campos! Tudo mais quanto se dissesse significaria menos.

Devo-lhe dizer que o *Orfeu* II não lhe chegou às mãos. Assim tive a glória de lhe dar a conhecer a sua espantosa "Ode marítima" – com quem eu ao princípio estive um pouco zangado, por causa do tamanho; mas que reputo hoje uma obra definitiva, uma obra-prima, marcante e *clássica,* na qual acredito a ferro e fogo. Li-lhe a "Ode" toda, dum fôlego – e o Carlos Franco ficou entusiasmado. – Quanto à pessoa física devo-lhe dizer que nunca foi ferido, nem constipado sequer! Está gordo, forte e de bigode e cabelo à escovinha. Deve vir de resto na *Ilustração Portuguesa* um retrato do Sr. Ferreira da Costa – bombeiro, claro, mas que só lhe falta falar. O Franco partiu hoje antemanhã. Até à Primavera porém o seu regimento deve estar em repouso. – "Sonetos" do Álvaro de Campos se não serão propriamente grandes são adoráveis. O último é uma coisa que eu amo até aos ossos. Que Europa, que enlevo, que ópio! Oxalá o Guisado não tenha escrúpulos em demasia e o inclua na coleção. Álvaro de Campos, meu caro amigo, não é maior com certeza que Fernando Pessoa, mas consegue ser mais interessante do que ele. Sempre que tenha versos seus, do engenheiro ou doutro qualquer menino não deixe de mos enviar. – A sua encarnação em Rafael Baldaya, astrônomo de longas barbas é puramente de morrer a rir. Eu e o Franco rimos infinitamente! A entrevista em si na verdade pouco interessante. O medo, sempre o medo, prova real de "inferioridade". Desolador e hilariante o caso do Dr. Leal. Respondi-lhe ontem pintando-lhe em negras cores a vida dos artistas franceses e dizendo-lhe que achava da mais grave imprudência a sua vinda aqui em mira de arranjar contrato para mímicas ou cinematógrafos. – Recebi da Livraria, mandada pelo Augusto, a quem peço comunique e agradeça, um postal dum maduro qualquer galego (de Ciudad Rodrigo) que se entreteve a copiar a capa do J. Pacheco. Quem é o bicho que lhe manda saudades e de que você nunca me falou? outra encarnação?... Eu já não acredito nem no que vejo... Sobre massas repito o meu postal: que me enviem *au plus tôt* diretamente o dinheiro que lá houver, ficando sem efeito tudo quanto disse sobre o meu avô se ele por ventura não foi lá.

Muito obrigado pelo que me diz sobre os meus versos. Curioso que o "Ápice" que eu tinha desprezado seja justamente um dos poemas que você acha mais belos.

Triste o editor inglês: mas amável: é já alguma coisa – estive ontem em casa do Homem Cristo, filho, que soube da minha estada em Paris e me escreveu pedindo para ir a sua casa. Em cilada, saí do ascensor para uma "reunião". Vários lepidópteros internacionais: um advogado belga, um funcionário do ministério dos negócios estrangeiros, um poeta russo (não era o Petrus Ivanovitch Zagoriansky)[35], um escritor brasileiro, etc., etc. Mas uma vez *Orfeu* mundial, pois o H. Cristo contou à assistência o barulho da revista, fez circular no nº 1 (único que tem) etc. Como sempre o H. C. vive em casa atapetada, com telefone *chaufage* central, telefone e cigarros de luxo.

35/ Personagem de "Asas".

Tive na mão uma carta do Barrès a ele dirigida em que lhe agradece qualquer artiguelho que o H. C. escreveu sobre ele, "A bela página que teve a bondade de lhe consagrar, um homem como o Sr. Homem Cristo filho". Piada? Mas ergue-se na verdade em Europa esta figura do H. C. filho, nascido em Aveiros!... Parece-me que não tenho nada mais a dizer-lhe nem a responder. Pode ser que me esqueça qualquer coisa a responder pois não tenho as suas cartas comigo. Adeus. Escreva sempre. Mil abraços, mil saudades.

O seu, seu

Mário de Sá-Carneiro

Então viu a minha infâmia na *Ilustração*?
Saudades do Carlos Ferreira.

48

Paris – Dezembro de 1915
Dia 29 (à noite)

Meu Querido Amigo,

Estou-me volvendo, decididamente num boneco muito pouco interessante. Recebi ontem a sua carta entusiástica sobre o *Sr. Mendes* do Almada Negreiros. Abrace o rapazinho por mim. Hoje mando beijos para ele num postal que você provavelmente receberá antes desta carta por via da censura. Vai junto um retrato duma *petite-femme* do Café Riche que é outra encarnação do Almada como você logo verá. Autoria do retrato: Sr. Ferreira da Costa. Dê o boneco ao pequeno bem como o postal que envio ao seu cuidado, pois na Brasileira o podem surripiar. Não sei como isso há de ser, decididamente. Eu bem quero, mas não há maneira. A tômbola gira cada vez mais desordenada. Sobretudo não posso estar um momento quieto. É uma febre, uma febre. Quando vou a casa do F. da Costa escangalho sempre as franjas do tapete – e outro dia parti-lhe um cinzeiro. Hoje saí de casa. Estive já na terrasse do Americano. Não sosseguei. Agora, não sei por quê, estou na taverna Pousset que é um café com que eu embirro imenso. Depois tenho o jantar. Depois outro café. Mas que raio hei de eu fazer? E antes de ontem pedi 500 francos para Lisboa. Provavelmente não mos mandam. Também não preciso deles para nada. Mas é um horror, um horror. Uma vertigem de aborrecimento – um comboio expresso de anquilose.

Aborrecimento na alma, por todo o corpo: e o que é pior! nos intestinos. Borbulhas na testa e no pescoço. Tudo isto, juro-lhe, provocado pelo meu estado de alma impossível, e cada vez mais sem remédio. Uma vontade imensa de me embebedar, mas nos ossos. Depois – sem literatura –, de súbito, focam-se-me nitidamente coisas estrambóticas que devem ser recordações: ontem à noite, uma galinha de vidro azul a assar no espeto – sim de *vidro azul*: e peças de bordados redondos, ocultando qualquer coisa por baixo que mexia e devia ser detestável. Os bordados eram brancos e cor-de-rosa – e mexiam os estuporinhos, mexiam! Onde irá isto parar – é que eu não sei. Depois o que havia em mim de interessante é hoje papel rasgado. Estou farto! Farto! Farto! Merecia que me pusessem um barretinho de dormir todas as noites – palavra, meu querido Amigo. E o pior é que tenho perfeitamente a noção de tudo quanto lhe escrevo – que estou em mim perfeitamente e tanto que lhe vou dizer que o Jean Finot (diretor da *Revue*) disse ao F. da Costa, que lhe fez o retrato e entrevistou, que tinha o maior prazer de inserir na sua revista artigo sobre a literatura portuguesa moderna. Isto deve mesmo sair no *Século*. Era ocasião magnifica para você escrever um artigo sobre a "jovem literatura" aí de baixo. Mas não diga mal de ninguém. Lepidóptero claro, o Jean Finot – que lê português – acha admirável o Jean de Barros já vê! Mas podia só falar de nós e dos renascentes. Era interessante. Você provavelmente é que não está para isso. Em todo o caso era muito interessante. Garanto-lhe que o artigo seria publicado. Você enviar-me-ia a mim que eu o faria chegar ao Finot. Artigo claro "*sage*". Ou então enviá-lo diretamente se por acaso você preferisse isto: assiná-lo com um nome qualquer: Ismael de Campos – para poder falar do Fernando Pessoa. Pense em tudo isto. – *Orfeu* mundial: O C. Ferreira contou-me que falando ontem a um comerciante, Eduardo de Azevedo, em casa dele, por acaso, no meu nome – ele logo: Ah! já sei, um dos malucos do *Orfeu*: e duma gaveta ei-lo que tira brandindo na mão o nosso terrível 2 prateado! Lera *A Capital*,[36] em Nantes – onde habita normalmente –, e a um amigo de Lisboa logo pedira a revisteca. Soberbo! Soberbo!!! Olhe, você perdoe toda esta carta que afinal é um desabafo. Você compreende que se eu batesse aqui um murro na mesa era um escândalo. Pois bem, as asneiras psicológicas que atrás refiro são esse murro. Perdoe. Escreva. Dê o retrato e o postal ao Almada. Mil abraços, mil saudades do seu, seu

Mário de Sá-Carneiro

que em todo caso ainda não pensa em procurar contrato como artista mímico...!

36/ Jornal que fez crítica severa ao *Orfeu*.

49

GRAND CAFÉ
Boul. des Capucines

Paris – Janeiro de 1916
Dia 8

Meu Querido Amigo,

Recebi os seus dois postais de 3-4 que muito agradeço. Ansioso no entretanto aguardo carta. Pouco a dizer-lhe. Mas leia essa admirável, essa genial carta do Carlos Franco que envio juntamente e você me devolverá – sem pressa. Mostre-a, sobretudo, ao Pacheco e ao Rodrigues Pereira. Não se esqueça. Diga-me o que pensa dela – e sobretudo das frases que sublinho. A do "comboio de folha" fez-me vibrar um calafrio supremo. Que dó a situação do C. Franco – e que pena que ele não execute a sua Alma numa obra! Que admirável escritor da nossa escola se não perde nele – que admirável artista! Não me acha razão. Fale. – O meu estado psicológico continua a mesma caçarola rota. Agora é pegarem-lhe com um trapo quente – cada vez estou mais convencido. Cheguei ao ponto de escrever estas quadras:

Gostava tanto de mexer na vida,
De ser quem sou, mas de poder tocar-lhe...
E não há forma: cada vez perdida
Mas a destreza de saber pegar-lhe...

Viver em casa como toda a gente –
Não ter juízo nos meus livros, – mas
Chegar ao fim do mês sempre com as
Despesas pagas religiosamente...

Não ter receio de seguir pequenas
E convidá-las para me pôr nelas.
À minha torre ebúrnea abrir janelas
Numa palavra – e não fazer mais cenas!

Ter força um dia pra quebrar as roscas
Desta engrenagem que empenando vai
– Não mandar telegramas ao meu Pai,
– Não andar por Paris, como ando, às moscas...[37]

(à suivre)

Já vê o meu querido amigo... Não lhe dizia eu que estava um boneco muito pouco interessante?... A melhor terapêutica, se tiver forças ainda para aplicar, é escrever a "Novela romântica". Assim venho pedir-lhe um grande favor e causar-lhe uma grande estopada: procurar a carta em que eu lhe desenvolvi a novela pois perdi os apontamentos que tomara. Você assim faz-me um grande favor! Vamos a ver se ainda posso escrever aquela história. É o único remédio! Cada vez posso menos deixar de ser *Eu* – e cada vez sofro mais por seu *Eu*. Infelicidade porém que já não – como outrora – esse sofrimento me doire. Hoje apenas, juro-lhe, se me fosse possível, apagaria o *oiro*... Ai, ai, que caranguejola! Desculpe estes lamentos. E procure a cartinha – sim! Tenha paciência. Mas logo que possa, hein? – O José Graça escreveu-me em carta que recebi hoje. Desfaz-se em desculpas, que foi o revisor, etc., e que na *Ilustração Portuguesa* vão sair umas linhas sobre o assunto. Veremos...

Em todo caso vê-se que ficou à brocha – e é amável o pequeno, vamos lá!... Mas nada lhe tenho a dizer – senão que pela sua imortalidade me escreva uma grande, grande carta urgentemente!!! Dê saudades, muitas, a Rodrigues Pereira, Pacheco, Rui Coelho, Eduardo Viana, Vitoriano, etc., etc., ao Almada também. Adeus. Escreva! o seu, seu

Mário de Sá-Carneiro

37/ Essas são as primeiras quatro quadras do poema "Crise lamentável".

Pergunte ao Rodrigues Pereira – para quem mando mais um abraço – se está mal comigo e com o Ferreira da Costa por não lhe termos enviado a mala. Como nunca mais nos escreveu...

P.S. Não deixar de mostrar a carta a Franco, a Pacheco e Rodrigues Pereira.

50

GRAND CAFÉ DE LA
PLACE BLANCHE
Paris

Paris – Janeiro 1916
Dia 13

Meu Querido Amigo,

Recebi a sua carta de 7. Muito interessantes as notícias que nela você me dá. Deus queira que tudo isso vá por diante. Ena pai: logo 3 revistas literárias – e duas mais ou menos paúlicas: o *Centauro,* o *Exílio.* Os rapazinhos têm imensa piada, valem um dinheirão. Está como o outro mágico da empresa Culinária que vai publicar o livro em Δ. Soberbos, e bem-vindos. O Rodrigues Pereira detetive é *pendant* do Dr. Leal mímico. Ao menos não sou só eu que estou doido. Porque creia, meu pobre Amigo: *Eu estou doido.* Agora é que já não há dúvidas. Se lhe disser o contrário numa carta profícua e se lhe falar como dantes – você não acredite: o Sá-Carneiro está doido. Doidice que pode passear nas ruas – claro. Mas doidice. Assim como o Ângelo de Lima sem gritaria. Literatura, sensacionismos – tudo isso acabou. Agora só manicômio. Sabe? Preciso cada vez tomar mais cuidado diante dos outros. Senão faço asneira, positivamente asneiras. Ponho-me como um pimento, faltam-me as palavras e deixo cair o guardanapo. É um horror. Porque tenho noção disto tudo – noção perfeita. Estalo, estalo! Não sinto já a terra firme sob os meus pés. Dá-me a impressão que sulco nevoeiro: um nevoeiro negro de cidade fabril que me enfarrusca – e eu então volto umas poucas vezes por dia a casa a mudar de colarinho. Claro que não mudo de colarinho na realidade – mas em "ideia" umas poucas de vezes por dia. Juro-lhe que é assim mesmo.

Tudo isto não impediu que domingo passado no *atelier* do Ferreira da Costa entre cantoras e atrizes falidas se dissessem versos meus: Uma tradução que o F. da Costa teimou em fazer da "Nossa Senhora de Paris" que ele acha muito bela, apesar de burguesão – e que não ficou má porque eu a emendei. Depois as "Îles des mes sens" que eu acabei com quatro versos atamancados. E uma piadinha que em tempos fiz: "Les heures ont pris mon angoisse" etc. Leu tudo isto uma das atrizes falidas. Muito bem, por sinal. E houve quem gostasse: um compositor, sobretudo: "que achou *curiosíssimo, inteiramente novo.*" Que quer fazer música para a versalhada. Também se traduziu *à la diable* e *à la minute* a "Inigualável" – que deu no goto às raparigas: por se querer uma mulher com joias pretas e que não pudesse dar um passo. Enfim, insinuações paúlicas por Paris. Amanhã vou à casa do H. Cristo que parece querer publicar um folhetim no *Éclair* sobre o *Céu em fogo.* Naturalmente nunca mais o escreve. Bem, adeus. Não se zangue comigo por causa desta carta – e sobretudo, sobretudo *escreva-me muito.* Como se fossem seus, *inteiramente seus,* disponha dos meus versos quanto a publicação. Carta branca. Não tenha nenhum escrúpulo. Mil abraços do seu pobre

M. de Sá-Carneiro

P.S. – Avise imediatamente o Rodrigues Pereira que pelo mesmo correio lhe envio uma carta para a Brasileira do Chiado, onde deve hoje mesmo reclamá-la. Não se esqueça disto. E escreva – escreva grandes cartas por amor de Deus. Tenha dó de mim. Escreva! Mais abraços do

Sá-Carneiro

Mais três quadras da tal poesia que lhe dão bem a prova se eu estou ou não doido. Diga-me o que pensa desta fantochada: não se esqueça!

Levantar-me e sair. Não precisar
De hora e meia antes de vir pra rua.
Pôr termo a isto de viver na lua –
Perder a *frousse* das correntes de ar.
Não estar sempre a bulir, a quebrar cousas

Por casa dos amigos que frequento –
Não me embrenhar por histórias melindrosas
Que, em fantasia, apenas argumento...

Que tudo em mim é fantasia alada,
– Um crime ou bem que nunca se comete –:
"Ideia" mesmo, o meu ir à retrete
Que me leva uma hora bem puxada...[38]

(Não se zangue comigo! Escreva-me muito!)

P.S. *nº 2*

– Repito que disponha dos meus versos como se fossem seus quanto a colaboração nas revistas.

– Impagável caso Vaz Pereira que não Quebra Um Prato!!

– Breve enviarei carta que pede Leal e escrevei com mais juízo, prometo. Mas não acredite!

38/ Essas quadras são a parte final do poema "Crise lamentável".

51

Paris – fevereiro de 1916
Dia 3

Meu Querido Amigo,

Recebi pois no dia 31 a sua linda carta de 26, conforme já o avisara por postal. O que lhe suplico é que não repita estes longos períodos de silêncio. Quando não puder escrever-me – diga-mo num postal. Peço-lhe isto encarecidamente. Muito obrigado pelas suas palavras sobre a minha carta desolada e os meus versos terríveis. Claro que continua e continuará tudo na mesma até que eu desapareça por algum alçapão de estoiro – mas o melhor é não pensarmos mais nisso! Ah! mas como sobretudo lhe agradeço o lembrar-se de mim enternecidamente ao encomendar chapéus complicados para os costureiros célebres de Paris. Minhas fitas de cor, meus laços, minhas plumas, minhas filigranas! Tanto enleio perdido, tanta carícia desfeita! A zoina, a grande zoina sempre! mas que hei de eu fazer?... Vai junto um soneto.[39] Nasceu como o "fantasma". Aquilo ou fica tal e qual assim, espatafúrdio e torcido – ou se deita fora. Eu não sei nada. Por isso o meu querido Fernando Pessoa não se esqueça de me dizer do valor do estaferminho – e se o hei de ou não aproveitar para os *Indícios de ouro*, *Colete de forças*, claro. Quanto aos meus versos passados fez muito bem em os mostrar ao José Pacheco. Ao José Pacheco pode você mostrar tudo – porque é uma alma como o meu querido amigo muito bem diz. Quanto ao caso Rodrigues Pereira tem você perfeitamente razão: a sua atitude diante do sensacionismo é a duma mulher nova e linda, maquilada – estrangeira de Paris, americana ou polaca, muito culta, inteligente e *toquée*. Olhe: o que a americana dá *Con-*

39/ Refere-se ao poema "Aqueloutro".

fissão de Lúcio poderia assimilar da nossa Arte. Não lhe parece assim? Hein?... Mas o Antonio Soares, esse sente os caminhos de ferro de lata? Isso são insignificâncias. Mas eu gosto muito de "potins".[40] Fale-me pois, em mescla, de todos esses pequenos e não se esqueça de me contar as coisas do Ramos, etc. Acho muito graça a isso. Também leio no *Matin* os "Mistérios de New York". Dá-me muito prazer. Agora sobre a "Novela romântica". A coisa mais importante que lhe tenho a dizer é esta – o aparecimento dum novo personagem: com efeito, em Paris, Heitor de Santa-Eulália, ao lado do conde húngaro Ludvico Bacskay, seu companheiro de grande vida, cuja amizade data dum duelo – tem outro grande amigo, de alma, esse: o escritor polaco Estanislau Belcowsky, moço artista e migrado, autor de novelas psicológicas inéditas, incompreendido e desgraçado. Estanislau Belcowsky *sou eu*. Falará das suas estranhezas que serão as minhas, das suas ânsias que serão as minhas. Heitor de Santa-Eulália não o compreende inteiramente, porque um homem de 1830, mesmo Heitor, não me poderia compreender – pressente-o e admira-o. Dá-lhe dinheiro a rodos, para ele gastar pois compreende a necessidade que ele tem de viver em meios luxuosos – tem sobretudo a noção de que mais tarde, nos tempos futuros, na era das máquinas – haverá heróis de novelas *assim*, haverá uma *arte de acordo* com a psicologia, com a individualidade de Belcowsky. E Santa-Eulália embriaga-se de Oiro antevendo a maravilha, e sente que ele é também um pouco, um precursor d'Aquela Raça. A influência de Belcowsky será uma certa sobre eles. Daí determinados pensamentos sensacionistas no seu ultrarromantismo. Atinge bem o meu fim? Parece-me estranha e interessante esta *trouvaille*. Que me diz você? *Não se esqueça de me dar a sua opinião*. Eis um exemplo das coisas que Belcowsky dirá a Santa-Eulália (linhas que de resto eu escrevi não sei se ao Franco se ao Rod. Pereira): "Agora os meus próprios sonhos fazem troça de mim. E os meus nervos – os estuporinhos – não há quem os faça largar o trapézio. Há grandes osgas transversais sobre a minha vida. Não sei

40/ "Mexericos."

nem o que isto quer dizer – mas é assim tal e qual que eu o sinto. Cada vez posso menos deixar de ser quem sou – e dia a dia sofro mais por o ser. Se ao menos estas colunas, em face de mim, de súbito se pusessem a andar..." Numa palavra, enquanto Heitor é um romântico pressentindo o interseccionismo, (pressentindo-o através de Belcowsky), Belcowsky é, puramente, um Inácio de Gouveia, um Ricardo de Loureiro... um Mário de Sá-Carneiro... Compreende bem o anacronismo "voulu"? Heitor ouvindo isto terá grandes espantos mudos, grandes admirações maravilhosas, embora o pressinta unicamente, embora apenas suspeite, não sabe porque hein, *sê-lo* um pouco melhor: *devê-lo ser mais* tarde numa outra encarnação, talvez, futura, sucessiva, diga-me, não se esqueça por amor de Deus, o que pensa a este respeito. Outra coisa: mande-me um nome lindo e sombrio de mulher inglesa, lady Helena qualquer coisa (mas Helena em inglês, que creio ser Ellen). Não se esqueça. Outro detalhe: esta Helena é a mulher por quem ele se apaixona em Paris: a que mata a sua paixão por Branca, a que faz com que ele se suicide para respeitar o seu amor por Branca. Muito bem: ele descortinará, no entanto, que a sua paixão por Helena é devida, não a ela própria, mas à protagonista do drama que há na sua vida. Sim. Talvez não seja mesmo propriamente ela que ele ama: mas sim a sua história (de Helena), a sua *lenda*. No entanto isso mais lhe faz aumentar a paixão, melhor o conduz ao seu desfecho. Outros detalhes apareceram que não vale a pena mencionar-lhe. O que lhe rogo muito é que não deixe de, o mais breve possível, procurar a carta para eu ajustar tudo e começar a escrever a novela, pelo que estou ansioso. Rogo-lhe muito. E não se esqueça de me enviar o apelido de lady Helena. Mil desculpas e agradecimentos por tudo – Curiosíssimo o seu "estabelecimento" como astrólogo. Oxalá não haja impedimento e isso vá por diante. Que extraordinária e pitoresca nota biográfica para a história dum Criador de Nova Arte, como você! – Não se esqueça de responder à questão Carlos Ferreira. O negócio é certo. O governo belga já lhe enviou os recibos para ele assinar e receber os 1.600 francos de subsídio. – Zepelins europeamente sobre Paris em 29 de janeiro – bombas em Lisboa à mesma hora. Afinal, é também europeu. – Escreva-me muito. – O mais depressa possível. *Não se esqueça!* Grande e saudosíssimo apertado abraço. Toda a Alma.

o seu, seu

Mário de Sá-Carneiro

Escreva!!!

Post-Scriptum

– Não se esqueça de dizer ao Pintor que lhe escrevi para a Tr. do Rosário e que ignoro seu endereço atual.

– O que há da antologia do Guisado? Revista dele com Júlio Dantas? Será possível?... Ai, Ai... *Hélas*!...

– Não se esqueça das tais coisas interessantes sobre Ramos *Centauro.*

– E o *Octávio*? Quando vai à cena? Quando sai da imprensa? Muitas saudades ao Vitoriano.

– Muitos abraços também ao Pacheco. Recados ao Almada. Afinal aqui na Brasserie Cyrano também há outra mulher parecida com ele. Traz sempre um cão.

– Escreva-me largamente: muita alma, muitas notícias, muitos "potins"!

– Curiosíssimo artigo *Século* noite? Monárquicos e insexuais. Tem imensa piada!

Suplemento de abraços e Alma.

o Mário de Sá-Carneiro

52

GRAND CAFÉ DE LA
PLACE BLANCHE

Paris – Fevereiro 1916
Dia 5

Meu Querido Amigo,

Recebi ontem a sua carta de 30 e hoje a cópia datilografada da minha carta sobre a "Novela romântica". Não sei como lhe agradecer tanta maçada. Você poderia muito bem ter mandado a minha carta que eu lha devolveria. Muito, muito obrigado no entretanto – pois assim evitou-me trabalho e eu tenho um papel limpo em vez das minhas garatujas. Mas para esgotar assunto "Novela romântica": depois de bem pesar o assunto e de ler, sobretudo, a minha carta – vejo que é preciso tomar cautela com a nova personagem do Sr. Estanislau Belkowsky, que tive a honra de lhe apresentar na carta passada. Com efeito o interesse máximo da novela reside na intersecção romântico-sensacionista da psicologia de Heitor de Santa-Eulália, que, por isso mesmo, tem que ter na sua alma pontos como que o seu espelho: o espelho, porém, que só reflete o que há nele de puramente sensacionista. *Heitor reconhecerá em Estanislau a parte mais estranha que há em si próprio e ele menos conhece e se pode explicar*. Estanislau será para Heitor a *prova* de que existem as suas estranhezas: que examinadas ontem – mais desenvolvidas e completas, mas da mesma ordem – ele, nunca entendendo o seu mistério, melhor reconhecerá a sua beleza. Estanislau será dentro da novela *o padrão, a mira* do seu elemento interseccionista: como o romance amoroso de Heitor, o seu puro elemento Romântico. E teremos assim este grupo de três personagens:

Heitor – romântico-sensacionista
Estanislau – sensacionista puro
O Conde Ludovico Bacskay – romântico simples.

Compreende bem o meu fim? Concorda com isto – sobretudo com o interesse da figura de Estanislau? Rogo-lhe que medite bem no assunto, que faça por compreender a minha ideia – pois antes de assentar definitiva e minuciosamente o meu plano quero ter a sua opinião sobre este ponto capital. Se porventura me engano e a figura de Estanislau é inútil, pouco interessante ou prejudicial – diga-mo com inteira franqueza. Esteja, porém, certo que saberei salvar o perigo que a sua introdução na novela podia oferecer quanto ao apagar a psicologia, ou antes a intersecção psicológica, de Heitor de Santa-Eulália. Oiça ainda: Estanislau será um fantasma às avessas: o fantasma duma criatura que ainda não nasceu: *o fantasma dos heróis de novelas duma nova arte ainda não nascida*: o fantasma, em suma, de Inácio de Gouveia, de Ricardo de Loureiro. Esta ideia ocorrerá mesmo a Heitor. E perante Heitor – repito-lhe será a "chamada": alguém que o fará melhor olhar para si mesmo pelos pontos de contato que pouco a pouco descortina com ele. Em resumo: Estanislau Belcowsky e o Conde Sérgio de Bacskay, somados, darão Heitor de Santa-Eulália. Quem diz Estanislau diz, por exemplo, Ricardo de Loureiro – quem diz o Conde Bacskay poderia dizer Antony ou Armando Duval. Compreende bem? Tem isto interesse? Por amor de Deus, suplico-lhe que não se esqueça de o discutir na sua carta imediata. Esta novela interessa-me imenso – estou ansioso por escrevê-la: mas não quero principiar antes de ajustados os mínimos detalhes. Rogo-lhe, pois, com mil desculpas, que na sua primeira carta me diga a sua opinião. Agora ainda uma maçada: tudo quanto lhe digo nesta carta sobre a novela copiei-o para mim. Mas o mesmo não fiz com os detalhes que outro dia lhe comuniquei sobre Estanislau. Preciso deles. Tenha paciência de me copiar as linhas que se referem a esse sujeito. Desculpe-me. Não mais o tornarei a incomodar. Conto absolutamente consigo: dizer-me a sua opinião sobre o caso que hoje lhe exponho e *enviar-me o que lhe escrevi outro dia sobre o Estanislauzinho*. Não se esqueça. De joelhos – perdão e obrigado. Mas resposta o mais urgente possível. Você é um santo!!!!!!

Atingi perfeitamente o que você me diz sobre teosofia. Estou de acordo nos mínimos detalhes. Perturbador, com efeito o que conta de se começar a encontrar teosofistas logo que em teosofia se pega – corroborado pelo meu aviador... Destruir o mistério é com efeito a maior das infâmias – destruí-lo puramente, claro. E como é arrepiadora e genial, por isso mesmo, a concepção do seu Fausto!...

Vai junto uma carta ao Carlos Ferreira. Ele tenciona dar-lhe 50 francos moeda francesa (ou sejam qualquer coisa como 12 a 13 mil réis) e um suplemento pelas páginas que você traduzir conforme ele lhe fala na carta junta.

Não tenho mais nada a dizer-lhe, infelizmente? Mas você conte-me coisas. *O Exílio* sempre aparece? Não se esqueça de me enviar imediatamente um número caso apareça. Adeus, meu amigo. Responda-me, por amor de Deus, larga e brevemente. Mil saudades e um abraço de toda a Alma.

O seu, seu

Mário de Sá-Carneiro

Distribua saudades a quem se me recomenda. Abrace sobretudo o Pacheco e o Vitoriano.

Atenção P.S.

Aquelas quadras lamentáveis – eliminando, claro, a da retrete – devem ou não fazer parte do *Colete de forças*?

P.S. – Sobre a "N. romântica"

A ideia do *fantasma às avessas* ocorrendo a Heitor entusiasmá-lo-á inspirando-lhe uma grande esperança na beleza da sua própria alma – *no porvir ampliado da sua alma*: na sua grandeza total, afinal de contas. Como o homem da era das máquinas terá saudades talvez do período romântico: ele tem saudades da era em que *nascerão* os heróis de novelas como é já Estanislau. E sente os dois jatos de beleza fundirem-se-lhe a ouro na sua própria alma. Tudo isto o alcooliza e dimana. Repito: atinge bem? Não se esqueça de me falar largamente a este respeito!

53

GRAND CAFÉ DE LA
PLACE BLANCHE
Paris

Paris – Fevereiro 1916
Dia 8

Meu Querido Amigo,

Uma carta rápida para – sobretudo lhe enviar uma coisa extraordinária do Raul Leal que ontem recebi. Leia essas páginas, que chegam a ser belas, mas que são terríveis – um pesadelo sem sono, qualquer coisa de alucinante e miserável, de pôr os cabelos em pé. Tive na verdade calafrios ao ler essas *páginas* – determinadas passagens sobretudo.

Que tragédia a dessa alma – que coisa lamentável porque, dentro do seu horror belo – é também asquerosa: e no nojo, francamente é muito difícil encontrar o belo. Leia, arquive – escusa de mandar – e diga-me o que pensa a esse respeito. Não a mostre a ninguém – claro. Outra novidade: "A intensidade do sensacionismo: *A confissão de Lúcio* provoca um escândalo num café", tal a manchete que podia vir num jornal: com efeito lia as primeiras páginas a um rapaz Araújo – de que lhe falarei mais circunstanciadamente, pois é uma ligeira sensibilidade sensacionista – quando uns fregueses nos mandaram calar: porque falávamos *Alemão*!! Protestei enervado, o rapaz Araújo fez-se cor de lagosta: os clientes levantaram-se todos... E tudo acabou mostrando-se o livro aos homenzinhos que ficaram passados... Claro que se fosse outro livro qualquer nada disto tinha acontecido: foi por ser uma obra sensacionista! Você concorda, não é verdade?...

Por hoje mais nada. Não estou com nervos para escrever. E a minha caneta está sem tinta... Perdoe-me e *escreva* – escreva muito! De resto esta carta foi só para lhe enviar a do Leal. Escreva! Mil abraços. O seu muito seu

Mário de Sá-Carneiro

54

CAFÉ RICHE
Boulevard des Italiens, 16
Paris (9e)

Paris – Fevereiro 1916
Dia 16

Meu Querido Amigo, não sei por que eu já não venho ao Café Riche. Talvez porque na mesa do fundo, ali, ao canto, – onde *um monsieur decoré* se embebe do *Temps* –, receie encontrar o Sá-Carneiro, o Mário, de 1913, que era mais feliz, pois acreditava ainda na sua desolação... Enquanto que hoje... Descia-a toda; no fundo é uma coisa peganhenta e açucarada, digna de lástima e só para os rapazes do liceu a receberem à tourada. Creia o meu Amigo que é absolutamente assim – sem literatura má, sem paulismo, afianço-lhe.

A verdade nua e crua:

– Quando eu morrer batam em latas,
Rompam aos berros e aos pinotes –
Façam estalar no ar chicotes,
Chamem palhaços e acrobatas.

Que o meu caixão vá sobre um burro
Ajaezado à andaluza:
A um morto nada se recusa,
E eu quero por força ir de burro...

Mas então para fixar o instante desta minha vinda ao Café Riche, onde agora já não entro com medo de encontrar o Mário – hoje felizmente ele não estava, só o monsieur do *Temps* –, envio-lhe esta carta inútil e riscada que você perdoará, hein? Aproveito para remeter um soneto mau. Agora porém o que estou é muito interessado na confecção dum poema irritantíssimo, "Feminina" – que comecei ontem à noite, quando me roubaram o chapéu de chuva.

Pano de amostra:

Eu queria ser mulher pra poder estender
Ao lado dos meus amigos, nas *banquettes* dos cafés.
Eu queria ser mulher para poder estender
Pó-de-arroz pelo meu rosto, diante de todos, nos cafés.

Eu queria ser mulher pra não ter que pensar na vida
E conhecer muitos velhos a quem pedisse dinheiro –
Eu queria ser mulher para passar o dia inteiro
A falar de modas e a fazer *potins* – muito entretida.

Eu queria ser mulher para mexer nos meus seios
E aguçá-los ao espelho, antes de me deitar –
Eu queria ser mulher para que me fossem bem estes enleios,
Que num homem, francamente, não se podem desculpar.

Eu queria ser mulher para ter muitos amantes
E enganá-los a todos – mesmo ao predileto –
Como eu gostaria de enganar o meu amante loiro, o mais esbelto,
Com um rapaz gordo e feio, de modos extravagantes...

Eu queria ser mulher para excitar quem me olhasse,
Eu queria ser mulher para me poder recusar...
....

Como você vê – isto promete, hein? Quando arranjar por completo o poema enviar-lho-ei.

Mas vá-me já dizendo as suas impressões – bem como as do péssimo soneto adjunto. Sabe que recebi duas terríveis cartas do José Pacheco?

Mandar-lhe-ei para você ver como são lancinantes. São das cartas mais terríveis, mais confrangedoras que se podem escrever. Uma miséria, uma dor! Fazem-me ainda mais pena que a loucura total do Dr. L. vai ver.

Dê muitas saudades minhas ao Pacheco. (Claro que lhe escrevi).

Você escreva muito. Faça *potins*: gênero R. carta passada, etc.

E o fisionomista, como vai?

Mostre-lhe o meu retrato. Adeus. Mil abraços e mil saudades.

O seu, seu

Mário de Sá-Carneiro

Recebi Domingo um postal seu.

O Guisado nunca mais fez verso? Informe-me a este respeito!

55

Paris – Fevereiro 1916
Dia 18

Meu querido Amigo,

Recebi a sua carta de não sei quando mas não tenho cabeça para nada. A zoina silva sobre mim despedaçadoramente. Fiz ontem um disparate sem nome: como se rasgasse uma nota de mil francos: talvez depois lhe conte – psicologia arrevesada e brutalidade sem nome. Hoje, numa necessidade de dar murros e pinotes não em resultado do que fiz ontem, mas em resultado disso e mil outras pequenas coisas – nova loucura: um telegrama ao meu pai pedindo 1.000 francos para partir para Lisboa. É como dantes, em minha casa, quando partia os pratos. Não sei ainda se mandarei o telegrama: Já o tenho escrito – mas não sei nada. Não sei se partirei. Não sei nada. Perdoe. Recebi a sua carta ontem. Adeus. Até breve. Abraços.

O seu, seu

M. de Sá-Carneiro

Não lhe dizia que estava doido!
Vivo há semanas num inferno sem nome.

56

Paris, fevereiro de 1916
Dia 19

Meu Querido Amigo,

Ainda não sei nada. No entretanto não mandei o telegrama a meu Pai. Mas continuo a não saber nada. Mais calmo, nem por isso o vendaval deixa de silvar. Recebi a sua interessantíssima carta sobre o Dr. Leal. Breve escreverei longa e detalhada carta. Você não fale a ninguém da minha possível (mas ainda improvável) partida para Lisboa. Tanto mais que, em tudo isto, há uma perturbadora história de cartas que dizem *que eu não parto*. Depois lhe contarei. É muito curioso. Não se assuste. Não haverá novidade de maior. Estou acostumado a estas sezões.

Adeus, mil abraços do seu

Mário de Sá-Carneiro

57

(Postal)
Paris – Fevereiro 1916
Dia 21

Meu Querido Amigo

Recebi o livro do F. Gomes e postal que muito agradeço. Transmita os meus *mercis* ao F. G. Breve escreverei longa e calmamente. *Ça ne va pas du tout* – mas em todo o caso vai um pouco melhor. Não telegrafei ainda ao meu Pai: mas ideia e partida não estão ainda – *hélas* – postas de parte. A minha vida de alma e corpo e o mais continua desorganizada. Mas não se assuste. Isto há de ter uma solução qualquer. Não nada de *fatos* – claro – é tudo distúrbio pela alma... e bolsa! Adeus. Escreva.

O seu

Sá-Carneiro

58

Paris – Fevereiro 1916
Dia 22

Meu Querido Amigo,

Então cá lhe venho escrever a carta mais calma. Em primeiro lugar, meu querido Amigo, para o *fixar* sobre a minha crise atual devo-lhe dizer que ela não é mais do que um estádio na sucessão de coisas muito complicadas que, como você sabe, a minha vida contém. Daí uma inquietação eterna, um medo fixo. A aumentar tudo isto a inconstância sempre duma situação e dum futuro: suponha você que o meu Pai casou com a pessoa que o meu amigo sabe e a tem, desde dezembro, em Lourenço Marques. Porém a casa da P. dos Restauradores existe da mesma maneira, vivendo lá a minha Ama e os gatos e uma criada. Tudo isto porém há de ter um fim – e eu pergunto-me que *lugar* irei preencher nesse fim.

O meu Pai ora diz, por exemplo, que L. Marques não é terra para mim – ora, pelo contrário, sugere que gostaria muito de me ter lá, depois da guerra. Você compreende bem o despenhadeiro que seria para mim esta solução – não é propriamente Lourenço Marques o pavor: mas a convivência que eu aí iria ter – e à qual me receio muito condenado. Nem uma vez, em cartas até hoje recebidas, o meu Pai se referiu à minha partida daqui: mas que cenas não terá que sustentar para a continuação da minha situação presente. Acresce que eu não posso ter juízo. Pedi ao meu pai 250 francos por mês. Atualmente recebo 280: mas, como em Lisboa eu não sei viver, eu não tenho coragem para viver com menos de 350-400 francos. Resultado: a minha situação é presentemente idêntica à de Lisboa (situação financeira, bem entendido). Sabe que uma das razões pelas quais deliberei partir foi a impossibilidade de não pedir dinheiro ao meu Pai. Sucede-me hoje o mesmo: preciso de 300 francos que lhos pedirei simplesmente – não sei com que pretexto – ou lhe pedirei 800 para partir para Lisboa. Daí as minhas cartas anteriores. Uma pequena circunstância veio a semana passada sugerir-me a solução da partida para Lisboa. Essa circunstância, porém, hoje não existe – ou, melhor: existe modificada – *pode ainda existir*. De forma que não tomei, por enquanto, uma resolução definitiva, tendo só necessidade do dinheiro para 15 do mês próximo. No momento presente está escolhida esta cobarde coisa: "ganhar tempo." Note que eu não me importaria muito de ir para Lisboa, visto que a dificuldade maior está arredada com a única presença da minha Ama em Lisboa. Gostaria até de partir para Lisboa – *se não tivesse pena de me ir embora de Paris:* mas eu nem sei se ao meu Pai convém a minha partida para aí. Com efeito isso pode trazer novas complicações: a pessoa que o meu amigo sabe – eu conheço-a bem – não quererá por forma alguma que eu entre em casa dela. Ia para o Hotel, claro. Mas havia de ir ver a minha Ama. *Ela não terá confiança na minha Ama para me não receber*: e daí nova cena que o meu Pai terá que sofrer com o meu "telegrama" pedindo 800 francos para partir. Compreende talvez longinquamente esta infinita trapalhada, feita de microrganismos que me desbarata o espírito, os nervos e o corpo. A minha tristeza não tem limites, a criança triste chora em mim – ascendem as saudades de ternura – sopra a zoina sempre, sempre. Como partia pratos em minha casa, quanto me zangava com a minha Ama: tantos mais quanto maior número tinha começado por partir – acumulo agora disparates sobre disparates, num desejo de perversidade: melhor: num desejo de que suceda qualquer coisa, seja o que for: que uma nova fase da minha vida se encete. E creio até que preferia receber um telegrama do meu Pai mandando-me partir para L. Marques – apesar de todo o horror – do que não receber *novidade* alguma.

Tudo isto e as minhas desolações conhecidas me torturam, me despedaçam: "A tômbola anda depressa, não sei onde irá parar – aonde pouco me importa – o importante é que pare." Infelizmente creio que nunca mais parará... Estas coisas infelizmente, nos seus detalhes só se podem explicar em conversa: e assim, o meu Amigo, mesmo ajustando-as e ultrapassando--as não sei se longinquamente me compreenderá. Não se assuste em todo o caso – tenha apenas muito dó de mim. Eu sairei disto, de qualquer forma:

corrido, pode ser – mas nunca espancado, nem ferido. Sempre no fundo "o cobarde rigoroso". Aqui tem. Seja como for no entretanto a minha estada aqui não se prolongará por muito tempo – disto estou seguro, inteiramente seguro. É uma questão de mais mês, menos mês. Em resumo: *não sei nada.* É pouco. Mas é já alguma coisa...

Livro Ferreira Gomes: uma interessante mixórdia. "O homem de fumo" parece-me escrito por alguém que poderá ter alguém lá dentro... O mesmo sobre o "Vácuo" que é na verdade interessante pela ideia da animação dos personagens do bule e do quadro saindo da terra e da tela. Há aqui interseccionismo sem dúvida. Outros contos porém são absolutamente ridículos ou ingênuos – ah! mas absolutamente. Do conjunto não posso avaliar coisa alguma senão isto: que a nossa arte em todo o caso "melhora" aqueles que têm o gênio de nos seguir. Creio que você em tempos me disse que o livro do F.G. tinha ligeiras influências interseccionistas. Para mim tem-na flagrantíssima, minhas frisantemente, nos termos: *sonhos roxos, coisas de platina*, "fê-lo, positivamente o fez" (a minha colocação do advérbio) etc. Em resumo para mim o livro do F.G., que é apenas um interessante *apontamento*, vale como uma nossa influência. Tanto melhor. Agradeça ao rapaz – e traduza-lhe em linguagem amável, se quiser, tudo isto.

Frase interessante duma carta do Rogério Perez hoje recebida: – "... e penso: será a maneira do Sá-Carneiro a quase definitiva, a melhor, a perfeita?... E posso eu julgar o Sá-escritor, o Sá-cosmopolita, o 'Sá-Europa', como o Ramalho e o Eça?" "Não." (A destacar a expressão Sá-Europa, não acha você?) Para outra vez lhe mandarei as cartas do Pacheco. Não sei onde demônio as meti.

Ignoro se me tem esquecido de lhe responder a qualquer parte das suas últimas cartas. Se assim é perdoe-me e repita-me a pergunta.

Pedido do C. Ferreira: tomar nota dos títulos das gravuras insertas no volume do Pedro Muralha *A Bélgica heroica.* Veja se o pode fazer na livraria.

Escreva-me muito, muito, sim? Diga-me coisas sem importância. É-me tão agradável na presente conjuntura entreter-me com pequeninas coisas...

Creio que o Barradas (desenhador) vem muito brevemente para Paris. E o Almada Negreiros? Esse é que me seria muito agradável ver aqui, quanto mais não fosse para fazer escândalo nos cafés... Dê-lhe saudades e diga-lhe isto. Abrace muito o Pacheco e o Vitoriano. Conte-me muitas coisas. Escreva-me muito. Adeus. Mil abraços de toda a Alma.

O seu, seu

Mário de Sá-Carneiro

59

(Postal)

Paris, fevereiro de 1916
Dia 29

Meu Querido Amigo,

Recebi as suas cartas de 23 e 24. Muito interessante o negócio Seabra. Acho excelente ideia *Antologia sensacionista.* Assim houvesse quem a editasse. – Mas por que não, abrindo, uma notícia sobre a escola – calma e friamente sem *blague*, feito? Não escrevo carta pois a minha crise continua. Tenho já três cartas escritas sobre ela mas que lhe não envio por um motivo de superstição. Você me desculpará, portanto. O perturbador, o arrepiante é que o Mariano Santana teve razão – que eu tenho a preocupar-me a cabeça – além de tudo o mais – o que ele diz. De resto você já o terá adivinhado. Hoje estou melhor – estou mais calmo, mais "adaptado" – é esta a verdade – à minha crise. Seja como for devo viver os últimos dias coloridos da minha vida. *Tant pis*... Cada vez se me afigura mais provável, mais certa a minha partida para Lisboa – embora não tivesse ainda telegrafado ao meu Pai nesse sentido. Decerto que não me demoro aqui mais do que um mês. Suplico-lhe que me escreva muito. Neste momento as suas cartas são as minhas maiores alegrias. Escreva pois muito, muito. Adeus. Mil abraços do seu

M. de Sá-Carneiro

60

Paris – Março 1916
Dia 5

Meu Querido Amigo,

Trata-se dum caso de importância *capital,* mas *capital,* para mim. Não lhe explico nada e desculpe-me que empregue o menor número de palavras possíveis.

Logo que receber esta carta vá procurar a minha Ama à Praça dos Restauradores, nº 78 (3º andar). (Como já lhe disse, creio, a minha Ama está só em Lisboa, pois a mulher do meu pai está em L. Marques): mostre-lhe a carta que mando junto para ela, leia-lhe e encarregue-se de tudo. Perdoe-me a *sale affaire* de que o encarrego mas não posso lançar mão doutro meio. Você empenhará o cordão pelo maior preço que lhe derem e vá a uma casa da Rua da Trindade, fazendo esquina para a Rua do Teatro do Ginásio e mesmo em frente do Ginásio. Aí pagam muito bem e os juros são pequenos. Pague dois meses de juros e entregue a cautela à minha Ama depois. O dinheiro envia-no imediatamente em cheque telegráfico Crédit Lyonnais. Perdoe-me ainda isto: se tiver muita necessidade de 5.000 réis (as suas crises habituais) tenho muito prazer em lhos emprestar. Desculpe-me mas eu sou sempre franco.

Se porventura a minha ama não tivesse o que eu lhe peço – o que é inverossímil – ou se tivesse o cordão já empenhado você corria a procurar o meu avô José Paulino de Sá-Carneiro, no edifício do Terreiro do Trigo – Direção-Geral das Alfândegas – e dizia-lhe que em nome de meu Pai pedisse ao Herrmann ou ao Rosa o envio telegráfico de 200 francos.

Acrescentava que se tratava dum caso da maior importância, e que eu estaria perdido se não recebesse com a maior urgência esse dinheiro – que já gastei. Mas tudo se passará bem com a minha Ama vá pois imediatamente procurá-la, leia-lhe bem a carta junta e trate de tudo, de tudo no próprio dia em que receber esta carta. Repare que se trata duma circunstância *capital* – quase de vida ou de morte. Entrego-me mais uma vez nas suas mãos. Perdoe-me tudo, humildemente e de joelhos lho imploro, meu querido Amigo. Fico ansioso. Trate-me de tudo isto com a maior urgência. Não se assuste em demasia. Mas trata-se dum caso gravíssimo. Explique bem isto à minha Ama. Bem entendido, pelo mesmo correio, eu previno-a da sua visita. Pergunte pela Sra. Ama e diga que é o Sr. Pessoa que a vai procurar em nome do menino Mário: 78, Pr. dos Restauradores (3º). Você compreende tudo, não é verdade? Encarregue-se de tudo, combine tudo com a minha ama: contanto que o dinheiro me seja enviado o mais breve possível. *O meu avô só em último caso deve ser posto a par disto*: explico-o mesmo à minha Ama. Adeus. Conto consigo. Mil saudades de toda a minha pobre alma.

O *M. de Sá-Carneiro*

Leia também esta carta à minha Ama.
Perdão por tudo!

P.S.

Sem efeito o que digo sobre o meu Avô. Mesmo se a minha Ama não tivesse o cordão você não ia procurar o meu avô – mas pelo telégrafo avisava-me que a minha Ama não pudera dar o cordão. Redigiria o telegrama assim:

Sá-Carneiro 29 Rue Victor Massé
Impossible Pessoa

Peça em meu nome o dinheiro para o telegrama ao Vitoriano ou na Livraria. Inste bem com a minha Ama sobre o cordão – ela dá-lho com certeza se o tiver – que é o mais provável, o certo – *combine bem tudo com ela*. Se ela falar no meu Avô *diga-lhe que ele não deve saber nada*. Faça por compreender bem tudo. Conto consigo. *Siga à risca as minhas instruções*.

Mais saudades do seu

Sá

61

(Postal)

Paris, março de 1916
Dia 24

Meu Querido Amigo,

Recebi a sua admirável carta, que Alma, que Estrela, que Oiro! Infelizmente a Zoina silva cada vez mais forte – lisonjeira, meu Deus, lisonjeira toda mosqueada a loiro e roxo: por isso mesmo cada vez mais Cobra – cada vez maior, mais perigosa. Não sei onde isto vai parar – será possível que as engrenagens me não esmaguem? Mas é tão belo fazer asneiras:

> "Atapetemos a Vida
> Contra nós e contra o mundo..."

E pensar que tudo seria tão fácil, tão fácil, tão sem perigo se não fosse o eterno "dinheiro"... Então talvez que não fosse belo porque não seria perigoso. Enfim, não sei nada... Não lhe posso escrever. É tudo. Mas juro-lhe que senti em toda a minha ternura a sua admirável carta. Perdoe-me. É como se estivesse bêbado. Adeus. Escreva sempre. Mil abraços, mil e toda a Alma do seu, sempre seu

Mário de Sá-Carneiro

62

Paris, 31 de março de 1916

Meu Querido Amigo,

A menos dum milagre na próxima segunda-feira, 3 (ou mesmo na véspera) o seu Mário de Sá-Carneiro tomará uma forte dose de estricnina e desaparecerá deste mundo. É assim tal e qual – mas custa-me tanto a escrever esta carta pelo ridículo que sempre encontrei nas "cartas de despedida"... Não vale a pena lastimar-me, meu querido Fernando: afinal tenho o que quero, o que tanto sempre quis – e eu, em verdade, já, não faria nada por aqui... Já dera o que tinha a dar. Eu não me mato por coisa nenhuma: eu mato-me porque me coloquei pelas circunstâncias – ou melhor: fui colocado por elas, numa áurea temeridade – numa situação para a qual, a meus olhos, não há uma outra saída. Antes assim. É a única maneira de fazer o que *devo* fazer. Vivo há quinze dias uma vida como sempre sonhei: tive tudo durante eles: realizada a parte sexual, enfim, da minha obra – vivido o histerismo do seu ópio, as luas zebradas, os mosqueiros roxos da sua ilusão. Podia ser feliz mais tempo, tudo me corre, psicologicamente, às maravilhas: *mas não tenho dinheiro*. Contava firmemente com certa soma que pedira ao meu pai há 15 dias. Ela não chegou – e como resposta um telegrama à legação em que o meu Pai pergunta quanto dinheiro preciso eu para ir para Lisboa... Houve decerto um mal-entendido, ou falta de recepção dum meu longo telegrama expedido em 19. Segunda-feira preciso inadiavelmente de 500 francos. Como a menos dum milagre eles não podem chegar... aí tem o meu querido amigo. É mesquinho: mas é assim. E lembrar-me que se não fosse a questão material eu podia ser tão feliz – tudo tão fácil... Que se lhe há de fazer... Mais tarde ou mais cedo, pela eterna questão pecuniária, isto tinha que suceder. Não me lastimo portanto. E os astros tiveram razão... Hoje vou viver o meu último dia feliz. Estou muito contente. Mil anos me separam de amanhã. Só me espanta, em face de mim, a tranquilidade das coisas... que vejo mais nítidas, em melhor determinados relevos porque as devo deixar brevemente. Mas não façamos literatura. Pelo mesmo correio (ou amanhã) registradamente enviarei o meu caderno de verso que você guardará e *de que você pode dispor para todos os fins* como se fosse seu. Pode fazer publicar os versos em volume, em revistas, etc. Deve juntar aquela quadra: "Quando eu morrer batam em latas" etc. Perdoe-me não lhe dizer mais nada: mas não só me falta o tempo e a cabeça como acho belo levar comigo alguma coisa que ninguém sabe *ao certo*, senão eu. Não me perdi por ninguém: perdi-me por mim, mas fiel aos meus versos:

"Atapetemos a vida
Contra nós e contra o mundo..."

Atapetei-a sobretudo contra mim – mas que me importa se eram tão densos os tapetes, tão roxos, tão de luxo e festa...

Você e o meu Pai são as únicas duas pessoas a quem escrevo. Mas dê por mim um grande abraço ao Vitoriano e outro ao José Pacheco. Todo o meu afeto e a minha gratidão por você, meu querido Fernando Pessoa num longo, num interminável abraço de Alma.

O seu, seu
Mário de Sá-Carneiro

Veja lá: mesmo para os Astros diga-me *potins*, fale-me do sensacionismo... Adeus. Se não conseguir arranjar amanhã a estricnina em dose suficiente deito-me para debaixo do "Metro"... Não se zangue comigo.

63

[3-4-1916]

Adeus, meu querido Fernando Pessoa.

É hoje segunda-feira 3 que morro atirando-me para debaixo do "Metro" (ou melhor do "Nord-Sud") na estação de Pigalle. Mandei-lhe ontem o meu caderno de versos *mas sem selos*. Peço-lhe, faça o possível por pagar a multa se ele aí chegar. Caso contrário, não faz grande diferença pois você tem todos os meus versos nas minhas cartas. Vá comunicar ao meu Avô a notícia da minha morte – e vá também ter com a minha Ama à Praça dos Restauradores. Diga-lhe que me lembro muito dela neste último momento e que lhe mando um grande, grande beijo. Diga ao meu Avô também que o abraço muito.

Adeus.

O seu pobre

Mário de Sá-Carneiro

P.S.: Envio-lhe como última recordação a minha carta de estudante na Faculdade de Direito de Paris – o bom tempo – com o meu retrato. Um grande abraço.

Adeus.

O seu, seu

Mário

64

(Postal)

[4-4-1916]

Sem efeito as minhas cartas até nova ordem – as coisas não correm senão cada vez pior. Mas houve um compasso de espera. Até sábado. O seu

Mário de Sá-Carneiro

65

(Telegrama)

Paris [4-4-1916]

Bien – Carneiro

66

Paris, abril de 1916
Dia 4

Meu Querido Amigo,

Neste enredo formidável de coisas trágicas e até picarescas não sei desenvencilhar-me para lhe fixar certos detalhes. Olhe, guinchos e cambalhotas sempre – e sempre, afinal, a Estrela de encontrar pessoas *que estão para me aturar*. O milagre não se produziu, pois não se podia produzir – o meu Pai não tendo recebido o telegrama como já sei. Assim ontem de manhã deixei tranquilamente a personagem feminina destes sarilhos a dormir, bem certa de que pelo meio-dia regressaria a sua casa com mil francos... Saí para escrever um pneumático longuíssimo onde constava tudo e anunciava o meu suicídio às 2 1/2 na estação de Pigalle (Nord-Sud). E que lhe deixaria o meu *stylo* na caixa de certo café, como última recordação. Efetivamente preparei tudo para a minha "morte". Escrevi-lhe uma última carta, a você, outra a meu Pai – e a ela outro pneumático... Depois fui para deixar a caneta... E dizem-me que Mademoiselle Fulana muito aflita andava à minha procura... (de resto eu dera-lhe *rendez-vous* antes de "morrer", às 2 horas noutro café)... Ando mais e de todos os cafés entre a Place Pigalle e a Place Blanche me chamam... Resolvi então – embora já tivesse comprado o bilhete – esperar até encontrá-la... De modo que quando a pobre rapariga mais uma vez aflitíssima me procurava, encontra-me... a tomar um *boc* e a consultar o *Botin* num café... Eram 4 horas... Contou-me então que destacara a irmã para a estação do Norte-Sul, e que fora ao consulado português entretanto, donde voltava... Agora aqui aparece, quando menos se espera, quem? O *Orfeu* – meu amigo – o *Orfeu*!... Os cônsules receberam-na risonhamente... que não fizesse caso... que sabiam muito bem quem eu era... que certa revista de doidos da qual eu fora chefe, etc.... e que era um *détraqué*, dum grupo de tarados embrutecidos pela *Cocaína e outras drogas* (sic)... Hein, há de concordar que isto é de primeira ordem! Enfim... Ficou muito contente por me encontrar – descompôs-me – claro e foi arranjar dinheiro visto que eu o não tinha... Antes disso fiz outra cena: quis partir um copo, eu, na minha cara. Ela agarrou-me a tempo a mão. Não obstante rachei um beiço... Uma beleza como você vê... Arranjou-me também dinheiro para mandar novo telegrama ao meu Pai – e em suma até receber a resposta será ela que – não sei como: isto é: demais o sei... – me arranjará o dinheiro. Veja você que coisa tão contrária à minha "sorte", à minha psicologia... Agora já não é *blague* se se disser que eu vivi à custa duma mulher... Lindo hein? Um encanto... O termo de tudo isto: Mistério... Talvez mesmo ainda o Métro... Mas não faça caso... Ui, que praga! Perdoe todos os sustos por que o fiz passar (venho de resto de enviar-lhe um telegrama a sossegá-lo). Imagine que a rapariga teve que arranjar 60 francos que gastamos em dois dias num restaurante e café, pois na segunda-feira eu garantira arranjar dinheiro... (não olhara as despesas porque me mataria). Há de concordar que tenho sorte em topar sempre com criaturas que não me mandam passear – e que no fundo gostam de mim pela minha Zoina... Porque a verdade é esta: é a única coisa que me torna interessante. Você não acha? Soube que o meu Pai não recebera o telegrama, pois, aflitíssimo, pediu notícias minhas à legação... Mas esta não telegrafou a resposta... Pois não há verba para tais imprevistos. Você escreva. Ria-se: mas no fundo tenha muita pena – muita do seu, seu

Mário de Sá-Carneiro

Escreva imediatamente!
ESCREVA

67

MÁRIO DE SÁ-CARNEIRO
29, Rue Victor Massé
Paris

Paris, abril de 1916
Dia 17

Meu Querido Amigo,

Recebi a sua carta e o seu postal. Não tenho nervos para lhe escrever, bem entendido. A minha doença moral é terrível – diversa e novamente complicada a cada instante. O dinheiro não é tudo. Hoje, por exemplo, tenho dinheiro. Mas você compreende que vivo uma das minhas personagens eu próprio, minha personagem – *como uma das minhas personagens*. De forma que, se pode ser belo, é trucidante. E o pior é que é muito belo de maneira que nem o meu admirável egoísmo me pode desta vez salvar. Ainda tenho uma esperança – mas não me parece. Não sei onde isto há de ir parar. Porque a minha situação – encarada de qualquer forma – é *insustentável*. Um horror. Perturbante, arrepiante o que me conta do seu estado de alma nos meus dias agudos. Mas natural. Se eu penso em você? Mas a todos os momentos, meu querido amigo. Em quem hei de eu pensar senão em você? E é nestes momentos que eu sinto todo o afeto que liga as nossas almas. Como eu quisera tê-lo aqui ao pé de mim para lhe explicar tudo, tudo. Sabe? Por agosto deixei incompleta uma poesia que iniciara ainda em Lisboa, gênero "Inigualável". Começava assim:

> Ah, que te esquecesses sempre das horas
> Polindo as unhas –
> A impaciente das morbidezas louras
> Enquanto ao espelho te compunhas...

Escrevi muitos versos; mas a poesia ficara incompleta. Existiam nela estas quadras:

A da pulseira duvidosa
A dos anéis de jade e enganos
A dissoluta, a perigosa
A desvirgada aos sete anos...

O teu passado – Sigilo morto,
Tu própria quase o olvidaras –
Em névoa absorto
Tão espessamente o enredaras.

A vagas horas, no entretanto,
Certo sorriso te assomaria
Que em vez de encanto,
Medo faria.

E em teu pescoço
Mel e alabastro –
Sombrio punhal deixara rastro
Num traço grosso.

A sonhadora arrependida
De que passados malefícios –
A mentirosa, a embebida
Em mil feitiços...

Pois bem: previram misteriosamente a personagem real da minha vida de hoje estes versos. E você compreende todo o perigo para mim – para a minha beleza doentia, para os meus nervos, para a minha alma, para os meus desejos – de ter encontrado alguém que realize esta minha sede de doença contorcida de incerteza, de mistério, de artifício? "Uma das minhas personagens" – atingem bem todo o perigo? *Diga o que pensa*. E note:

aqui não há amor, não há afeto: e o desejo é até a mínima prisão: mas há todo o quebranto – quebranto para mim – que os meus versos maus longinquamente exprimem. Percebe bem o meu caso? Escreva-me – suplico-lhe – uma longa carta: e diga se mede bem o perigo, se me compreende. É um horror, um horror porque é um grifado sortilégio. Por que é que eu se devia encontrar alguém: fui encontrar alguém – ainda que noutros vértices – igual a mim próprio? Não sei nada. Tenha pena de mim: escreva-me imediatamente uma grande, grande carta. Adeus.

Mil abraços de toda a alma.

O seu, seu

Mário de Sá-Carneiro

Escreva hoje mesmo. Lembre-se da minha angústia.
(O meu caderno chegou?)

68[41]

CAFÉ RICHE
Boulevard des Italiens, 16
Paris (9)

18 abril de 1916

Unicamente para comunicar consigo, meu querido Fernando Pessoa. Escreva-me muito – de joelhos lhe suplico. Não sei nada, nada, nada. Só o meu egoísmo me podia salvar. Mas tenho tanto medo da ausência. Depois – para tudo perder, não valia a pena tanto escoucear. Doido! Doido! Doido! Tenha muita pena de mim. E no fundo tanta cambalhota. E vexames. Que fiz do meu pobre Orgulho? Veja o meu horóscopo. É agora, mais do que nunca, o momento. Diga. Não tenho medo. Estou com cuidado no meu caderno de versos. De resto o meu amigo tem cópias de todos. Informe-me. Pelo mesmo correio um cartão que dará ao Santa-Rita, pois perdi-lhe o endereço. Adeus. Mil abraços. Escreva ao

Mário de Sá-Carneiro

41/ Esta carta foi enviada a Fernando Pessoa por José d'Araújo, após a morte de Mário de Sá-Carneiro.

DE FERNANDO PESSOA A SÁ-CARNEIRO

1

A Mário de Sá-Carneiro[1]

O que v. foi fazer, Sá-Carneiro! O que v. foi fazer!

Pois v. não vê que para esta gente o perceber v. precisa escrever como o Dantas, como o Alfredo da Cunha, como □

Pois v. não vê que para esta gente o apreciar v. precisa ou fazer conferências ou plagiar como o J. de B., asnear na capital como o Manso que veio de Coimbra, □

Pois v. não vê que para esta gente o elogiar v. tem que andar a bajulá-los na rua e nos cafés, como fazem os Dantas, os Cunhas, os Sousas Pintos?

Depois – pior ainda – v. escreve europeiamente! V. escreve sem ver a pátria e a sua obra, que eu creio genial, esbarra com o provincianismo constante da nossa atitude. Para nós o universo está entre Mesão e Vila Real de Santo Antônio.

Ó desgraçado, ó desgraçado!... Isso é bom para França, para Inglaterra, para a Alemanha... Lá os João de Barros escrevem à máquina nos escritórios comerciais, os Júlios Dantas estão por detrás dos balcões das lojas de retroseiros, e os Ruis Chiancas ao mais que ascendem é a vender bilhetes nos guichês de teatros...[2]

Ah desgraçado! desgraçado!

1/ Sem data, este rascunho da carta de Fernando Pessoa pode ser atribuído ao ano de 1913, pois conclui-se que Pessoa se refere aqui ao artigo "O Teatro-Arte" publicado por Sá-Carneiro no jornal *O Rebate*, no qual faz severa crítica a nomes como João de Barros, Júlio Dantas e Joaquim Manso. (PESSOA, Fernando, *Correspondência*: 1905-1922. Organização Manuela Parreira da Silva. São Paulo: Companhia das Letras, 1999, p.425).

2/ Os nomes citados por Fernando Pessoa são homens ligados às letras – escritores e jornalistas –, seus contemporâneos.

2

Lisboa, 6 de Dezembro de 1915[3]

Meu querido Sá-Carneiro:

Como lhe escrevo esta carta, antes de tudo, por ter a necessidade psíquica absoluta de lha escrever, V. desculpará que eu deixe para o fim a resposta à sua carta e postal hoje recebidos, e entre imediatamente naquilo que ficará o assunto desta carta.

Estou outra vez presa de todas as crises imagináveis, mas agora o assalto é total. Numa coincidência trágica, desabaram sobre mim crises de várias ordens. Estou psiquicamente *cercado*.

Renasceu a minha crise intelectual, aquela de que lhe falei, mas agora renasceu mais complicada, porque, à parte ter renascido nas condições antigas, novos fatores vieram emaranhá-la de todo. Estou por isso num desvairamento e numa angústia intelectuais que V. mal imagina. Não estou senhor da lucidez suficiente para lhe contar as coisas. Mas, como tenho necessidade de lhas contar, irei explicando conforme posso.

A primeira parta da crise intelectual, já V. sabe o que é; a que apareceu agora deriva da circunstância de eu ter tomado conhecimento com as doutrinas teosóficas. O modo como as conheci foi, como V. sabe, banalíssimo. Tive de traduzir livros teosóficos. Eu nada, absolutamente nada, conhecia do assunto. Agora, como é natural, conheço a essência do sistema. Abalou-me a um ponto que eu julgaria hoje impossível, tratando-se de qualquer sistema religioso. O caráter extraordinariamente vasto desta religião-filosofia; a noção de força, de domínio, de conhecimento *superior*

3/ Carta aparentemente incompleta, uma vez que Fernando Pessoa promete uma resposta a uma carta anterior de Sá-Carneiro ao fim desta, o que não é possível se verificar. Também não se tem notícias do recebimento desta correspondência por Sá-Carneiro.

e extra-humano que ressumam as obras teosóficas, perturbaram-me muito. Coisa idêntica me acontecera há muito tempo com a leitura de um livro inglês sobre *Os ritos e os mistérios dos Rosa-Cruz. A possibilidade de que ali, na Teosofia, esteja a verdade real me "hante".* Não me julgue V. a caminho da loucura; creio que não estou. Isto é uma crise grave de um espírito *felizmente* capaz de ter crises destas. Ora, se V. meditar que a Teosofia é um sistema ultracristão – no sentido de conter os princípios cristãos elevados a um ponto onde se fundem *não sei em que além-Deus* – e pensar no que há de fundamentalmente incompatível com o meu paganismo essencial, V. terá o primeiro elemento grave que se acrescentou à minha crise. Se, depois, reparar em que a Teosofia, porque admite todas as religiões, tem um caráter inteiramente parecido com o do paganismo, que admite no seu panteão todos os deuses, V. terá o segundo elemento da minha grave crise de alma. A Teosofia apavora-me pelo seu mistério e pela sua grandeza ocultista, repugna-me pelo seu humanitarismo e *apostolismo* (V. compreende?) essenciais, atrai-me por se parecer tanto com um "paganismo transcendental" (é este o nome que eu dou ao modo de pensar a que havia chegado), repugna-me por se parecer tanto com o cristianismo, que não admito. É o horror e a atração do abismo realizados no além-alma. Um pavor metafísico, meu querido Sá-Carneiro!

V. seguiu bem todo este labirinto intelectual? Pois bem. Repare que há outros dois elementos que ainda mais vêm complicar o assunto. Quero ver se consigo explicar-lhos lucidamente...

3

Lisboa, 14 de março de 1916

Meu querido Sá-Carneiro:

Escrevo-lhe hoje por uma necessidade sentimental – uma ânsia aflita de falar consigo. Como de aqui se depreende, eu nada tenho a dizer-lhe. Só isto – que estou hoje no fundo de uma depressão sem fundo. O absurdo da frase falará por mim.

Estou num daqueles dias *em que nunca tive futuro*. Há só um presente imóvel com um muro de angústia em torno. A margem de lá do rio nunca, enquanto é a de lá, é a de cá; e é esta a razão íntima de todo o meu sofrimento. Há barcos para muitos portos, mas nenhum para a vida não doer, nem há desembarque onde se esqueça. Tudo isto aconteceu há muito tempo, mas a minha mágoa é mais antiga.

Em dias da alma como hoje eu sinto bem, em toda a consciência do meu corpo, que sou a criança triste em quem a vida bateu. Puseram-me a um canto de onde se ouve brincar. Sinto nas mãos o brinquedo partido que me deram por uma ironia de lata. Hoje, dia catorze de março, às nove horas e dez da noite, a minha vida sabe a valer isto.

No jardim que entrevejo pelas janelas caladas do meu sequestro, atiraram com todos os balouços para cima dos ramos de onde pendem; estão enrolados muito alto; e assim nem a ideia de mim fugido pode, na minha imaginação, ter balouços para esquecer a hora.

Pouco mais ou menos isto, mas sem estilo, é o meu estado de alma neste momento. Como à veladora do "Marinheiro" ardem-me os olhos, de ter pensado em chorar. Dói-me a vida aos poucos, a goles, por interstícios. Tudo isto está impresso em tipo muito pequeno num livro com a brochura a descoser-se.

Se eu não estivesse escrevendo a você, teria que lhe jurar que esta carta é sincera, e que as coisas de nexo histérico que aí vão saíram espontâneas do que sinto. Mas você sentirá bem que esta tragédia irrepresentável é de uma realidade de cabide ou de chávena – cheia de aqui e de agora, e passando-se na minha alma como o verde nas folhas.

Foi por isto que o Príncipe não reinou. Esta frase é inteiramente absurda. Mas neste momento sinto que as frases absurdas dão uma grande vontade de chorar.

Pode ser que se não deitar hoje esta carta no correio amanhã, relendo-a, me demore a copiá-la à máquina, para inserir frases e esgares dela no *Livro do desassossego*. Mas isso nada roubará à sinceridade com que a escrevo, nem à dolorosa inevitabilidade com que a sinto.

As últimas notícias são estas. Há também o estado de guerra com a Alemanha, mas já antes disso a dor fazia sofrer. Do outro lado da Vida, isto deve ser a legenda duma caricatura casual.

Isto não é bem a loucura, mas a loucura deve dar um abandono ao com que se sofre, um gozo astucioso dos solavancos da alma, não muito diferentes destes.

De que cor será sentir?

Milhares de abraços do seu, sempre muito seu

Fernando Pessoa

P. S. – Escrevi esta carta de um jato. Relendo-a, vejo que, decididamente, a copiarei amanhã, antes de lha mandar.[4] Poucas vezes tenho tão completamente escrito o meu psiquismo, com todas as suas atitudes sentimentais e intelectuais, com toda a sua histeroneurastenia fundamental, com todas aquelas intersecções e esquinas na consciência de si próprio que dele são tão características...

Você acha-me razão, não é verdade?

4/ Deduz-se, assim, ser esta a primeira versão da carta recebida por Sá-Carneiro e por este elogiada em sua resposta de 24 de março de 1916: "Recebi a sua admirável carta, que Alma, que Estrela, que Oiro!"

4

Lisboa, 26 de abril de 1916[5]

Meu querido Sá-Carneiro:

Recebi, como lhe disse no meu postal de ontem, as suas cartas de 17 e 18,[6] assim como a carta para o Santa-Rita, que ontem entreguei ao irmão, ao encontrá-lo na Rua do Ouro.

Você há de ter estranhado o tempo que eu tenho levado para lhe escrever. É possível que se tenha, até, ofendido um pouco comigo. Peço-lhe, por amor de Deus, que o não faça. Eu vou explicar-lhe tudo, e a explicação é bem compreensível.

Eu tenho tido, com efeito, bastante que fazer. Tenho tido, é certo, várias pequenas causas a tomarem-me muitos pequenos bocados de tempo. Mas não é por isto que eu lhe não tenho escrito como eu próprio desejaria ter feito.

Em primeiro lugar, tenho o espírito feito em trapos por uma série de grandes apoquentações que me atacaram, e em parte atacam, simultaneamente. Você sabe bem qual o efeito desorientador de uma acumulação de pequenas arrelias. Imagine qual será o efeito de uma acumulação de *grandes* apoquentações. *Uma* grande apoquentação, *só uma*, não chega, muitas vezes, a valer, para o efeito de nos dispersar e banir de nós, sete ou oito ralações mínimas. Mas olhe que uma junção de arrelias grandes opera muito mais desastradamente sobre nós.

De há meses para cá que tenho a pesar sobre mim a gravíssima doença de minha mãe. Ela teve aquilo a que se chama vulgarmente um "nisneto apoplético" e ficou com uma paralisia em todo o lado esquerdo do corpo.

5/ Fernando Pessoa escreve esta carta no dia do falecimento de Sá-Carneiro, sem saber ainda que o amigo suicidara-se.
6/ Ver cartas n°s 67 e 68.

Vai melhorando – segundo as cartas que recebo – mas tão lentamente, tão incertamente, que eu nunca posso tirar do meu espírito a pressão fria da incerteza a respeito dela. Já esta angústia, hoje consubstanciada comigo, me apoquenta e me desvaira.

Acrescenta-se-lhe o grande sofrimento que você – sem querer, é claro – me causou com a sua terrível crise. Não sei se você avalia bem até que ponto eu sou seu amigo, a que grau eu lhe sou dedicado e afeiçoado. O fato é que a sua grande crise foi uma grande crise minha, e eu senti-a, como já lhe disse não só pelas suas cartas, como, já de antes, telegraficamente, pela "projeção astral" (como eles dizem) do seu sofrimento.

Acrescente a estas duas graves razões para eu me apoquentar esta outra – que, à parte tudo aquilo, estou atravessando agora uma das minhas graves crises mentais. E imagine você que, para isto não ser tudo, essa crise mental é de várias espécies ao mesmo tempo, e por diversas razões.

Sobreponha, agora, a isto tudo uma pressão de trabalho – não de um gênero, mas de várias espécies.

Você calcula bem o resultado de tudo isto... Tenho desleixado tudo, fazendo só aquele trabalho que é absolutamente impossível não fazer.

Tenho atrasado o meu trabalho de traduções. Há mais de um mês que tenho para traduzir um livro de 100 páginas pequenas, que, normalmente, eu traduziria em cinco dias. E ainda não tenho traduzidas senão 30 páginas! Vão sempre tarde as minhas cartas para minha família. Para você, você já sabe o que tem sido. É assim com tudo, numa força absurda de perder tempo, de navegar pela costa do Inútil, e outras metafrases análogas – que todas são poucas para o que hoje vivo.

Isto serve para justificar a minha demora em escrever-lhe. Mas o fato de esperar ansiosamente notícias suas, para lhe escrever mais calmamente, tem, também, contribuído um pouco para esta demora. Peço-lhe, meu querido Sá-Carneiro, milhares de desculpas. Mas isto não podia ter sido senão assim.

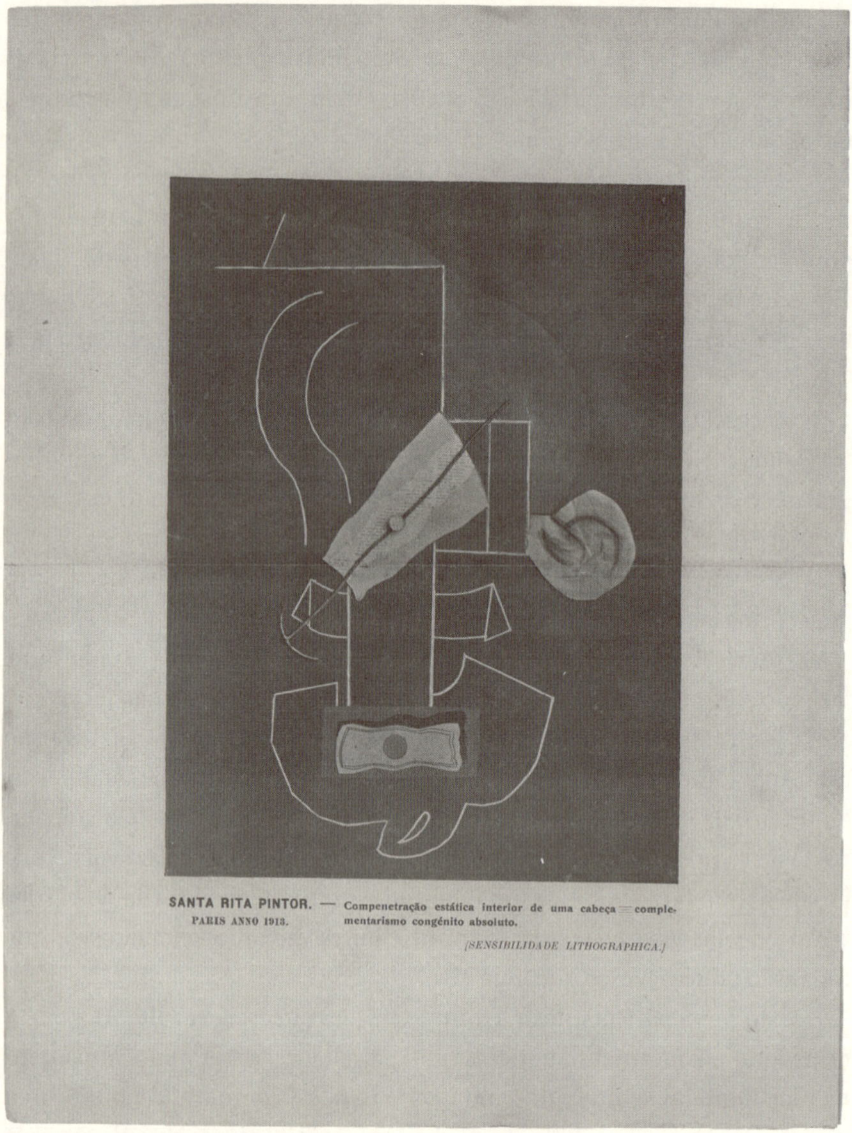

Guilherme de Santa-Rita

Compenetração estática interior de uma cabeça – complementarismo congênito absoluto (sensibilidade litográfica).

Publicado no nº 2 da revista *Orpheu*, 1915.

ENSAIOS

- ÍNCLITA GERAÇÃO, ALTOS ARTISTAS
- UM GRANDE POETA, UM "POBRE MENINO INFELIZ"
- A CONFISSÃO DE LÚCIO – OU DE SÁ-CARNEIRO?

ÍNCLITA GERAÇÃO, ALTOS ARTISTAS[1]

Tomado o verso a Camões, troca-se-lhe uma palavra e diz-se uma nova verdade. No espaço de sete anos (1887-1893), quatro autores geniais – três nas letras e dois nas artes plásticas – vêm ao mundo promover o surpreendente renovo da arte em Portugal. Fernando Pessoa e Mário de Sá-Carneiro, na literatura, Amadeu de Sousa Cardoso, na pintura, e Almada Negreiros, em ambas – o que explica a absurda equação.

E não fica por aí a geração ilustre: a primeira grandeza daquelas estrelas obscureceu o brilho de outras que, num canto de céu mais obscuro, esplenderiam. Assim foram Armando Côrtes-Rodrigues, Alfredo Pedro Guisado, e outros. Encontramo-los – e a mais alguns – reunidos nas páginas de *Orpheu*[2]; falta Amadeu, proposto para *Orpheu* 3, que não veio à luz senão setenta anos mais tarde, e sem a colaboração dos pintores.

De todos eles destaca-se (à altura, por ser a cabeça da revista, e, com o correr do tempo, cada vez mais, por motivos vários, que uma minoria contesta, esmagada por crescente e espantosa maioria) Fernando Pessoa & Cia. heterônima, como disse Jorge de Sena.

Fernando Pessoa *e* sua geração, Fernando Pessoa *em* sua geração? Optando por este título: como se relacionou o poeta com seus contemporâneos e companheiros de luta pela renovação das artes em Portugal? Que sabemos de suas opiniões e/ou de seu relacionamento com eles?

Muito distante de Amadeu, devia admirá-lo, como se deduz de uma

1/ Uma versão deste ensaio foi publicada in *Fernando Pessoa no seu tempo*. Lisboa: Publicação da Presidência do Conselho de Ministros – Secretaria de Estado de Cultura – Biblioteca Nacional, 1988.

2/ Para o título da revista adota-se aqui, como Fernando Pessoa, *Orpheu*, diferentemente de Sá-Carneiro, que a ela se referia como *Orfeu*.

breve menção que lhe faz em carta a Côrtes-Rodrigues, de 4 de setembro de 1916: "*Orpheu 3* trará, também, quatro *hors-textes* do mais célebre pintor avançado português – Amadeu de Souza Cardoso."[3] Bastante próximo de Almada-Negreiros, exprime, a seu respeito, excelentes juízos, como, na mesma carta, ainda falando do terceiro número da revista: "*A cena do ódio* do Almada-Negreiros (que está atualmente homem de gênio em absoluto, uma das grandes sensibilidades da literatura moderna)", e na belíssima e afetuosa dedicatória de "A passagem das horas":

> *a José de Almada-Negreiros*
> *Almada-Negreiros: você não*
> *imagina como eu lhe agradeço*
> *o fato de você existir.*
> *ÁLVARO DE CAMPOS*[4]

Compartilharia da opinião de Sá-Carneiro sobre Alfredo Pedro Guisado? "Admirável a poesia do Guisado, que ontem também recebi. Admirável."[5] É provável que sim, dado o número significativo de sonetos deste autor (treze) que inclui em *Orpheu* 1.

Das três referências acima, esta última é implícita, deduzida; das três, apenas uma transcende a apreciação puramente estética.

Há que falar-se ainda, e principalmente, dos outros dois poetas, também companheiros de *Orpheu*, aos quais Pessoa se sente ligado por laços de admiração intelectual, como aos outros, mas também afetivos e bem profundos: Sá-Carneiro e Côrtes-Rodrigues. Com ambos manteve correspondência num período em parte coincidente: Sá-Carneiro de outubro de 1912 a abril de 1916; Côrtes-Rodrigues de março de 1913 a setembro de 1916, com mais uma carta esporádica, de 4 de agosto de 1923.

3/ PESSOA, Fernando. *Obra em prosa*. Organização, introdução e notas de Cleonice Berardinelli. Rio de Janeiro: Nova Aguilar, 2004, p. 416.

4/ No Espólio de Fernando Pessoa na Biblioteca Nacional, E III, a dedicatória tem a cota 71A-53. Publicado in: CAMPOS, Álvaro de. *Poemas*. Fixação do texto, introdução e notas de Cleonice Berardinelli. Rio de Janeiro: Nova Fronteira, 1999, poema 8.

5/ Cf. carta nº 15.

Das numerosas cartas escritas ao primeiro – mais de cem, a julgar pelas que dele recebeu – quase nada se encontrou, como é fartamente sabido. Vez por outra, porém, pode-se ouvir a sua voz através de transcrições de Sá-Carneiro.

A 7 de janeiro de 1913, mencionando carta recebida no mesmo dia, e depois de fazer uma série de reflexões sobre a crise de depressão nela confessada por Pessoa, transcreve-lhe períodos que particularmente admirou: "Ainda assim eu não trocaria o que em mim causa esse sofrimento pela felicidade de entusiasmo que têm homens como o Pascoais. Isto – que ambos sentimos – é do artista em 'nós'(?)".[6]

Em maio do mesmo ano Pessoa escreverá: "Afinal estou em crer que em plena altura, pelo menos quanto a sentimento artístico, há em Portugal só nós dois", e logo adiante: "Você acha que tudo isto é de um orgulho indecente."[7] Esta, a avaliação intelectual do amigo, único que pode ombrear com ele em sentimento artístico. Do seu relacionamento afetivo diz a carta que Sá-Carneiro não chegou a ler, pois que foi escrita no próprio dia em que se matava (26 de abril de 1916):

> Acrescenta-se-lhe o grande sofrimento que você – sem [o] querer, é claro – me causou com a sua terrível crise. Não sei se você avalia bem até que ponto eu sou seu amigo, a que grau eu lhe sou dedicado e afeiçoado. O fato é que a sua grande crise foi uma grande crise minha, e eu senti-a, como já lhe disse não só pelas suas cartas, como, já de antes, telegraficamente, pela "projeção astral" (como eles dizem) do seu sofrimento.[8]

6/ Cf. carta nº 2.

7/ Cf. carta nº 12. Sá-Carneiro considera injustificada essa *desculpa* (assim mesmo, grifado) e acrescenta: "Só renovo aqui com maior energia o que atrás deixo escrito. *Falemos*!..." Isso, em 1913. Em 1915, respondendo a uma carta que qualifica "admirável", escreve: "E é meditando em páginas como as que hoje recebi (...) que eu verifico a *nossa* grandeza, mas, perante você, a minha inferioridade." (Cf. carta nº 29).

8/ PESSOA, Fernando. *Correspondência*: 1905-1922. SILVA, Manuela Parreira da (org.). São Paulo: Companhia das Letras, 1999, p. 213.

É, pois, refletida ou glosada pela palavra de Sá-Carneiro que temos quase sempre a imagem pessoana de alocutário adivinhado na pergunta ou resposta do locutor, no tom quase sempre admirativo com que este se lhe dirige. Diálogo semimudo, de que, de longe em longe, se ouve a voz calada por aquela má sorte de que se queixava o "pobre moço das ânsias", o "pobre menino ideal",[9] e que parece continuar a persegui-lo depois de morto, impedindo a realização de algo que ele e Pessoa prelibavam com delícia: "Você tem razão, que novidade literária sensacional o aparecimento em 1970 da *Correspondência inédita de Fernando Pessoa e Mário de Sá-Carneiro* – publicada e anotada por... (perturbador mistério!)".[10]

Do diálogo Pessoa-Côrtes-Rodrigues, no entanto, tem-se na íntegra, editada há mais de quarenta anos, a fala pessoana, que é o que aqui se busca, na tentativa de penetrar na intimidade do homem Fernando Pessoa, indissociável do(s) poeta(s) que ele é. O próprio destinatário entregou, em setembro de 1940, os papéis a Joel Serrão, estimulando-o a que os editasse; a "Simples introdução" (que é um excelente ensaio) do pequeno volume de 95 páginas é datada do Natal de 1944; a folha de rosto não tem data, mas no colofão se diz que o "livro acabou de se imprimir durante o mês de outubro". Pode-se, pois, concluir que a edição é de 1945, o que a faz pouco posterior à aparição dos poemas na antologia de Casais Monteiro e na edição da Ática. São 24 textos – cartas e bilhetes postais –; de uma das cartas, com que inicia as *Páginas de doutrina estética*, diz Jorge de Sena que ela é "o indiscutível prólogo de qualquer publicação de obras de Fernando Pessoa" e acrescenta:

> Tão poderosa autopsicografia e tão patente e desassombrada consciência de um superior destino são nela expressas, que tais páginas, aliás afins de muitas outras que, nesta mesma coletânea, o leitor encontrou, podem considerar-se precioso documento na litera-

---

9/ Cf. poema "Dispersão". Em carta de fevereiro de 1916, desabafa com Fernando Pessoa: "A zoina, a grande zoina sempre!" (Cf. carta nº 51).
10/ Cf. carta nº 18.

tura portuguesa, em cujo âmbito é costume análogas consciências se desautorizarem ao afirmar-se.[11]

E tem plena razão.

Nesta carta, de 19 de janeiro de 1915 (a correspondência, bastante espaçada, já tinha quase dois anos de duração), Pessoa realiza afinal o projeto de escrever uma "extensa carta" ao amigo. Acenara em outras, mais ou menos vagamente, à "natureza da crise psíquica" que o vinha afligindo, mas só então, reservado como é, anima-se a falar "intimamente e fraternalmente" àquele que, dentre todos os que conhece, "[dele] possui uma noção precisamente no nível da [sua] realidade espiritual". Como ele, Côrtes-Rodrigues é "fundamentalmente um espírito religioso"; os que o cercam, "(por superiores que sejam como artistas) como *almas*, propriamente, não contam". E insiste: não tem

> (...) nenhum deles a consciência (que em mim é quotidiana) da terrível importância da Vida, essa consciência que nos impossibilita de fazer arte meramente pela arte, e sem a consciência de um dever a cumprir para com nós-próprios e para com a humanidade.[12]

Plenamente cônscio de sua responsabilidade de ser privilegiado pela genialidade, afirma:

> (...) à minha sensibilidade cada vez mais profunda, e à minha consciência cada vez maior da terrível e religiosa missão que todo o homem de gênio recebe de Deus com o seu gênio, tudo quanto é futilidade literária, mera arte, vai gradualmente soando cada vez mais a oco e a repugnante.[13]

11/ SENA, Jorge de. *Fernando Pessoa & Cª Heterónima* (Estudos coligidos 1940-1978). Lisboa: Edições 70, 1984, p. 38.
12/ PESSOA, Fernando. *Obra em prosa*, p. 53.
13/ Ibid., p. 53-54.

Busca a "perfeição absoluta no realizado", repele "a ambição grosseira de brilhar por brilhar" e, sobretudo, "de querer *épater*". Julga severamente o interseccionismo, considerando-o "quase-*Blague*".[14] Sente avultar em seus propósitos a ideia patriótica e não pensa "em fazer arte que não medite fazê-lo para erguer alto o nome português através do que eu consiga realizar".[15]

Não quer que se pense que inclui no severo banimento – ou quase – a produção heteronímica (a essa altura, na verdade, ainda usava a palavra *pseudônimo*):

> Isso é toda uma literatura que eu criei e vivi, que é sincera, porque é sentida (...). Isso é sentido na *pessoa de outro*; é escrito *dramaticamente*, mas é sincero (no meu grave sentido da palavra) como é sincero o que diz o Rei Lear, que não é Shakespeare, mas uma criação dele. Chamo insinceras às coisas feitas para fazer pasmar, e às coisas, também – *repare nisto, que é importante* – que não contêm uma fundamental ideia metafísica, isto é, por onde não passa, ainda que como um vento, uma noção da gravidade e do mistério da Vida. (...) por isso não são sérios os *Pauis*, nem o seria o *Manifesto* interseccionista (...) [16]

Aproximando-se o fim do desabafo, Pessoa reitera a afirmação das afinidades com o amigo:

> Como já disse, você é o único dos meus amigos que tem, a par daquela apreciação das minhas qualidades que lhe permitirá não julgar esta carta um documento de megalômano, a profunda religiosidade, e a convicção do doloroso enigma da Vida, para simpatizar comigo em tudo isto.[17]

14/ Ibid., p. 54.
15/ Idem.
16/ Ibid., p. 55.
17/ Idem.

Com maior frequência que qualquer outro, surgia nas cartas de Pessoa a Côrtes-Rodrigues o nome de Sá-Carneiro; numa delas, referindo-se a "*A grande sombra*", classifica-a de "Magistral, meu caro, magistral".[18]

Numa das últimas, porém, de 4 de maio de 1916, altera-se-lhe a voz para comunicar "a enorme tragédia" que lhes sucedeu a todos:

> O Sá-Carneiro suicidou-se em Paris no dia 26 de abril.
>
> Não tenho cabeça para lhe escrever, mas não quero deixar de lhe comunicar isto.
>
> (...)
>
> Uma grande desgraça![19]

A não ser em páginas de diário e na carta-confissão a dois psicanalistas franceses, nunca foi tão desvelada a intimidade psíquica de Pessoa (suas crises depressivas, sua intensa religiosidade, seu extremo senso de responsabilidade, sua aguda autocrítica) como nas cartas ao amigo "em alma" – podemos constatá-lo – e muito provavelmente naquelas que enviou àquele que considerava seu igual – temos o direito de deduzi-lo pelo que já ficou dito e por estas palavras de Sá-Carneiro em carta de 31 de dezembro de 1912: "O estudo de si próprio é magistral – um documento que eu preciosamente guardarei, do fundo da alma agradecendo-lhe a prova de amizade e consideração que com ele me deu."[20] Facilmente se deduz que era esta mais uma carta autopsicográfica.

Não só de mergulhos no próprio eu se constituíam, entretanto, as cartas de Pessoa aos dois amigos preferidos; como seria de esperar, as preocupações literárias nunca estavam ausentes, a não ser que se tratasse (na correspondência com Côrtes-Rodrigues) de pequenos bilhetes sobre assuntos vários.

É saboroso meter-nos nessa conversa entre amigos e descobrir, por exemplo, que, apesar da posição em que se põe, afastado anos-luz do com-

---

18/ Ibid., p. 47.

19/ Ibid., p. 56-57.

20/ Cf. carta nº 1.

panheiro, Sá-Carneiro permite-se chamar-lhe a atenção, quando dele discorda, sempre no intuito de indicar-lhe o melhor. Desde dezembro de 1912, quando sai na *Águia* a série de ensaios intitulados "A nova poesia portuguesa", aflige-se com o fato de que "para o público" o amigo seja "apenas o 'crítico Fernando Pessoa' e não o Artista". Dois meses depois insiste: "É preciso que se conheça o poeta Fernando Pessoa, o artista Fernando Pessoa – e não o crítico só – por lúcido e brilhante que ele seja." Mais três meses e volta ao ataque: "Sim, tenho toda a razão no que desde que o conheço lhe digo: é preciso surgir como poeta!..."[21] Por essa mesma época, Pessoa envia-lhe um projeto de publicação de seus próprios livros e Sá-Carneiro responde-lhe, firme: (...) condeno a ideia da publicação dum livro de sonetos, como primeiro livro a publicar. Os 'Pauis' devem, mas absolutamente devem, ser incluídos num volume *paúlico*."[22] E vai dando sugestões e discutindo até o título *Exílio*, que muito lhe agrada, mas pode ter implicações políticas.

Não deixa de ter interesse em aproximar as duas correspondências e verificar algumas contradições internas e entre ambas: de "Pauis" diz Sá-Carneiro, que acaba de recebê-los a 6 de maio de 1913: "uma das coisas mais geniais que de você conheço."[23] Talvez, a essa altura, Pessoa concordasse com o entusiasmo do amigo. Não concordaria mais.

Em outubro de 1914, escreve a Côrtes-Rodrigues sobre o projeto da publicação, para lançamento do movimento por eles criado, de "coisa mais escandalosa e *definitiva*, fazer aparecer o interseccionismo, não em uma revista nossa, *mas em um volume*, uma *Antologia do interseccionismo*" que se abriria com o "Manifesto (*Ultimatum*, aliás)", ao qual se seguiriam seis outros itens.[24] No entanto, em carta a Côrtes-Rodrigues, de 19 de janeiro de 1915 dirá, num tom de palinódia: "Não publicarei o Manifesto 'escandalo-

---

21/ Cf. carta 4 e carta nº 12.

22/ Cf. carta nº 12.

23/ Cf. carta nº 10.

24/ O sexto item do sumário desta antologia é: "Poesias de Álvaro de Campos ('Chuva Oblíqua' – Rei Cheops etc.)", o que revela a indecisão de Fernando Pessoa em atribuir a paternidade – sua ou de Álvaro de Campos – aos poemas da fase interseccionista. PESSOA, Fernando. *Obra em prosa*, p. 48-9.

so'. (...) A *Blague* só um momento, passageiramente, a um mórbido período transitório, de grosseria (felizmente incaracterística) me pôde agradar ou atrair."[25] E acrescenta adiante: "não são sérios os *Pauis*, nem o seria o *Manifesto* interseccionista de que uma vez lhe li trechos desconexos. Em qualquer destas composições a minha atitude para com o público é a de um palhaço."[26]

Dos tópicos recorrentes, um se retoma a cada passo: é a revista *Orpheu*. A carta de 19 de fevereiro de 1915, ao mesmo amigo, só dela se ocupa: no dia imediato entrará no prelo, e é preciso que a colaboração venha no próximo barco; na carta seguinte, de 4 de março, agradecendo resposta telegráfica, comunica-lhe o Sumário, cujo item 7 anuncia "Poemas de Côrtes-Rodrigues"; não inclui, porém, o "Opiário" e a "Ode Triunfal", de que Pessoa falará quase ao fim da carta:

> Ia-me esquecendo... com efeito, esqueci-me... Na lista da colaboração da revista, depois dos Frisos do Almada Negreiros vão duas poesias do *meu filho* Álvaro de Campos – o homem da ode de cuja terminação (descritiva da Noite) você tanto gostava.[27] Uma das poesias é aquela Ode *Triunfal*[28] (o canto das máquinas e da civilização moderna), que V. já conhece. A outra é uma poesia anterior (que é posterior) do mesmo cavalheiro.[29]

Exatamente um mês depois, Pessoa escreve a Côrtes-Rodrigues, dizendo ter-lhe enviado na véspera um exemplar de *Orpheu*: "Deve esgotar-se rapidamente a edição. *Foi um triunfo absoluto*, (...) *Somos o assunto do dia em Lisboa*; sem exagero lho digo. O escândalo é enorme."[30]

25/ Ibid., p. 54.

26/ Ibid., p. 55.

27/ Deve referir-se a "Dois excertos de odes".

28/ Depois de escrita a "Ode triunfal", Pessoa escreveu o "Opiário", exemplar da poesia de Álvaro de Campos antes de conhecer Caeiro, para dar o Álvaro de Campos "em botão".

29/ PESSOA, Fernando. *Obra em prosa,* p. 413.

30/ Ibid., p. 414.

Quando, em 1916, morre Sá-Carneiro, Pessoa projeta "uma plaquete, colaborada só por seus colaboradores", publicada por *Orpheu*, à sua "memória".[31] Em setembro do mesmo ano, numa carta que novamente lhe espelha a depressão, o anúncio: "Vai sair *Orpheu* 3." Passam-se quase sete anos; em agosto de 23, a última carta: "Tanta saudade – cada vez mais tanta! – daqueles tempos antigos do *Orpheu*, do paulismo, das intersecções e de tudo mais que passou!"[32]

Muito mais presente está a revista nas cartas de Sá-Carneiro, e mais estaria se este não estivesse em Lisboa de outubro de 1914 a julho de 1915, como já ficou dito. De Lisboa mesmo escreve alguns bilhetes ao amigo; num deles, convoca-o a um encontro no Martinho, para falar do *Orfeu*.[33] De volta a Paris, começa a falar no n° 3 da revista e daí em diante quase não há carta que não a mencione, estimulando Pessoa a fazer propaganda europeia, cumprimentando-o pela qualidade do papel do n° 2, falando dela com entusiasmo que reflete o de Pessoa na carta a Côrtes-Rodrigues atrás citada. No dia 13 de setembro de 1915, porém, a dor vela a sua voz: "Custa--me muito a escrever-lhe esta carta dolorosa – dolorosa para mim e para você (...) temos desgraçadamente de desistir do nosso *Orfeu*."[34] Em dois cartões-postais Pessoa expressa a sua tristeza e Sá-Carneiro sofre com isso: "Que lindo *Orfeu* 3 podíamos fazer!"[35]

No dia 20, a uma carta do amigo que chega a Paris a 24, Sá-Carneiro responde-lhe: "Você tem mil razões: O *Orfeu não acabou*. De qualquer maneira, em qualquer 'tempo' há de continuar."[36] Vinte anos mais tarde, em *Sudoeste* n° 3, com a colaboração dos de *Orpheu*, escreverá Fernando Pessoa: "*Orpheu* acabou. *Orpheu* continua."

E é verdade.

31/ Ibid., p. 57.

32/ Ibid., p. 415.

33/ Em suas cartas, Mário de Sá-Carneiro, ao se referir à revista *Orpheu*, fazia-o escrevendo com "f", e não com "ph", como Fernando Pessoa.

34/ Cf. carta n° 33.

35/ Cf. carta n° 34.

36/ Cf. carta n° 35.

UM GRANDE POETA, UM "POBRE MENINO INFELIZ"[37]

Nascido no fim do século XIX, apenas dois anos mais moço que Fernando Pessoa, Mário de Sá-Carneiro pertence à geração do *Orpheu*, a revista que, idealizada no Brasil por Luís de Montalvor e Ronald de Carvalho, pretendia comunicar a nova mensagem europeia, preocupada apenas com a beleza exprimível pela poesia, inspirada no simbolismo de Verlaine, Mallarmé e Camilo Pessanha, no futurismo de Marinetti, Picasso e Walt Whitman, e antecipando, de certo modo, o superrealismo de André Breton. Preconizava a arte pela arte, mas ao mesmo tempo a descida ao próprio poço, a busca ansiosa do "eu" e a fixação da agitada idade moderna. Embora os responsáveis pela publicação do primeiro número tenham sido apenas os dois poetas já citados, o fato é que a revista vinha realizar uma aspiração comum dos jovens poetas que se reuniam à volta de Fernando Pessoa no "Irmãos unidos".

No *Orpheu* poderiam publicar as suas peças de escândalo: poesias sem metro, celebrando roldanas e polias, ou revelando as profundezas do subconsciente, sem passar pelo crivo da razão. O primeiro número, saído em abril de 1915, esgotou-se em três semanas, por uma espécie de sucesso negativo: compravam-no para se horrorizarem com o seu conteúdo e se encolerizarem com os seus colaboradores.

Um destes, Armando Côrtes-Rodrigues, conta que eram apontados a dedo nas ruas, olhados com ironia e julgados loucos, para quem se reclamava, com urgência, o hospício de Rilhafoles.

Um segundo número sairia em julho do mesmo ano, com maior invasão de futurismo; um terceiro número foi organizado e mesmo im-

---

37/ Uma versão deste ensaio foi publicada in *Mário de Sá-Carneiro*, com o título "Apresentação". Rio de Janeiro: Agir, 2005.

presso parcialmente, mas não se publicou. Era mais uma revista literária que morria à míngua de recursos. Não bastara o talento e o arrojo de seus colaboradores para prolongar-lhe a vida; eram os escudos de Sá-Carneiro (ou antes, de seu pai, que lhos mandava para Paris) que a sustentavam. Uma reviravolta nos negócios, a cessação da mesada, e fica no nascedouro o que viria a ser o *Orpheu* 3.

E quem eram esses moços que assim procuravam escapar ao marasmo do conservadorismo português da época? Eram Fernando Pessoa, Mário de Sá-Carneiro, Armando Côrtes-Rodrigues, José de Almada Negreiros, Luís de Montalvor, Alfredo Pedro Guisado e outros cuja atuação foi mais restrita. Ao seu anseio de agitar as inteligências e as sensibilidades, inovando, não faltava um certo desejo de escandalizar, que se exacerbava na medida em que crescia a inaceitação geral: cônscio dessa atitude, o próprio Fernando Pessoa, ao referir-se, já em 1915, a versos seus e ao seu *Manifesto interseccionista*, penitencia-se de havê-los feito com a única preocupação de *épater*, rebaixando, assim, a alta dignidade da poesia.

Mas o que não é menos verdade é que todos, ou quase todos, tinham a consciência da grandeza que é ser poeta. Dois deles, sobretudo: Fernando Pessoa e Mário de Sá-Carneiro. E o estarem à mesma altura, bem acima dos outros, os aproximou numa amizade feita de compreensão, carinho e admiração mútua. Morto Sá-Carneiro, lamenta-se Pessoa:

Ah, meu maior amigo, nunca mais
Na paisagem sepulta desta vida
Encontrarei uma alma tão querida
Às coisas que em meu ser são as reais.[38]

Dias antes do suicídio, Sá-Carneiro enviara a Pessoa o manuscrito de seu livro inédito de poesias, *Indícios de oiro*, para que o amigo o publicasse onde, quando e como lhe parecesse melhor[39]. Em 1914 já publicara outros doze poemas com o título de *Dispersão*. Estes dois volumes e mais *Os últi-*

38/ Cf. poema de Fernando Pessoa.

39/ Cf. carta nº 62.

mos poemas constituem toda a obra poética daquele que, como previra, só seria entendido vinte anos mais tarde. São 51 poemas, todos escritos de 1913 a 1916, na maioria datados de Paris, onde o poeta levava vida dissipada, sempre recorrendo à bolsa paterna. Para lá seguira em outubro de 1912. Levava-o, o pretexto de cursar a Faculdade de Direito (que só frequentou, afinal, três meses), mas, na realidade, a admiração sem limites pela grande capital.

Durante esses três anos de Paris – os últimos de sua vida – voltará duas vezes a Lisboa, por alguns meses: em fins de 1913 e em princípio de 1915. É então que dirige com Pessoa o segundo número de *Orpheu*, por cuja impressão se responsabiliza, esperando que mais uma vez o pai lhe salde as contas. Este, porém, premido por sérias dificuldades financeiras, seguira para Lourenço Marques com a segunda mulher, numa tentativa de recuperar o equilíbrio econômico. Sá-Carneiro foge para Paris, sem deixar o endereço nem mesmo a Fernando Pessoa. Apenas chegado, escreve-lhe, dizendo que aguarda a resposta do pai e pedindo-lhe que lhe remeta urgentemente o produto da venda de *Céu em fogo*. Daí em diante, as suas cartas a Pessoa se tornarão sempre mais reveladoras do estado de angústia e desalento que o levará ao suicídio. Sente-se só: a mãe faltara-lhe desde cedo, o pai está na África, o avô e a velha ama estão em Portugal. Agarra-se ao amigo que o compreende e confidencia-lhe uma suspeita que o assalta e se transforma em certeza: "...creia, meu pobre Amigo: eu estou doido. Agora é que já não há dúvidas. Se lhe disser o contrário numa carta profícua e se lhe falar como dantes – você não acredite: o Sá-Carneiro está doido. Doidice que pode passear nas ruas – claro. Mas doidice."[40] Tem consciência de que as engrenagens na vida o vão esmagar, mas não consegue reagir, pois "...é tão belo fazer asneiras: Atapetemos a Vida / Contra nós e contra o mundo...".[41]

Sua última carta a Fernando Pessoa é, talvez, o derradeiro esforço de reação: as palavras lhe saem desconexas, apressadas, nos intervalos de uma respiração arfante: "18 de abril de 1916. Unicamente para comunicar consigo, meu querido Fernando Pessoa. Escreva-me muito – de joelhos

40/ Cf. carta nº 50.
41/ Cf. carta nº 61.

lhe suplico. Não sei nada, nada, nada. Só o meu egoísmo me podia salvar. Mas tenho tanto medo da ausência. Depois – para tudo perder, não valia a pena tanto escoucear. Doido! Doido! Doido! Tenha muita pena de mim. E no fundo tanta cambalhota. E vexames. Que fiz do meu pobre orgulho? Veja o meu horóscopo. É agora, mais do que nunca, o momento. Diga. Não tenha medo. Estou com cuidado no meu caderno de versos. De resto o meu amigo tem cópias de todos. Informe-me. (...) Adeus. Mil abraços. Escreva ao Mário de Sá-Carneiro."[42]

O pobre Sá-Carneiro aproximava-se do fim: ia seguir o que ele chamava o seu egoísmo, ia superar o seu medo da ausência e lançar-se na morte. Três anos antes, em maio de 1913, já diziam seus versos: "Falta-me egoísmo para ascender ao céu,/ Falta-me unção p'ra me afundar no lodo."[43]

Não soube, "pobre menino ideal", atapetar a vida contra si mesmo: inadaptado, irrealizado, acabou por destruí-la, matando-se.

Sua inadaptação à vida, sua irrealização, a busca e a dispersão de si mesmo, o desejo de equilíbrio, de não ser *quase*, o narcisismo enternecido que por fim se transformará em desprezo por *aqueloutro*, o seu ideal de poeta e a renúncia que dele exige, tudo que constitui o mundo de dúvidas, de ânsias, de angústias do poeta é a essência mesma de sua poesia.

O curioso é que este poeta-nato não se dava conta de que o era. Até então só publicara prosa. Só em fevereiro de 1913[44] escreve a Fernando Pessoa, enviando-lhe um poema e prevenindo-o: "não se assuste nem com o título ['Simplesmente'], nem com as primeiras quadras *naturais*." E continua: "A poesia, ao meio, vira em parábola para outras regiões." Transcrito o poema, continua o autojulgamento negativo: "Não lhes dou importância, não os amo – gosto, apenas – porque, por razoáveis que sejam, não são versos escritos por um poeta. Logo, são maus versos."

Seu primeiro volume de versos apresenta características definitivas do poeta desde o poema inicial, que se pode considerar perfeitamente rea-

42/ Cf. carta nº 68.

43/ Cf. poema "Como eu não possuo".

44/ Cf. carta nº 5.

lizado. Não há, na poesia contida nos seguintes, evolução, no sentido de progresso. É certo que surgirão novas formas, mudará o tom, intensificar-se-á a dramaticidade, surgirão novos temas, mas o que lhe é essencial – em matéria e forma – lá está desde "Partida". Já o título é significativo: traduz o impulso profundo do poeta – "partir sem temor", "subir além dos céus", arrastado pelo desejo de reencontrar o *além* de que está nostálgica sua alma. Mas há mais: há nesses versos a revelação de algumas das múltiplas faces, arestas e vértices da sua personalidade: o anseio de fuga, a busca ideal da beleza, o delírio das cores, a acuidade sensorial, a certeza de ser grande e, por isso mesmo, só. Dos vocábulos que mais empregará nas obras seguintes, muitos dos quais de evidente herança simbolista, a maioria também lá se encontra: oiro, cristal, esfinge, auréola, labirinto, quimera, bruma, timbre etc.; da mesma herança é também uma das mais belas sinestesias de toda a sua obra poética: "A cor já não é cor – é som e aroma!" e não lhe falta nem mesmo o uso de uma regência verbal inusitada como "me triunfo".

Poeta profundamente original, não ficou, contudo, isento das influências da sua época, menos por uma voluntária imitação que por íntimas afinidades. Aparenta-o ao simbolismo não só o culto da palavra rara e eufônica e da rima rica, o emprego das maiúsculas alegorizantes, mas, e sobretudo, o gosto natural pelo que é precioso – pedras, metais, estofos –, a ânsia de captar cores, formas, cheiros, sons, que funde em admiráveis sinestesias, o estado de delírio semiconsciente, a capacidade para sugerir. Com o saudosismo, do qual ri zombeteiro, chamando a *A águia*[45] "a grande ave" de "asas ungidas de mistério, bêbeda de luz", bem pouco tem de comum: apenas algumas coincidências vocabulares e uma certa semelhança no desejo de fugir à realidade material. Além disso, o paulismo que os de *Orpheu* trazem como inovação não é senão a exacerbação de certos aspectos do saudosismo: "ânsia de novo, mistério, estranheza, audácia." São estas palavras de Sá-Carneiro a Pessoa, em carta de Barcelona, datada de 1º de setembro de 1914, onde ele diz ter encontrado uma verdadeira catedral paulica, "uma Catedral de Sonho, uma catedral Outra" à qual atribui aque-

45/ Revista do movimento saudosista, dirigida por Teixeira de Pascoais, poeta português, contemporâneo de Sá-Carneiro.

las características. Além desta corrente literária, de pouca duração, outras duas influenciaram a nova poesia portuguesa: o futurismo e o interseccionismo. A tentativa futurista de Sá-Carneiro é o poema "*Manucure*",[46] datado de 1915. Visivelmente influenciado pela "Ode marítima" e pela "Ode triunfal", de Álvaro de Campos, o poeta nele procura identificar-se com as coisas do presente, ver com os olhos "ungidos de Novo", esses olhos que ele diz "futuristas, cubistas, interseccionistas", mas na verdade o não são. Como o heterônimo pessoano, usa o verso livre e branco (ele que nunca abandonara os versos rimados e quase sempre medidos), as anáforas insistentes, as interjeições e as orações interjetivas; vale-se de recursos tipográficos; procura fundir-se com tudo aquilo que representa a nova beleza, cravando os dentes na madeira dos caixotes, absorvendo com o olhar as inscrições coloridas dos fardos, acompanhando o movimento incessante dos cais e das estações. Mas o sujeito lírico rasga o disfarce futurista que o cobre e surge, aqui e ali, com os seus problemas permanentes: o narcisismo, revelado na ternura com que vai polindo as unhas das mãos "longas e lindas", que "eram feitas pra se dar", e nas maiúsculas com que escreve o pronome da primeira pessoa; a obsessão das cores; a presença da beleza, não uma beleza qualquer, mas a beleza-sem-suporte, "Desconjuntada, emersa, variável sempre / E livre", tal como a sua própria sorte, "Fantástica bandeira sem suporte, / Incerta, nevoenta, recamada"; a imagem do espelho, a refletir a vida; o predomínio do passado sobre o presente que ele não sabe viver e o futuro que não espera; vemo-lo em "*Manucure*" dentro do "Grande espelho de fantasmas", onde "ondula e se entregolfa todo o meu passado, / Se desmorona o meu presente, / E o meu futuro é já poeira..." como o sentira em "Dispersão":

> *Para mim é sempre ontem,*
> *Não tenho amanhã nem hoje:*
> *O tempo que aos outros foge*
> *Cai sobre mim feito ontem.*

46/ Como nesta antologia incluíram-se só partes do poema, alguns dos exemplos citados não são encontrados na amostra.

Essa camada profunda do poema, velada por elementos voluntariamente respigados nos manifestos e versos futuristas, faz-nos crer na sua autenticidade, apesar de dizer Fernando Pessoa que o poema foi "feito com intenção de *blague*": se houve apenas *blague* na intenção, a realização foi além – revelou o poeta.

O intersecionismo encontra-se em sua obra, não com a intencionalidade com que o adota e preconiza Fernando Pessoa, mas como a expressão do seu duplo estado de vigília e sonho, no qual as coisas vistas e as sonhadas se interseccionam ou superpõem ao longo do poema.

Até aqui apenas afloramos os temas vitais da poesia de Sá-Carneiro e as suas constantes: em primeiro lugar, para indicar que alguns já se encontravam no seu primeiro poema; em seguida, para ressaltar a sua inevitabilidade, manifestando-se mesmo malgrado o poeta e isso porque, a nosso ver, a obra de Sá-Carneiro é, em todos os momentos, a manifestação da sua personalidade humana, com ou sem disfarces.

Em 1912, já dizia que não saberia resistir à vida, onde não tinha um lugar. Este o seu grande problema, a origem de todos os outros.

A vida na sua realidade, na sua existência material, não significa nada para ele: "A vida, a natureza, / Que são para o artista? Coisa alguma."[47] Passa por ela sem vivê-la, "na ânsia de ultrapassar",[48] de passar além da vida e de si mesmo. Na "ânsia de ter alguma cousa",[49] busca-se, perde-se, sem nunca se encontrar. Na sequência dos poemas de *Dispersão* desenrola-se essa sua *via crucis*, iniciada em "Partida", terminada em "A queda". É (em "Escavação") a descida aos mais íntimos desvãos "sem nada achar" a perguntar-se: "Onde existo que não existo em mim?" É (em "Inter-Sonho", "Álcool" e "Vontade de dormir") o recurso ao sonho, ao delírio ou ao sono que o mergulham em sons, cores, perfumes e imagens caleidoscópicas, tirando-lhe por momentos a consciente e torturante lucidez. É (em "Dispersão") a perda de si dentro de si, porque é labirinto, porque não sente a sua realidade, porque perdeu a morte e a vida. É (em "Estátua falsa", "Quase" e "Como eu não possuo") a consciência da sua incapacidade de ser e de

47/ Cf. poema "Partida".

48/ Cf. poema "Dispersão".

49/ Cf. poema "Escavação".

ter, o sentir-se talhado para um destino "alto e raro" sem, entretanto, o poder atingir. É (em "Rodopio") novamente, e com maior intensidade, o desfile vertiginoso das imagens mais incoerentes, para acabar na "Queda" final.

Mas não tem fim aí o drama do poeta: da sua passagem por si e pela vida ficaram os rastros, as pegadas: "Se me vagueio, encontro só indícios...";[50] e ao segundo volume de poemas ele dará o título de *Indícios de oiro*, como a acentuar que as marcas nele impressas são do Outro, daquele que tem em si "oiro marchetado a pedras raras",[51] daquele que ele devia ter sido e em cuja busca perdeu-se sem, contudo, atingi-lo:

Eu não sou eu nem sou o outro,
Sou qualquer coisa de intermédio:
Pilar da ponte de tédio
Que vai de mim para o Outro.[52]

Ficou a meio caminho entre o que era e o que aspirava a ser: a ponte já seria qualquer coisa de intermédio, mas chegaria ao Outro; o poeta, não: é o pilar, o *quase*, como ele mesmo disse, ou o *entre*, como diria Álvaro de Campos. Nem deu pela sua vida real, nem conseguiu dar realidade à vida ideal que sonhou. Sonhou-se grande demais e a sua megalomania revela-se a cada passo: atribui-se, no passado, uma divindade já perdida ("Vêm-me saudades de ter sido Deus"...);[53] no futuro, um destino "alto e raro"; a sua dor é *genial*, são *geniais* as coisas em que medita; num ambiente de esplêndida riqueza medieval, com pontes, paços e castelos, cerca-se de matérias preciosas – ônix, alabastro, marfim, bronze, platina, oiro, sobretudo oiro: são fios de oiro que o puxam, é num mar de oiro que singra, é de oiro o rastro que deixa, ele mesmo chuva de oiro. De oiro, sim, mas oiro sinistro, oiro falso, oiro que se derrete em chumbo, a lembrar-lhe que toda a grandeza que ele sonhou – ou que o *sonhou* – é fictícia e a tornar obsidiante a ideia de que traz em si a ori-

50/ Cf. poema "Quase".

51/ Cf. poema "Taciturno".

52/ Cf. poema "7".

53/ Cf. poema "Partida".

gem do desvalor, da destruição: "Se acaso em minhas mãos fica um pedaço de ouro, / volve-se logo falso... ao longe o arremesso..."[54] Entre os dois seres que nele coabitam não se pode baixar "a ponte levadiça e baça de Eu-ter-sido"[55] – o Outro ficará irremediavelmente perdido. Contrapondo-os, o poeta sente que na disparidade entre eles está a raiz da sua "raiva mal contida", da sua "eterna impaciência", da sua sensação de perda, do seu "desejo astral de luxo desmedido"...[56] E essa raiva se volta contra o que ele chama, em mofa dolorosa, *El-rei*, ou, em sangrento autorretrato, *Aqueloutro*. Impiedoso, revoltado, caricatura-se dramaticamente, carregando nos traços que indicam a sua *falsidade* – "o *dúbio mascarado*", "o *mentiroso*", "o Rei-lua *postiço*", "o *falso* atônito", "o *desleal*", "o mago *sem condão*" – e, para mais cruelmente ferir-se, a referência ao físico desairoso: "o *balofo*", "o Esfinge *gorda*"... *Aqueloutro* é, assim, o que lhe restou, perdido o *outro*, e são ambos, pois que um condiciona o outro: cada um é somente a metade do ser total: "Por sobre o que Eu não sou há grandes pontes / Que um outro, só metade, quer passar / Em miragens de falsos horizontes – / Um outro que eu não posso acorrentar..."[57]. Sá-Carneiro, homem e poeta, é o que se foi mais o que se sonhou; da derrocada do sonho alto demais, ficou-lhe o amargor do insucesso.

Havia nele, entretanto, debaixo do entrechoque de impulsos contrários, um desejo de ser como toda a gente, de fazer normalmente as coisas banais da vida: pagar as contas, "seguir pequenas", não andar "às moscas", não viver na lua, não temer as correntes de ar. E ele o diz com a simplicidade coloquial, o tom de confidência autobiográfica, raros nele e que o aproximam de António Nobre até por uma certa feminilidade de estilo:

Noite sempre p'lo meu quarto. As cortinas corridas,
E eu aninhado a dormir, bem quentinho – que amor...
Sim: ficar sempre na cama, nunca mexer, criar bolor –
P'lo menos era o sossego completo... História! era a melhor das vidas...[58]

54/ Cf. poema "A queda".
55/ Cf. poema "Taciturno".
56/ Cf. poema "O lord".
57/ Cf. poema "Ângulo".
58/ Cf. poema "Caranguejola".

Bem mais suave seria, na verdade, o seu fim, no quarto branco do hospital, dizendo a "ela": "Nada a fazer, minha rica. O menino dorme. Tudo o mais acabou."[59] Se assim fosse, talvez ele não tivesse profanado a dignidade do seu próprio cortejo fúnebre, na expressão de uma última vontade, macabra por seu grotesco:

Quando eu morrer batam em latas,
Rompam aos saltos e aos pinotes,
Façam estalar no ar chicotes,
Chamem palhaços e acrobatas![60]

Um enterro de *clown*. E não o teria sido Sá-Carneiro? Em vez da cara enfarinhada, da gola de babados e do calção entufado, o diadema, o elmo, os brocados e as pedrarias do *lord* de outra vida, a ocultar os batimentos de um coração inquieto, as angústias de uma alma torturada. A um, como ao outro, de nada vale o disfarce, se o seu drama atinge as raízes do próprio ser; se o homem jamais pode desprender-se de si mesmo, arrastando sem remédio o seu problema sem solução, a sua pergunta sem resposta.

Foi essa impossibilidade de equilíbrio que o levou ao suicídio. Como homem, não se realizou, nem na vida, nem na morte. No fracasso do homem, o artista deitou raízes e floresceu em beleza. O poeta amou e cantou sua alma.

E o homem? Se lhe perguntássemos o que fez dela, responderia por ele o poeta: "Caiu-me a Alma ao meio da rua, / E não a posso ir apanhar!"[61]

Pobre alma de homem e de poeta, caída a meio caminho! Ela também poderia dizer: "Um pouco mais de sol – e fora brasa, / Um pouco mais de azul – e fora além."[62]

59/ Ibid.

60/ Cf. poema "Fim".

61/ Cf. poema "Sete canções de declínio – 7".

62/ Cf. poema "Quase".

A CONFISSÃO DE LÚCIO - OU DE SÁ-CARNEIRO?[63]

À mais acabada novela de Sá-Carneiro, *A confissão de Lúcio*, poderia caber o subtítulo que Gaspar Simões deu ao seu *Elói*: *romance numa cabeça*.[64] Nela, o elemento externo é quase sempre *brumoso, nevoento, tênue, irreal*; tudo que realmente importa é interior.

Feita por Lúcio, esta confissão, a "mais incoerente, mais perturbadora, menos lúcida", descobre-nos a sua alma, tanto quanto a de Ricardo; quase não tinham segredos entre si – diz Lúcio – e não os guarda ele tampouco do leitor; o mistério que envolve a história não vem do que fazem ou pensam os protagonistas, mas do fato de não sabermos senão imprecisamente o que eles são ou não chegam a ser.

Tentemos puxar o fio à meada, embora correndo o risco de ser esta, como o novelo – Fernando Pessoa, embrulhada para dentro... E parece-nos que tal só nos será possível se desde já nos dermos conta da intensa subjetividade da obra, das "coincidências" biográficas entre Lúcio ou Ricardo e Sá-Carneiro; dos mesmos estados de espírito, expressos nas mesmas exclamações, com a mesma intensidade, por Ricardo na *Confissão*, e por Sá-Carneiro na sua poesia ou – o que é mais diretamente revelador – nas cartas a Fernando Pessoa.

Como Lúcio, Sá-Carneiro, "sedento de Europa", estuda, ou melhor, não estuda Direito em Paris; como Lúcio e Ricardo, ama perdidamente a grande capital, busca amizade "em alma", sobe tão alto que paira sobre a vida; como Ricardo, sente a náusea de viver, o tédio do que tem e do que

63/ Uma versão deste ensaio foi publicada in *Colóquio-Revista de Artes e Letras*, nº 26, Lisboa: Fundação Calouste Gulbenkian', dezembro de 1963.

64/ João Gaspar Simões, escritor português, crítico literário e editor. O seu primeiro romance data de 1932: *Elói ou romance numa cabeça*.

nunca teve; presciente, vê-se ou não se vê no futuro "nunca me *vi* 'admitido' em parte alguma", diz Ricardo; "não me *vejo* nesse depois", escreve Sá-Carneiro a Pessoa[65]; sabe-se "roçado de Além, ungido de Vago"; sofre por não poder ser amigo de ninguém, por nunca possuir... Os brados convulsos com que um e outro exprimem êxtase, paroxismo ou dor são consonantes; as frases, as palavras são iguais.

Feitas sucintamente tais aproximações, voltemos a procurar o fio lógico que dê certa nitidez à tessitura emaranhada de absurdo e impossível da novela. Do trio central – Lúcio, Ricardo e Marta –, é Lúcio, o narrador da história, que conhecemos em primeiro lugar: autor de um livro de novelas, "vagabundo de sua mocidade", vago estudante de Direito, frequenta "meios mais ou menos artísticos em Paris". Suas respostas a Gervásio Vila-Nova não o apresentam lisonjeiramente: "Ao contrário – protestava eu em idiotice..." e mais adiante: "Protestei, idiotamente, como era meu hábito..." Encontra Ricardo, o poeta de *Brasas* e, numa "noite fantástica", inicia-se uma amizade que Lúcio chama "predestinada", acrescentando: "esse encontro marcou o princípio da minha vida." Passam a ser ambos companheiros inseparáveis, íntimos, cujas conversas são de alma, ricas em perturbadoras confidências do poeta, que o outro compreendia sempre, até a confidência máxima – a de não poder ter amigos, de não retribuir um afeto; para fazê-lo, teria de possuir quem estimasse. E concluiu: "Logo, eu só poderia ser amigo de uma criatura do meu sexo, se essa criatura ou eu mudássemos de sexo."

A amizade foi prosseguindo, sem que o autor nos diga mais que isso; no capítulo seguinte, Ricardo regressa a Lisboa. Para lá segue também Lúcio, um ano depois, e encontra o amigo fisicamente mudado: "As suas feições bruscas haviam-se amenizado, acetinado – *feminilizado*, eis a verdade..."; "todo ele, enfim, se esbatera". Casara-se com Marta. O casamento é apresentado como uma irrealidade e a mulher, quando Lúcio consegue *vê-la*, é *fugitiva*. No convívio a três, os dois amigos sentem-se felizes: "Em suma, tínhamos aportado. Agora sim: *vivíamos*."

65/ Cf. carta nº 15.

Voltemos atrás: na noite em que começou a amizade de Lúcio e Ricardo, eles assistiram a um espetáculo de estranha beleza plástica, produto de imaginação mórbida e requintada, a que Ricardo chamou *A orgia do fogo*: mulheres sensualmente semidespidas, em gestos e danças lúbricas, moviam-se num cenário excessivo de som, luzes e cores, de que sobressai afinal, dominador, o fogo. Passada a visão terrível, diz-nos Lúcio que não mais dela falaram, "como se fosse um mistério de Além", mas acentua que nela se iniciou a amizade entre eles. Seria demais atribuir a esse espetáculo um significado ritual e iniciático, durante o qual se unem indissoluvelmente o *prosador* Lúcio Vaz e o *poeta* Ricardo Loureiro? Não esqueçamos que Sá-Carneiro é um poeta órfico e que nele a novela precedeu a poesia; e que foi nesta, apesar da sua autodesconfiança, que se realizou plenamente. Insistimos, pois, no nosso ponto de vista – e não só nosso – de que Sá-Carneiro tenta retratar-se na sua novela de alma inteira, num anseio de dar massas e contornos à íntima luta do seu ser angustiado.

O esquematismo é sempre perigoso, quando se estuda uma obra de arte, e tanto mais se ela existe – como *A confissão de Lúcio* – em função do impreciso, do imponderável, do absurdo. Entretanto, para expormos o que nos parece essencial à interpretação da novela e do seu autor, partiremos de uma equação, cujo primeiro membro conterá o Sá-Carneiro poeta, ficando no segundo as personagens centrais da *Confissão*: Eu + a ponte + o outro (o Outro) = Lúcio + Marta + Ricardo. Acreditamos que seja bastante ousada a nossa pretensão de propor uma solução matemática para um problema cujos dados são imprecisos e fugidios, mas essa fórmula não é senão um ponto de partida, a síntese prévia e descarnada do que passaremos a desenvolver.

Sá-Carneiro afligia-se com o problema do próprio *eu*: a consciência da sua dualidade (talvez pluralidade) e a tentativa ansiosa de fixar-se ou definir-se povoam sua poesia.

Não é novo o problema da dupla personalidade, na vida e na arte; na literatura, são numerosos os casos de "duplos". Em seu *Une étude sur le double* o Dr. Otto Rank[66] analisa as relações do indivíduo com o próprio

66/ RANK, Otto. *Don Juan. Une étude sur le double*, traduzido do alemão por Dr. Lautman. Paris: Les éditions Denoël et Steele, 1932.

eu e o seu desejo de aniquilar a morte que o ameaça de total destruição. Aponta o Romantismo como a época em que floresce o tema do "duplo", encontrado em quase todas as obras de Hoffman e de Jean Paul Richter; em *O retrato de Dorian Gray*, de Wilde; em Heine, Maupassant (*Le horla*); no Musset, de *La nuit de décembre*; em Poe, Dostoievski, Baudelaire, Hölderlin etc. Cita ainda as realizações (na Alemanha e na França) do filme *O estudante de Praga*, no qual o protagonista perde a própria imagem (que passa a agir independentemente, e contra ele) e só a reave quando, julgando matá-la, a si mesmo se mata.[67] Para o Dr. Rank, existem, na constituição psíquica desses autores, certos elementos comuns: 1) "um certo estado patológico da personalidade que ultrapassa em mais de um sentido a neurose que admitimos, numa certa medida, em cada artista"; 2) "um interesse anormalmente forte pela sua própria pessoa, seu estado de alma e seu destino", o que lhe dá o desejo profundo e íntimo de escapar à morte e o leva, paradoxalmente, ao suicídio; 3) "incapacidade absoluta para o amor ou hipertensão do desejo amoroso conducente a este mesmo efeito negativo, que caracteriza os dois polos entre os quais oscila esta disposição introspectiva em face do próprio *eu*".

Não será preciso forçar a verdade para reconhecer que, na sua poesia, como nas cartas a Fernando Pessoa, Sá-Carneiro se revela semelhante a esses artistas obsidiados pelo "outro"; escreve ao amigo, em janeiro de 1916: "Eu estou doido"[68]; em março, avisa-o de que vai suicidar-se com estricnina; a 3 de abril, que se atirará sob o *Métro* para, afinal, no dia 26, matar-se em seu quarto, vestido de smoking, como um dândi. No entanto, três anos antes, dizia a Pessoa: "É que eu, no fundo, amo a vida."[69]

O veneno que ingere não é senão a forma concreta daquele que se instilou na sua poesia, transformando o "menino ideal", de "mãos longas e lindas", no "esfinge gorda", "aqueloutro", cujo enterro grotesco é o próprio "fim". Para mais acentuar a semelhança entre o poeta e a sua personagem,

---

67/ Em *A confissão de Lúcio*, Ricardo dirá a Lúcio: "Por acaso olhei para o espelho do guarda-vestidos e *não me vi refletido nele!*"

68/ Cf. carta nº 50.

69/ Cf. carta nº 12.

incapazes para o amor – até para a amizade –, que se expressa com intensidade máxima no poema "Como eu não possuo", que sintetiza o seu drama:

Não sou amigo de ninguém. Pra o ser
Forçoso me era antes possuir
Quem eu estimasse – ou homem ou mulher,
E eu não logro nunca possuir!...

Diz isto o poema e repete-o quase textualmente *A confissão*, que já atrás citamos. Os versos que fecham o poema: "É que eu teria só, sentindo e sendo, / Aquilo que estrebucho e não possuo", dão ao dualismo de Sá-Carneiro um aspecto peculiar, que lembra o dos deuses andróginos da antiguidade grega, bissexuados, ao mesmo tempo fecundantes e fecundáveis, verdadeira síntese do Universo[70]. E nessa mesma linha podemos interpretar as palavras de Ricardo e sua atitude subsequente: depois de dizer a Lúcio que só poderia ser amigo de uma criatura do *seu sexo, se ele ou o outro* mudassem de sexo (só assim haveria posse), surgirá *feminilizado* em virtude de seu casamento com Marta, que parece ser entre os dois o elo que lhes faltava. Assim se explicará, cremos nós, o paralelismo que tentamos exprimir pela equação a que agora voltamos, lembrando o brevíssimo poema "7", que deu origem ao primeiro membro:

Eu não sou eu nem sou o outro,
Sou qualquer coisa de intermédio:
Pilar da ponte de tédio
Que vai de mim para o Outro.

Nele, a imagem da ponte, tão cara ao nosso poeta, mais uma vez[71] aparece a estabelecer o contato entre ele e seu duplo, como, na novela, Marta, a possibilitar a fusão de Lúcio (eu) e Ricardo (o outro, ou o Outro,

---

70/ A este respeito ler o excelente estudo de SENA, Jorge. *"O poeta é um fingidor"*. Lisboa: Ática, 1961.

71/ Outros poemas em que aparece a *ponte*: "Taciturno" e "Ângulo".

valorizado pela maiúscula). Ao fim da novela, o próprio Ricardo explica a gênese de Marta: "Achei-a... sim, *criei*-A! *criei*-A ... Compreendemo-nos tanto, que Marta é como se fora a minha própria alma..."; "foi como se a minha alma, sendo sexualizada, se tivesse materializado. *E só com o espírito te possuí, materialmente*! Eis o meu triunfo..." E quando, desvairado, puxa do revólver e dispara contra ela, diz-nos Lúcio: "E então foi o Mistério... o fantástico Mistério da minha vida... Quem jazia estiraçado junto da janela, não era Marta – não! – era o meu amigo, era Ricardo... E aos meus pés – sim, aos meus pés! – caíra o seu revólver ainda fumegante!..." Tem assim o drama um desfecho análogo ao do filme já citado – o suicídio ocasionado pelo assassínio do duplo –, aqui tornado mais complexo pela sobrevivência de Lúcio.

Que Sá-Carneiro se identificou com o trio de sua novela e os confundiu, uns e outros, numa nebulosa unidade, é o que se intui e sente. Intuição e sentimento, na verdade, e não conhecimento seguro, que nunca se tem no labirinto que é o poeta e no qual, como ele, também nos perdemos. Insegurança, sim, é o que se experimenta na contemplação dessas figuras que se alongam e retraem, como se as víssemos refletidas em água movediça. Insegurança que se exprime ao longo de todo o livro, mas sobretudo nas comparações hipotéticas que surgem a cada passo: "como se chegássemos de um sonho"; "como se [Marta] não tivesse passado"; "como se [Marta] não vivesse quando estava longe de mim"...

Marta, que estabelecera um equilíbrio precário entre o poeta das *Brasas* e o autor da *Chama*,[72] "desaparecera, evolara-se em silêncio, como se extingue uma chama..." e assim, a união, começada sob o signo do fogo, como este aquecera, alumiara e arrefecera, deixando *só* o que fora *só* até à chegada do Outro. E Lúcio – Sá-Carneiro – tranquilo, sem desejos, sem esperanças –dirá: "Permaneci, mas já não me sou."

72/ De volta a Paris, *Lúcio* escreveu uma peça de teatro que intitulou *Chama*.

OBRAS DO AUTOR

PROSA

Princípio (1912)
A confissão de Lúcio (1914)
Dispersão (1914)

POESIA

Céu em fogo (1915)
Indícios de oiro (1937) – Obra póstuma

TEATRO

Amizade (1912)

Este livro foi editado na Cidade de São Sebastião do Rio de Janeiro e publicado
pela Edições de Janeiro no outono de 2015. O texto foi composto com a tipografia Didot
e impresso em papel Pólen Soft 70g/m² nas oficinas da gráfica Edelbra.